왜 살아야 하는가

삶과 죽음이라는 문제 앞에 선
사상가 10인의 대답

왜 살아야 하는가

The Meaning of Life and Death

미하엘 하우스켈러 지음
김재경 옮김

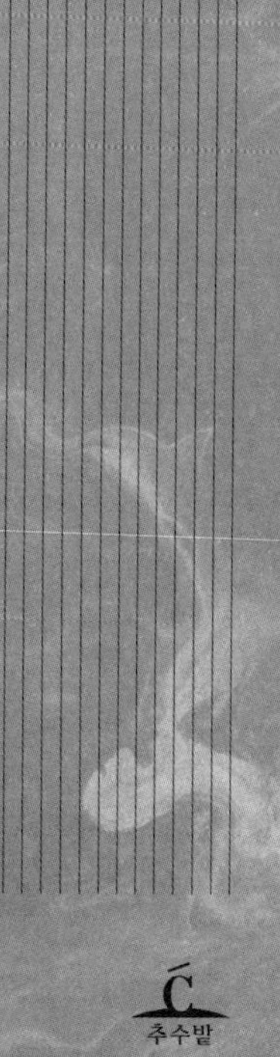

추수밭

한 그루의 나무가 모여 푸른 숲을 이루듯이
청림의 책들은 삶을 풍요롭게 합니다.

나의 아버지
에리히 아르투어 하우스켈러*Erich Arthur Hauskeller*(1905~1974)를
추모하며 이 책을 바칩니다.

감사의 말

여태까지 이 책에 나오는 내용 중 어떤 내용도 출간한 적이 없었다. 그럼에도 많은 사람들이 각 장의 원고를 성실히 읽어 주고 논평해주었다. 그들 모두에게 이루 말할 수 없을 만큼 감사하지만 그중에서도 내가 이 책을 쓰는 동안 무언가 중요한 일, 의미 있는 일을 하고 있다고 느낄 수 있도록 계속해서 관심과 지원을 보내 준 동료들과 친구들에게 특히 감사를 표하고 싶다. 드루 채스테인*Drew Chastain*, 루이스 코인*Lewis Coyne*, 니코스 고가스*Nikos Gkogkas*, 사이먼 헤일우드*Simon Hailwood*, 피터 헤리슨켈리*Peter Herriosne-Kelly*, 대니얼 힐*Daniel Hill*, 카일 맥니스*Kyle McNease*, 젤슨 올리베이라*Jelson Oliveira*, 이오타 바실로풀루*Yiota Vassilopoulous*, 그리고 여러분에게 이 책을 바친다.

들어가는 글

삶이라는 질문은 정답이 아닌 표현을 기다린다

삶의 목적은 무엇일까? 어차피 우리 모두가 죽을 운명이라면, 우리가 살면서 이룬 어떤 것도 남지 않을 운명이라면, 애초에 우리가 무언가를 이루려고 애써야 할 이유는 무엇일까? 우리가 어떤 일을 하는 것이 혹은 하지 않는 것이 중요한 이유는 무엇일까? 아니 그게 중요하기는 할까? 죽음을 면치 못함에도 의미 있는 삶을 사는 것이 가능할까? 이런 질문들은 전혀 새로울 것이 없다. 사람들이 이미 오래전부터 물어온 질문들이다. 이런 질문들은 소위 '궁극의 의문'에 해당하거나 포함된다. 궁극의 의문이란 삶과 죽음의 의미를 다루는 의문을 가리킨다. 이는 우리 존재의 핵심을 파고드는 가장 근원적인 질문이라는 점에서 궁극적일 뿐만 아니라 가장 답하기 어려운 질문이라는 점에서도 궁극적이다.

더글러스 애덤스*Douglas Adams*의 《은하수를 여행하는 히치하이커를 위한 안내서*Hitchhiker's Guide to the Galaxy*》에서 슈퍼컴퓨터 '깊은 생각*Deep Thought*'은 수백만 년에 걸친 계산 끝에 "삶과 우주와 그 밖의 모든 것에 관한 궁극의 의문"에 대한 해답을 찾아낸다. 책을 읽은 많은 분들이 알다시피 그 답은 바로 42다. 물론 이는 정답이라기에는 무리가 있다. 우리에게 딱히 말해주는 바가 없기 때문이다. 사실상 아무런 답도 얻지 못한 것이나 마찬가지다. 책에서는 암호 같은 대답이 나온 이유를 컴퓨터를 프로그래밍한 사람들이 컴퓨터로 해결해야 할 의문이 무엇인지 전혀 파악하지 못했기 때문이라고 설명한다. 확실히 모호성과 불확실성은 이 의문에 얽힌 여러 문제 중 하나다. "삶과 우주와 그 밖의 모든 것에 관한 궁극의 의문"은 애초에 질문 자체도 아니기 때문이다. 그렇다면 우리가 그런 의문을 제기할 때 알고자 하는 것은 정확히 무엇일까? 우리가 알고자 하는 것에 따라 대답은 달라질 수 있다. '6 곱하기 7은?'과 같은 질문처럼 분명 "42"가 완벽히 합리적인 정답인 질문들도 존재한다. 물론 어떤 사람도 그런 질문이 인생 궁극의 의문이라고 생각하지 않겠지만 말이다. 그럼 대체 궁극의 의문이란 무엇일까?

* * *

궁극의 의문을 이해하는 한 가지 방법은 '목적' 측면에서 의문을 이해하는 것이다. 우리는 우리의 삶, 온 우주, 그 밖의 모든 것을 바라보면서 이 모든 것이 결국 무엇을 위해 존재하는지, 어떤 목적을 수행하는지 물어볼 수 있다. 최근에 나는 아들 아서(현재 열 살이며 성가실 만큼 똑똑한 녀석)에게 삶의 목적이 무엇이라고 생각하는지 물어본 적이 있다. 삶의 목적에 관해서는 생각할 필요도 없는 나이였다. 하지만 아서는 망설임 없이 엄청난 확신을 가지고 질문에 즉각 대답했다. 마치 자기 나름대로 이미 계산을 마치고 정답을 도출해낸 것만 같았다('깊은 생각'과 굉장히 닮았는데 속도는 훨씬 더 빨랐다). "아빠, 삶의 목적은 말이죠. 죽음이에요." 왜 그렇게 생각하는지 묻자 아서는 이렇게 답했다. "무엇이든 결국에는 죽으니까요." 그러면서 덧붙였다. "하지만 아빠, 죽음의 의미는 삶이에요. 죽음 없이는 삶도 있을 수 없으니까요."

실제로 벌어진 일이다(내가 똑똑한 녀석이라고 말했던가?). 말할 것도 없이 난 꽤나 감명을 받았다. 하지만 이번에도 내가 찾고자 하는 답은 아니었다. 아서의 답도 일리는 있었으나 여전히 틀린 답이었다. 아서가 답을 찾았다고 생각한 질문은 내가 삶의 의미를 물어보면서 실제로 물어보고자 했던 질문과는 달랐다. 풀어서 설명해보겠다. 우리가 '의미'라는 표현을 사건이나 절차의 자연스러운 종착점이라고 이해한다면 삶의 의미는 분명 죽음이 맞다. 우리가 아는 한 모든 삶은 죽음으로 끝난다. 우리 개개인을 비롯한 모든 생명체는 누구는 더 빨리 죽고 누구는 더 늦게 죽기는 하겠지만 모두 언젠가 죽는다. 더군다나 삶(적어도 지구상의 삶) 자체 역시 수백만 년 뒤의 미래라고는 할지라도 언젠가 끝나고 말 것이다. 하지만 사실 아서가 내놓은 대답에는 그보다 많은 생각이 담겨 있었다. 아서의 두 번째 대답에는 '목적'

이라는 개념이 등장한다. 삶은 물론 죽음 역시 의미를 가지고 있고 죽음의 의미가 삶이라면 '의미'라는 표현은 단지 무언가가 나아가는 지점 이상을 가리킨다는 뜻이다. 어쨌든 죽음이 자연스럽게 삶으로 끝나지는 않기 때문이다. 하지만 새로운 삶이 나타나는 데 죽음이 필수적이라고 생각할 만한 이유는 충분하다. 우리 모두는 다른 존재(우리가 삶을 이어 나가기 위해 섭취해야 하는 동식물)의 죽음에 기대어 살아간다. 게다가 살아 있는 존재들이 어느 단계엔가 죽음을 맞이하지 않는다면 새로운 삶이 어떻게 시작될 수 있을지 상상하기도 쉽지 않다. 어쩌면 이것이 살아 있는 존재가 죽는 '이유'일지도 모른다. 살아 있는 존재는 다른 살아 있는 존재가 새롭게 나타날 수 있도록 자리를 만들어주기 위해 끝을 맞이하는 것이다. 그럼 우리는 '우리가 왜 죽어야 할까?'라는 질문에 다른 이들이 살 수 있도록 우리가 죽어야 하는 것이라고 답할 수 있다. 그렇다면 이는 죽음의 '목적', 즉 죽음이 존재하는 이유가 될 수 있다. 만약 죽음의 의미가 '그런' 차원에서 삶이라고 한다면 우리는 '동일한' 차원에서 삶의 의미 역시 죽음이라고 말할 수 있다. 다시 말해 우리는 죽기 '위해' 사는 것이며 삶의 목적이 죽음이라고 이해하는 것이다.

하지만 혹시 이런 설명이 참이라 할지라도 그리고 우리가 참이라고 믿는다 할지라도 이런 설명은 여전히 삶에 관한 '궁극의 의문'이라는 까다로운 질문에 만족스러운 해답을 제공하지 못한다. 만약 우리가 죽기 위해 살고 우리 같은 존재가 살 수 있도록 죽는 것이라면 그처럼 계속 반복되는 삶과 죽음의 순환은 무엇을 위해 존재하는 것일까? 만약 삶이 죽음으로 이어지고 죽음이 삶으로 이어지는 것이라면 '이 모든 과정' 자체는 어디로 이어지는 것일까? 살고 죽는 일의 목적은 무엇일까? 우리는 우리가 사는 이유와 우리가 죽는 이유 각각은 알지라도 우리가 '살고 죽는' 이유는 아직도 알지 못한다.

더욱이 우리가 이 모든 문제를 설명할 방법을 찾아낸다 할지라도, 즉 애초에 왜 살고 죽는 일이 존재하는지 설명할 방법을 찾아낸다 할지라도 여전히 우리가 찾고자 하는 답은 얻을 수 없을 것이다. 아무리 거대하고 포괄적인 목적이라 할지라도 우리가 생각해낼 수 있는 어떤 목적도 그런 답을 제공할 수는 없다. 만약 누군가 x가 y를 위해 일어나고 y가 z를 위해 일어난다고 말한다면 나는 여전히 z가 무엇이든 간에 '그것'은 무엇을 위해 존재하는 것인지 물어볼 수 있다. 예컨대, 만물이 신의 영광을 위해 존재한다고 말한다면 신의 영광은 무슨 목적을 수행한다는 말인가? 게다가 우리가 삶뿐만 아니라 '우주와 그 밖의 모든 것'까지 고려하기 시작한다면, 그리하여 그 이유와 목적에 의문을 품기 시작한다면('왜 아무것도 존재하지 않는 대신 무언가가 존재하는 것일까?'), 우리의 의문은 더 이상 이해할 수조차 없게 된다. 존재할 수조차 없는 것, 즉 어떤 식으로인가 모든 것을 넘어서는, 모든 것 밖에 존재하는 무언가를 찾는 것이 돼버리기 때문이다.

분명 목적('무엇을 위해 존재하는가?')에 관해 물어보는 것으로는 이 이상 나아가지 못한다. 우리가 어떤 목적을 떠올린다 할지라도 언제나 그 목적은 무엇을 위해 존재하는 것인지 다시 물어볼 수 있다. 신의 영광을 위해 살고 죽는다고 말하든 세상을 더욱 다채롭고 다양하게 만들기 위해 살고 죽는다고 말하든 그 밖의 다른 어떤 목적을 제시하든 이는 삶과 죽음의 목적이 42라는 대답보다 딱히 더 만족스럽지 못하다. 문제는 우리가 삶과 죽음을, 적어도 우리 자신의 삶과 죽음이나 우리가 사랑하는 사람의 삶과 죽음을 여느 평범한 사실처럼 바라보지 못한다는 점이다. 확실히 죽음은 대개 그 이상의 무언가로 여겨진다. '도덕적'으로 불쾌한, 존재해서는 안 되지만 존재하는 무언가로 여겨진다. 따라서 죽음의 의미를 물어볼 때 사실 우리는 죽음이 어떤 목적을 수행하기 위해 존재하는지 알고 싶어 하지 않는다. 우리는 객관적인 설명을 찾으려는 것이 아니라 죽음을 합리화할 '해명'을 찾으려고 한다. 또한 우리가 죽음이 없는 삶이 존재하지 않는다는(혹은 적어도 지금까지 존재하지 않았다는) 사실을 너무나 잘 알고 있기에 삶을 생각하는 동시에 죽음을 생각하지 않는 것은 거의 불가능에 가깝다.

따라서 우리는 삶의 의미를 물어볼 때도 삶이 존재하는 '작용인*efficient cause*'이나 '목적인*final cause*'을 가지고 설명하는 것 이상의 대답을 원한다. 지구 역사상 특정 시점에 생명이 없는 물질에서 어떻게 생명이 나타났는가는 흥미로운 과학적 질문이지만 그 답을 찾는다고 해서 궁극의 의문에 관한 해답이 나오지는 않는다. 삶이 삶 자체를 넘어서는 어떤 목적을 가지고 있는지 또한 흥미로운 질문이지만 역시 궁극의 의문에 관한 해답을 제시하지는 못한다. '다만' 그 목적이 목적을 깨닫는 데까지 요구되는 모든 노력을 상쇄할 만큼 명백히 가치가 있어서 더 이상 '그것은 무엇을 위해 존재하는가?'라는 질문이 뒤따라 나오지 않는다면 말이다. 다시 말해 우리는 다른 무언가가 아니라 그 자체를 위해 존재하는 것(다른 무언가를 '위해' 존재하는 것이 아니라 그 자체로 의심의 여지없이 '좋은' 것)을 필요로 한다. 그처럼 내재적인 목적(그 자체가 곧 목적인 수단)만이 우리 인간의 죽음에 대한 도덕적 반감을 누그러뜨리거나 흐트러뜨릴 수 있을 것이다. 그런 목적만이 우리가 온전히 받아들일 수 있는 무언가일 것이다.

***

하지만 설령 죽음이 존재하지 않는다 할지라도, 즉 우리가 영원히 산다고 할지라도 여전히 우리는 삶의 목적이 무엇이냐며 같은 질문을 반복할 것이다. 이러나저러나 애초에 질문이 정확히 무엇인지 파악하는 것조차 굉장히 어렵다는 점을 고려할 때 아직 누구도 확정적인 답을 찾아내지 못했다는 사실은 전혀 놀랍지 않다. 하지만 여러 사람들이 그 답을 찾아내기 위해 노력했으며 그중에는 세계에서 가장 위대한 작가들과 철학자들이 포함돼 있다. 아르투어 쇼펜하우어, 쇠렌 키르케고르, 허먼 멜빌, 표도르 도스토옙스키, 레프 톨스토이, 프리드리히 니체, 윌리엄 제임스, 마르셀 프루스트, 루트비히 비트겐슈타인, 알베르 카뮈. 이 책은 그들이 기울인 노력에 관한 책이다. 이 작가들이 남긴 철학 및 문학 저작에서 삶의 의미와 죽음 사이의 관계는 작품의 중심 무대를 차지하고 있다. 이 책에서는 여러 개념과 목소리와 이미지를 풍성하게 엮어가며 그들의 생각이 어떠했는지 탐구하고자 한다. 그리하여 독자들이 그들 작품의 핵심 관심사를 이해하도록 돕고, 그들이 우리가 살아가는 세계가 어떤 곳인지, 그 안에서 죽음이 어떤 역할을 하는지, 삶에서 정말로 중요한 것이 무엇인지 이해하는 면에서 어떤 공통점과 차이점을 보이는지 밝혀내고자 한다.

하지만 독자들은 이 책에서나 다른 어떤 곳에서나 궁극의 의문에 대한 궁극의 해답을 찾을 수 있으리라 기대해서는 안 된다. 삶에 관한 궁극의 의문은 다른 누군가가 우리 대신 답을 해줄 수 있는 종류의 문제가 아닐지도 모른다. 책에 등장하는 대답들은 단지 세계와 세계 속 인간의 위치를 바라보는 방법을 제안하는 가설로서 읽고 이해해야 한다. 이어지는 장들에 나오는 대답이나 관점은 궁극의 의문만큼이나 지극히 개인적이다. 우리가 여러 작가들의 작품에서 발견하게 되는 것은 추상적인 이론이 아니다. 우리는 실제 사람들, 즉 숨을 쉬고 쉽게 상처받으며 삶과 죽음에 관해 생각할 때 '자기 자신'의 삶과 죽음에 관해 생각할 수밖에 없는 개인들을 발견하게 된다. 우리는 그들을 자신이 이해하고자 한 현실 속에 온전히 스며들어 살아간 '참여관찰자*participant observer*'로서 바라봐야 한다. 그들은 그들이 탐구하던 의문에 이론적, 철학적 관심뿐만 아니라 존재론적 관심 역시 가지고 있었다. 그들은 모두 자신이 죽을 운명임을 아는 채로 살아갔다. 그들은 모두 삶의 기쁨과 삶의 고통을 경험했다. 그리고 그들은 우리가 언젠가 죽게 될 것처럼 지금 모두 죽어 있다. 《왜 살아야 하는가*The Meaning of Life and Death*》는 생각과 생각을 표현하는 방식에 관한 책이기도 하지만 그만큼 사람에 관한 책이기도 하다.

이 책을 쓴다는 것은 아주 특별한 문학적·지적 모험이었다. 책에 등장하는 작가 중 몇몇은 책을 쓰기 시작한 시점에는 거의 알지도 못했다. 오랫동안 작품을 읽어보지 못한 작가들도 있었다. 하지만 그들 모두가 삶과 죽음에 관해 흥미롭고도 중요한 사실들을 말해주리라는 점 정도는 충분히 알고 있었다. 그리고 그들은 날 실망시키지 않았다. 그들의 작품을 읽고 그들에 관해 글을 쓰는 것은 보람이 넘치는 일이었다. 각 작가마다 완전히 새로운 세계를 발견할 수 있었고 잠시나마 그 세계 속에 거하면서 풍성한 보물을 발굴하고 음미할 수 있었다. 죽음이라는 주제는 읽고 쓰기에 우울한 주제처럼 느껴져야 하겠지만 나는 전혀 우울하지 않았다. 오히려 이 훌륭한 작가들과 시간을 보냄으로써 정신이 고양되는 기분을 느꼈다. 그들이 죽음에 관해 표현한 방식 덕분일까, 그들의 세계 속에서는 죽음조차 아름다운 존재처럼 느껴졌다. 표현은 중요하다. 언어 표현에서 사상을 완전히 분리해낼 수는 없기 때문이다. 표현은 의미를 드러낼 뿐만 아니라 의미를 창조하기도 한다. 표현은 이미지를 불러일으키고 이야기를 들려줌으로써 세계를 이해하도록 돕기 때문에 중요하다. 그렇기에 내가 보기에 철학과 문학은 서로 빈틈없이 섞이는 존재다. 삶의 유약함과 아름다움을, 삶의 비극성과 희극성을 절묘하게 포착하고 반영한다는 점에서 적절한 표현은 중요하다. 우리 모두는 삶에 비극과 희극이 둘 다 풍성하게 존재한다는 사실을 잘 알고 있다. 이 책은 죽음을 다루는 책이지만 동시에 삶을 찬미하는 책이기도 하다.

이어지는 장들이 비판이 아니라 탐구를 위한 것임을 기억하

자. 내가 소개하고 논의할 작가들의 작품에 관해 이미 방대한 양의 연구 문헌이 존재하지만 나는 그중 어떤 문헌도 다루지 않았다. 내가 그렇게 한 이유는 주의를 흩뜨릴 만한 요소들을 제거함으로써 작품을 있는 그대로 바라보는 가운데 내가 찾을 수 있는 것을 열린 마음으로 찾기 위해서였다. 나는 작가들이 철학이나 문학에 어떤 기여를 했는지도 평가하지 않으려 애썼으며 이따금 일관성이 떨어지는 부분이나 염려스러운 함의가 담긴 부분만을 지적했을 뿐이다. 어떤 경우든 그들이 '옳은지' 혹은 '그른지'를 판단하기보다는 그들이 '무엇'을 말해야만 했는지에 더 깊은 관심을 두었다. 사실 개인적으로 궁극의 의문에 관해서라면 옳고 그른 것은 존재하지 않는다고 생각한다.

삶이 살 만한 가치가 있는가는
삶을 사는 사람에게 달려 있다.

차례

3장

서로 복잡하게 뒤엉킨 신의 공포와 경이

허먼 멜빌 *1819~1891*

4장

더 이상 사랑할 수 없다면 그곳은 지옥

표도르 도스토옙스키 *1821~1881*

5장

피할 수 없는 모든 것의 끝

레프 톨스토이 *1828~1910*

9장

언어의 경계를 넘어서려는 가망 없는 투쟁

루트비히 비트겐슈타인 *1889~1951*

10장

세계의 부드러운 무심함

알베르 카뮈 *1913~1960*

1장

생각할 수 있는 세계 중 최악의 세계

아르투어 쇼펜하우어
1788~1860

Arthur Schopenhauer

삶의 참을 수 없는 비참함

우리가 살아가는 세계의 본성은 무엇일까? 세계는 본질적으로 좋은 곳일까, 나쁜 곳일까? 우리에게 친절한 곳일까, 적대적인 곳일까? 질서정연한 곳일까, 혼란스러운 곳일까? 통제 가능한 곳일까, 통제 불가능한 곳일까? 합리적인 곳일까, 불합리한 곳일까? 더 나아가, 우리는 그 대답을 어디서 찾아야 할까? 전통적으로 철학자들은 세계의 합리적인 측면, 인간 친화적인 측면을 강조하는 경향이 있었다. 세계가 지금과 같은 모습인 데는 합당한 이유가 있으며 그런 이유 중 하나는 세계가 인간의 욕망과 필요를 만족시켜야 하기 때문이라고 주장한 것이다. 세계는 목적을 가지고 있으며 인간은 어떤 식으로인가, 물론 늘 좋은 의미에서, 세계의 중심에 놓여 있다. 이를 확실히 하기 위해 세계 밖에는 누군가 혹은 무언가가 존재한다. 일종의 우주적 차원의 인도자나 각본이 우리로 하여금 '세계의 역사'라는 이야기의 주인공이 되도록 만든다는 것이다. 그것은 신일 수도, 세계정신일 수도, 세계를 구축하는 순수하고도 초월적인 자아, 즉 '나'일 수도 있다.

하지만 그렇다면 우리는 왜 이리도 많은 역경과 고난을 겪어야 하는 것일까? 끔찍한 질병과 전염병과 자연재해가 왜 이리도 자주 일어나서 무고하다는 수많은 사람들의 삶을 망쳐 놓는 것일까? 우리는 왜 계속 전쟁을 치러서 수백만 명의 사람들을 불구로 만들거나 죽음에 이르게 하는 것일까? 우리는 왜 끊임없이 서로에게 상처를 주는 것일까? 그리고 우리는 왜 늙고 죽는 것일까? 간단히 말해 물리적으로나 도덕적으로나 세계에는 왜 이리도 많은 악이 존재하는 것이며 어떻게 이런 세계에 일반적인 목적이 존재한다고 주장할 수 있는 것일까?

물론 어떤 사실을 특정한 주장에 부합하도록 '만드는' 방법은 언제나 존재한다. 어떤 사실이 겉으로는 모순처럼 보일지라도 철학자는 기발한 상상력을 발휘해 거의 매번 그런 모순을 해소할 방법을 찾아내고야 만다. 예를 들어 독일의 철학자 고트프리트 빌헬름 라이프니츠*Gottfried Wilhelm Leibniz*는 《변신론*Theodicy*》(1710)에서 신이 정말 전능하고 지선하다면 세계가 눈에 보이는 것처럼 악할 리가 없다는 꽤나 합리적인 비난에 대응하여 신이 능력에 한계가 없는 자애로운 존재라는 일반적인 신학 개념을 변호한다. 세상에 이토록 많은 악과 고통이 존재하며 그중 대부분이 거의 누가 봐도 부당하다는 사실을 고려할 때 신은 분명 그에 대해 아무런 조치를 취할 수 없을 만큼 허약한(즉 전능하지 않은) 존재이거나 인류에게 관심이 없는(즉 지선하지 않은) 존재인 것만 같다. 하지만 라이프니츠는 그런 결론이 부당하다고 주장한다. 우선 우리가 특정한 일들이 왜 일어나는지, 거기서 어떤 좋은 결과가 나올 수 있는지 거의 알지 못하기 때문이며, 또한 가장 강력한 존재라 할지라도 논리적 가능성이라는 제약을 벗어날 수는 없다고 보는 것이 합리적이기 때문이다. 다시 말해 신이라 할지라도 두 마리 토끼를 다 잡을 수는 없다. 예컨대 신은 사람들이 자유의지를 가지고 있으면서도 악을 행할 능력은 없는 세계를 창조하거나, 두려워할 일이나 유혹당할 일이 없으면서도 사람들이 두려움이나 유혹을 극복함으로써 자신의 가치를 증명할 수 있는 세계를 창조할 수는 없다. 더 큰 선이 실현되기 위해서는 세계에 특정한 결함이 존재할 수밖에 없으며, 인간의 이해에는 한계가 있기 때문에 겉으로 보기에 악한 일이 '어떤' 더 큰 선으로 이어질지도 때때로 불명확할 수 있다. 그러므로 이 세상에 온갖 종류의 악이 존재한다고 해서 신이 악을 막을 수 없었다거나 막기를 원치 않았다고 결론 내릴 필요는 없다. 단지 모든 측면을 고려했을 때 지금 우리가 실제로 살고 있는 세계보다 '더 나은' 세계를 생각할 수 없었던 것일 수 있다.

그렇다면 우리는 계속해서 신이 늘 최선을 바라며 최선을 다한다고 가정할 수 있다. 설령 세계가 완벽하지는 않을지라도 '생각할 수 있는' 세계 중 최선의 세계일 수는 있기 때문이다. 분명 신이 내리는 어떤 선택들은 가혹하게 느껴질 수밖에 없다. 하지만 우리가 그 근거를 매번 이해할 수 있는 것은 아니라 할지라도 우리는 신이 진심으로 우리의 최선을 바라면서 그런 선택을 내렸다고 확신할 수 있다. 바꿔 말해, 우리는 더 나은 세계를 기대할 수 없고 따라서 불평

할 이유도 없다. 세계는 이미 좋은 상태이거나 가능한 한 최선의 상태이기 때문이다.

세상이 명백히 불완전하다는 사실에 대한 라이프니츠의 낙관적인 해석은 그 해석을 받아들이는 데 있어 크나큰 믿음이 필요하다는 문제를 가지고 있다. 신이 전능하고 지선하다는 '가정' 하에 논리를 전개한다면 분명 이 세계가 수많은 결함에도 불구하고 '생각할 수 있는 세계 중 최선의 세계'라는 결론이 따라 나올 수밖에 없다. 다른 합리적인 결론을 상상할 수 없기 때문이다. 하지만 우리가 세계에 관해 알고 있는 사실들을 바탕으로 생각한다면 세계가 전능하고도 무한히 선한 존재에 의해 창조되었다고 '추론'하기란 쉽지 않다. 물론 세계에 악이 존재한다는 사실이 전능하고 지선한 신이 존재한다는 사실과 양립할 수는 있다. 하지만 제정신인 사람 중 어떤 사람도 인간의 삶을 병들게 하는 온갖 종류의 악과 인간(그리고 다른 피조물들)이 겪는 광범위한 고통을 숙고해보고 '그러한 기초 위'에서 세계에 한없이 강하고 한없이 선한 존재가 있다는 결론을 진심으로 도출하기는 어려울 것이다. 그러한 결론은 경험 이외의 것으로부터 추정하거나 추론해야 한다. 하지만 우리가 그처럼 믿음에 기반을 둔 가정 대신 우리의 '경험'을 시작점으로 놓고 세계의 본성을 탐구한다면 완전히 다른 결론이 나타난다. 바로 이 세계가 생각할 수 있는 세계 중 최선의 세계가 전혀 아니라는 결론 말이다. 오히려 정반대다. 세계는 여러 측면에서 정말 끔찍한 곳이다.

이런 결론의 기반은 프랑스 철학자 볼테르*Voltaire*가 놓았다. 볼

테르는 1762년에 소설《캉디드 혹은 낙관주의*Candide: Or, the Optimist*》를 발표했다. 소설에 등장하는 순진한 주인공은 차례차례 재난을 마주치면서 인간이 겪는 광범위한 종류의 고난을 목격하게 되고 이는 세계가 본질적으로 선하다는 그의 믿음을 아주 가혹한 시험에 처하게 한다.《캉디드》는 더 큰 선, 가장 큰 선을 실현하기 위해 악이 필요하다고 주장함으로써 악의 사악함을 합리화하려는 라이프니츠의 노력을 가차 없이 풍자한다. 볼테르가 생각하기에 세계가 본질적으로 괜찮은 상태라고 믿는 것은 터무니없고 위험하기까지 한 태도이며 세계가 이보다 더 괜찮아질 수 없다고 믿는 것은 그보다도 더 터무니없고 위험한 태도다. 그러한 믿음은 안주하는 태도를 불러올 뿐이고, 악의 존재가 필수적이며 따라서 바꿀 수 없다고 전제한다는 점에서 악과 공모하는 것이나 다름없다. 볼테르는 세계가 지금 상태보다 더 나아질 수 없다고 믿기를 거부한다. 그 대신 개선의 가능성과 바람직성을, 세계를 더 나은 곳으로 만들 수 있는 인간의 능력을 믿는다. 적어도 그런 면에서는 볼테르 역시 낙관주의자다.

반면 우리가 지금부터 살펴볼 독일 철학자 아르투어 쇼펜하우어는 낙관주의자가 아니었다. 쇼펜하우어는 세계가 생각할 수 있는 세계 중 최선의 세계라고 주장한 라이프니츠든 피히테, 셸링, 헤겔 등 존재하는 모든 것에 이성(당시 철학자들이 받아들이기로는 일종의 자율적이고 자족적인 주체로서의 이성, 즉 대문자 'R'로 시작하는 이성)이 실재하고 작용한다고 생각했던 칸트 이후의 독일 이상주의자들이든 독자들에게 궁극적으로는 모든 것이 괜찮다고 설득하려는 사람들을 경멸하고 또 혐오했다. 그리고 쇼펜하우어는 볼테르와 달리 인간이 세계를 더 나은 곳으로 만들 수 있다고 생각하지도 않았다. 쇼펜하우어가 보기에 세계는 지극히 나쁜 곳이며 그렇다고 그에 대해 우리가 할 수 있는 일이 존재하는 것도 아니다. 사람들이 살면서 경험하는 고통과 고난은 삶의 우연적인 특징이 아니다. 고통과 고난은 삶 곳곳에 만연하며 삶의 본질 가운데 속한다(결국 삶이란 존재해서는 안 될 무언가라는 뜻이다). 우리가 살면서 커다란 재앙을 피해 갈 만큼 운이 좋다고 하더라도, 즉 우리가 다른 많은 사람들이 겪는 질병, 사랑하는 사람의 죽음, 자연재해, 착취, 궁핍 등을 겪지 않을 만큼 운이 좋다고 하더라도 우리의 삶은 남들보다 아주 조금 더 나을 뿐이다. 삶은 회피 가능한 범위 내에서 우연히 고통을 수반하지 않는다. 근본적으로, 필수적으로 고통을 수반한다. 모든 삶은 본질적으로 고통 그 자체다.[1] 욕구와 욕망이라는 역학이 인간을 구조적으로 쉼 없이 분투하게 만들기 때문이다.

인간은 존재하는 한 끊임없이 갈구한다. 산다는 것은 욕망한다는 것이고 모든 욕망은 부재(혹은 부재한다고 느끼는 것)를 전제한다. 우리는 우리가 원하는 것을 얻지 못하는 한 부재 때문에 고통을 겪는다. 원하는 것을 얻으면 다시 다른 무언가를 갈구한다. 우리가 더 강렬히 욕망하면 할수록 우리가 겪는 고통은 더 커진다. 하지만 욕망하지 않는 것 역시 실행 가능한 선택지는 아니다. 첫째로는 인간 일반에게 욕망하지 않는 능력이란 존재하지 않기 때문이며 둘째로는 특정한 욕망의 부재 역시 나름의 고통을 수반하기 때문이다. 아무것도 욕망할 것이 없다면 권태가 시작된다. 이는 심지어 욕망(충족된 욕망은 더 이상 욕망이 아니므로 욕망은 언제나 충족되지 않은 상태다)보다도 훨씬 더 고통스럽다. 권태는 우리로 하여금 존재의 공허함을 마주하게 하며 이는 도저히 견딜 수 없는 상태이기 때문이다. 아이러니하게도 우리는 그저 존재하기를, 더 나아가 계속해서 존재하기를 갈구하지만 마침내 존재를 온전히 확보하여 아무것도 갈구할 것이 남지 않게 되면 자기 존재를 가지고 무엇을 해야 할지 전혀 알지 못하게 된다. 따라서 우리는 다시금 존재를 느끼지 못하는 상태가 되기 위해 주의를 돌릴 만한 대상을 찾아 시간을 때우려고 애쓴다.[2] 권태는 욕망하는 상태보다도 훨씬 더 끔찍하다. 권태는 손쉽게 우리를 절망에 이르게 하며 심지어 목숨을 끊도록 만들기도 한다. 욕망이라는 고통과 권태라는 고통 사이에서 우리가 바랄 수 있는 최선은 뚜렷한 수준의 고통으로부터 일시적으로 매우 짧게나마 벗어나는 것이다. 우리는 이처럼 일시적인 고통의 유예를 가리켜 '행복'이라 부른다. 결국 행복이란 잠깐이나마 고통이 상대적으로 부재한 상태에 지나지 않는다.

우리가 처한 상황이 이와 같다면 세계는 참으로 끔찍한 곳이다. 세계는, 라이프니츠가 설득한 것처럼 생각할 수 있는 세계 중 최선의 세계이기는커녕, 생각할 수 있는 세계 중 '최악'의 세계라고 말할 수 있을 정도다. 지금보다 더 끔찍한 세계는 존재할 수조차 없을 것이기 때문이다.[3] 인간의 존재는 너무나도 불안정하며 너무나도 많은 조건에 의존해 있기 때문에 약간의 사소한 변화(예컨대 몇 도 수준의 지구온난화)만 주어지더라도 낭떠러지 아래로 떠밀려 사라질 것이다.

우리는 끊임없이 죽음의 공격을 막아내면서 잠시 동안만 살아 있을 뿐이다. 삶이란 부존재*non-existence*에 맞선 끝없는 투쟁이다. 더 중요한 점으로 삶이란 우리가 승리할 수 없는 투쟁이다. 결국에는 부존재가 우리 모두를 기다리고 있기 때문이다(물론 삶이 무엇인지 고려했을 때 삶이 결국 끝난다는, 그것도 꽤 빨리 끝난다는 사실은 가장 좋은 일일지도 모른다).[4]

상황이 이다지도 끔찍하기 때문에 통상적인 이상주의적 가정에 따라 삶이 바람직한 조건을 가지고 있으며 그것의 목적이 행복이라고 주장하는 것은 완전히 기이한 주장일 것이다. 쇼펜하우어가 보기에 인간이 행복하기 위해 존재하지 않는다는 사실은 꽤 명백하다. 만약 인간이 무언가를 위해 이 세계에 존재한다고 한다면, 다시 말해 인간의 삶에 목적이라는 것이 있다면 그것은 가능한 한 고통을 겪다 죽는 것이라고 하는 쪽이 훨씬 더 그럴듯하며 우리의 개인적인 인생 경험 및 지식에도 부합할 것이다.[5] 그렇다면 문제는 우리가 왜 그래야 하느냐는 것이다.

끔찍한 소음이 들리는 철학

열일곱 살에 전문적인 교육도 받지 않은 나는 부처가 어린 시절에 질병, 늙음, 고통, 죽음을 목격했을 때처럼 삶의 고통에 깊이 매료되었다. 세계가 나에게 명백히 밝혀준 진리 덕분에 나는 이윽고 내 속에 깊이 뿌리 박혀 있던 유대교 교리를 극복할 수 있었다. 그리고 나는 이 세계가 무한히 선한 어떤 존재의 작품이 아니라 피조물이 고통을 겪는 광경을 한껏 즐기기 위해 피조물을 세상에 존재하게 한 악마의 작품임에 틀림없다고 결론 내렸다.[6]

쇼펜하우어는 삶의 고통(크기와 지속성을 고려했을 때 마치 의도된 것 같은 고통)을 예리하게 느끼는 감각 덕분에 처음에는 단치히(오늘날의 그단스크)에서, 나중에는 함부르크의 북적한 상업 도시에서 잘나가던 상인의 아들이었던 자신의 어린 자아가 철학자로 뒤바뀌었다고 생각했다. 쇼펜하우어는 본래 아버지의 발자취를 따라 일하다 회사를 물려받을 계획이었지만 17세에 아버지가 사망하면서(자살로 추정된다) 수습을 관뒀으며 그 대신 철학을 공부하기 시작했다. 처음에는 괴팅겐대학에서 칸트 비평가인 슐체의 지도하에, 이후에는 베를린대학에서 요한 고틀리프 피히테—쇼펜하우어가 나중에 "허풍쟁이"라고 폄하하는 인물[7]—와 신학자이자 해석학의 창시자인 프리드리히 슐라이어마허의 지도하에 철학을 공부했다. 쇼펜하우어는 1818년, 30세의 나이에 자신의 대표작이자 걸작을 발표했다. 철학사상 진정한 의미에서 위대한 책 중 하나라고 할 수 있는《의지와 표상으로서의 세계*The World as Will and Representation*》였다. 쇼펜하우어 자신도 위대한 책이라는 사실을 알고 있었다. 안타깝게도 당시 다른 사람들은 그 사실을 깨닫지 못했다. 자신감 넘치던 쇼펜하우어는 자신의 저서가 대성공을 거두리라 기대했으나 기대는 현실화되지 않았다. 약 30년이 지나 1844년에 개정판이 출간되고 나서야 사람들은 책에 주의를 기울이기 시작했다. 하지만 대중은 쇼펜하우어의 작품과 천재성을 지나치게 뒤늦게 알아봤다. 결국 대중으로부터 인정을 받았을 때 쇼펜하우어는 이미 모질고 무뚝뚝하며 고집이 세고 인간을 혐오하는 노인이 돼 있었다. 그럼에도 새로운 세대의 사상가들로부터 마침내 인정과 존경을 받은 마지막 10여 년의 삶은 쇼펜하우어의 인생에서 가장 행복한 기간이었을지 모른다. 오래도록 인정을 갈구했지만 모두 허사였던 쇼펜하우어가 더 이상 인정을 받지 못해 고통을 겪을 필요는 없었기 때문이다.

그 외에 어떤 면으로 보나 쇼펜하우어의 삶은 절대 나쁜 삶이 아니었다. 쇼펜하우어는 아버지로부터 평생 다 쓰지 못할 어마어마한 돈을 물려받았으며 그 덕분에 자신이 원하는 대로 시간을 보낼 수 있었다. 물론 보수가 주어지는 교수 자리를 얻으려고 여러 차례 시도했음에도 모두 실패하기는 했지만, 굳이 생계를 위해 일할 필요도 없었다. 수많은 사람들을 파산시키고 파멸시킨 나폴레옹 전쟁을 겪고도 아무런 피해를 입지 않았다. 1831년 베를린에 창궐한 콜레라가 최고의 적수인 헤겔의 목숨을 앗아갔을 때도 쇼펜하우어는 살아남았으며 베를린을 떠나 프랑크푸르트에 자리를 잡은 뒤에도 여생을 꽤나 편안하게 보냈다. 때때로 자신의 인생이나 소유물을 두고 염려한 적은 있었을지 몰라도 어쨌든 극복해냈다. 하지만 결코 행복하지는 않았다. 우리로서는 잘된 일인데 만약 쇼펜하우어가 행복했다면 《의지와 표상으로서의 세계》가 세상에 나오지 않았을 것이기 때문이다. 그런 책을 써야 할 이유가 전혀 없었을 것이다. 쇼펜하우어가 보기에 진정한 철학이란 인간의 필멸성을 이해하고 직접적으로나 간접적으로 고통을 경험하는 것에서부터 시작된다.[8] 행복한 사람들, 다시 말해 삶에 아무런 문제의식이 없고 세상에 만연한 온갖 고통과 인간 존재의 유한함을 거의 의식하지 못하는 사람들은 철학을 하지 않는다. 그런 사람들은 세계가 왜 이런 식으로 존재하는지 이유를 묻지 않는다. 그들은 삶에 관해 딱히 생각하지 않은 채 그저 자신의 삶을 살아갈 뿐이다. 물론 세상에는 철학이라 불리지만 세계가 괜찮기만 하지는 않다는 사실을, 어떤 것들이, 아니 굉장히 많은 것들이 우리가 바라는 대로 존재하지 않는다는 사실을 거의 의식하지 못하는 철학이 아주 많이 있다. 쇼펜하우어 입장에서 그런 "철학"은 전혀 철학이라고 할 수 없으며 말장난에 지나지 않는다. "책장을 넘기는데 눈물이 떨어지는 소리, 울며 이를 가는 소리, 서로가 서로를 죽이는 끔찍한 소음이 들리지 않는다면 그것은 철학이 아니다."[9]

따라서 근본적으로 철학적 궁금증이란 단지 지적 호기심에 불과한 것이 아니라 도덕적 분노에 해당한다. 철학적 의문은 세계가 응당 그래야 하는 모습이 아니라는 사실을 지각하는 데서 기인한다. 인간은 물론 살아 있는 모든 생명체가 가끔씩도 아니고 꾸준히 온갖 고통을 겪어야 한다는 사실과 세대를 거듭할 때마다 온갖 살육과 죽음이 끊이지 않고 맹목적으로 무분별하게 반복된다는 사실은 우리가 그냥 지나칠 수 있는 사실들이 아니다. 철학자로서 우리는 문제를 인정한 뒤 무슨 일이 벌어지고 있는 것인지, 거기에 어떤 '의미'가 있는 것인지 이해하고자 애써야 한다. 그러지 않고 아무런 문제가 없는 척, 모두 괜찮은 척하는 것은 지적으로 솔직하지 못한 태도일 뿐만 아니라 도덕적으로 타락한 태도다. 하지만 대다수 사람들의 삶이 굳이 온갖 고생을 감수하면서까지 살 가치가 있을까 싶을 만큼 너무나도 따분하고 무의미해 보이다 보니 상황을 이해하기란 굉장히 까다롭다.

> 대부분 사람들의 삶은 밖에서 보기에는 믿기 힘들 만큼 공허하고 무의미하게 흘러가고 안에서 느끼기에는 믿기 힘들 만큼 따분하고 무의식적으로 흘러간다. 마치 죽음에 이르기까지 희미한 갈망을 품은 채 인생의 네 단계를 절뚝거리며 비몽사몽 나아가는 것과 같다. 그 가운데에는 시시한 잡념이 이어질 뿐이다. 그들의 삶은 태엽이 감겨 이유도 모른 채 움직이는 시계 장치와 같다. 인간이 생겨나고 태어날 때마다, 이미 셀 수 없이 많이 들어본 낡은 이야기를 또다시 반복하기 위해 인생 시계에는 새롭게 태엽이 감긴다.

그럼에도 각각의 삶은 오래도록 두려움의 대상이었던 수많은 고통과 쓰디쓴 죽음을 감내해야 한다.[10] 이런 상황은 도저히 납득이 가지 않는다. 완전히 무의미해 보이는 무언가에 왜 그리도 많은 투자를 한다는 말일까? 이처럼 안타깝고 터무니없는 세상 상태를 볼 때 세계의 근본에 지혜롭고 자애로운 신이 존재한다거나 어떤 식으로든 세계가 합리적으로 구상되고 고안되었다고 주장하기란 힘들어 보인다. 하지만 만약 그렇지 않다면 세계는 무엇이란 말인가? 본질적으로 모든 생명이 마땅히 보답도 받지 못한 채 고통을 겪다 죽을 운명이라는 사실은 세계의 진정한 본성에 관해 무엇을 말해줄까?

세계의 진정한 본성과 우리 존재의 핵심

쇼펜하우어는 임마누엘 칸트의 '순수이성 비판'과 칸트의 사상 중 가장 근원적이라고 생각되는 통찰을 지지함으로써 세계의 본성을 탐구하기 시작한다. 그 통찰이란 바로 세계가 우리에게 결코 실제 존재하는 그대로 나타나지 않으며 항상 중재된 형태로 나타난다는 점이다. 우리는 우리가 인식하는 사물과 절대 직접적인 관계를 맺지 않는다. 우리가 사물을 인식하는 방식은 우리의 지각과 인식이 작동하는 방식에 의해 결정되므로 우리가 인식하는 대상은 사물의 본성을 반영하는 만큼이나 우리 자신의 본성을 반영하게 된다. 우리가 세계에 관한 지식을 갖기 위해서는 세계가 우리에게 어떤 식으로인가 나타나야만 하므로 우리가 지각하고 말하고 생각할 수 있는 모든 것은 '우리에게 나타난 대로'의 세계다. 따라서 우리는 현상 너머의 세계가 '실제로' 어떤 모습인지 절대 알 수 없다. 그저 우리에게 나타나는 모습만을 알 뿐이다. 칸트가 말하는 물자체*thing-in-itself*는 미지의 상태로 남는다.

쇼펜하우어가 칸트의 입장을 전적으로 지지한다는 사실이 《의지와 표상으로서의 세계》 바로 첫 문장에서부터 드러난다.

> '세계는 나의 표상*representation*이다' — 이는 모든 살아 있는, 세계를 인식하는 존재에 적용되는 진리다. 물론 오직 인간만이 이를 반성적으로, 추상적으로 의식 속에 떠올릴 수 있으며 실제로 그렇게 하는 인간은 철학적인 지혜를 획득한 것이다. 이때 그 인간은 자신이 태양과 대지를 아는 것이 아니라 단지 태양을 보는 눈과 대지를 느끼는 손을 가지고 있을 뿐이라는 사실을, 자신을 둘러싸고 있는 세계가 오직 표상으로서만 존재한다는 사실을, 다시 말해 세계가 다른 무언가, 즉 표상하는 자인 인간 자신과 관계함으로써만 존재한다는 사실을 깨닫게 된다.[11]

이제 세계가 우리에게 자신을 드러내는 방식을 살펴보자. 그러면 우리는 몇몇 특징들이 실제 존재하는 모든 세계의 표상에는 물론 생각할 수 있는 모든 세계의 표상에도 보편적으로 나타날 만큼 널리 퍼져 있다는 사실을 쉽게 확인할 수 있다. 그 특징이란 우리가 무엇을 바라보든 그것이 항상 '시간'과 '공간' 속에 존재하며 어떤 식으로인가 다른 사물이나 사건과 '인과적'으로 연결되어 있다는 점이다. 그렇지 않은 대상은 상상조차 할 수 없다. 따라서 칸트가 주장했고 쇼펜하우어가 전적으로 동의했듯이 우리는 우리 경험의 가장 일반적인 특징이 경험의 '대상'이 아니라 애초에 그런 대상이 나타나도록 허락하는 주관적인 조건임을 상정해야 한다. 다시 말해 시간과 공간과 인과성은 우리 경험의 '내용'이 아니다. 저기 밖에서, 즉 아마도 존재할 외부 세계에서 발견할 수 있는 사물이나 사물의 측면이 아니라는 뜻이다. 오히려 시간과 공간과 인과성은 경험의 '형식'과 관련돼 있다. 하지만 이를 바꿔 말하면 세계가 실제로 무엇이든 간에 세계가 본질적으로 그런 조건들에 종속돼 있지 않다고 상정해야 한다는 말이다. 따라서 실제 세계는 모든 인과관계로부터 자유롭고 공간성을 부여받지 않으며 무엇보다도 시간에 한정되지 않는다.

물론 칸트라면 그런 식으로 설명하지 않았을 것이다. 칸트 입장에서는 이론적 목적에서나 실용적 목적에서나[12] 우리에게 나타나는 세계가 곧 실제 세계였다. 어쨌든 우리에게 나타나는 세계만이 우리가 알 수 있는 세계이며 따라서 우리가 관심을 가져야 할 유일한 세계이기 때문이다. 반면 쇼펜하우어는 세계가 우리에게 나타나는 방식이 세계가 실제로 존재하는 방식은 아니라는 점을 명확히 구분한다. 현상은 우리를 속인다. 현상은 환상을 불러일으킨다. 우리의 삶—우리가 살아간다고 '생각'하는 삶—은 꿈과 굉장히 흡사하다. 다만 일반적인 방식으로는 깨어날 수 없는 꿈일 뿐이다. 하지만 세계가 우리의 표상이라는 점을 이해하고 나면, 세계가 궁극의 현실이 아니라는 점을 이해하고 나면 우리는 자연스럽게 우리 눈에 보이는 온 세계가 무슨 '의미'를 갖고 있는지 알고 싶어 한다. 칸트는 이 질문에 딱히 관심이 없었던 것으로 보인다. 쇼펜하우어는 분명 관심이 있었다. 사실 쇼펜하우어에게 이 질문은 정말로 중요한, 유일한 질문이었다. 우리에게는 그런 질문을 물어볼 만한 충분한 이유가 있다. 온갖 고통과 고난으로 가득한 우리 삶의 본성이 불만족스러울 뿐만 아니라 세계가 어떤 곳인지에 관한 논의가 이 지점에서 마무리돼서는 안 된다고 느끼기 때문이다. 우리가 실제 세계라고 생각했던 곳이 사실 표상에 불과함에도 우리는 왜 삶을 이처럼 진지하게 받아들이는 것일까? 실제 세계가 아님에도 왜 세계는 이처럼 진짜같이 느껴지는 것일까? 혹시 세계에 표상 '이외'의 무언가가 있기 때문은 아닐까? "우리는 그런 표상들이 무엇을 의미하는지 알고 싶어 한다. 우리는 이 세계가 그저 표상에 불과한 것인지, 그리하여 무의미한 꿈이나 허깨비 같은 망령처럼 우리가 주목할 만한 가치도 없이 지나가는 것인지, 아니면 혹시 다른 무언가, 표상을 넘어서는 무언가는 아닐지, 만약 그렇다면 그것은 무엇일지 질문을 던진다."[13]

그러나 문제는 우리에게 나타나는 세계를 넘어서는 것이 불가능해 보인다는 점이다. 충분히 "다른 무언가"가 존재할 수 있지만 우리는 그것이 무엇인지 절대 알 수 없다. 칸트가 취한 입장이 바로 그러했다. 하지만 쇼펜하우어는 우리가 이 문제를 비껴갈 수 있는 방법이 있다고 생각했다. 우리가 계속해서 외부에서 사물을 바라본다면 분명 우리는 세계의 숨겨진 본성에 다가갈 수 없다. 외부에서 바라보지 않고서는 절대다수의 사물을 바라볼 수 없기 때문에 대다수의 사람들이 그런 방법을 취하고는 한다. 하지만 우리가 다른 방식으로, 다시 말해 비표상적인*non-representational* 방식으로 접근할 수 있는 사물이 하나 있다. 외부에서는 물론 내부에서도 알고 있는 사물 말이다. 우리는 그 사물이 '된다는 것'이 어떤 일인지 잘 알고 있다. 그 사물이란 바로 우리의 '몸'이다.

우리의 몸은 여러 사물들 중 하나의 사물로서 인식될 뿐만 아니라 우리 존재가 머무는 자리로서 인식되기도 한다. 우리는 몸을 가지고 있지만 우리가 바로 그 몸이기도 하다.[14] 그리고 바로 그 몸을 통해 우리는 세계에 관한 지식을 얻으며 애초에 세계에 존재한다. 그렇다면 몸속에서 그리고 몸을 통해 살아가는 우리는 어떤 존재일까? 데카르트가 주장하는 '생각하는 존재'는 아니다. 적어도 핵심적인 부분은 아니다. 그 대신 우리는 다양한 욕구와 충동에 따라 모든 행동을 수행하고자 하는 존재다. 그런 욕구와 충동 가운데 배고픔과 목마름과 욕정이, 두려움과 희망이, 애착과 싫증이, 사랑과 혐오가, 고통을 피하고 쾌락을 찾고자 하는 욕망이, 마지막으로 특히 가능한 한 오래 생명을 유지하고 죽음을 연기함으로써 그저 존재하고자 하는 순수한 욕망이 있다. 이런 존재론적 욕구가 우리 존재의 핵심이며 모든 사고 활동과 반성적 의식은 말 그대로 사후의 생각에 지나지 않는다. 그렇다면 이 모든 욕구는 무엇이란 말일까? 쇼펜하우어는 이를 "생의지*will to life*" 혹은 그저 "의지*will*"라 부른다.[15] 그러므로 우리는 표상 세계의 일부이기도 하지만 동시에 더욱 근본적으로는 '의지'이기도 하다. 몸은 의지의 외적 표상에 지나지 않는다. 몸의 내적인 모습이 의지인 것처럼 의지의 외적인 모습이 몸인 셈이다.

그런데 우리가 표상인 것에 더해 의지이기도 하다면 우리는 우리의 진정한 본성에 관한 이런 지식을 사용해 다른 모든 사물의 진정한 본성 역시 이해할 수 있지 않을까? 만약 '우리'가 본질적으로 의지라면 아마 '다른 모든 것' 역시 본질적으로 의지일 것이다. 달리 무엇일 수 있겠는가? 결국 우리가 알고 있는 것은 그리고 우리가 알 수 있는 것은 의지와 표상밖에 없기 때문이다. 따라서 세계란 의지와 표상이며 세계의 내적 본질은 의지에 지나지 않는다.

고통과 죽음 속에서 신뢰할 만한 위안

쇼펜하우어가 물자체와 의지를 동일시한 것이 모순을 일으키지 않는가에 대해서는 깊이 관여하지 않고자 한다. 물론 여기에는 확실한 문제가 있다. 의지 역시 그 자체로서가 아니라 표상으로서만 파악될 수 있기 때문이다. 물론 쇼펜하우어도 그 점을 알고 있었으며 실제 의지가 우리에게 나타나는 의지와는 다르다고 안심시킨다. 이로써 자연 세계에 나타나는 맹목적인 힘(예컨대 중력)이 어떻게 "의지"가 될 수 있는가가 설명이 되기는 하지만 여전히 문제는 해결되지 않는다. 설령 우리 자신이 의지가 될 수 있다는 것을 알고 있다고 한들 우리가 알고 있는 의지가 그 자체로서의 의지가 아니라면 우리는 어떻게 그것이 여전히 의지임을 확신할 수 있을까? 우리가 이해하고 이름을 붙인 다른 모든 것도 마찬가지다.

쇼펜하우어의 주장은 다소 의구심을 불러일으키기는 하지만 우리의 삶이 궁극적으로 왜 이리도 무의미해 보이는지를 설명하는 면에서는 확실히 도움이 된다. 그것이 쇼펜하우어가 의도한 것이기도 했다. 우리의 삶이 무의미해 보이는 이유는 우리의 삶이 무의미하기 때문이다. 세상에 벌어지는 일에는 어떤 종합적인 계획이나 합리적인 구상도 반영돼 있거나 실현돼 있지 않다. 그 대신 세계의 중심에는 맹목적이고 강력하지만 전적으로 우둔하고 목적도 없는 분투가 이루어지고 있다. 계속해서 존재하는 것 외에는 무엇을 바라는지도 모르는 채 하염없이 바라기만 하는 것이다. 우리가 아는 세계에는 이런 사실만이 반영돼 있다.

이 가설은 우리의 삶이 흘러가는 방식과 세계가 작동하는 방식을 설명하는 면에서 탁월하다. 이런 설명력이 가설을 지지하는 핵심 근거이자 가설을 검증하는 데 필요한 모든 근거다. 모든 사물의 중심에 끝없는 의지의 분투가 존재한다는 사실을 이해하는 순간 모든 것이 맞아떨어지기 시작한다. 마치 알 수 없는 언어로 된 메시지를 읽지 못해서 혼란을 겪다가 마침내 해결의 실마리를 찾은 것과 같다. 이제 메시지를 읽을 수 있고 모든 것이 완벽히 이해되는 것을 보니 알맞은 실마리를 찾은 것이 분명하다.[16] 모든 고통은 의지가 의지를 발휘한다는 사실에서 나타난다. 의지는 아무 조리도 이유도 없이 쉬지도 않고 만족할 줄도 모르는 채 생존과 우위를 점하기 위해 자기도 모르는 사이에 자신과 싸운다. 마치 정신 나간 개가 자기 꼬리를 공격하는 것과 같다. 그렇다면 우리 존재에는 아무런 목적이 없다. 우리 존재는 어떤 고등한 목표도 수행하지 않는다. 목적지도 없이 그냥 존재한다. 우리가 무엇을 위해 존재하게 됐는지 이해할 수 없는 것도 놀랄 일이 아니다. 우리는 의지가 의지를 발휘하기 때문에, 그리고 우리가 의지의 수많은 표상 중 하나이기 때문에, 즉 의지가 스스로를 인식하는 한 가지 방식이기 때문에 존재한다. 그걸로 끝이다.

하지만 세계가 왜 이토록 불합리한 것인지, 세계가 불행히도 세상에 태어난 사람들에게 왜 이토록 많은 고통을 가져다주는 것인지 답을 얻었음에도 세상 상태가 우리에게 불러일으키는 '도덕적 분노'는 달래지지 않는다. 세상 상태가 왜 이러한지, 세상에 왜 이렇게 많은 고통이 존재하는지는 이해했을지 모르지만 세계가 응당 '그래야만 하는' 모습이 아니라는 사실은 변하지 않는다. 세계는 여전히 나쁜 곳이며 우리는 세계가 좋은 곳이기를 바란다. 아니면 적어도 '공정'한 곳이기를, '도덕적'으로 납득이 가는 곳이기를, 아무런 희망이 없는 곳이 아니라 '나름'의 이유를 가지고 있는 곳이기를 바란다. 끝없이 이어지는 것처럼 보이는 삶과 죽음의 굴레, 생산과 파괴의 굴레는 "너무나도 불합리해 보여서 세계의 진정한 질서일 리가 없으며 그보다는 진정한 질서를 숨기는 껍데기 혹은 더 정확히는 인간 지성의 구성에서 기인한 현상"임에 틀림없다.[17] 세상 상태가 왜 이러한지 혹은 세상 상태가 왜 이래 보이는지 그럴듯한 설명을 제시하는 것만으로는 충분하지 않다. 물론 의지 가설이 그런 설명을 제공하기는 한다(지혜롭고 자애로운 창조자나 합리적인 세계 이성이 존재한다는 가설은 그런 설명을 제공하지 못한다). 하지만 의지 가설은 불합리성을 떨쳐내지 못한다. 우리가 평생을 살아 있으려고 애쓰다가 결국 죽는다는 사실은 여전히 불합리하다. 마치 정신이 나간 우주적 시시포스처럼 자연이 결국 소멸하고 말 대상에 그렇게나 많은 노력을 한 번도 아니고 끊임없이 투자한다는 사실은 불합리하다. 세계가 그저 살아 있다는 것 외에는 아무것도 바라지 않으며 바로 그 이유 때문에 서로 죽을 때까지 싸우는 존재들로 가득 차 있다는 사실은 불합리하다. 이 모든 사실들은 너무나 부조리하고 불합리하며 도덕적으로 불쾌해서 도저히 실제로 벌어지고 있는 일이라고 믿을 수 없다. 이를 납득하기 위해서는 세계가 지금처럼 불합리한 모습인 이유를 설명하는 것만으로는 부족하다. 그 대신 우리에게 필요한 것은 세계가 보이는 것과는 '다르다'는 일종의 안심이다. 우리가 실제라고 생각하는 세계가, 죽음을 초래한다든가 별개의 개인으로 파편화되어 서로 경쟁하게 하고 그 과정에서 서로 다치게 하는 등 우리에게 너무나 많은 고통을 초래하는 세계가 사실은 실제가 아니라는 안심이 필요하다. 더 나아가 우리가 고통이 가득한 환영의 세계를 벗어나 발 디딜 곳을, 어쩌면 고통이 없는 진정한 집과 같은 곳을 찾을 수 있다는 안심이 필요하다.

쇼펜하우어에게 있어서 철학이란, 더 정확히는 형이상학(세계의 진정한 본성이 무엇인지 다루는 철학의 한 분야)이란, 세계를 완벽히 기술하는 것[18] 이상과 관련돼 있다. 형이상학의 역할은 이론을 다루는 데서 그쳐서는 안 된다. 어쩌면 더 중요한 것으로 '실용성'을 확보해야 한다. 형이상학은 사람들에게 희망을 제공해야 하고 "고통과 죽음

속에 신뢰할 만한 위안"을 제공해야 한다.[19] 이런 면에서 형이상학은 종교와 크게 다르지 않다. 다만 종교는 거짓을 말함으로써 위안을 제공하며 따라서 신뢰할 만하지 않은 반면 형이상학은 훨씬 견고한 무언가를 통해, 즉 진리라는 "부서지지 않는 다이아몬드"를 통해 우리의 존재론적 불안을 달랜다는 점에서 더 신뢰할 만하다.[20]

죽어도 죽지 않는다고 확신하는 이유

형이상학적 진리가 정확히 어떻게 우리의 삶을 더 낫게 만들어준다는 말일까? 우선 형이상학적 진리는 우리가 다른 무엇보다 두려워하며 따라서 많은 고통을 초래하는 죽음이 실재가 아니라고 가르친다. 만약 죽음이 실재하지 않는다면 죽음을 두려워할 이유도 없다. 시간 없이는 죽음도 존재할 수 없으므로 죽음은 실재하지 않는다. 시간이란 사물이 우리에게 나타나는 여러 형식 중 하나에 불과하기 때문이다. 죽음은 어떤 식으로도 세계의 진정한 본성을 관장하지도 세계의 진정한 본성에 영향을 미치지도 않는다. 그리고 세계의 진정한 본성에는 우리 자신의 진정한 본성 역시 포함돼 있다. 우리의 실제 본성인 의지는 시간의 제약을 받지 않으며 따라서 파괴 불가능하다. 한편 우리가 알고 있는 세계는 의지가 객관화된 것, 의지가 스스로를 인식하는 형식에 지나지 않는다. 우리가 의지이고 따라서 시간의 제약을 받지 않으며 파괴 불가능하다는 점에서 또 세계가 오직 우리(객체로서의 세계를 인식하는 주체)를 위해 존재한다는 점에서 세계는 언제나 우리를 위해 존재해왔고 앞으로도 우리를 위해 존재할 것이다.

> 의지가 물자체이자 내적 내용물이자 세계의 본질인 반면 삶과 눈에 보이는 세계와 현상은 의지의 반향에 불과하므로 불가분의 관계로 의지에 동반될 것이다. 마치 그림자가 몸을 따라다니는 것과 같다. 따라서 의지가 존재하는 한 삶과 세계 역시 존재할 것이다. 그러므로 생의지에게 있어서 삶이란 확실한 것이며, 우리는 생의지로 가득 차 있는 한 설령 죽음에 직면하더라도 우리 존재가 사라질까 봐 두려워할 필요가 없다.[21]

물론 개개의 사람들은 태어나고 죽는다. 하지만 다른 모든 사물과 마찬가지로 개개의 사람들은 현상에 불과하다. 그들은 단지 존재하는 것처럼 '보일' 뿐이다. 그들이 우리에게 그처럼 나타나 보이는 이유는 그것이 우리가 스스로에게 세계를 나타내 보이는 방식이기 때문이다. 표상으로서의 세계는 개체화의 원리*principle of individuation*에 종속돼 있다. 개체화의 원리는 세계를 공간적으로나 시간적으로나 파편화시킨다. 하지만 자연 그 자체는 개인의 복지와 생존에 얼마나 관심이 없는지 보여줌으로써 개인이라는 것이 사실 얼마나 비실재적 개념인지 충분히 드러내왔다. 일단 개인이 번식에 성공하여 종의 생존을 확실히 하고 나면 자연은 그 개인이 소멸되든 말든 아무런 신경을 쓰지 않는다.[22] 여기서 눈치를 챈 우리 역시 개인을 그와 동일한 무관심으로 대해야 한다. 쇼펜하우어는 죽음이라는 사건을 배설 과정과 비교한다. 양쪽 모두 별다른 영향 없이 물질이 버려지는 과정이며 따라서 우리는 우리가 매일 몸에서 제거하는 오물에 무관심한 것처럼 죽음이라는 과정 속에 버려지는 개인의 몸에도 무관심해야 한다.[23] 즉 우리가 죽음을 맞이할 때 인간이라는 종은 배변 활동을 하고 있는 것에 불과하다는 말이다.

우리는 현재를 잃어버릴 수 없다. 우리는 이미 어느 정도 그 사실을 알고 있다. 물론 우리는 우리의 삶이 시간상의 지속성을 가지고 있다는 생각에 익숙하다. 즉 우리의 삶이 과거에 시작되어 미래에도 계속되다가 언젠가 끝날 것이며 따라서 미래의 어느 순간에 우리의 삶은 과거가 될 것이라는 생각에 익숙하다. 하지만 사실 우리는 오직 현재만을 살 수 있으며 결코 과거나 미래를 살 수는 없다. 쇼펜하우어는 이런 사실이 앞으로 바뀌지 않을 것이며 바뀔 수도 없다고 주장한다.

> 누구도 결코 과거를 살아간 적이 없으며 누구도 결코 미래를 살아가지도 않을 것이다. 오직 '현재'만이 모든 삶이 나타나는 형식이자 모든 삶이 가로챌 수 없게 꽉 쥐고 있는 소유물이다. 현재는 그 내용물이 그러하듯이 언제나 존재할 것이다. 폭포 위에 무지개가 떠 있는 것처럼 둘 다 언제나 꿋꿋이 서 있을 것이다. 의지에 있어서 삶이란 확실한 것이며 삶에 있어서 현재란 확실한 것이기 때문이다.[24]

과거가 사라지는 정확한 이유는 과거가 애초부터 실제로 존재한 적이 없었기 때문이다. 오직 현재 순간만이 실재이자 의지가 나타나는 방식이다. 우리는 우리보다 위대한 수많은 사람들을 비롯해 수십억 명에 달하는 사람들이 이미 사망했음에도 우리가 여전히 지금 바로 이 순간을 살아가고 있다는 사실이 얼마나 다행인지 모르겠다고 생각할지도 모른다. 하지만 다행이라고 생각할 이유는 전혀 없다. 우리가 바로 이 순간 존재하는 이유는 그저 우리가 이 순간에 존재하지 않을 수 '없기' 때문이다. 우리가 혹시라도 존재하지 않을 수 있다면 이미 존재하지 않았을 것이다. 그러므로 죽음을 두려워할 이유는 없다. 우리로부터 현재를 빼앗아갈까 봐 죽음을 두려워하는 것은 지구가 회전할 때 우리가 미끄러져서 더 이상 지구 위에 서 있지 못하게 될까 봐 두려워하는 것만큼 어리석은 짓이다.[25] 하지만 이는 동시에 우리가 스스로 목숨을 끊음으로써 불행한 삶을 벗어날 수 없다는 사실을 의미하기도 한다. 우리가 우리의 존재를 긍정하는 한, 다시 말해 우리가 의지인 한(의지는 그저 자기 존재를 긍정할 뿐이다) 우리는 좋든 나쁘든 이 세계에 묶여 있다. 현재는 사라질 수도 내던져질 수도 없다. 이것이 우리가 우리 자신의 필멸성을 추상적으로나마 인정하면서도 동시에 우리의 삶이 결코 끝나지 않을 것이라고, 영원히 존재할 것이라고 내심 확신하는 이유다.

우리는 다른 모두와 마찬가지로 자신이 틀림없이 죽는다는 사실을 안다. 하지만 동시에 마음속 가장 깊은 곳에서는 진정으로 우리가 죽을 것이라고 생각하지 않는다. 그리고 그렇게 생각하는 것은 정당하다. 세계가 우리의 표상이라면 우리의 존재가 소멸되는 것은 필연적으로 세계의 종말을 가져올 것이기 때문이다. 하지만 우리는 우리가 죽고 난 후에도 세계가 지속되리라는 사실을 의심조차 하지 않는다. 그러므로 우리의 존재 역시 지속될 것이다.

물론 그렇다 해서 우리가 개인으로서 죽지 않는다는 뜻은 아니다. 시간적으로 확장된 표상의 세계에서 우리는 우리 자신에게든 다른 이에게든 분리된 개인으로 나타난다. 보통 우리는 그것이 우리의 '전부'라고 생각한다. 그처럼 존재와 존재가 분리된 모습이 궁극의 현실을 반영한다고 생각하는 것이다. 그런 세계에서 죽음이란 의지의 개별적인 표상 중 특정한 표상이 끝을 맞이하는 시점을 가리킨다. 하지만 다른 개별적인 표상들은 계속해서 존재하며 사실 나는 '나'인 만큼 '그들'이기도 하다. 나와 그들 사이의 차이, 나와 여러분 사이의 차이는 외관상으로만 존재할 뿐이다. 우리 모두에게는 동일한 의지가 살아가고 있으며 동일한 의지가 투영돼 있기 때문이다. 우리 각자는 시간적 제약을 받는 형태로서 의지가 스스로를 객체로서 바라보는 눈에 불과하다. 하지만 이 눈을 통해 세계를 바라보는 존재는 동일한 존재다. '나'가 '여러분'이고 '여러분'이 곧 '나'다. 따라서 내가 죽으면 나는 여러분 속에서 계속 살아가고 여러분이 죽으면 여러분은 내 속에서 계속 살아간다. 그리고 우리 모두는 결국 미래 세대 속에서 계속 살아간다. 우리는 서로에게서 영원히 다시 태어난다. 쇼펜하우어는 이를 "시간적 불멸성*temporal immortality*"이라 불렀다.[26] 이는 어디까지나 시간의 제약을 받는 세계를 기준으로 바라봤을 때 사물이 나타나는 방식이다. 하지만 궁극의 현실은 죽음을(따라서 재탄생을) 알지 못한다. 궁극의 현실은 변화를 알지 못하기 때문이다. 쇼펜하우어는 플로티노스를 인용하여 '시간이 영원의 형상에 해당한다'고 말한다.

우리가 살아 있는 것을 감사히 여긴다면 이는 좋은 소식이다. 감사히 여기지 않는다면 딱히 좋은 소식은 아닐 터이다. 만약 이성이 우리가 감정을 느끼는 방식에 영향력을 발휘할 수 있다면(쇼펜하우어 입장에서는 실로 부담스러운 가정이다), 지금까지 살펴본 사실은 생의지가 강력한 사람들이 죽음을 향한 두려움을 떨쳐버린 채 삶을 더 온전히 긍정적으로 사는 데 도움이 될 수 있다. 하지만 그들은 모든 삶이 여전히 본질적으로 고통에 불과하다는 사실과 죽을 필요 없이 영원히 산다는 것이 삶의 고통을 영구적으로 연장시킨다는 점에서 전혀 바람직하지 않다는 사실을 무시해야만 한다.

— 지금까지 자세히 살펴본 진리들을 기질 속으로 온전히 흡수했지만 자기 경험을 통해서든 폭넓은 통찰을 통해서든 모든 삶에 끝없는 고통이 필수적이라는 사실을 깨닫지 못한 사람, 오히려 삶에 만족을 느끼고 삶이 완벽히 괜찮다고 생각하는 사람, 주의 깊이 숙고한 후에 자기 삶이 지금까지 경험한 대로 끝없이 지속되고 영원히 반복되길 바라는 사람, 삶을 향한 욕구가 너무 강해서 삶의 기쁨을 대가로 온갖 슬픔과 고통이 주어지더라도 기꺼이 만족스럽게 받아들이고자 하는 사람, 그런 사람은 "기초가 튼튼한 영속적인 대지에 단단하고 확고한 뼈를 가

지고"[27] 서서 아무것도 두려워할 필요가 없을 것이다. 그런 사람은 우리가 부여한 지식으로 무장하여 시간의 날개를 타고 돌진해 달려오는 죽음을 무신경하게 맞이할 것이다. 오히려 죽음을 허약한 사람이나 겁먹게 만들 뿐 자신이 곧 의지이며 의지가 객관화된 형상이 세계임을 아는 사람에게는 아무런 영향을 미치지 못하는 거짓된 형상이자 무력한 망령이라고 여길 것이다. 따라서 그런 사람에게 삶은 언제나 확실하고 의지가 나타나는 적절하고도 유일한 형식인 현재도 확실하다. 그런 사람은 과거나 미래를 공허한 환영이자 마야의 베일로 볼 것이므로 자신이 존재하지도 않는 무한한 과거나 미래에 겁먹지 않는다. 태양이 밤을 두려워할 이유가 없듯이 그런 사람이 죽음을 두려워할 이유도 없다.[28]

이는 삶과 죽음을 전적으로 긍정하는 입장으로서 (6장에서 확인할 수 있듯이) 나중에 니체가 지지하고 추천하는 태도다. 모든 형태의 생의지를 온전히 긍정하는 태도, 좋든 나쁘든 삶에 수반되는 모든 것을 포함해 영원히 반복되는 삶을 망설임 없이 기꺼이 환영하고 받아들이는 태도인 셈이다. 하지만 쇼펜하우어 입장에서 그처럼 삶을 온전히 긍정하기 위해서는 모든 삶이 본질적으로 그리고 필연적으로 고통이며 따라서 삶이 궁극적으로 살 만한 가치가 없다는 진리를 억눌러야만 한다. 물론 생으로의 의지를 온전히 긍정하는 태도는 중요한 통찰에 기반을 두고 있다. 바로 현상이 우리를 속일 수 있다는 통찰, 죽음이 실재하지 않는다는 통찰, 우리가 모든 존재에 존재한다는 점에서 죽음이 우리를 해칠 수 없다는 통찰, 세계가 존재하는 한 우리 역시 존재한다는 통찰이다. 하지만 그런 태도는 삶이 '좋은' 것이며 따라서 삶이 영원히 끝나지 않기를 바라는 것이 바람직하다는 잘못된 믿음에 기초를 두고 있기도 하다. 정작 실상은 정반대다. 삶은 구제할 길 없이 나쁘며 따라서 존재하지 않는 쪽이 존재하는 쪽보다 한없이 더 바람직하다. 하지만 우리가 죽음으로써 존재를 멈출 수 없다면, 자살이 선택지가 아니라면(자살이 어떤 식으로든 도덕적으로 그르기 때문이 아니라 자살을 통해 성취하고자 하는 바를, 즉 무*nothingness*로의 전환을 자살을 통해 성취할 수 없기 때문이다) 우리는 영원히 고통을 겪을 운명으로 보인다. 다행히도 한 가지 탈출구가 존재한다. 쇼펜하우어는 이를 가리켜 "의지의 부정*negation of the will*"이라 부른다.

의지를 부정함으로써 존재하지 않는 법

모두가 죽음을 두려워한다. 우리는 죽음을 최악의 악이라고 여긴다. 하지만 이런 두려움은 이성적인 판단에 근거를 두고 있다기보다는 순전히 우리의 본성에서 기인한다. 우리가 곧 생의지이며 따라서 소멸 가능성은 우리의 존재 자체에 정면으로 대립하는 것이다. 이것이 우리가 죽음을 두려워하는 이유다. 하지만 우리가 죽음을 두려워할 이유는 충분하지 않다. 애초에 죽음이 존재하지 않기 때문이다. 더 엄밀히는 죽음이 우리가 생각하는 것과 다르기 때문이다. 가장 중요한 점으로 죽음은 우리의 부존재를 초래하지 않는다. 설령 죽음이 부존재를 초래한다 하더라도 우리는 전혀 두려워할 이유가 없다. 우리가 죽음이 부존재를 초래한다고 착각하더라도 부존재는 최악의 악은커녕 악조차 아니기 때문이다. 쇼펜하우어는 죽음이 있으면 우리가 없고 우리가 있으면 죽음이 없으므로 우리에게 있어서 죽음(여기서는 존재하기를 멈추는 것)이 아무것도 아니라는 에피쿠로스의 주장을 되풀이한다.[29] 그리고 심지어 여기서 더 나아간다. 부존재, 절대적 무의 상태는 악이 아닐 뿐만 아니라 오히려 삶보다 '더 낫다'는 것이다. 이를 분명히 보여주는 사실 하나는 우리가 고통을 겪을 때에만 우리 존재가 제대로 느껴진다는 점이다. 행복이란 고통의 부재, 다시 말해 존재감의 부재다. 우리는 우리 존재를 의식하지 않을 때 가장 행복하며 이로부터 존재하지 않는 편이 더 낫다는 결론을 이끌어 낼 수 있다.[30] 자연 역시 개인에게 철저히 무관심함으로써 우리에게 죽음이 실재하지 않는다는 사실은 물론 삶이, 적어도 개인의 삶이 아무런 가치가 없다는 사실을 일깨워 준다. 삶은 살 만한 가치가 없다.

쇼펜하우어는 괴테의 《파우스트*Faust*》에 등장하는 메피스토펠레스*Mephistopheles*의 이런 발언에 동의를 표한다. "나는 언제나 부정만 하는 정령이니라. 그리고 그렇게 하는 것이 마땅하다. 생겨나는 모든 것은 소멸되기 마련이기 때문이다. 차라리 아예 아무것도 생겨나지 않는 편이 더 나았을 것이다." 하지만 분명 우리는 이미 생겨났으므로 아예 생겨나지 않기에는 이미 너무 늦었다. 우리에게 남은 유일한 선택지는 존재하지 않는 상태로 돌아가는 것(정확히는 우리가 존재하지 않았던 적이 없으므로 최초로 존재하지 않는 상태를 달성하는 것)이다. 하지만 우리가 개인의 삶을 끝내는 것으로 부존재를 달성할 수 없다면 어떻게 부존재를 달성할 수 있다는 말일까? 쇼펜하우어는 그것이 어렵기는 하지만 가능하다고 확신시킨다. 사실 쇼펜하우어의 철학 자체가 바로 그 가능성을 탐구하고 추천하는 것으로 끝을 맺는다. 근본적으로 우리가 해야 할 일은 부정하는 것과 부정할 때 진심을 담는 것이다. 앞부분은 쉽지만 뒷부분은 정말정말 어렵다. 존재하는 모든 것은 끝없이 계속 존재한다. "삶이라는 게임에 대고 '난 더 이상 이걸 원하지 않아'라고 마음 깊숙한 곳에서부터 우러나와 말"할 수 있는 사람만이 존재를 멈출 수 있다.[31] 그런 일이 일어날 때에만, 즉 우리가 끝내 세상을 뒤로 한 채 세상으로부터 영구적으로 완벽히 분리될 수 있을 때에만 우리는 구원받는다. 그때에만 의지는 스스로에게서 등을 돌려 소멸한다.

이처럼 의지를 부정하고 뒤이어 무의 상태로 이행하기 위해서는 두 가지 방법을 택할 수 있다. 두 방법 모두 개인의 삶에 과도한 고통이 존재해야 한다. 우리가 특히 더 불운하다면, 개인으로서 우리의 삶이 너무나 많은 고통을 수반해서 더 이상 견딜 수 없을 정도가 되면 우리는 의지를 긍정하는 데서 의지를 부정하는 데로 도약할 수 있을지도 모른다. 쇼펜하우어는 이를 "차선책", 문자 그대로는 "제2의 항법"이라 부른다.[32] 첫째 방법이자 제일가는 방법은 연민을 통한 의지의 부정이다. 쇼펜하우어가 보기에 연민*compassion*은 주로 감정이라기보다는 감정을 가장한 통찰에 가깝다. 도덕성은 모두 연민에서 기인한다. 우리가 누군가—다른 인간이나 동물—에게 연민을 느낄 때 우리는 우리 자신과 연민을 느끼는 대상 사이의 차이가 단지 겉보기에 불과하다는 사실을 직관적으로 이해한다. 우리는 더 이상 표상의 세계를 지배하는 개체화의 원리에 속지 않는다. 우리는 상대에게서 우리 자신을 발견한다. 그러고 나면 상대의 고통은 우리에게 실재적으로 다가온다. 상대의 고통이 나 자신의 고통이 된다. 하지만 결과적으로 우리가 느끼는 고통은 곱절이 되며 이는 잠재적으로 극적인 결과를 초래한다. 우리가 진정으로 연민을 느낀다면 우리의 연민은 특정한 사람에게 한정되지 않을 것이다. 결국 직관적인 차원에서 우리가 이해하기로는 다른 '모두'—모든 인간과 모든 생명체—가 곧 우리 자신이기 때문이다. 이는 우리가 세상에 존재하는 '모든' 고통을 마치 우리 자신의 고통처럼 처절하게 인식한다는 사실을 의미한다.

연민을 느낀다는 것은 너무나 압도적인 경험이기 때문에 의지를 계속해서 긍정하기란 거의 불가능해진다. "세계에 관해 그런 지식을 가진 사람이 어떻게 의지의 활동을 통해 삶을 긍정할 수 있겠는가? 어떻게 삶에 더 확고히 고착하고 삶에 더 확고히 밀착할 수 있겠는가?"[33] 그럴 수 없다는 사실을 깨닫고 나면 정반대의 상황이 벌어진다. "이제 의지는 삶을 외면한다. 의지를 긍정할 만한 근거였던 삶의 즐거움에 역겨움을 느낀다. 따라서 인간은 자발적인 포기 혹은 체념 상태에, 진정으로 평온하고 완전히 의지가 없는 상태에 도달한다."[34] 지극히 안타까운 상황에 철저히 역겨움을 느낀 우리는 그런 상황에 책임이 있는 의지로부터 등을 돌린다. 우리는 금욕주의자가 됨으로써 의지에 반하는 활동을 하기 시작한다. 무언가를 원하기를 그만두고 더 이상 즐거움을 추구하지 않으며 무언가에 애착을 느끼기를 거부한다. 사실상 세계와 세계 속에서 우리가 지니고 있는 물리적 존재에 완전히 무관심해진다. 굶주리기를 선택하고 자발적인 가난 속에서 살기를 선택한다. 무엇보다도 다시는 성적 욕구(가장 명백하고 강렬한 의지의 표현)를 충족시키지 않기로 선택함으로써 항상 순결을 유지한다.

그러면 우리는 더 이상 어떤 일에도 영향을 받지 않는 세계의 순수한 거울이 된다. 모든 일이 전혀 중요하지 않은 시시한 꿈처럼 여겨지기 때문이다. 이처럼 자기를 부정하는 관행을 삶이 끝을 맞이할 때까지 이어나가면 사는 동안 평화와 행복을 누릴 수 있을 뿐만 아니라 죽는 순간에도 구원을 얻을 수 있다. "다른 사람들의 경우에 그런 것처럼 죽음과 함께 현상만 끝이 나는 것이 아니라 본질 자체가 소멸하기 때문이다. 본질은 현상의 세계를 통해 그리고 현상의 세계 속에서 존재에 미약하게나마 이어져 있었으나 결국 마지막 남은 불안정한 끈마저 영원히 끊어지게 된 것이다. 이와 같이 끝을 맞이하는 사람에게는 세계 역시 끝을 맞이하게 된다."[35]

당연하게도 '모두'가 이런 식으로 행동하여 의지를 끊임없이 부정하면 인류는 멸종하게 될 것이다. 더 이상 성교가 이루어지지 않으니 딱히 놀랄 일도 아니다. 하지만 쇼펜하우어에 따르면 여기서 끝이 아니다. 인류가 멸종한다면 다른 모든 동물 '역시' 동시에 사라진다(의지의 약한 반영은 강한 반영에 의존하기 때문이다). 만약 '그런 일'이 일어난다면 그와 함께 '온' 세계가 사라질 것이다. 우리가 알고 있는 세계는 주체가 바라보는 객체에 불과하므로 주체가 남아 있지 않으면 객체 역시 남아 있지 않을 것이기 때문이다. 그러므로 모든 피조물에 구원을 가져다줄 수 있는 존재는 유일하게 의지를 부정할 수 있는 인류밖에 없다.[36]

최악인 동시에 최선인 세계

물론 의지를 부정한다는 쇼펜하우어의 학설은 다소 기이하고 앞뒤가 잘 맞지 않는다. 툭 까놓고 말하자면 이해하기조차 어렵다. 우선 의지가 스스로를 부정하는 것이 어떻게 가능한 것인지가 불분명하다. 쇼펜하우어는 의지가 자유롭고 어떤 법칙에도 구속되지 않는다고 주장한다. 하지만 그렇다 해도 의지는 의지이다. 다시 말해 의지는 본성상 의지를 발휘하는 것 외에 달리 할 수 있는 일이 없다. 의지는 언제나 존재하고자 의지를 발휘하며 세계에 다른 힘은 존재하지 않으므로(이성은 의지 없이 혼자서는 무력하므로) 의지에 반할 수 있는 힘 역시 존재하지 않는다. 그런데 의지가 무언가에 의해 부정당할 수 있다니 완전히 미스터리다. 어떻게 존재하고자 하는 의지가 갑자기 존재하지 않고자 하는 의지가 될 수 있다는 말일까?

어쩌면 더욱 심각한 문제는 무의 상태로 성공적으로 이행한다고 해서 우리 자신이 얻는 유익이 없어 보인다는 점이다. 내가 나 자신의 심대한 고통에 반응하여 혹은 고통을 겪는 모든 생명체를 향해 느끼는 무한한 연민에 반응하여 쇼펜하우어가 권하는 대로 행동한다면 내가 죽을 때 내 삶은 영원히 끝날 것이다. 하지만 '내' 삶은 어차피 내 죽음으로 끝날 운명이었다. 죽음은 '항상' 나라는 특정한 인간, 즉 개인의 삶을 끝낸다. 그러니 바뀐 게 무엇인가? 의지를 부정함으로써 내가 얻은 게 무엇인가? 다른 사람들이 남아 있는 한, 즉 세계가 계속해서 존재하는 한 나 역시 바로 그 다른 사람들의 형태로 그리고 그들 속에 실재하는 의지로 계속해서 존재할 것이다. 세계라는 객체를 인식하는 주체, 분리할 수 없는 영속적인 주관은 남아 있는 것이다. 그러므로 무의 상태란 이행이 완료될 때에만, 즉 의지가 개별적으로 표현된 특정 개인만이 아니라 '모든 것'이 사라질 때에만 성취될 수 있는 것으로 보인다. 이는 분명 아직 일어나지 않았다. 만약 일어났다면 우리는 더 이상 존재하지 않을 것이며 이 문제에 대해 생각하고 있지도 않을 것이기 때문이다. 우리 자신을 비롯해 온 세계가 이미 구원받았을 것이다.

마지막으로 존재의 궁극의 차원에서, 즉 의지의 차원에서 시간이 존재하지 않는다면 의지는 어떻게 스스로를 부정할 수 있다는 말일까? 의지의 부정은 세계의 구조에 변화를 가져오는 것으로 보이는데 변화는 시간이 존재할 때에만 가능하기 때문이다. 시간의 제약을 받지 않는 존재는 변할 수 없으며 따라서 자신의 존재를 끝낼 수도 없다. 시간이 존재하지 않는다면 존재하는 것은 존재하는 것이고 존재하지 않는 것은 존재하지 않는 것이다. 존재에서 비존재로 이행하거나 비존재에서 존재로 이행하는 일은 있을 수 없다.

어쩌면 이 모든 문제는 궁극적으로 별로 중요하지 않을지도 모른다. 결국 철학의 목적은 고통의 존재에 관해 숙고한 뒤 사물의 본성을 정확히(가능한 한 정확히) 기술함으로써 일말의 위안을 가져다주는 것이기 때문이다. 형이상학적 욕구를 충족시키려면 우리는 삶의 비참함으로부터 벗어날 방법이 있다고 믿어야 한다는 점에서 의지의 부정이 가능하다고 믿어야 한다. 그것이 어떻게 가능한지 제대로 이해하지 못한다고 하더라도 말이다. 마치 기독교의 삼위일체 교리처럼 우리의 이해를 넘어서지만 세계를 바라보는 특정한 관점에 있어서 핵심을 차지하고 있는 수수께끼인 셈이다. 만약 의지의 부정이 불가능하다면 우리는 이 세계에 영원히 갇혀 있게 된다. 분명 세계가 응당 그래야 할 모습은 아니기 때문에 이는 있어서는 안 될 일이다. 이런 세계가 영원히 지속된다는 것은 그저 불합리하다. 세계는 세계의 실제 모습과 우리가 세계를 경험하는 방식 사이에 지적 합치가 이루어지는 식으로도 말이 돼야 하지만 우리에게 의미와 방향과 목적을 제시하는 존재론적인 방식에 있어서도 말이 돼야 한다. 우리는 하나의 철학이 우리의 삶과 존재가 무엇에 관한 것인지, 우리가 존재하는 이유가 무엇인지 온전히 설명해주기를 기대하며 쇼펜하우어 역시 그런 설명을 제시하고자 시도했다. 윤리적으로나 존재론적으로 만족스러운 형이상학을 원하는 우리의 요구에 쇼펜하우어가 제시한 첫 번째 대답은 삶에서 아무런 의미를 찾을 수 없다는 대답이었다. 오히려 삶은 본질부터가 완전히 무의미하며 이는 왜 세계가 지금과 같은 상태인지 설명해준다. 하지만 바로 이 존재의 무의미함으로부터 갑자기 '의미'가 생겨난다. 세계는 지옥 같은 장소일지 모르나 바로 그 이유 때문에 우리가 해야 할 중요한 일이 존재하게 되는 것이다. 우리는 무로 향하는 길을, 결국 구원으로 향하는 길을 앞서 나아감으로써 말 그대로 세계를 구원해야 한다. 그리고 세계는 우리를 옳은 방향으로 부단히 밀어붙임으로써 우리가 우리의 운명을 달성하도록 돕고 있다.

이 장의 서두에서 우리는 세계에 이처럼 악이 만연함에도 우리가 어떻게 세계가 구성된 방식에 그리고 세계 속에 위치한 우리의 존재에 목적이 존재한다는 생각을 고수할 수 있을지 의문을 품었다. 이제 우리는 그 의문에 답을 하나 얻었다. 고통이 '곧' 목적이다. 이 사실을 깨닫는 것은 묘하게 위안이 된다. 이제 우리는 적어도 우리가 겪는 고통이 무언가에 유익이 된다는 사실에서 위안을 얻을 수 있다. 고통이 충분히 가해진다면 우리는 이 세계에 존재하는 어떤 것도 아무런 가치가 없다는 사실을 깨달음으로써 경계까지 내몰리게 된다. 그렇다면 우리가 겪는 고통은 전혀 의미가 없지는 않다. 나름의 목적이 있는 것이다.

삶은 매 시간, 매일, 매주, 매년 크고 작은 환난을 가져다준다는 점에서, 기만적인 희망을 제공하고 모든 예측을 거역하는 우연을 발생시킨다는 점에서 우리를 삶에서 물러나게 하려는 인상이 너무나도 역력해 보인다. 따라서 어떻게 사람들이 이 사실을 간과할 수 있었는지 그리고 어떻게 사람들이 삶을 감사히 즐기며 행복할 수 있다는 주장에 설득당할 수 있었는지 이해하기 어려울 따름이다.[37]

존재의 목적이 행복이 아닌 것은 매우 명백하다. 존재의 목적이 행복이었다면 세계는 지금과는 굉장히 다른 모습일 것이다. 우리가 행복하기 위해 존재한다고 믿는 것은 근본적인 판단의 오류일 뿐만 아니라 우리에게 더 많은 고통을 초래하는 원인이 된다. 우리가 (필연적으로) 행복해지는 데 실패하고 나면 우리는 우리가 삶의 목적을 이루는 데 실패했다고 느끼게 되며 그만큼 더 불행해질 것이기 때문이다.[38]

《의지와 표상으로서의 세계》 2권의 끝에서 두 번째 장에는 "구원의 절차*The Order of Salvation*"라는 제목이 붙어 있다. 바로 여기서 무신론자이자 반이성주의자이자 의지의 형이상학자인 쇼펜하우어는 세계가 생각할 수 있는 세계 중 최악의 세계라는 자신의 세계관을 유사 목적론적인 생각을 담고 있는 최종 결론으로 이끈다.

단언컨대 삶의 모든 요소는 우리를 바로 그 초기 오류로부터 벗어나게 만드는 데 그리고 우리에게 우리 존재의 목적이 행복이 아니라는 사실을 설득하는 데 맞춰져 있다. 우리가 삶을 더 자세히 그리고 편견 없이 들여다본다면 삶은 대놓고 우리가 행복을 느끼지 '못하도록' 만들기 위해 고안된 것처럼 보인다. 삶의 구성 곳곳에 우리가 역겨워 할 만한 그리고 실수라고 격하할 만한 것이 특징으로 자리 잡고 있기 때문이다. 이로부터 우리의 마음은 쾌락 중독으로부터, 결국 삶 중독으로부터 치유되며 세계로부터 등을 돌리게 된다.[39]

삶의 진정한 목적은 의지의 부정을 가능하게 하는 것이다. 세계는 이 목표를 성취하기 위해 완벽히 고안된 것처럼 보인다. 마치 의지가 스스로의 최종적인 파멸을 정교하게 계획하기 위해 분명한 목표를 가지고 세계를 창조해낸 것만 같다.

그렇다면 결국에는 라이프니츠의 말이 옳은 것 같다. 세계는 존재로부터의 탈출이자 완전한 소멸을 의미하는 종말을 위해 완벽히 맞추어져 있다는 점에서 정말로 '생각할 수 있는 세계 중 최선의 세계'인 셈이다.

2장

나를 용서하지 못하는 절망

쇠렌 키르케고르

1813-1855

Søren Kierkegaard

'기독자'가 된다는 것

나는 더 이상 내 삶을 견딜 수 없다. 나는 존재를 혐오한다. 존재는 아무런 맛이나 의미도 없이 무미건조할 뿐이다. … 자신이 어디에 있는지 판단하려는 사람은 손가락을 땅에 찔러 넣는다. 나는 내 손가락을 존재에 찔러 넣는다. 하지만 아무런 느낌이 들지 않는다. 나는 어디에 있는가? '세계'란 무엇인가? '세계'라는 단어는 무엇을 의미하는가? 누가 나를 이 모든 것에 엮어 놓고 가만히 서 있도록 내버려둔 채 떠나갔단 말인가? 나는 누구인가? 나는 어떻게 이 세계에 존재하게 됐나? 왜 아무도 내 생각을 물어보지도 않고 이 세계의 규칙과 제약에 관해 알려주지도 않았나? … 나는 어쩌다 실재라는 거대한 계획에 휘말리게 됐나? 왜 그래야만 했는가? 나에게는 결정할 자유가 없었단 말인가? 강제로라도 이 거대한 계획의 일부가 될 수밖에 없었나? 세계의 관리자는 어디에 있는가? 항의를 제기하고 싶구나![1]

키르케고르는 특이하고 난해하며 규정하기 까다로운 작가다. 키르케고르의 글은 우회적이고 무질서하며 파편적이고[2] 모순적이며 논쟁적이다. 대개는 난해하고 심오하며 때로는 장난스럽고 재치가 넘친다. 키르케고르의 핵심 저서 중 대부분은 여러 필명(키르케고르가 가리키기로는 "시적인 인격") 하에 출판됐다. 자신의 신분을 숨기기 위해서라기보다는 글을 쓰는 목적에 따라 그에 맞는 페르소나를 채택하고 다양한 스타일과 관점을 실험하기 위해서였다. 결과적으로 독자 입장에서는 키르케고르가 익명으로 쓴 작품에 드러난 견해가 어디까지 키르케고르 자신의 견해인지 온전히 확신할 수 없다. 특히 말년의 키르케고르는 자신이 만들어낸 가상의 저자나 편집자와 동일시되는 것을 굉장히 싫어했다고 한다. 그럼에도 우리가 그의 글에서 발견할 수 있는 생각들은 그 자체로 의미가 있다. 키르케고르가 가상의 저자를 상정하고 그에게 대놓고 권한을 위임했다고 하더라도 우리는 글에 나타난 생각들을 상당 부분 있는 그대로 이해할 수 있으며 가치와 중요성에 따라 평가를 내릴 수도 있다.

한편 키르케고르는 굉장히 기독교적인 작가이기도 했다. 그렇기 때문에 키르케고르의 철학을 그의 신학과 기독교 신앙으로부터 분리해내기란 완전히 불가능하지는 않더라도 굉장히 어렵다. 자전적인 저서《저자로서 나의 작품에 대한 관점*The Point of View for My Work as an Author*》(1848년 집필, 키르케고르가 죽고 난 후 1859년 출판)에서 키르케고르가 지적하듯이 기본적으로 그의 작품은 모두 오직 한 가지 주제에 관련돼 있다. 그 주제란 바로 어떻게 진정한 기독자, '진짜' 기독자가 될 것인가다. 이는 생각보다 훨씬 흥미로운 주제다. 키르케고르에게 있어서 기독자가 된다는 것은 특정한 신앙을 가지는 것과는 관계가 없다. 누군가 기본적인 '기독교' 믿음을 모두 가지고 있고 매주 일요일마다 교회에 가며 선한 기독교인이 해야 하는 일을 모두 실천한다고 하더라도 실제로 기독자가 '되지'는 않을 수 있다. 스스로를 기독자라고 생각하는 사람들이나 우리가 망설임 없이 기독자라고 부르는 사람들은 대부분 실제로는 기독자가 아니다. 사실 키르케고르가 보기에는 교회의 고위 교직자들마저, 아니 '특히' 고위 교직자들일수록 제대로 된 기독자가 아니었다.[3]

기독교 신앙, '진정한' 기독교 신앙이란 "정신*spirit*"이다. "정신이란 내면성이다. 내면성이란 주체성이다. 다시 말해 순수한 정열, 자기 자신의 영원한 행복에 개인적으로 무한한 관심을 기울이는 정열을 담은 주체성이다."[4] 진정한 기독자가 되기 위해서는 스스로를 관계시키는 특정한 방식, 즉 절대다수의 사람들에게 결여된 특정한 —말하자면 "진실한"— 실존 양식을 습득함으로써 자신의 내면적인 삶 혹은 "정신"을 근본적으로 변화시켜야 한다.[5] 키르케고르에게 있어서 기독자가 되는 것은 사실상 "자기 자신이 되는 것"과 차이가 없으며 자기 자신이 되기 위해서는 반드시 "개별 인간이 된다는 것이 무엇인지" 배워야만 한다.[6] 그런데 이 문제는 우리 가운데 (종교적인 의미에서) 기독교인이 아니며 기독교인이 될 생각도 없는 사람들에게도 적용되는 문제다. 개별 인간이 된다는 것이 무엇인지 물어보는 것은 단지 하나의 인간이 된다는 것이 무엇인지 물어보는 것이 아니라 '나'가 된다는 것이 무엇인지 물어보는 것이기 때문이다. 세계 속에서 '우리'가 차지하고 있는 위치를 묻는다기보다는 '내'가 차지하고 있는 위치를 물어야 한다. 오직 이 질문에 답할 때에만, 다시 말해 '나'라는 '특정한' 개인이 된다는 것이 무엇인지 숙고할 때만 나는 나라는 인간, 진정한 자기 자신이 되기를 바랄 수 있다.

심미적 생활양식, 삶을 즐긴다는 것

자기 자신이 된다는 것은 굉장히 어려운 일이다. 자기 자신이 되지 '않는' 것이 훨씬 쉽다. 그렇기 때문에 자기 자신이 되지 않는 쪽이 예외라기보다는 일반에 가깝다. 자기 자신이 되지 않는 가장 흔하고도 자연스러운 방식은 오직 '심미적'으로만 삶을 살아가는 것이다. 삶을 심미적으로 살아간다는 것은 감각에 몰두하며 주관적인 경험을 풍요롭게 하는 가운데 기쁨을 추구하고 고통을 회피하는 것, 어떤 결과를 초래하든 자신의 욕망과 열정을 따르는 것, 육체적 만족과 정신적 만족을 추구하는 것, 삶이 우리에게 제공하는 온갖 희열을 즐기는 것을 의미한다. 심미적인 관점에서 삶의 의미와 목적은 "삶을 즐겨야 한다는 것"이다.[7] 당연하게도 심미적인 삶은 살 만한 가치가 충분해 보일 수 있다. 물론 좋은 삶이다. 당신이 운이 좋고 삶을 즐기는 법을 안다면 말이다. 하지만 심미적인 삶에는 나름의 결점이 있다. 사실 '심각한' 결점이다. 우선 심미적인 삶은 지속되지 않는다. 결코 지속되지 않는다. 언젠가 고통이 반드시 찾아온다. 죽음이 아예 삶을 끝낼 것이다. 심미적으로 살아가다 보면 자신이 자기충족적인 삶을 살고 있다고 착각할 수 있다. 하지만 사실 우리는 내적 환경(알맞은 시간에 알맞은 종류의 욕망과 기분을 갖는 것)이든 외적 환경(우리의 욕망을 채울 만한 사건의 발생 여부)이든 환경에 굉장히 많이 의존하고 있다. 그런 환경들이 잘못된 방향으로 흘러가면 좋은 삶은 순식간에 나쁜 삶으로 변할 수 있다. 심지어 환경이 변하지 '않을' 때도 나쁜 삶으로 변할 수 있다. 사물들은 보통 잠시 동안만 우리의 관심과 흥미를 끈다. 관심과 즐거움을 유지하기 위해서는 변화가 필요하다. 반복은 열정의 적이다. 심미적으로 살다 보면 우리는 금방 권태를 느끼며 따라서 삶의 목적이 사라지는 것을 막기 위해 끊임없이 새로운 관심사를 찾아야 한다. "권태는 얼마나 끔찍한가. 끔찍할 만큼 지루하도다. … 나는 가만히 몸을 뻗어 눕는다. 내 눈에 보이는 것은 공허뿐이고 내가 먹고 사는 것도 공허뿐이며 내가 들어가 사는 것도 공허뿐이다."[8]

권태는 그저 특정한 감정이나 정신 상태에 불과한 것이 아니다. 권태는 '통찰'이다. 권태로울 때뿐만 아니라 권태롭지 '않을' 때도 자신이 처해 있는 상태에 대한 깨달음이다. 우리가 권태로울 때 느끼는 공허함은 우리가 공허함을 인식하지 못할 때조차 항상 그곳에 존재한다. 그렇기 때문에 키르케고르는 심미적인 인생관이 근본적으로 "절망*despair*"이나 다름없다고 본다. "심미적으로 살아가는 모든 사람은 인식하든 못하든 절망에 빠져 있다."[9] 우리는 계속 분주하게 살아감으로써 절망과 그 기저에 깔려 있는 공허함을 무시하려고 애쓴다.[10] 하지만 결코 절망을 물리치지는 못한다. 그저 주의를 돌릴 뿐이다. 심미적인 생활방식에 더 어울리는 것은 나태일 텐데, 권태를 느끼지 않으면서 나태함을 유지하기도 어려운 일이다. 사실 권태는 (자연적인) 인류의 특징이다. "신들은 권태로워서 인간을 창조했다. 아담은 혼자 있다 보니 권태로웠고 따라서 이브가 창조됐다. 그때부터 권태가 세상에 들어왔다. … 아담이 혼자 권태로웠고 아담과 이브가 함께 권태로웠으며 아담과 이브와 카인과 아벨이 가족으로서 권태로웠고 인구가 늘어남에 따라 사람들이 집단으로서 권태로웠다."[11] 한마디로 우리는 권태를 피하기 위해 일을 벌인다. 우리가 일을 중단하는 순간 동시에 권태가 다시 찾아온다. 또 우리는 권태를 피하기 위해 다른 사람들과 함께하고자 한다. 혼자가 되면 권태가 다시 우리를 압도한다.

심미적인 인간에게 있어서 권태란 삶의 자연스러운 근본 조건이자 그것을 피하기 위해 무엇이든 한다는 점에서 숨은 원동력이다. 하지만 심미적인 생활방식으로는 권태 아래에 놓여 있는 공허함을 결코 물리칠 수 없다. 결국 우리가 우리 속에서도 마주하는 공허함이기 때문이다. 우리는 자기 자신에게 의존해보지만 거기에도 식별 가능한 자아는커녕 붙들 만한 것이 아무것도 존재하지 않는다. 심미적으로 사는 사람은 주로 자신이 하는 일을 가지고 스스로를 정의하며 아무것도 할 일이 없으면 자기 자신이라고 생각했던 자아마저 증발해버리고 만다. 심미적인 자아는 변덕스럽다. 때로는 이것이고 때로는 저것이기 때문에 사실상 이것도 저것도 아니다. 심미적 자아는 본질적으로 아무것도 아니기 때문에 무엇이든 될 수 있다. 키르케고르는 그런 자아를 가리켜 애초에 자아조차 아니라고 말할 것이다. 진정한 자아가 된다는 것은 "자기 자신에게 관계하는 관계"가 된다는 것이다.[12] 심미적인 자아는 순전히 가능성으로만 남아 있을 뿐 결코 실재성을 얻지 못한 채 사라지기 때문에 심미적인 생활방식은 그런 관계를 보장하지 못한다. "(심미적인) 개인은 실재적인 형태가 없으며 단지 그림자에 지나지 않는다. … 개인은 다수의 그림자를 가지고 있다. 그림자는 모두 그를 닮아 있으며 각각의 그림자는 잠시나마 그의 자아인 것으로 정당성을 부여받는다. 하지만 아직 인격은 발견되지 않았다. 그 에너지는 스스로를 가능성의 정열 속에서만 드러낼 뿐이다."[13] 그렇기 때문에 사실 심미적인 실존 방식은 실존이라고 보기 어렵다. 그보다는 "실존을 향하는 실존 가능성"에 가깝다.[14]

심미적으로 사는 사람들은 이러저러한 형태로 지속적인 즐거움을 추구한다. 하지만 즐거움을 느끼는 순간에도 그 즐거움이 얼마나 얄팍한 것인지 인지한다. 화려한 표면 아래에 공허함밖에 없다는 사실을 희미하게 느끼는 것이다. "권태는 구불구불하게 실존을 관통하는 무에 의존하고 있다."[15] 그러다 권태가 반성적이 되면, 다시 말해 모든 것을 아우르게 되면 권태는 '무의미함'이라는 강력한 감각으로 변모한다. 우리는 세상에 질리게 된다(키르케고르 자신 역시 결국 그렇게 된 것으로 보인다).[16] 우리의 관심을 끌던 모든 것이 본연의 무의미함을 드러냈기 때문에 더 이상 세계가 우리의 관심을 끌지 못한다.

삶이란 어찌나 공허하고 무의미한가! ―우리는 사람을 땅에 묻는다. 무덤까지 그를 따라가서 위에 세 삽의 흙을 뿌린다. 마차를 타고 갔다가 마차를 타고 집으로 돌아온다. 그러고는 우리 앞에 긴 인생이 남아 있다고 생각하며 위안을 얻는다. 하지만 육십에서 칠십이 얼마나 긴 시간이란 말인가? 차라리 단숨에 끝내지는 못한단 말인가? 어째서 우리는 집으로 돌아오지 않고 망자와 함께 무덤에 들어간 뒤 마지막으로 죽는 사람 위에 누가 흙 세 삽을 뿌릴지 결정하기 위해 제비를 뽑지 못한단 말인가? 가련한 운명이로다![17]

한편 심미적으로 삶을 사는 사람은 세상으로부터 잘려 나와 본질적으로 혼자일 수밖에 없다. 세계를 쾌락의 수단으로서만 생각하며 따라서 세계와 피상적이고 덧없는 관계만을 맺고 있기 때문이다. 심미적인 실존 양식에 따라 사는 사람은 작은 돛단배를 탄 외로운 뱃사람과 같다. "불안한 생각이 무한한 속도로 요동치는 가운데" 삶이라는 바다의 표면만을 스치듯 지나가는 것이다. "무한한 대양 위에 홀로, 무한한 하늘 아래 홀로" 존재한다.[18] 잠깐 동안은 재밌을 수 있다. 하지만 자신의 지위가 "세계의 문외한이자 이방인"임이 명확해지므로 궁극적으로는 고통스럽고 슬프며 굴욕적이다.[19] 그럴 수밖에 없는 것이, 삶을 온전히 심미적으로 살기 위해서는 늘 일정 수준 유보적인 혹은 분리적인 태도를 취해야 하기 때문이다. 무엇이든 한 가지 사물에 지나치게 열정적이 돼서는 안 된다. 무엇이든 적당히 해야 한다. 비법은 무언가에 휩쓸리지 않고 모든 것을 동등하게 중요한 것으로, 동등하게 기억하고 잊어버릴 만한 것으로 여기는 것이다.[20] 통제력을 잃지 않는 것이 핵심이다. 심미적으로 삶을 잘 살기 위해서는 균형을 유지해야 한다. 우리가 이 기술을, 다시 말해 적당히 기억하고 적당히 망각하는 기술을 완벽하게 연마한다면 우리는 삶을 최대한 즐기기 위해 우리가 바라는 그리고 필요로 하는 지점에 있게 된다. 말하자면 "자신의 존재 전체를 가지고 배드민턴 놀이를 할 만한 위치"에 있게 된다.[21] 그와 같이 삶을 놀이처럼 여기는 태도를 갖기 위해서는 독립적인 상태를 유지해야 한다. 그러므로 우리는 우정이나 결혼(특히 자녀를 갖는 것)과 같은 친밀한 관계 일체로부터 거리를 둬야 한다.[22] 그런 관계는 우리를 타인에게 구속시킴으로써 제약을 가할 뿐이기 때문이다. "자기가 여럿이 될 수 있는 어떤 인생 관계에도 들어가지 않기 위해 늘 조심해야 한다. … 자기가 여럿이 된다는 것은 자유를 잃은 것이다."[23] 독신 상태를 유지함으로써 얻는 축복이란 바로 그런 것이다.

하지만 그런 축복 역시 여전히 신뢰할 만한 것이 아니다. 욕구 충족을 중심으로 삶을 설계한(우리 대부분이 대부분의 경우에 그렇게 한다) 사람들에게 있어서 불행은 그리 멀지 않은 곳에 위치해 있다. 결국 세상이란 설령 온갖 즐거움으로 가득 차 있다고 한들 거의 언제나 실망스럽다. 그렇기 때문에 심미적인 실존양식은 삶이 살 만한 가치가 없는 비참한 것이라는 체념을 하게 만들 수 있다. 마치 쇼펜하우어의 반응, 퇴짜 맞은 연인의 반응과 같다. 이런 체념적인 태도도 본질적으로는 심미적인 생활방식이다. 여전히 자신의 욕구를 충족하려고 애쓰고 있기 때문에 자신의 기대에 달하지 못하는 세계를 폄하하고 부정할 수밖에 없는 것이다. 이제 죽음이 더 매력적인 선택지로 보이기 시작한다. 죽음만이 우리가 욕망하는 것을 가져다줄 가능성이 더 높아 보인다.

1843년 출간된 키르케고르의 첫 주요 저서《이것이냐 저것이냐*Either/Or*》1부에서 "저자"인 A — 어떤 심미적인 관점을 가지고 있는지 우리가 지금까지 대략적으로 살펴본 인물 — 는 스스로를 "심파라네크로메노이*Symparanekromenoi*(대략적으로 죽은 사람들의 모임)"라고 부르는 사람들에게 한 연설을 독자에게 소개한다. 심파라네크로메노이는 "오직 불행만을 믿"는다.[24] 그들은 삶이 더 큰 불행이라는 것을 알고 있기 때문에 죽음을 두려워하지 않는다. A에 따르면 영국 어딘가에는 비석에 "가장 불행한 자"라는 문구가 새겨진 무덤이 있다고 한다. 문구 외에는 어떤 이름도 적혀 있지 않으며 무덤을 파헤쳤을 때는 속이 텅 비어 있었다. A는 무덤이 앞으로도 영원히 비어 있을 것이라고 주장한다. 가장 불행한 자는 죽지 못하는 자일 것이기 때문이다. 결국 삶을 견딜 만하게 만들어주는 것은 죽음을 향한 전망뿐이다. "행복한 자는 노년에 죽음을 맞이한 자다. 더 행복한 자는 태어날 때 죽음을 맞이한 자다. 가장 행복한 자는 애초에 태어나지 않은 자다."[25] 삶의 비참함을 생각했을 때 죽지 않는 사람이 있다면 분명 그 자가 가장 불행한 자일 것이다. 하지만 죽음은 우리 모두가 공통으로 나눠 가진 몫이다. 그렇다면 '멸성'인 인간 중에서는 누가 가장 불행할까? 이 질문에 A가 제시하는 대답은 이미 심미적인 실존

양식을 넘어서는 요점을 암시하고 있다. "불행한 자는 자신의 이상과 삶의 내용과 … 진정한 본성을 어떤 식으로인가 자기 바깥에 가지고 있는 사람이다. 불행한 사람은 항상 자기 자신으로부터 부재한다."[26] 여기서 따라 나오는 사실은 '행복'이라는 것이 '자기 자신에게 현존하는 것', 결국 '자기 자신이 되는 것'에서 나온다는 점이다. 나는 나 자신에게 존재함으로써, 다시 말해 자기 자신에게 관계하여 자기 자신을 꽉 붙잡음으로써 나 자신이 된다.

키르케고르는 이것이 심미적인 실존 영역에서는 불가능하다고 생각했다. 진정으로 자기 자신이 되기 위해서 우리는 그 이상이 필요하다. 우리는 심미적 영역을 초월하여 윤리적 영역과 종교적 영역으로 나아가야 한다.

하지만 키르케고르의 시적 인격인 A는 다른 견해를 가지고 있는 것 같다. A는 심미적인 실존 영역 내에서도 우리가 어느 정도 자기 자신에게 현존할 수 있다고 설명한다(이는 진정한 의미에서 혹은 온전한 의미에서 현존하는 것은 아닐 수 있다. 하지만 옳은 방향으로 나아가는 단계는 될 수 있으며 심지어 우리 중 일부에게는 충분히 괜찮은 삶이 될 수도 있다).[27] A에 따르면 우리는 미래나 과거에 살고 있을 때 우리 자신으로부터 부재하게 된다. 우리는 주로 희망이나 회상을 통해 미래나 과거를 살아간다. 오직 희망이나 회상 속에서만 삶을 살아가며 희망하고 회상하는 와중에 현재를 살아가는 법을 잊어버린 사람들은 자기 자신을 차지하고 있지 않기 때문에 불행하다. 하지만 그들이 미래나 과거 '속'에서라도 자기 자신에게 현존하는 한 '완전히' 혹은 '진정으로' 불행하지는 않다. 가장 불행한 사람들은 이처럼 지연된 종류의 존재라도 가지고 있지 못한 사람들이다. 그들이 희망하는 미래가 결코 이루어지지 않을 것이며 따라서 그들을 위해 어떤 실재도 제공하지 못할 것(희망이 좌절될 것)이기 때문이다. 혹은 그들이 회상하거나 회상하기를 바라는 과거가 그들이 실제로 지낸 과거가 아니며 따라서 이미 현재가 됐음에도 그들이 회상하는 과거가 그들에게 어떤 실재도 제공하지 못하기 때문이다. 가장 불행한 사람은 희망할 것이 없으면서도 계속 희망하는 사람이거나 회상할 (만한 가치가 있는) 것이 없으면서도 계속 회상하는 사람이다. 하지만 과거가 이미 지나갔으며 따라서 더 이상 바뀔 수 없는 반면 미래는 아직 오지 않았기 때문에(따라서 정확히 무슨 일이 벌어질지 우리가 모르기 때문에) 진정한 불행은 주로 미래 존재의 상실보다는 과거 존재의 상실에 있다. 예컨대 "유년 시절이 아무런 중요성을 얻지 못한 채 지나가는 바람에 자신의 유년 시절을 결코 갖지 못하게 된 사람이 이제 … 유년 시절에 놓인 모든 아름다움을 발견하고는 자신의 유년 시절만을 회상하고 자신의 유년 시절만을 돌아본다"고 상상해보라.[28] 그런 사람은 "삶의 기쁨을 감상하지 못한 채 삶을 산" 다른 모든 사람들과 마찬가지로 분명 가장 불행한 사람들 가운데 꼽힐 것이다.

이런 의미에서 자기 자신으로부터 부재하는 것은 무의미한 삶을 구성하게 된다. 희망하는 것이 이미 뒤로 밀려났다는 점에서 미래가 이미 끝이 났고 회상하는 것이 앞에 놓여 있다는 점에서 과거가 아직 도착하지 않은 삶인 셈이다.[29] 이와 같은 사람은 "젊었던 적이 없기 때문에 늙을 수가 없고 이미 늙었기 때문에 젊을 수가 없"다. "어떤 의미에서 그는 살았던 적이 없기 때문에 죽을 수가 없다. 또 어떤 의미에서 그는 이미 죽었기 때문에 살 수가 없다."[30]

윤리적 생활양식, 삶을 선택한다는 것

키르케고르는《인생행로의 여러 단계*Stages on Life's Way*》(1845)에서 이렇게 말한다. "실존에는 세 가지 실존 영역이 있다. 바로 심미적 실존, 윤리적 실존, 종교적 실존이다. … 심미적 영역은 즉시성*immediacy*의 영역이다. 윤리적 영역은 요구*requirement*의 영역이다. … 종교적 영역은 성취*fulfilment*의 영역이다."[31]

윤리적 실존 영역 혹은 윤리적 생활양식은《이것이냐 저것이냐》의 2부에서 주로 다루어진다. 하지만 책의 제목이 주는 암시에도 불구하고 윤리적 생활양식은 심미적 생활양식의 엄밀한 대안으로 여겨지지 않는다. 오히려 윤리적 생활양식은 심미적 생활양식을 보충하는 것으로 언급된다.[32] 키르케고르의 또 다른 시적 인격인 은퇴한 판사 빌헬름*Vilhelm*은 A에게 보내는 일련의 편지에서 윤리적인 관점을 변호하면서 (주로 혹은 오로지) 심미적인 방식으로 삶을 사는 사람들이 실존과 숨바꼭질 놀이를 하는 것이나 마찬가지라고 주장한다. 숨바꼭질 놀이를 너무나도 성공적으로 해내는 나머지 "진정한 본성"이 그들 자신에게마저 결코 모습을 드러내지 않는다는 것이다. 결과적으로 그들의 본성은 "다수"로 해체된다. "자기가 실제로 여럿"이 되는 것이다. "그리고 그런 식으로 인간 내면 깊숙이 존재하는 가장 신성한 것, 인격을 통합하는 힘을 잃어버린다."[33] 빌헬름은 이것이 굉장히 심각한 문제이자 진정으로 무시무시한 가능성이라고 경고한다. "모든 사람에게는 자신이 자신에게 완전히 투명하게 드러나지 않도록 어느 정도 막아주는 무언가가 존재"하기 때문이다. "이 때문에 밖에 놓여 있는 삶의 상황들에 지나치게 복잡하게 얽힌 나머지 거의 스스로를 드러내지 못할 정도가 될 수도 있다. 하지만 스스로를 드러낼 수 없는 사람은 사랑할 수 없으며 사랑할 수 없는 사람은 누구보다도 불행한 사람이다."[34] 여기서 돈 후안*Don Juan*이라는 인물로 형상화된 심미적인 연인은 사랑을 정복하고자 하는 욕망으로 착각하지만 사실 사랑은 그런 것이 아니다.[35] 윤리적인 영역에서 사랑이란 헌신을 내포한다. 바로 이런 이유 때문에 '선택'을 내포하기도 한다. 이처럼 선택을 내림으로써, 즉 의식적으로 다른 것 대신 무언가(혹은 누군가)를 정함으로써 우리는 빌헬름이 "삶의 주된 일"이라고 주장하는 일을 하게 된다. 바로 "스스로를 얻는 것, 스스로를 소유하는 것"이다.[36]

여기서 선택이란 심미적 생활양식과 윤리적 생활양식 중 하나를 선택하는 것이 아니다. 사실 심미적인 생활양식 하에서 우리는 딱히 선택을 하지 않는다. 그 대신 우리의 선택이 다른 존재에 의해(혹은 환경에 의해) 이루어지도록 내버려두며 그 때문에 우리 자신을 잃어버린다.[37] 혹은 우리가 스스로 선택하는 것처럼 보일지라도 우리는 그 순간에만 선택하는 것이며 따라서 바로 다음 순간에는 다른 무언가를 선택할지도 모른다. 이는 헌신이 결여된다는 점에서 제대로 선택하는 것이 아니다. 심미적인 선택은 어떤 식으로도 결속시켜주지 못한다. 진정한 선택이란 우리 자신을 소유하는 것을 의미한다. 선택을 한다는 것은 "이것이 나"라고 선언하는 것과 같다. "절대적으로 '이것이냐 저것이냐'로 나뉘는 선택은 오로지 선과 악 사이의 선택밖에 없"기 때문에 선택이 곧 윤리적 실존을 정의한다.[38] 윤리적으로 우리는 우리가 내리는 선택을 '진지하게' 받아들인다. 물론 심미적이기만 한 것과 윤리적이기도 한 것 사이에도 일종의 선택(유사 선택)이 존재한다. 이 "선택"은 선과 악 사이의 선택이 아니라 한쪽에는 선과 악을 놓고 다른 쪽에는 선하지도 악하지도 않은 것을 놓은 채 선택하는 것이다. 또는 선택함과 선택하지 않음 사이의 선택이라고도 할 수 있다. 심미적인 실존 양식은 그 자체로는 "악이 아니라 무관심"이다.[39]

윤리적 실존을 선택한다고 해서 심미적인 실존을 포기해야 한다는 뜻은 아니다. 오히려 우리가 이런 선택을 내리게 되면 "심미적 실존 일체가 되돌아와서 그제야 삶이 아름답다는 것을 이해"하게 되며 "오직 이런 식으로만 인간이 성공적으로 자신의 영혼을 구원하고 온 세계를 얻을 수 있다는 사실을 깨닫"게 된다.[40] 윤리적 실존 양식은 심미적 실존 양식을 대체하지 않는다. 그보다는 심미적 실존 양식을 '변모*transfigure*'시킨다. 따라서 빌헬름이 보기에 "선택"이란

'이것이냐 저것이냐'의 문제가 아니다. '이것이고 동시에 저것인' 문제다. 어쩌면 "선택" 대신에 "이행"이라고 말하는 편이 더 나을지도 모르겠다. 하나의 심미적인 실존 영역 혹은 단계(심미적 영역)에서 다음 영역 혹은 단계(윤리적 영역)로 이행하는 것이다. 이 과정에서 절망이 중요한 역할을 한다. 심미적 실존에서 윤리적 실존으로의 이행은 "절망의 씁쓸함"을 맛봤을 때 일어나거나 일어날 수 있으며 여기서 절망이란 특정한 무언가(우리에게 닥친 불행 등)에 대한 절망이 아니라 '자기 자신'에 대한 절망이다. 따라서 절망은 (아무 잘못이 없는) 세상을 향한 증오로 잘못 이어지지 않으며 오히려 세상이 "지금 모습인 것에 대해" 사랑을 유지하도록 혹은 심지어 강화하도록 만든다.[41] 그러므로 절망은 그리 나쁜 것이 아니다. 정반대로 절망은 "절대적인 것을 찾는 진정한 출발점"이 될 수 있다.[42] 빌헬름은 절대적인 것이 "영속적인 유효함을 지닌 나 자신"이라고 설명한다.[43] 그게 무엇인가? 그것은 "무엇보다도 가장 추상적인 동시에 무엇보다도 가장 구체적인 것—바로 자유"다.[44]

윤리적으로 살아가다 보면 우리는 세상에 그리 많이 의존하지 않게 된다. 우리 자신에 대한 주권을 늘 우리가 가지고 있기 때문이다. 우리를 우리로서 만드는 것은 삶의 환경이 아니다. 심미적 자아(혹은 비자아)와 달리 윤리적 자아는 '어떤' 환경에서도 잘 살 수 있다. "그는 어느 곳이든 무도장이 될 수 있다는 사실을 알고 있으며 … 자신이 만드는 몸짓이 역사 속에 기록된 사람들이 만드는 몸짓만큼이나 아름답고 우아하며 표현력 넘치고 감동적이라는 사실을 알고 있다."[45] 심미적 자아와 달리 윤리적 자아는 자유롭다.

> 심미적으로 사는 사람에게는 "죽느냐 사느냐"라는 오랜 격언이 적용되며 더욱 심미적으로 사는 것이 허락되면 될수록 그의 삶은 더 많은 것들을 요구한다. 그중 하나라도 충족되지 않으면 그는 죽은 목숨이다. 반면 윤리적으로 사는 사람은 모든 것이 그에게 불리하게 작용할 때도 늘 빠져나갈 길을 가지고 있다. … 늘 그가 붙잡을 곳이 있다. 그것은 바로 자기 자신이다.[46]

윤리적으로 사는 한 우리는 항상 우리 자신을 붙들고 있기 때문에 스스로를 즐겁게 하기 위해 그리고 권태(또 권태가 드러내는 공허)를 저지하기 위해 끊임없이 새로운 것을 좇을 필요가 없다. 우리는 스스로 선택을 내리며 선택을 계속 고수한다. 우리 삶에서 이는 자연스럽게 일종의 반복으로 이어진다(그리고 앞에서 살펴본 것처럼 심미적으로 볼 때 반복은 열정의 적이다). 하지만 심미적 자아가 반복을 견디지 못하는 것과 달리 윤리적 자아는 반복을 발판 삼아 번창하며 반복을 긍정적으로 끌어안을 줄 안다. 키르케고르는 콘스탄틴 콘스탄티우스 *Constantine Constantius*라는 적절한 이름의 시적 인격을 통해 아예 반복의 미덕을 칭송하는 (짧은) 책 한 권을 쓰기도 했다. "반복을 선택하는 사람만이 진정으로 삶을 산다고 하겠다. 그는 어린아이처럼 나비를 쫓아다니지도 않고 세상의 경이를 흘긋 보기 위해 까치발을 하고 서지도 않는다. 그는 이미 그것들을 알고 있기 때문이다. … 그는 반복 속에서 만족한 가운데 자신의 삶을 조용히 살아간다."[47]

윤리적 삶은 보통 '의무'라는 개념과 연관돼 있다. 키르케고르 역시 윤리적 실존을 "요구의 영역"이라고 부름으로써 이런 통념을 따라간다. 하지만 의무는 대개 우리가 외부적으로 관계하는 무언가로 여겨진다. 개인의 삶의 특수한 상황이나 그 개인이 누구인지를 고려하지 않은 채 보편적으로 행해져야 한다고 여겨지는 무언가인 셈이다. 이는 윤리적 삶을 다소, 아니 전혀 매력 없는 삶처럼 보이게 만든다. 우리를 우리 자신으로부터 떨어뜨리라고 요구하는 것 같기 때문이다. 하지만 키르케고르(혹은 빌헬름)에 따르면 이는 의무가 무엇인지(혹은 이상적으로 무엇이어야 하는지)를 오해해 생긴 결과다. 의무는 "우리의 가장 깊은 본성의 표출"이어야 한다.[48] 그냥 의무가 아니라 본질적으로 '나'의 의무여야 한다. 오직 그럴 때에만 우리는 윤리적 실존 영역에 들어갈 수 있으며 결과적으로 개별자에 보편자를, 실재적 자아에 이상적 자아를 실현시킬 수 있다. 이것이 "진정한 삶의 기술"이다.[49] 그리고 윤리적 의무가 항상 본질적으로 '나'의 의무이기 때문에 오직 나만이 내 의무가 무엇인지 말할 수 있고 오직 당신만이 당신의 의무가 무엇인지 말할 수 있다. 삶에서 내가 맡은 과업이 있고 당신이 맡은 과업이 있는 셈이다. 우리 모두는 각자 나름의 소명을 지니고 있으며 오직 자신만이 자신의 소명이 무엇인지 가장 잘 알고 있다.

따라서 키르케고르는 응당 그래야 하는 대로 윤리적 실존에 강력한 주관적 관점을 장착시킨다. 윤리에 있어서 순수한 객관성을 달성하는 것은 가능하지도 바람직하지도 않다. 우리는 윤리적 요소를 외면화하는 데 익숙한 나머지 삶을 어떻게 살 것인지 묻는 질문들에 대해 결코 객관적이고 무심하고 관찰적인 관점에서 추상적인 언어로 묻거나 답할 수 없다는 사실을 잊어버리곤 한다. 윤리적 생활방식의 핵심은 이것이(이것이 무엇이든 간에) '나'와 관련돼 있으며 무슨 선택을 내리든 '내'가 바로 그 선택에 따라 살고 죽어야 한다는 사실을 깨닫는 것이다. 그러므로 우리가 삶이 살 만한 가치가 있는지, 죽음이 악인지, 죽는다는 것(혹은 산다는 것)이 무엇을 의미하는지 숙고할 때, 그런 의문을 제기하는 자가 지금 살아 있으며 곧 죽는다는 사실을 망각하는 것은, 더 나아가 지금 살아 있고 그런 의문을 제기하고 있으며 결국 죽게 될 바로 그 사람이 '나'라는 사실을 망각하는 것은 심각한 실수다. 따라서 질문은 절대 '인간은 무엇을 해야 하는가?'라는 형태를 취할 수도 취해서도 안 되며 항상 '나는 무엇을 해야 하는가?'와 같아야 한다. 나라는 특정한 단일 개인이 중요한 것은 물론이고 특히 나에게 있어서는 '나'가 무엇보다 중요하고 중요해야 한다. "윤리적으로 볼 때 개별 주체는 무한히 중요하다."[50]

종교적 생활양식, 부조리에 대한 믿음

종교적 생활양식은 윤리적 생활양식을 확장한 형태라고 할 수도, 어쩌면 윤리적 생활양식을 강화하거나 급진화한 형태라고 할 수도 있다. 윤리적 영역이 종교적 영역에 단단히 닻을 내리고 있기 때문이다. 윤리적으로 사는 한 우리는 이미 신성에 맞닿아 있다(얼굴을 맞대는 정도는 아니더라도 등은 맞대고 있을 것이다). 윤리적 생활양식은 "영원의 숨결"이자 "고독한 가운데 모든 인류와 화해하는 유대 관계"를 맺는 것이다.[51] 하지만 키르케고르는 모든 인류와 맺는 유대 관계보다 신과 맺는 유대 관계가 더 중요하다고 본다. 윤리적 생활양식을 받아들임으로써 우리는 "하느님과의 공동의식*co-consciousness*" 속에 들어간다.[52] 윤리적인 선택을 내릴 때 우리는 우리 자신을 차지하여 난생처음으로 특정한 자아, 자기 자신이 될 뿐만 아니라 우리 자신을 영원한 힘에 결속시킨다.[53] 판사 빌헬름이 지적하듯이 "인격의 모든 내면성을 발휘하여 선택을 내리는 한 그의 본성은 정화되며 그 자신은 존재 일체를 무한한 힘으로 관통하는 영속적인 힘과 즉각적인 관계를 맺게 된다."[54]

키르케고르가 보기에 완연히 자기 자신이 되는 것은 신과 함께하는 것 혹은 신 앞에 서는 것과 똑같다. 하지만 신과 맺는 관계는 편안한 관계는 아니다. 이는 "공포와 전율"을 수반하며 따라서 많은 용기를 필요로 한다. 윤리적 삶을 위해 헌신한 자는 "과감히 아무것도 아닌 것이 되고자" 해야 하며 "하느님이 윤리적으로 무엇이든 요구할 수 있는 단일한 개인이 되고자" 해야 한다.[55] 윤리적으로 살기 위해 우리는 기꺼이 거대한 위험을 감내하고자 해야 한다. 기꺼이 모든 것을 희생하고자 해야 한다. 심지어 우리 자신의 목숨, 사랑하는 사람의 목숨, 다른 사람들의 인정과 승인마저 희생하고자 해야 한다. 필요하다면 "군중*crowd*"에 맞서야 한다.[56] 다시 말해 일반적으로 옳거나 그르다고 생각되는 것, 선하거나 악하다고 생각되는 것에 맞서야 한다. 군중에게서는 어떤 좋은 것도 나올 수 없다. 단일한 개인은 자기 발로 똑바로 서 있어야 한다. 윤리는 친절하게 구는 것과는 관련이 없다. 모두(혹은 누군가)를 기쁘게 하는 것과도 관련이 없다. 기독교 신앙은 보통 양떼의 일부가 되고 그 속에서 안심을 갈구하는 식으로 실천될 때가 많다. 하지만 이는 진정한 기독교 신앙이 아니며 우리가 모방해야 하는 기독교 신앙은 더더욱 아니다. 우리가 모방하려고 애써야 하는 기독교 신앙은 "영적인 사람의 고립된 상태를 설명하기 위해 고안된" 신약성서에 묘사된 기독교 신앙이다. "신약성서에서 기독교 신앙이란 자기 자신은 물론 아버지, 어머니, 자녀, 배우자 등 다른 모든 사람, 즉 전 인류를 미워하는 가운데 하느님을 사랑하는 것을 의미한다. 가장 고통스러운 고립감을 가장 강력하게 표현하는 신앙이다."[57] 윤리적인 차원에서 우리는 잠재적으로 온 세상에 맞선 채 홀로 (신과 함께) 서 있는 셈이다.

《반복*Repetition*》에서 "청년*Young Man*"의 애정 행각은 "저자"인 콘스탄틴 콘스탄티우스로 하여금 반복의 본성과 가치에 관해 숙고하도록 자극한다. 콘스탄티우스는 "세상의 눈으로 볼 때" 영웅이 아니라 "자기 자신의 눈으로 볼 때" 영웅이 되도록 행동하는 사람의 영웅적 면모를 칭송하면서 "사람들에게 자랑할 만한 것은 없지만 자기 자신의 인격 안에서 살아가면서 스스로의 증인이 되고 스스로의 판사가 되며 스스로의 고소인, 유일한 고소인이 된다는 것"이 어떤 모습일지 감탄한다.[58] 윤리적으로 살아가는 사람이 마주하는 과제란 이와 같다. 이 과제가 특히 어려운 이유는 가능한 한 모든 인간 이성에 저항할 것이 요구되기 때문이다.

《공포와 전율*Fear and Trembling*》(1843)에서 키르케고르는 또 다른 "저자"인 침묵의 요하네스*Johannes de silentio*를 통해 구약성서 창세기 22장에 등장하는 아브라함과 이삭 이야기를 숙고한다. 여기서 아브라함은《반복》의 청년이 나타내는 윤리적(어쩌면 초윤리적) 영웅의 전형으로 나타난다. 요하네스는 아브라함과 같은 사람들을 "믿음의 기사들"이라고 부른다. 성서 기록에 따르면 아브라함은 하느님으로부터 자신의 유일한 아들인 이삭을 바치라는 명령을 받는다. 하느님은 이유를 설명하지 않으며 아브라함 역시 이유를 물어보지 않는다. 아브라함이 이삭을 죽이려 하자 천사가 나타나 멈추라고 말한다. 희생은 더 이상 필요하지 않다는 것이다. 하느님은 그저 아브라함이 자신의 명령에 복종할 것인지 시험하고자 했다. 아브라함이 복종했기 때문에 아브라함과 그의 후손들은 이제 영원히 축복을 받게 됐다. 여기까지가 성서 기록을 통해 알 수 있는 내용의 전부다. 성서에서는 아브라함이 이 모든 일에 관해 어떻게 느꼈는지 알려 주지 않는다. 우리가 아는 바로는 아브라함은 아무런 감정을 느끼지 않았다. 하지만《공포와 전율》에서 키르케고르는 아브라함이 유일한 아들을 죽이라는 명령을 받았을 때 어땠을지 상상한다. 우선 아브라함은 신성한 명령에 복종할 때 지게 되는 모든 도덕적 무게를 전적으로 혼자

감당해야 했다. "우주적 고립" 속에서 아브라함은 "끔찍한 책임감을 지고 혼자 걸"어야 했다.[59] 아브라함은 아들에게도, 아내에게도, 다른 누구에게도 말할 수 없었다. 아무도 이해하지 못했을 것이기 때문이다. 다른 사람들 앞에서 자신이 하려는 일을 정당화하기 위해 아브라함이 할 수 있는 말은 하나도 없었다. 따라서 아브라함은 침묵할 수밖에 없는 운명이었다. 인간적인 관점에서 볼 때 그가 하려는 일은 정당화할 수가, 특히 '윤리적으로' 정당화할 수가 없었기 때문이다. 윤리적으로 아버지는 자기 아들을 사랑하고 보호해야 한다. 하지만 "아브라함이 한 일을 윤리적으로 표현한다면 기꺼이 이삭을 죽이고자 했다는 것"이다.[60] 요하네스는 아브라함이 이삭을 죽이라는 명령에 수긍함으로써 "윤리 일체를 밟고 넘어섰으며 윤리 바깥에 더 높은 목적*telos*을 가짐으로써 이 목적과 관계하여 윤리를 정지시켰다"고 결론 내린다.[61] 아브라함은 (비극적 영웅인 아가멤논*Agamemnon*이 강제로 자신의 딸 이피게네이아*Iphigenia*를 바쳐야 했을 때처럼) 나라를 구하기 위해서라거나 그 밖의 고차원적인 선을 위해 아들을 죽여야 했다고 주장할 수 없었다. "비극적 영웅은 보편자를 표현하기 위해 스스로를 부인한다. 믿음의 기사는 개별자가 되기 위해 보편자를 포기한다."[62]

물론 여기서 우리는 인간의 윤리, 즉 누군가의 행동이 받아들여질 만한 정당성이 있는지 판단하는 근거로서의 윤리에 관해 이야기하고 있는 것이다. 인간의 윤리는 모두 규칙을 따르는 것이나 보편자에 고착하는 것과 관련돼 있다. 하지만 '진정한' 윤리(혹은 가장 높은 의무)는 예외적인 것으로서 드러나는 법이다. '윤리'라는 단어의 일반적인 의미를 기준으로 볼 때 아브라함이 하려고 했던 행동은 윤리적이지 않았다. 하지만 보편자보다 개별자를 위에 두는 키르케고르적인 의미에서 보면 아브라함의 행동은 윤리적이었다. "윤리는 보편적인 것이며 따라서 신성한 것이다. 그러므로 모든 의무는 궁극적으로 하느님에 대한 의무라고 말하는 것이 옳다."[63] 따라서 아들의 목숨을 바치는 것이 보편적으로 아버지의 의무가 아니긴 하지만 분명 '아브라함'의 의무였다고는 말할 수 있다. 아브라함의 이야기는 "무엇보다 가장 쉬운 일"로 여겨지는 "개별자로 살아가는 일"이 사실은 "무엇보다 가장 두려운 일"이라는 사실을 보여준다. 동시에 가장 위대한 일이기도 하다.[64]

일반적으로 도덕적이라고 여겨지는 것으로부터 분리돼야 했으므로 침묵의 요하네스가 생생히 묘사하듯이 아브라함이 극심한 괴로움을 느낀 것도 어느 정도 납득이 간다. 하지만 아브라함이 느낀 괴로움은 아브라함이 아들을 '사랑'했다는 사실, 아들이 그에게 모든 것을 의미했다는 사실 때문이기도 했다. 아브라함은 요구된 대로 이삭을 제물로 바쳤다가는 자신의 삶이 무의미해질 것임을 알았다. 그럼에도 불구하고 아브라함은 계획을 실행에 옮기고자 했다. 자신이 행복한 것보다 하느님에게 복종하는 것이 더 중요하다고 생각했기 때문이 아니라 하느님이 어떤 식으로인가 상황을 바로잡으실 것임을 믿었기 때문이었다. 그것도 사후에 바로잡으실 것이 아니라 '지금' 생에 바로잡으실 것임을 믿었다. 아브라함은 자신이 아들을 죽여야 하고 아들이 죽을 것임을 믿었지만 동시에 자신이 아들을 잃지 않을 것임을, 어떤 식으로인가 아들이 죽지 않을 것임을 믿었다. 이는 명백히 부조리하다. 전혀 말이 되지 않는다. 하지만 정확히 이것이 종교적 '믿음'이 의미하는 바다. 명백히 부인할 수 없는 방식으로 모든 것을 잃었음에도, 완벽한 실패에 직면했음에도 모든 것이 괜찮다고, 모든 것이 괜찮아질 것이라고 믿는 것이다. 믿음은 이해를 거스른다. 신이 모든 이해를 거스르기 때문이다. 심미적으로 우리는 가능한 것을 기대한다. 윤리적으로 우리는 영원한 것을 기대한다. 하지만 종교적으로 우리는 '불가능한 것'을 기대한다.[65] 신에게는 어떤 불가능한 것도 없기 때문에 이는 정당한 기대다. 다만 신의 존재는 증명될 수 없으며 오로지 믿음으로 받아들여져야 할 뿐이다(신 자신이 불가능한 존재이기 때문이다). 아브라함은 하느님의 의지에 믿음으로 복종함으로써 좋은 결과를 얻었다. "아브라함은 모든 것을 무한히 포기했다. 그리고 나서 부조리의 힘으로 모든 것을 돌려받았다."[66]

절망, 죽음에 이르는 병

삶이란 무엇이며 삶을 어떻게 살 것인가에 관한 키르케고르의 이해는 '절망*despair*'과 '믿음*faith*'이라는 쌍둥이 같은 개념에 핵심 기반을 두고 있다. 오직 믿음만이 우리를 절망으로부터 구원할 수 있다.

> 만약 인간에게 영원한 의식이 없다면, 만약 모든 것의 밑바닥에 광포한 소요만이 벌어지고 있다면, 즉 어떤 힘이 짙은 격정 속에 몸부림치며 위대한 것이든 하찮은 것이든 모든 것을 생성해내고 있다면, 만약 모든 것 아래에 결코 채워질 수 없는 심원한 공허가 숨어 있다면, 그렇다면 삶이란 절망 이외의 무엇이란 말인가? … 만약 숲속에 새들이 지저귀는 것처럼 한 세대가 다음 세대로 넘어간다면, 만약 배가 바다를 통과하듯이 혹은 바람이 황야를 통과하듯이 생각도 결실도 없이 인류가 세계를 통과한다면, 만약 영원한 망각이 한껏 굶주린 채 먹이를 찾아 늘 어슬렁거리는데 그 먹이를 망각의 손아귀에서 구출할 만큼 강력한 힘이 존재하지 않는다면, 그렇다면 삶은 얼마나 공허하고 절망적이겠는가?[67]

다행히 인간에게는 영원한 의식이 '존재'한다. 문제는 그 의식을 향해 손을 뻗어 의식을 차지하는 것이다. 자기 자신, 즉 '정신'이 되는 것이다. 그렇게 하지 못한 한 우리는 절망 속을 살아간다. 절망할 가능성은 인간을 다른 동물로부터 구분시켜 준다. 사실 절망은 인간이 다른 동물에 비해 유리한 위치를 차지하도록 만든다. 절망은 변화의 필요성을, 심미적 관점을 가진 동물로서의 자연인의 삶보다 더 의미 있는 삶을 살 가능성을 분명히 드러낸다는 점에서 이점이 있다. 절망은 일종의 질병이지만 바로 그렇기 때문에 질병 너머에 있는 건강한 상태를 드러낸다. 절망이라는 질병 자체는 "최대의 불운"일지도 모른다.[68] 하지만 질병을 '질병'이라고 인정하는 것은 치유에 이르기 위해 중요한 첫걸음을 내딛는 것이다. 애초에 존재하는 줄도 모르는 무언가를 치유할 수는 없다.

《죽음에 이르는 병*The Sickness unto Death*》(1846)에서 안티 클리마쿠스*Anti-Climacus*를 가장한 키르케고르는 절망을 "죽음에 이르는 병"이라 정의한다. 절망이 죽음으로 '끝'나기 때문이 아니라(그렇지 않다) 절망의 핵심이 죽음이 모든 것의 끝이라는 '믿음'에 있기 때문이다. 결과적으로 절망을 느끼는 사람은 자신의 삶이 죽음이 연장된 상태에 불과하다는 사실을 인식한다. 절망은 내적인 모순으로 정의된다. 절망 속에서 우리는 우리가 이미 죽은 것처럼 삶을 살아간다. 절망을 (거의 문자 그대로) 실패가 전제된 자살 행위라고 이해할 수도 있다. 실패할 수밖에 없는 무력한 "자기 잠식*consumption of the self*"인 셈이다.[69] 자기 자신(혹은 자기 자아)을 소멸시키기를 원하는 것만 하더라도 이미 절망이다. 하지만 이 절망은 절망한 사람이 그렇게 할 수 없다는 사실로 한층 더 고조된다. 절망한 사람은 "자기 자신을 잠식할 수도, 자기 자신으로부터 벗어날 수도, 무의 상태로 돌아갈 수도" 없다.[70] 우리는 우리가 아닌 것(예컨대 프리미어리그 축구선수나 제일가는 은행가)이[71] 되기를 바라며 우리가 되어 있는 것(프리미어리그 축구선수나 제일가는 은행가가 아닌 무엇)이 되지 않기를 바란다. 자기가 되고 싶은 것이 되지 못했다는 사실에 절망하는 사람은 사실 자기가 되고 싶은 것이 되지 못한 자기 자신에게 절망하고 있는 것이다. 그것이 무엇이든 간에 자기가 어떤 것이 되고 싶었던 유일한 이유가 (자신에게 가장 잘 어울리는 자아를 발견함으로써) '자기 자신'이 되고 싶었던 것이기 때문이다. 따라서 그는 자기 자신이 되기를 바라는 동시에 자기 자신이 되지 않기를 바란다. 하지만 그가 되고 싶어 하는 자기든 되고 싶어 하지 않는 자기든 그것은 그의 진정한 '정신적' 자기, 그의 본모습인 영원한 의식은 아니다. 바로 그런 자기, 진정한 자기 자신이 되기를 바라는 것은 사실 "절망의 정반대"에 해당한다.[72] 하지만 이는 극히 드문 경우다. 오히려 죽음에 이르는 병인 절망은 어떤 질병보다도 가장 흔한 질병이다.

> 조금이라도 절망하지 않는 인간이란, 즉 속 깊은 곳에 불편, 동요, 불화, 불안이 자리 잡고 있지 않은 인간이란 단 한 명도 없다. 알려지지 않은 무언가에 대한 불안이 있고 굳이 알려고도 하지 않는 무언가에 대한 불안이 있으며 삶의 어떤 가능성에 대한 불안 혹은 자기 자신에 대한 불안이 있다. 그래서 의사가 환자를 가리켜 몸에 병을 품고 다닌다고 말하듯이 인간은 … 정신의 병에 짓눌린 채 돌아다닌다. 이 병은 이따금 설명할 수 없는 불안과 함께 문득문득 그 존재를 드러낸다.[73]

(가능한지는 모르겠으나) 진정한 의미에서 온전히 기독자인 사람만이 절망으로부터 완전히 자유롭다. 우리는 우리의 절망을 알아차리지도 못한 채 자기 자신이 완전히 건강하다고 착각할지도 모른다. 하지만 사실 우리는 전혀 건강하지 않다.

> 절망이란 자신이 정신으로서 규정된다는 사실을 모르는 사람의 무지

함에서 비롯된다. 인간적인 관점에서 가장 아름답고 가장 사랑스러운 것—순전히 평화, 조화, 기쁨 그 자체인 여성의 청춘—마저도 결국엔 절망이다. 그것이 가장 큰 행복이라고[74] 여겨질 수는 있으나 행복이 정신의 규정은 아니기 때문이다. 그리고 행복 깊숙한 곳, 가장 구석진 곳에도 결국 절망이라는 불안이 깃들어 있다.[75]

삶의 기쁨과 슬픔에 초점을 맞춘 채 "사소한 것에 무한한 가치"를 부여하면서 살아간다면 우리는 삶을 낭비하는 것이다.[76] 결코 스스로를 정신으로서 인식하지는, 다시 말해 "명명백백히 하느님으로 말미암아 존재"하지는 못한다.[77] 우리는 흔히 다른 사람들처럼 되려고 애쓰다가 그만 자기 자신이 되지는 못한다. 자기 자신이 되는 것보다 다른 사람이 되는 것이 훨씬 더 쉽고 안전해 보이기 때문이다. 우리는 군중 속에 들어가 자취를 감추고는 기꺼이 자기 자신이 "보잘것없는 사람, 또 다른 한 사람, 끝없는 천편일률의 또 다른 반복"이 되도록 내버려둔다.[78] "군중"의 일부가 돼야 잘 어울릴 수 있고 일반적으로 잘 어울릴 수 있어야 인간 사회에서 번영하기가 더 쉽기 때문에 우리는 그 대가를 거의 알아차리지 못한다. 그 대가로 자기 자신을 잃는데도 말이다. 이처럼 자신이 처한 상황에 무지한 채 자기 자신을 상실하는 것은 절망 중에서도 최악의 절망에 속한다.

자기 자신이 되기 위해 우리는 가능성과 필연성 사이에서 균형을 유지해야 한다. 실재 없이 가능성만 있는 경우에 개인은 "단지 공기 중의 환영"에 불과하며 자기 자신은 사라진다.[79] 반대로 발전과 선택, 믿음과 구원을 위한 여지가 전혀 없이(신에게 불가능한 것은 하나도 없다는 사실을 기억하라) 필연성만 있는 경우에도 자기 자신은 질식하여 사라진다. “가능성 속에서 길을 잃은 사람은 절망의 분방함으로 비약한다. 반면 모든 것이 필연적이 되고 만 사람은 등이 휠 만큼 절망의 무게에 짓눌려 살아간다.”[80] 우리는 우리가 아닌 것이 될 수 없다(우리의 자기창조 가능성이 제한적이라는 뜻이다). 하지만 우리는 여전히 우리 자신이 될 수 있다(인간 존재의 영적 변화가 불가능과는 거리가 멀다는 뜻이다). 진정으로 자기 자신이 되는 것은 (스토아학파에서 말하는) 자기 자신의 주인이 되는 것과는 다르다. 자기 자신을 원하는 대로 생성하거나 수정할 수 없다는 점에서 우리는 자기 자신의 주인이 아니다. 오히려 우리의 실체는 우리를 우리로서 만들었으며 우리 존재의 기반을 이루는 신에게 근거를 두고 있다. 즉 영원한 것에 근거를 두고 있다. 진정으로 자기 자신이 된다는 것은 신을 자신의 표준으로 삼는 것, “하느님 앞”에 있음을 인식하는 것을 의미한다.

하지만 그게 무엇을 뜻하는지는 굉장히 모호하다. 신성한 표준은 완전히 불가해할 것이기 때문이다. 기독교 신앙은 “인간을 생각으로는 이해할 수 없을 만큼 어마어마하게 비범한 무언가로 만들고자” 한다.[81] 기독교 신앙은 “부조리를 향해 … 웅대한 발걸음을 내딛”는다.[82]

그렇다면 우리는 어떻게 그런 단계로 나아갈 수 있을까? 어떻게 영원한 자기를 찾아 관계를 맺고 그리하여 신과 관계를 맺을 수 있을까? 어떻게 진정한 기독자가 될 수 있을까? 키르케고르는 직접 자신의 이름을 걸고 쓴《들의 백합과 하늘의 새*The Lily in the Field, the Bird of the Air: Three Godly Discourses*》(1849)에서 우리가 무엇보다도 침묵을 지키는 법을 배워야 한다고 제안한다. 침묵은 신을 두려워하는 첫 단계이자 지혜에 이르는 첫 단계다.[83] 당연하게도 우리는 신 앞에서 침묵할 것이다. 무슨 말을 해야 할지 모르기 때문이다. 이해를 넘어서는 신의 권능 앞에서 공포와 전율에 압도돼 할 말을 잃어버리기 때문이다. 우리의 소망과 욕구와 감사와 불평까지 모두 잠잠해진다. 하지만 침묵하는 법을 배운다는 것은 그저 아무것도 말하지 않는 것 이상을 의미한다. 그것은 '듣는 법'을 배우는 것을 의미한다. 말하지도 묻지도 청하지도 않는 채 듣는 것은 기도의 본질이다. 자기 자신을 발견하기 위해 우리는 모든 인간적인 목소리, 주의를 돌리는 온갖 요소들로 가득한 번잡한 세계의 소음을 잠재워야 한다. 우리는 집중해야 한다. 우리는 자연세계로부터, 마태복음에서 언급하는 '들의 백합'과 '하늘의 새'로부터 집중하는 법을 배울 수 있다(마태 6:26). 그들은 모두 인내심과 존중심을 발휘하여 잘 들으면서 침묵을 지킨다. 자연의 침묵 속에서 우리는 신의 음성을 인식하게 된다.

— 숲은 침묵한다. 속삭이는 와중에도 사실은 침묵한다. 나무들은 무성하게 자라 서 있는 와중에도 말을 아낀다. 우리 둘만 알자고 약속하고서도 거의 침묵을 지키는 법이 없는 인간과는 다르다. 바다는 침묵한다. 요란하게 요동치는 와중에도 사실은 침묵한다. … 저녁이 되고 침묵이 온 땅을 뒤덮으면 당신은 저 멀리 목초지에서 소가 우는 소리를 듣거나 저 멀리 농부의 집에서 개가 짖는 익숙한 소리를 듣는다. 하지만 당신은 이런 울음소리를 두고 침묵을 깬다고 말할 수 없다. 아니, 오히려 이런 소리들은 침묵에 속한다. 침묵과 기묘한 방식으로 고요한 화음을 이룬다. 그리하여 침묵을 증폭시킨다.[84]

자연의 침묵은 우리가 '신 앞'에 있다는 사실을 인식하게 한다. 그리고 신은 "영원히 '오늘'을 말"하며 "오늘에 거함으로써 영원히 그리고 무한히 본인에게 현존"한다. 백합과 새와 그 외의 모든 자연 역시 "침묵과 무조건적인 복종"으로 그렇게 한다. 그들로부터 우리는 자기존재의 방식으로 삶을 살아가는 법을 배울 수 있다.

— 기쁨이란 무엇인가? 혹은 기뻐한다는 것은 무엇인가? 그것은 자기 자신에게 진정으로 현존하는 것이다. 그런데 진정으로 자기 자신에게 현존한다는 것은 바로 오늘에 존재하는 것, 진정으로 오늘에 존재하는 것이다. 오늘에 존재하면 할수록, 오늘에 존재함으로써 자기 자신에게 온전히 현존하면 할수록 내일의 슬픔은 줄어든다. 기쁨은 현재에 있다. '현재'에 있다.[85]

3장.

서로 복잡하게 뒤엉킨 신의 공포와 경이

Herman Melville

삶이라는 이해할 수 없는 환영

허먼 멜빌이 여섯 번째 소설《모비딕*Moby-Dick*》(1851)—흉포한 흰 향유고래에게 다리 한쪽을 뜯기고는 이성을 잃은 남자가 복수를 위해 집요하게 고래 사냥에 나선다는 강력하고도 독창적인 이야기—을 집필했을 때 그의 나이는 고작 서른 살이었다. 당시 멜빌은 반자전적인 남태평양 모험담을 담은 처음 두 편의 소설《타이피*Typee*》(1846)와《오무*Omoo*》(1847)로 꽤 성공을 거둔 상태였다. 하지만 새 작품에 대한 반응은 잘 봐줘야 미적지근한 정도였다. 대부분의 비평가와 독자는《모비딕》을 거의 이해하지 못했다.《모비딕》은 너무 장황했고 너무 철학적이었으며 너무 음울했다. 멜빌이 심지어 심리학적인 분석을 담은 한층 더 특이한 소설《피에르*Pierre*》(1852)를 내놓자 이해할 수 없고 도덕적으로 불쾌하다는 반응이 지배적이었다. 멜빌의 문학적 평판은 땅에 떨어졌고 작가로서의 경력은 사실상 끝이 났다. 물론 멜빌이 그 사실을 깨닫기까지는 몇 해가 더 걸렸다. 멜빌은 1857년에 마지막 소설《사기꾼*The Confidence-Man*》을 발표했다.

그마저 저조한 판매량을 기록하고 비평가들의 관심을 거의 끌지 못하자 멜빌은 마침내 전문 작가로서 먹고살겠다는 야심을 포기했으며 그 대신 세관 검사관이 됐다. 이후 30여 년의 여생 동안 멜빌은 작품 집필을 거의 하지 않았으며 출판은 더더욱 안 했다(주로 시만 내놨다). 1891년에 사망한 뒤에는 사람들에게서 사실상 잊혀졌다. 멜빌의 작품은 제1차 세계대전이 끝난 지 얼마 뒤에야 재발견되기 시작했다. 1920년에 옥스퍼드대학출판부에서 《모비딕》을 세계명작 시리즈 가운데 포함시켜 재출판한 덕분이었다. 독자들은 전쟁의 온갖 참상을 겪고 나서야 세계가 뿌리 깊은 불확실성에 시달리고 있다는(어쩌면 그 이상으로 끔찍하다는) 멜빌의 어두운 세계관을 받아들일 준비가 돼 있었다.

멜빌이 《모비딕》을 썼던 70년 전만 하더라도 상황은 달랐다. 멜빌의 문체는 당시로서는 분명 특이했고 당대 독자들이 모험 소설에서 기대했던 것과는 전혀 다른 것이었다. 하지만 당시 독자들을 정말 짜증나게 했던 것은 바로 멜빌의 비관적인 철학이었다. 《모비딕》은 런던에서 만국박람회가 개최되어 수백만 명의 관람객을 끌어들인 때인 1851년에 출판됐다. 만국박람회는 산업자본주의의 성공을 기념하는 행사로서 과학, 기술, 상업이 국가의 부를 증대시켜 모두에게 번영과 행복을 가져다줄 것이라는 지배적인 믿음을 반영하고 강화하는 역할을 했다. 당시 사회의 전반적인 분위기는 낙관적이었다. 사람들은 대부분 진보의 필연성을 확신했다. 그들은 산업 활동이 미덕이라고 생각했다. 또 인간의 노력이 늘 성과를 거둘 수 있도록, 삶의 질이 계속해서 향상될 수 있도록 산업 활동 이면에 신의 섭리가 활발히 작용하고 있다고 생각했다.[1] 하지만 멜빌은 이런 낙관적인 시각을 공유하지 않았다. 일찍부터 멜빌은 세계가 신뢰할 만한 존재가 아니라고 보았다. 또한 세계의 화려한 겉모습 이면을 보면 인류에게 관심을 가진 자애로운 신은커녕 아무것도 존재하지 않을 것이라고 믿었다. 아니, 심지어는 인류와 인류가 아끼는 모든 것을 부서뜨리고 망가뜨리려 하는 전적으로 사악한 힘이 존재할 수도 있다고 생각했다. 세계는 사기꾼이고 인류는 그런 세계에 놀아나고 있다는 것이다. 물론 그렇지 않을 수도 있다. 요점은 우리 인류가 세계의 이면에 정말로 무슨 일이 벌어지고 있는지 알지 못하며 알 방법도 없다는 것이다. 세상에 일어나는 사건들을 지배하고 통제하는 신 같은 존재가 있는지 없는지 혹은 있더라도 그 존재가 어떤 특성과 의도를 가지고 있는지 우리는 알 길이 없다. "신비는 아침에도 있고 밤에도 있습니다. 신비로운 아름다움은 사방에 있지요."[2] 분명 세상에 아름다움은 존재한다. 그것도 풍성히 존재한다. 하지만 문제는 그 아름다움이 얼마나 깊은 곳까지 연결돼 있는가다. 세상의 아름다움은 정말로 만물의 본질에 자리 잡고 있는 근원적인 선을 반영할까? 아니면 우리가 경계심을 풀고 거짓된 안도감을 느끼도록 만들기 위해 세상이 쓰고 있는 가면에 불과할까? 아름다움이 불러일으키는 신뢰감은 정당할까? 아니면 속임수의 일환일까? 우주의 지배자는 인류의 수고와 바람과 근심에 연민을 품고 있을까? 아니면 신들은 그저 우리를 가지고 장난을 치고 있을까?

우리가 현상 이면에 딱히 관심이 없다면 이런 형이상학적 불확실성은 문제가 되지 않을 것이다. 하지만 안타깝게도 우리는 현상 이면에 관심이 있다. 우리가 인간이기 때문이다. 일단 우리는 만물이 무언가를 '의미'하기를 바란다. 만물이 아무 의미가 없다는 생각, 만물이 아무런 고등한 목적이나 목표 없이 그 자체로서만 존재한다는 생각을 도저히 견디지 못한다. "만물에는 특정한 의미가 숨어 있다. 그렇지 않다면 그 무엇도 이렇다 할 가치가 없을 것이다. 이 둥근 세계 자체도 텅 빈 암호에 불과할 것이며 보스턴 주변의 언덕들처럼 짐마차에 실어다 팔아서 은하수의 늪지를 채우는 데나 쓸모가 있을 것이다."[3] 한편으로는 설령 만물이 정말 무언가를 의미한다 할지라도 그 '의미하는 바'가 마음에 들지 않을 수 있다. 어느 쪽이든 간에 우리가 그 의미를 이해하지 못하는 것은 거의 확실하다. 세계가 보내는 신호 혹은 신호처럼 보이는 것이 우리 눈앞에 놓여 있지만 우리는 그것들을 읽지 못한다. 우리는 우리에게 일어나는 일 혹은 우리가 하는 일이 어떤 식으로든 중요한 것처럼 '보이는' 세계에 살고 있지만 그것들이 정확히 어떤 식으로 중요한 것인지는 아무리 애를 써봐도 파악하지 못한다.

《모비딕》에서 에이허브*Ahab* 선장은 화려한 그림이 새겨진 금화를 중간 돛대에 못으로 박아 놓은 다음 자신들이 찾고 있는 고래를 가장 먼저 발견한 사람에게 금화를 주겠다고 약속한다. 다양한 등장인물이 금화와 금화에 새겨진 그림을 주의깊이 들여다보는데 그것이 무엇을 나타내는지 각기 다른 해석을 내놓는다. 실제로 금화에 새겨진 것을 본 게 아니라 자신이 보고 싶은 것을, 엄밀히 말하자면 자신이 어떤 사람인지에 따라 익숙하게 길들여진 것을 본 셈이다. 우리도 바로 그처럼 세계를 바라본다. 우리는 세계를 있는 그대로 본다고 착각하지만 사실은 자신의 바람과 두려움과 관심과 집착이 투영된 결과물을 볼 뿐이다. "이 둥근 금화는 그저 이보다 더 둥근 지구를 나타내는 형상으로서 마치 마법사의 유리구슬처럼 각 사람의 신비로운 자아를 비추어줄 뿐이다. 자기 비밀을 풀어 달라고 세계에 부탁하는 사람들에게는 고통만 많을 뿐 소득은 적을 것이다. 세계는 자기 자신의 비밀조차 풀지 못하기 때문이다."[4] 세계의 진정한 본성은 미스터리로 남아 있다. 우리에게 드러나는 것은 아직 아무도 열쇠를 발견하지 못한 암호뿐이다. 어쩌면 열쇠를 잃어버린 것일지도 모른다.

《모비딕》에서 능숙한 작살잡이이자 화자 이슈메일*Ishmael*의 충실한 친구인 온화한 식인종 퀴퀘그*Queequeg*는 온몸에 문신과 상형문자로 된 표식이 뒤덮여 있다. 이 문신과 표식은 어느 예언자가 퀴퀘그의 몸에 "하늘과 땅에 대한 완벽한 이론과 진리에 도달하는 기술에 관한 신비로운 논문"을 새긴 결과물이었다.[5] 하지만 불운하게도 예언자는 이미 죽었고 퀴퀘그 자신은 문신과 표식을 읽을 줄 모르기 때문에 예언자가 무엇을 말하고자 했는지도 알 수 없었다. 따라서 퀴퀘그가 죽으면 퀴퀘그의 피부에 새겨진 비밀 역시 퀴퀘그와 함께 무덤으로 들어갈 것이며 결국 아무도 우리가 살고 있는 세계에 관한 진실을 알아내지 못할 것이다.

사실 우리는 우리 자신조차 제대로 이해하지 못한다. 우리 역시 미스터리의 일부이며 어쩌면 가장 풀기 힘든 미스터리일지도 모른다. 우리 자신을 들여다보면 우리는 결국 "삶이라는 이해할 수 없는 환영"을 마주하며 이슈메일에 따르면 이는 "모든 것에 이르는 열쇠"다.[6] 언뜻 모순돼 보이기까지 하는 이상한 주장이다. "이해할 수 없는" 무언가가 어떻게 모든 것에 이르는 열쇠가 된다는 말일까? 삶이 무엇인지 더 나아가 우리가 누구인지 이해하기 위해 마주해야 하는 삶의 불가해성*ungraspability*이 아니고서야 성립되지 않는 주장이다. 불운을 맞이할 운명인 포경선 피쿼드*Pequod*에 일개 선원으로 올라타 여정을 시작할 때만 하더라도 이슈메일은 호기심을 가득 품은 채 세계와 세계의 경이를 경험하기를 열망한다. 삶이 제공하는 것이라면 좋은 점이든 나쁜 점이든, 기쁨이든 고통이든 기꺼이 받아들이고자 한다. 피쿼드 호가 낸터킷 항을 떠날 때 이슈메일은 "경이로운 세계로 통하는 거대한 수문"이 마침내 활짝 열렸다는 느낌을 받는다.[7] 그리고 실제로 그랬다. 하지만 실제로 발견할 수 있는 경이는 금방 소진되는 법이며 우리가 기대하는 경이에 비하면 상대가 되지 못한다. 게다가 어차피 세계는 둥글기 때문에 우리는 결국 시작점으로 돌아올 수밖에 없다.

— 이 세계가 끝없는 평면이라면, 그래서 우리가 동쪽으로 계속 항해함으로써 끝없이 새로운 곳에 닿을 수 있고 키클라데스나 솔로몬 제도보다 더 아름답고 신비한 광경을 발견할 수 있다면, 이 항해에도 기약할 만한 전망이 있을 것이다. 하지만 우리가 꿈꾸는 머나먼 신비를 좇

아서 혹은 모든 인간의 가슴 앞에서 한 번은 헤엄칠 악마 같은 환영을 열심히 좇아서 이 둥근 지구를 한 바퀴 돈다 해도 결국 우리는 황량한 미로 속으로 미혹당하거나 중도에 물속으로 가라앉고 말 것이다.[8]

우리는 실제 세계가 혹은 실제 세계처럼 보이는 세계가 우리에게 제공하는 것 이상의 무언가가 존재해야 한다고 느낀다. 어쩌면 실제로 존재할지도 모른다. 하지만 그 무언가는 계속해서 우리 손아귀를 벗어나며 우리는 끊임없이 제자리로 돌아온다. 그 무언가는 결코 닿을 수 없는 저편에서 영원히 우리를 비웃을 뿐이다. 우리는 사실상 무엇을 찾는지 제대로 알지도 못한 채 계속해서 무언가를 찾고 있다. 우리는 어디서 왔으며 어디로 가는 것일까? 답을 간절히 갈구하지만 우리는 적어도 우리가 살아 있는 동안에는 실마리조차 얻지 못할 것이다. 어쩌면 죽음이 그 답을 제시할지도 모르겠다. "우리의 영혼은 출산 중에 목숨을 잃은 미혼모가 남긴 고아와 같다. 우리 아버지에 대한 비밀은 어머니의 무덤 속에 있으니 비밀을 알고 싶다면 무덤 속에 들어가는 수밖에 없다."[9]

설선 위에는 심장이 없다

우리가 살고 있는 세계에 관해 우리가 모르는 점은 아주 많다.

하지만 우리가 확실히 알고 있는 점은 세계가 위험한 곳이라는 사실이다. 침대 밑에는 그리고 옷장 속에는 괴물이 숨어 있다. "눈에 보이는 세계는 여러 측면에서 사랑으로 만들어진 것처럼 보이나 눈에 보이지 않는 영역은 두려움으로 만들어졌다."[10] 물론 우리는 대개 눈에 보이지 않는 영역을 외면하려고 최선을 다한다. 죽음이 임박해 대놓고 위협을 받는 경우가 아니고서야 우리는 보통 "고요하고도 은밀하게 우리 곁에 늘 머무는 삶의 위험"을 알아차리지 못한다.[11] 물론 세상에 존재하는 위험 중 눈에 보이는 실질적인 위험들은 대처 가능하다. 최소한 우리가 상대해야 하는 위험이 무엇인지 이해는 하고 있다. 그런 위험에 맞서서 사용할 수 있는 무기도 있다. 꽤 선전할 수도, 심지어 승리할 수도 있다. 하지만 모든 위험이 그런 부류인 것은 아니다. 어떤 위험들은 세계의 구조 자체에 깊이 결부돼 있어 도저히 피할 방법이 없다. 우리 입장에서 그런 위험들은 우리가 이해할 수 있는 위험들에 비해 훨씬 더 두렵고 위협적이다. "서로 복잡하게 뒤엉킨 신의 공포와 경이에 비하면 이해할 수 있는 인간의 공포 따위가 뭐라도 되겠는가!"[12]

피쿼드의 독실한 일등항해사 스타벅*Starbuck*조차 삶의 "숨은 공포"를 느낀다.[13] 스타벅이 그러는 것도 충분히 납득이 간다. 스타벅은 자신의 신앙(신이 선하며 세상이 자비로운 섭리에 따라 움직인다는 신앙)을 저버리기를 완강히 거부하지만 결국 여느 선원들과 마찬가지로 그들이 무너뜨리겠다고 다짐한 고래에 의해 죽음을 맞이한다(화자인 이슈메일만이 예외적으로 살아남는다). 끝에 가면 언제나 고래가 승리할 수밖에 없다. 작품에 등장하는 고래는 단순한 짐승 이상을 의미하기 때문이다. 흰 고래 모비딕은 세계의 사악한 암류*undercurrent*를 상징한다. 뱃사람들 사이에서 모비딕이란 어디에나 존재하며 죽음으로부터 자유로운 신 같은 존재로 여겨진다.[14] 하지만 연민 같은 것은 철저히 결여돼 있다. 오히려 모비딕의 행동은 "교활한 악의"를 드러낸다.[15] 따라서 모비딕은 마치 "삶이라는 바다를 미끄러지듯 헤엄치는 거대한 악마"와 같다.[16]

모비딕의 사악한 본성은 모비딕이 흰색이라는 사실에서도 나타난다. 이는 모비딕의 다른 어떤 특징보다 이슈메일의 관심을 사로잡는다.[17] 멜빌은 "고래의 흰색"을 다루기 위해 한 장을 온전히 할애했으며 이 장은 책 전체를 통틀어 가장 길면서도 가장 기억에 남는 장 중 하나다. 이 장에서 알 수 있듯이 흰색에는 "포착하기 어려운 무언가"가 담겨 있으며 이런 특성 때문에 "무시무시한 물체에 긍정적인 함의가 배제된 흰색이 결합한다고 생각하면 그 생각만으로도 공포감이 극한의 경계까지 치솟"는다.[18] 모비딕의 흰색은 대리석처럼 창백한 망자의 안색을 떠올리게 할 뿐만 아니라 바로 그 "불확정성" 때문에 "하얗게 빛나는 은하수의 심연을 들여다보고 있는 우리에게 우주의 무정한 공허함과 광대함을 넌지시 제시함으로써 우리가 소멸하리라는 생각을 우리 뒤에 찔러 넣"는다.[19] 이런 이유 때문에 애초에 색깔이라기보다 색깔의 부재를 나타내는 흰색은 "색이 없으면서도 모든 색이 응집된 무신론" 같기도 하다.[20]

모비딕은 소멸의 망령이자 죽음의 화신이다. 얼마나 오래 걸릴지는 모르지만 결국 우리는 모비딕을 찾아낼 것이며 그렇지 않더라도 모비딕이 우리를 찾아낼 것이다. 탈출구는 존재하지 않는다. 이러나저러나 죽음은 죽음이다. 모든 것의 끝이라는 말이다. 죽음 이후에 무엇이 남아 있는지 우리는 이미 알고 있다. 종교가 엉터리인 이유도 바로 여기에 있다. 우리가 진심으로 천국이나 내세의 존재를 믿는다면 우리는 망자를 위해 애도하지 않을 것이다. 하지만 우리는 애도한다. 마음 깊숙한 곳에서는 망자가 되돌아오지 않을 것임을 알고 있기 때문이다. 하지만 역설적이게도 우리는 우리가 완전히 소멸된다는 생각을 너무나 견디기 힘들어하기 때문에 종교적인 믿음에서 죽음에 대한 위안을 찾고자 한다. "신앙은 자칼과 같아서 무덤 사이에서 먹이를 찾으며 죽음의 회의 속에서 가장 생명력 넘치는 희망을 모은다."[21]

《모비딕》에서 이등항해사 스터브*Stubb*와 흑인 요리사 플리스*Fleece*는 죽음 이후에 우리에게 무슨 일이 일어나는지에 관해 대화를 나눈다. 별 생각 없이 신앙을 가지고 있는 플리스는 천사가 나타나 자신을 "저 위"에 올려다 줄 것이라고 확신한다. 하지만 냉소적인 스터브는 그런 생각을 비웃는다. 저 위에 어디 말인가? 돛대 꼭대기에 올라간다는 말인가? 물론 플리스는 그런 뜻으로 말한 것이 아니었지만 자신이 정확히 무슨 뜻으로 그렇게 말한 것인지 설명하지 못한다. 대화는 스터브의 이런 말로 마무리된다. "하지만 자네는 높이 올라갈수록 더 추워진다는 것을 모르나?"[22] 즉 "저 위"는 딱히 올라가고 싶은 장소가 아닐 것이라는 말이다. 나중에 에이허브 선장 역시 핍*Pip*이라는 불쌍한 소년 선원이 바다 한복판에서 동료 선원들에게 잠깐 버림을 받았다가 정신이 나간 것을 보고는 연민에 사로잡혀 비슷한 주장을 한다. "설선 위에는 심장이 있을 리가 없다. 오, 얼어붙은 하늘이여! 여기를 내려다보거라."[23] 우리는 "저 위"에 '무엇'이 있는지 모른다. 하지만 저 위가 얼어붙을 만큼 춥다는 사실은 안다. 저 위에는 신이 존재하지 않거나 존재하더라도 우리에게 연민을 가지고 있지는 않을 것이다. 다른 가능성을 고려하기에는 여기 아래에 너무나 많은 악과 너무나 많은 고통이 존재한다.

피쿼드 호의 선원들이 (모비딕이 아닌) 어느 향유고래를 사냥하는 데 성공했을 때 에이허브는 잘린 고래의 머리에 대고 말을 건다. "너는 행성들을 쪼개고 아브라함을 믿음이 없는 자로 만들 만큼 충분히 많은 것을 보았구나."[24] 또 나중에 에이허브는 죽음을 맞이하는 여느 고래가 그렇듯이 그것들이 몸을 돌리고 태양 쪽을 바라보는 모습을 지켜보면서 혼잣말을 한다. "생명은 믿음을 가득 품은 채 태양을 보며 죽는구나. 하지만 보라! 죽자마자 죽음이 시체를 빙글 돌리니 이제 머리가 다른 쪽을 향하는구나."[25] 죽어가는 고래는 위를 바라본다. 하지만 죽은 고래는 배를 드러내 놓고 아래를 바라보고 있으며 얼마 지나지 않아 상어들에게 잡아먹힌다. 신앙은 우리를 쉽게 찾아온다. 특히 죽음이 다가올 때면 더더욱 그렇다. 우리는 희망을 품을 줄 아는 생물이다. 하지만 실제로 죽음이 찾아오면 죽음은 우리 생각을 바로잡는다. 누구도 혹은 무엇도 우리를 구출하러 오지 않는다. 태양은 생명을 오직 한 차례만 제공하며 일단 우리가 죽고 나면 아무것도 남지 않는다. 모든 것이 "한 마디 말도 없는 먼지"가 되고 만다.[26] 이것이 우리가 너무나도 마주하기 무서워하고 어려워하는 현실이자 진실이다. 우리는 행복할 때면, 기쁨을 느낄 때면 우리가 처한 상황에 대한 진실을 무시하고자 한다. 모든 것이 헛되다. '모든 것'이 헛되다! 그럼에도 우리는 아직 이 사실을 이해하지 못했다. "이 고집이 센 세계는 아직 비기독교적인 솔로몬의 지혜조차 이해하지 못했다."[27]

하지만 우리에게 비기독교적인 솔로몬의 지혜가 결여돼 있다고 해서 완전히 우리 잘못인 것은 아니다. 세상에는 의심의 여지없이 무언가 사악한 것이 활동하고 있지만 그것은 상당 부분 숨겨진 채로 존재한다. 우리는 그것을 감지할 수는 있지만 보통 뚜렷이 인식하지는 못한다. 괴물은 음지에 숨어 있으며 밝은 곳에는 거의 나타나지 않는 법이다. 모비딕 역시 대개는 칠흑 같은 심해 속에 숨은 채 우리 눈에 띄지 않는다. 하지만 우리는 모비딕이 거기 어딘가에 숨어 있다는 사실을 알고 있다. 아니, 모비딕은 어디든 있을 수 있다. 심지어 짐승조차 "세계의 사악함을 감지하는 본능"을 가지고 있다.[28] 《모비딕》에서는 바다 자체도 섬뜩한 구석을 가지고 있다. 바다는 "악마처럼 무심"한 세계의 본성은 물론 세계가 우리에게 가하는 파괴력을 상징한다.[29] 우리는 세계가 그처럼 파괴적이라는 사실을 자주 잊어버린다. 과학과 기술의 도움으로 자연을 정복할 수 있다고 착각하기 때문이다. 하지만 "바다는 세상 종말의 날까지 영원토록 인간을 모욕하고 살육할 것"이다.[30] 바다의 위협은 물리적인 위협에서 그치지 않는다. 우리의 정신 속에서조차 공포는 거대한 바다처럼 우리 주위를 도사리고 있다. 우리는 그 거대한 바다 한가운데 떠 있는 '제정신'이라는 작은 섬 위를 살아가고 있다. 오로지 섬 안에서만 평화와 기쁨을 찾을 수 있을 뿐이다. 우리는 우리의 섬을 지키기 위해 그리고 섬을 벗어나지 않기 위해 어마어마한 노력을 기울여야 한다. 일단 섬에서 벗어나면 다시는 돌아오는 길을 찾지 못할 수도 있기 때문이다.[31] 그랬다가는 배에서 떨어져 동료 선원들에게 버려진 꼬마 선원 핍처럼 영영 길을 잃고 말 것이다. 경계가 보이지 않는 망망대해에서 "끔찍한 고독감"에 노출되는 것은 도저히 "견딜 수 없"는 일이다. "그처럼 무정하고 방대한 바다 한복판에서 자아가 똘똘 뭉쳐지는 경험"은 감히 견딜 수 없는 일이다.[32] 핍은 정신이 나가고 만다. 자신의 섬을 떠나 보이지 않는 세계의 괴물들을 마주했기 때문이다.

> 마치 조롱이라도 하듯 바다는 핍의 무한한 영혼을 집어삼킨 뒤 핍의 유한한 육체만을 띄워 올렸다. 영혼을 완전히 집어삼킨 것은 아니었다. 그보다는 경이로울 만큼 깊은 곳까지 영혼을 끌고 내려갔다. 원초적 세계의 낯선 형상들이 원본 그대로 핍의 고정된 눈앞을 이리저리 미끄러지듯 오갔다. 그리고 욕심 가득한 인어왕자, 즉 '지혜'가 수북이 쌓인 자기 재물을 드러냈다. 그처럼 즐겁고 무정하고 활력이 넘치는 영원 속에서 핍은 신처럼 편재하는 무수한 산호충이 물로 된 창공에서 거대한 천체를 들어 올리는 모습을 보았다.[33]

그 결과 핍은 "그가 믿는 신처럼 무심"해졌다.[34] 또한 어린 시절에 이집트 사이스에서 경고를 무시한 채 이시스 여신의 베일을 들어 올렸다가 아무도 감당할 수 없는 벌거벗은 진실을 난생처음 목격하고는 미쳐버린 독일 시인 프리드리히 실러*Friedrich Schiller*처럼 미쳐버렸다.[35] 어쩌면 그런 상황에서는 미치는 쪽이 축복일지도 모른다. 제정신을 유지하는 쪽이 진짜 저주에 해당한다는 점에서 광기가 최후의 방어 수단인 셈이다. 에이허브가 선박의 목수인 퍼스*Perth*에게 말한 대로다. "자네는 어떻게 미치지 않고 버틸 수 있나? 자네가 미치지 않는 것은 하늘이 아직 자네를 미워하기 때문인가?"[36]

해수면 아래 헐떡이는 호랑이의 심장

우리 모두가 핍처럼 미치지 않는 이유는 세계가 자신의 진정한 본성을 숨기는 데 아주 능하기 때문이다. 겉으로 보기에는 만물이 다채로운 색깔을 뽐내며 밝게 빛나는 것만 같다. 하지만 조금만 더 깊이 들어가 보면 그런 다채로운 빛깔은 모두 사라진다. 외양은 착각을 불러일으키는 법이다. 우리 중 대다수는 아예 알아차리지도 못하겠지만 대자연이 두르고 있는 화려한 옷가지 아래에는 속살이 꽤나 선명히 나타나 있다. 빛은 우리가 아름다운 색깔을 볼 수 있게 만들지만 사실 그런 색깔들은 속임수에 불과하다. 빛 자체는 흰색 내지는 무색이기 때문이다. 따라서 오직 흰색만이 세계의 본성을 제대로 반영하는 색깔이다.

> 지상에 존재하는 모든 색채, 즉 사랑스럽고 위엄 넘치는 모든 광채, 예컨대 해질녘의 하늘과 숲에 나타나는 감미로운 색조, 금박을 입힌 벨벳 같은 나비의 날개, 어린 소녀들의 나비 같은 뺨 등은 모두 교묘한 속임수일 뿐이다. 다시 말해 각각의 물질에 실제로 내재한 본질이 아니라 겉에 입혀진 장식에 불과하다. 우리가 신으로 받드는 자연은 매춘부처럼 화장을 하고서 우리를 유혹하지만 그 이면에는 납골당이 자리 잡고 있을 뿐이다.[37]

여기서 자연은 우리 인간을 속이고 유혹할 의향을 지닌 적극적인 주체로 묘사된다. 마치 "매춘부"처럼 스스로를 더 어려 보이도록 그리고 더 아름다워 보이도록 치장하고 있는 것이다. 하지만 일단 치장을 들춰보면 이면에는 "세계가 중풍에 걸린 나병 환자처럼 우리 앞에 누워 있"다.[38] 보기 끔찍한 광경이 놓여 있는 셈이다. 따라서 에이허브와 선원들이 이 모든 것을 상징하는, 즉 세계의 진정한 본성을 상징하는 흰색 고래를 사냥하려고 그처럼 혈안이 돼 있는 것도 전혀 놀랄 일이 아니다. 고래 사냥은 저항하고자 하는 의지가 발현된 행동이다.

모비딕이 단지 한 마리 고래에 불과하다면 에이허브가 벌이는 추적은 아무런 말이 되지 않는다. 그처럼 부단히 모비딕을 좇아서 얻을 수 있는 것이 딱히 없기 때문이다. 수지가 맞는 일도 아닐 뿐더러 위험하기까지 하다. 하지만 모비딕은 단지 한 마리 고래 이상을 의미한다. 스타벅이 "말 못하는 짐승에게 복수"하려 애쓰는 광기에 불과하다며 에이허브의 비이성적인 탐사 계획을 나무라자 에이허브는 스타벅의 생각에 담긴 근본적인 오류이자 착각을 바로잡는다.

> 눈에 보이는 모든 사물은 … 판지로 만든 가면에 불과해. 하지만 매번—특히 살아 있는 행동, 분명한 행동을 취할 때면—이치에 어긋나 보이는 가면 뒤에서 알 수는 없지만 여전히 이치에는 맞는 무언가가 이목구비를 들이밀고 있지. 인간이 거기에 닿으려면 일단 가면을 뚫고 지나가야 해! 죄수가 벽을 뚫고 나가지 않는 이상 어떻게 밖에 닿을 수 있겠나? 내 입장에서는 바로 그 흰 고래가 내 앞까지 닥쳐온 벽이야. 그 벽 너머에 아무것도 없을지도 모른다고 생각할 때도 있지. 하지만 상관없어. 고래 녀석이 날 괴롭히고 있고 날 모욕하고 있으니까 말이야. 녀석 안에는 터무니없이 강력한 힘이 있고 헤아릴 수 없는 악의가 그 힘을 북돋고 있지. 내가 가장 증오하는 것도 바로 그 헤아릴 수 없는 무언가야. 흰 고래가 앞잡이에 불과한지 주축에 해당하는지는 모르겠지만 나는 어쨌든 고래 녀석에게 내 증오를 쏟을 계획이네.[39]

하지만 벽은 단단하고 가면은 쉽게 사라지지 않는다. 마치 강력한 의지 같은 것이 벽을 단단히 받치고 있는 것 같다. 세계의 진정한 본성은 단지 잘 숨겨져 있는 정도가 아니다. 본성 자체가 능동적으로 숨을 줄 안다. 자연 세계의 아름다움 역시 이 거대한 속임수를 뒷받침하는 공범이다. 자연은 우리로 하여금 모든 것이 괜찮다고, 나쁜 일이 벌어지지 않을 것이라고 착각하게 만든다. 차분한 날씨에 바다가 고요하다고 착각하는 것처럼 우리는 자연을 보고 경계심을 풀며 그 사이에 자연은 우리 앞에 덫을 놓는다. "꿈결처럼 고요한 때가 있다. 평온한 가운데 아름답게 반짝이는 해수면을 바라보다가 그만 그 아래 호랑이의 심장이 헐떡이고 있다는 사실을 잊어버렸을 때, 벨벳 같은 앞발에 무자비한 발톱이 숨겨져 있다는 사실을 애써 기억하지 않으려 할 때다."[40] 자연의 아름다움에 관해 숙고하다 보면 우리는 우리 자신이 우리를 둘러싼 세계와 친밀한 관계를 맺고 있다고 믿게 된다. 우리가 거대한 전체를 이루는 일부에 해당한다고, 우리가 진정으로 세계에 속한다고, 우리가 우주와 하나를 이루고 있다고 믿게 된다. 따라서 그런 세계가 결코 우리를 해칠 리가 없다고 믿는다. 하지만 진심으로 그런 믿음을 가졌다가는 갑작스러운 충격을 맞이할 것이다. 우리가 전체의 일부라는 몽상에 빠져 있다가는 우주적 호랑이에게 잡아먹히기 십상이기 때문이다. 벨벳처럼 보드라운 호랑이의 앞발에 매료돼 그 속에 무자비한 발톱이 숨겨져 있다는 사실을 잊어버린다면 치명적인 결과를 맞이할 수 있다.

이슈메일의 설명에 따르면 포경선 선원들은 교대로 돛대 꼭대기 위에서 망을 보는 책무를 맡고 있는데, 돛대 꼭대기에 나란히 뻗어 있는 두 개의 막대기 위에 불안정하게 자리를 잡고 앉아 딱히 하는 일도 없이 몇 시간 동안 고래나 다른 배가 있지는 않은지 내다

보고 있다 보면 지그문트 프로이트*Sigmund Freud*가 '대양감*oceanic feeling*'이라 부를 만한 느낌에 휩싸인다고 한다. "발밑에 놓인 신비로운 바다"를 보고서 "인간과 자연 속에 충만한 끝없이 깊고 푸른 영혼"이 "눈에 보이는 형상"으로 나타났다고 받아들이는 것이다.[41] 망을 보는 선원은 자신이 파도의 움직임, 배의 움직임과 하나가 된다고 느낀다. 이는 매우 위험한 일인데 그러다 악력을 잃고 발을 헛디뎌 떨어져 죽을 수 있기 때문이다.

> 하지만 잠결처럼, 꿈결처럼 평온한 느낌이 지속되는 동안 당신의 발이나 손을 조금만 움직여 보라. 움켜쥔 손을 살짝 펴 보라. 그러면 당신의 정체성이 화들짝 돌아올 것이다. 당신은 데카르트적 소용돌이 위를 맴돌 것이다. 그리고 어쩌면 당신은 이 맑은 대낮에 목이 반쯤 졸린 비명을 내지르며 투명한 공기를 가로질러 여름 바다로 떨어질 것이다. 그러고는 다시는 올라오지 못할 것이다. 그러니 범신론자들이여, 부디 주의를 늦추지 마라![42]

그런 일이 벌어지더라도 바다는 여느 때처럼 푸르고 평화로울 것이다. 우리는 죽어 사라지겠지만 그런 우리를 조롱하듯이 태양은 계속 빛날 것이며 다른 이들은 계속 삶을 살아갈 것이다.[43] 우리가 겪는 파멸이나 고통에 자연은 전혀 개의치 않는다. 자연의 아름다움은 본질적으로 무심하다. 세계의 심장이 존재해야 할 곳에는 아무것도 존재하지 않는다. 혹시 무언가가 존재하더라도 기껏해야 우리에게 무관심한 무언가가 있을 뿐이다. 신들은 우리에게 관심이 없다. 아니, 오히려 우리에게 관심이 없기를 '희망'해야 한다. 핍이 느꼈던 것처럼 신들이 무정하고 비인간적인 벌레 같은 존재라면 우리에게 관심이 없는 편이 더 나을 테니까 말이다. H. P. 러브크래프트*H. P. Lovecraft*는 글 쓰는 재능을 에드거 앨런 포*Edgar Allen Poe*에게서 배웠을지 모르나 이해를 벗어날 만큼 끔찍하고 기이한 신들이 도사리는 악몽 같은 세계관은 멜빌에게서 물려받은 것이 분명하다. 멜빌이 구축한 세계는 살기에 좋은 곳은 아니다. 유일하게 선을 발견할 수 있는 곳이 있다면 그것은 인간의 마음뿐이다. "보라! 신은 전적으로 선하고 인간은 전적으로 악하다고 믿는 자들이여! 모든 것을 안다는 신이 오히려 인간이 겪는 고통에는 무지하지 않느냐. 반면 인간은 설령 자신이 무슨 짓을 하는지도 모를 만큼 무지한들 사랑이나 감사와 같은 달콤한 것들로 가득 차 있지 않느냐."[44] 하지만 그런 인간의 마음조차 기만적이다. 겉으로는 사람처럼 보이지만 속에는 괴물이 들어차 있는 경우를 숱하게 확인할 수 있다. 비인간적인 존재들이 인간의 탈을 쓴 채 곳곳에 숨어 있는데, 하필 우리는 다른 사람들이 기본적으로 친절하고 선하다는 믿음을 가지고 있는 것은 물론 사랑이나 감사와 같은 인간적인 특성들에 취해 있기 때문에 오히려 비인간적인 존재들에게 취약해진다.

방울뱀의 치명적 아름다움

멜빌의 후반기 작품이자 사후에 출판된 소설 〈선원, 빌리 버드*Billy Budd, Sailor*〉에서 빌리는 자신의 순진함 때문에 기만적인 선임 위병 하사관 존 클래거트*John Claggart*의 친근한 허울 이면에 숨어 있는 사악함을 알아보지 못한다. 빌리의 "순진함은 그의 눈가리개"였다.[45] 클래거트는 빌리가 반란을 일으키려고 모의했다며 선장에게 거짓 고발을 한다. 그러자 "앳되고 너그러운 마음"을 가진 빌리는 "악마의 화신"을 "처음 맞이한 경험"으로 문자 그대로 말을 잃고는 멍한 상태가 된다.[46] 자신을 변호할 만한 말이 떠오르지 않자 빌리는 클래거트를 때려눕힌다. 클래거트는 쓰러지면서 머리를 찧고는 죽는다. 이는 사고였으며 모두가 그 사실을 알고 있다. 다들 빌리가 클래거트의 고발대로 반란을 모의했을 리도 없다고 생각한다. 하지만 어쨌든 빌리는 상관을 공격했고 규율은 지켜져야 하므로 빌리에게는 금방 사형선고가 내려진다. 바로 다음날 빌리는 교수형에 처해진다.

그런데 클래거트를 공격하기 전에 빌리는 클래거트의 눈을 들여다보면서 타자의 진정한 본성(그와 동시에 세계의 진정한 본성)을 짧게나마 스치듯이 포착한다. 바로 눈앞에서 전환이 일어난 것이다. 마치 존 카펜터*John Carpenter* 감독의 1988년 영화 〈화성인 지구 정복*They Live*〉에서 주인공이 인간으로 변장한 외계인의 정체를 드러내는 특수한 선글라스를 착용했을 때와 비슷하다. 선글라스로 본 외계인들은 해골 얼굴을 하고 있었다. 멜빌은 이렇게 서술한다. "고발자인 클래거트의 두 눈은 기이한 변화를 겪었다. 평소에는 풍성한 자주색을 띠고 있었는데 이제는 우중충한 보라색으로 탁해졌다. 인간 지성의 창문이라는 두 눈이 인간적인 표정을 잃어버린 채 쌀쌀맞게 돌출됐다. 마치 아직 발견되지 않은 해저 생명체의 생경한 눈 같았다. 최면을 거는 것 같던 처음의 눈빛은 뱀이 먹잇감을 매혹하는 것만 같았는데 끝에 가서는 전기가오리가 아찔한 충격파를 쏘는 것만 같았다."[47]

속임수와 속임수를 알아차리지 못하게 만드는 기본적인 인간성에 관한 이야기는 멜빌의 다른 작품들에서도 여러 형태로 변주돼 나타난다. 〈베니토 세레노*Benito Cereno*〉(1855)에서 마음씨 좋은 미국 무역선 선장 아마사 델라노*Amasa Delano*는 칠레 해안으로부터 떨어진 곳에서 조난당한 것으로 보이는 스페인 노예선을 발견한다. 델라노는 노예들이 반란을 일으켜 배를 장악한 뒤 선장 돈 베니토 세레노*Don Benito Cereno*와 남은 선원들을 인질로 붙잡고 있다는 사실을 모른 채 스페인 선박에 도움을 제공한다. 델라노는 무언가 이상하다는 사실을 감지하지만 오랫동안, 거의 작품이 끝나기 직전까지 무슨 일이 벌어지고 있는지 이해하지 못한다. 어느 정도는 델라노의 편견 때문이다. 흑인 노예들이 반란을 일으킬 리 없다고 확신한 것이다. 흑인들은 충분히 영악하지 못할 뿐더러 천성이 흥으로 넘쳐서 도무지 해로워 보이지가 않았다. "델라노 선장은 흑인들을 자애롭게까지는 아니더라도 상냥하게 대했다. 마치 사람들이 뉴펀들랜드 개를 대하는 것과 같았다."[48] 이 때문에 델라노는 스페인 선박의 선원들이 이상한 행동을 벌이는 데 뚜렷한 이유가 존재한다는 사실을 제대로 포착하지 못한다. 게다가 델라노는 "그런 악행"이 가능하다고 생각하기에는 너무 관대하고 독실한 사람이기도 하다.[49] 오히려 델라노는 자신이 선한 사람이니 신이 자신을 모든 악으로부터 보호해줄 것이라고 확신한다. 신이 자신을 보호해주지 않는다면 너무나 불공정한 일이라고 생각한다. 무언가 잘못됐다는 느낌은 들지만 그것이 무엇인지 정확히 집어낼 수가 없자 의심했다가 스스로를 안심시켰다가를 수없이 반복한다. 결국에는 그의 믿음이, 즉 의심에 휘둘리지 않겠다는 그의 의지가 우위를 차지한다. 자연 자체가 반란자들과 공모하여 그를 속였기 때문이다. 델라노는 자연의 평화로운 외관에 속아 넘어간다.

> 그날 저녁 그는 순수한 휴식을 취하고 있는 자연의 유순한 모습을 봤다. 서쪽의 고요한 야영지에서는 살짝 가려진 태양이 아브라함의 천막에서 새어 나오는 온화한 빛처럼 은은하게 빛나고 있었다. … 그는 자신을 조롱한 망상에 또다시 쓴웃음을 지어 보였다. 그리고 회한의 감정을 약간 느꼈다. 잠시나마 망상이 활개를 치도록 내버려둠으로써 저 위에서 지켜보시는 하느님의 섭리에 사실상 무신론자스러운 의심을 품었기 때문이다.[50]

하지만 사건이 전개됨에 따라 델라노가 착각했다는 사실이 드러난다. 델라노가 "사실상 무신론자스러운 의심"을 품은 것은 정당했다. 누구도 인간 세상을 지켜보고 있지 않았기 때문이다. 신이 존재한다면 다른 쪽을 바라보고 있는 게 분명했다. 스페인 선박의 주인인 돈 호아킨*Don Joaquin*은 독실한 사람이었음에도 살해당했다. 신앙이 그를 악으로부터 보호해주지 못한 셈이다. 마침내 사건의 전말이 밝혀지고 폭도들이 죽임이나 진압을 당한 뒤 얼마 지나지 않아 선장 돈 베니토 역시 회복하지 못하고 사망한다. 치명적인 물리적 상해를 입어서 죽음에 이른 것이 아니었다. 세상에 대한 신뢰가 영원히 산산조각이 났기 때문에 죽음에 이르렀다. 돈 베니토는 사태를 겪고 난 뒤에 속임수가 사방에 깔려 있다는 사실을 이해했으며 따라서 온화하고 고집스러울 만큼 낙천적인 델라노가 최선을 다해 설득했음에도 충격에서 벗어나지 못했다. 세상을 감추고 있던 베일이 한순간에 영원히 벗겨진 것이다.

꾸준히 앞과 위만 바라보는 델라노는 돈 베니토에게 "과거는 지나간 일"이라며 괜히 도덕적인 의미를 부여하지 말고 사태를 잊어버리라고 말한다. 심지어 "밝은 태양, 푸른 바다, 푸른 하늘"조차 일어난 일을 모두 잊어버리고는 "새로운 잎"을 피워낸다고 말한다. 돈 베니토는 이렇게 답한다. "걔네들은 기억이 없으니까요. … 걔네들은 사람이 아니니까요."[51] 또 델라노는 "지금 당신의 뺨을 스치는" 미풍이 "사람의 손길 같은 회복력"을 가지고 있으며 자신들에게 온화하고 착실한 친구가 돼 준다고 말한다. 하지만 돈 베니토는 전혀 동감하지 못한다. "걔네들이 착실한 구석이 있다면 저를 무덤으로 실어 나를 때나 그렇겠지요." 여전히 상황 파악을 못한 채 슬슬 짜증이 치민 델라노는 어쨌든 당신은 구출되지 않았느냐고 외친다. "당신은 구출됐어요. 그런데 뭐가 당신 위에 그리도 어두운 그림자를 드리웠다는 말입니까?" 이에 돈 베니토는 "흑인"이라고 답한다(여기서 흑인은 충실한 종인 척 연기했으나 실상은 노예 반란 세력의 무자비한 지도자였던 바보*Babo*를 가리켰을 가능성이 높다).[52]

여기서 멜빌은 정치적인 시각이 아니라 형이상학적인 시각을 드러내고 있는 것이다. 《모비딕》에 나오는 흰 고래와 마찬가지로 〈베니토 세레노〉에 나오는 흑인은 동물이나 사람 등 자연적인 형태로 스스로를 가장한 채 활동하는 악의 화신을 상징한다. 《모비딕》의 초점이 포경 산업의 잔혹성이 아닌 것처럼 〈베니토 세레노〉의 초점 역시 노예제도가 정치적 혹은 윤리적으로 올바른지를 따지는 것이 아니다(물론 멜빌은 양쪽 행위 모두 윤리적으로 문제가 있다는 사실을 충분히 인지하고 있다). 두 작품 모두 주된 초점은 '겉으로 드러나는 모습을 어디까지 믿을 수 있는가 혹은 믿어야 하는가의 문제'와 '세상이 스스로를 드러내는 방식과 실제 세상이 존재하는 방식 사이의 괴리'다.

근본적인 불확실성의 문제는 멜빌의 마지막 소설인 《사기꾼》에서도 중심 무대를 차지하고 있다. 《사기꾼》에는 수많은 등장인물들이 현란하게 연이어 나오는데 독자들은 그들 중 누구도 보이는 대로 믿을 수가 없다. 항상 새로운 모습으로 등장하는(동일인물이라고 가정했을 때의 이야기다) 사기꾼은 미시시피 강을 여행하는 증기선에서 마주치는 사람들의 신뢰심을 시험한다. 사기꾼이 정확히 무슨 꿍꿍이가 있는 것인지 우리는 알지 못한다. 다만 그가 다른 사람들로 하여금 동료 인간을 믿도록 부추기고 있다는 사실만을 알 뿐이다. 하지만 그가 어떤 이득을 취하기 위해 그렇게 하는 것인지 아니면 사람들이 서로를 신뢰하는 것이 실제로 좋다고 확신하기 때문에 그렇게 하는 것인지는 분명하지 않다. 어쨌든 신뢰는 사람들 사이에 다리를 놓아 주는 법이다. 착한 사람은 다른 사람들을 믿는다. 우정에는 신뢰가 필요하고 사랑에도 신뢰가 필요하다. 우리는 다른 사람들을 신뢰함으로써 그들과 가까워진다. 하지만 신뢰는 위험하기도 하다. 믿음은 이용당하기 십상이며 이용당한 믿음은 그저 순진함에 불과하다.

《사기꾼》은 1857년 만우절을 배경으로 하고 있으며 이 시기는 실제로 소설이 출간된 때이기도 하다(물론 우연이 아니다). 이는 농담의 대상과 내용이 불확실할 뿐 사실상 소설이 농담으로 전개되고 있다는 뜻이다. 표면상으로 《사기꾼》은 겉모습을 신뢰하는 것에 대해 강력히 비판하고 있다. 독자도 등장인물도 소설 내에서 벌어지고 있는 일들이 실제 보이는 대로 믿을 수 있는 것인지 확신할 수 없다. 누가 누구일까? 이들이 하는 말은 진심을 담고 있을까 아니면 거짓말일까? 진짜 의도는 무엇일까? 누가 누구를 속이고 있는 것일까? 이 가장무도회는 도저히 이해할 수 없는 요소들로 가득 차 있다. 그 와중에 분명한 사실은 겉과 속 사이에, 외양과 현실 사이에 극명한 차이가 있다는 점이다. 물론 겉과 속이 '일치'할 수도 있다. 하지만 그러리라는 보장은 없다. 게다가 겉과 속이 일치하는 길은 하나이지만 겉과 속이 일치하지 '않는' 길은 다양하다는 점에서 겉으로 보이는 모습과 실제 모습 사이에는 차이가 있을 확률이 훨씬 높을 것이다. 《사기꾼》의 등장인물 중 한 명은 "세계주의자*Cosmopolitan*"라 불리는 다른 승객(나중에 스스로를 프랭크 굿맨*Frank Goodman*이라 소개한다. 사기꾼의

한 가지 모습일 수도, 아닐 수도 있는 인물)과 대화를 시작하면서, 세계주의자의 매력적이고 온화한 외모를 볼 때 그가 틀림없이 아름다운 영혼을 지니고 있을 것이라고 주장한다. 그러자 세계주의자는 바로 그런 이유 때문에 자신이 "아름다운 생물인 방울뱀이 속에 유순함을 지니고 있음을 신뢰"한다고 답한다. "유연한 목에 금빛으로 윤이 나는 황갈색 줄무늬를 미로처럼 두른 방울뱀이 태양 아래 매끄럽게 몸을 꼬아 올리는 모습을 보고도 경탄하지 않을 사람이 초원 위에 누가 있겠습니까?"[53] 다분히 조롱하려는 의도가 담긴 발언이다. 세계주의자는 외모나 옷차림을 보고 그 사람이 어떤 사람인지 파악할 수 있다는 생각을 비웃는다. 괴물이라고 해서 늘 못생긴 것은 아니다. 책 표지가 아무리 아름답다고 한들 책 표지만(혹은 제목만) 보고 책을 판단할 수는 없다. 다른 사람이나 세계 전반 역시 마찬가지다. 《사기꾼》에서는 심지어 인간성 자체도 가면에 불과할 수 있음을 지적한다. 이발사가 세계주의자를 가리켜 "사람"이라고 부르자 세계주의자는 이렇게 답한다. "이발사 양반, 인간 형태만 가지고는 아무것도 확실하게 결론 내릴 수 없습니다."[54] 실제로 〈선원, 빌리 버드〉의 클래거트처럼 인간의 모습을 한 악마들이 있었고 빌리 버드처럼 인간의 모습을 한 천사들도 있었다. 문제는 우리가 많은 경우 누가 천사이고 누가 악마인지 구분하지 못한다는 점이다. 우리 자신과 마찬가지로 사기꾼 역시 악마일 수도, 천사일 수도 있다.

사람들이 종종(아니 주로) 겉으로 보이는 모습과 다르다는 점 말고도 문제는 또 존재한다. 바로 사람들이 항상 '변화'한다는 점이다. 때로는 완전히 별개의 개인인 두 인물 사이의 차이보다 서로 다른 시점에 존재하는 동일 인물 사이의 차이가 더 클 수도 있다. 세상의 다른 존재들과 마찬가지로 인간 역시 영구적인 변동을 겪으며 따라서 우리가 온전히 신뢰할 만한 무언가는 존재하지 않는다.[55] 이는 우리를 근본적인 불확실성 속으로 밀어 넣는다. 심지어 우리 자신의 정체성조차 규정하기 어려워하는 가운데 영구적으로 의심할 수밖에 없는 것이다. "당신은 무엇일까요? 저는 무엇일까요? 아무도 누가 무엇인지 알 수 없습니다."[56] 그러므로 우리는 어느 날 천사였다가 바로 다음날 악마일 수 있다. 친구였던 사람이 상황이 변하면 순식간에 적으로 뒤바뀔 수 있다.

세계주의자는 스스로를 찰리 노블*Charlie Noble*이라고 부르는 승객과 꽤 친해진 뒤 그에게 돈을 빌려 달라고 부탁하는데 노블은 부탁을 거절한 뒤 이유를 설명하기 위해 차이나 애스터*China Aster*라는 양초 제조업자의 이야기를 꺼낸다.[57] 애스터는 한 오랜 친구가 아무 조건 없이 돈을 꿔줄 테니 그 돈을 가지고 사업 규모를 늘려 보라고 설득하자 친구의 말을 믿었다. 당연히 결말은 좋지 않았다. 사업이 계획대로 풀리지 않자 친구라는 사람은 갑자기 이자까지 합쳐서 돈을 돌려 달라고 요구했다. 애스터는 파산했으며 젊은 나이에 불명예스러운 죽음을 맞이했다. 애스터의 아내 역시 얼마 지나지 않아 남편을 따라 죽음을 맞이했으며 자식들은 빈민 구호소에 나앉게 됐다. 이 이야기(혹은 이야기의 화자인 찰리 노블)는 차이나 애스터가 슬픈 운명을 맞이한 직접적인 원인을 명확히 지적한다. 한 가지는 애스터가 변함없이 정직했다는 사실이고 다른 하나는 애스터가 다른 사람은 물론 삶 전반을 신뢰했다는 사실이다. 애스터는 세상을 지나치게 신뢰했으며 따라서 뒤통수를 크게 맞았다. 용기와 진심을 잃지 않는 가운데 열심히 일하면 모든 일이 잘 풀릴 것이라고 믿었는데 세상이 그런 식으로 돌아가지 않는다는 사실을 큰 대가를 치르고 배운 셈이다. 사람은 신뢰할 것이 못 된다. '삶'은 신뢰할 것이 못 된다. 삶은 분명 공평하지도 않다. 애스터의 묘비에 새겨진 비문은 여기서 배울 수 있는 교훈을 거의 제대로 포착해낸다.

> 여기에 양초 제조업자 차이나 애스터의 유해가 묻혀 있다. 그의 삶은 지혜로운 왕 솔로몬의 냉철한 철학에 담긴 성경 말씀이 진리라는 본보기였다. 그가 더 나은 지각을 발휘하지 못하고 스스로에게 설득당해 신뢰를 남발한 것은 물론 온 열정을 다해 삶을 긍정적으로 바라보다가 그만 그와 반대되는 인생관에 주의를 기울일 때 따라오는 충고를 놓침으로써 파멸에 이르고 말았기 때문이다.[58]

하지만 반대되는 인생관에 주의를 기울이기란 말처럼 쉽지 않다. 분명 차이나 애스터는 자신의 친구를 믿지 말아야 했다. 하지만 친구조차 신뢰할 수 없다면 사실상 우리는 아무도 신뢰할 수 없다. 더 나아가 인간 전반을 신뢰할 수 없다면 사실상 우리는 세계에 대한 신뢰, 신에 대한 신뢰를 잃어버린 것이나 마찬가지다. 피조물을 믿지 못한다는 말은 결국 창조자를 믿지 못한다는 뜻이니까 말이다.[59] 인간에 대한 불신과 무신론은 밀접히 연관돼 있다. 둘은 사실 같은 뿌리를 공유하고 있다. 세계주의자가 지적하듯이 무신론자는 "사랑이라는 원칙이 세상을 지배하고 있음을 보지 못하는 혹은 보려고 하지 않는" 사람이며 인간을 불신하는 자는 "친절이라는 원칙이 인간을 지배하고 있음을 보지 못하는 혹은 보려고 하지 않는" 사람이다. "어느 쪽이든 악은 신뢰의 결핍에 있다."[60] 물론 우리가 아무도 믿을 수 없다면 세계주의자 역시 믿을 수 없다. 특히 세계주의자가 사기꾼의 여러 모습 중 하나라면 더더욱 믿을 수 없다. 사기꾼이 우리를 속이려면 반드시 우리가 그를 믿게 만들어야 하므로 믿음을 찬양할 것이 뻔하기 때문이다. 게다가 신뢰가 부족하면 속아 넘어갈 확률이 줄어들 텐데 어째서 신뢰의 결핍이 악이라는 말인가? 다른 한편으로 우리가 믿음이 없다면 우리는 무엇일까? 믿음을 빼놓고 인간의 삶을 상상할 수 있을까? 믿음을 빼놓고 '좋은' 인간의 삶을 상상할 수 있을까? 믿음이 완전히 혹은 상당히 결여된 삶은 살 만한 가치가 있는 삶이 아닌 것 같다. 어쩌면 멜빌이 《사기꾼》에서 제시하는(혹은 암시하는) 사실 역시 바로 그런 점일지도 모른다. 세계주의자는 또다시 이렇게 말한다. "신뢰가 없는 여행자는 얼마나 끔찍한 의심에 시달리겠는가."[61] 따라서 우리는 신뢰를 할 수도 해서도 안 되지만(그랬다가는 분명 속아 넘어갈 것이다) 삶을 잘 살기 위해서는 신뢰를 '해야만' 한다. 딜레마에 빠진 것이다. 그렇다면 우리는 어떻게 해야 할까?

진정한 불의 자식처럼

세계의 불확실성에 대처하는 한 가지 방법은 세계에 저항하는 것, 세계의 법칙에 순응하기를 거부하는 것, 으르렁대는 호랑이의 얼굴에 정면으로 맞서는 것이다. 《모비딕》에서 에이허브 선장이 택한 방식이 그랬다. 에이허브는 무정하고 냉혹하고 무심한 세계에 맞서 싸운다. 하지만 그러기 위해서는 그가 물리적으로 공격할 수 있는 구체적인 표적이 필요하다. 고래 모비딕이 바로 그 표적이다. 모비딕을 통해 무형의 악마는 형태를 지니게 된다. "흰 고래는 온갖 사악한 존재의 편집광적 화신으로서 에이허브의 눈앞을 헤엄쳤다. 속이 깊은 사람들은 그 사악한 존재에게 자기 내부를 갉아 먹혔으며 결국 절반밖에 남지 않은 심장과 허파로 살아가야 했다."[62] 에이허브에게 있어서 모비딕은 세상의 심장을 갉아먹는 암 같은 존재이자 악의 화신 같은 존재다. "사람을 가장 미치게 하고 고통스럽게 하는 모든 것, 밑바닥의 찌꺼기를 저어 올리는 모든 것, 진실 같지만 속에 악의가 가득한 모든 것, 힘줄을 부서뜨리고 뇌를 딱딱하게 만드는 모든 것, 삶과 생각에 미묘하게 악이 깃들게 하는 모든 것 등 이 모든 악이 미친 에이허브에게는 모비딕이라는 형태로 눈에 나타났으며 실제로 공격할 수 있게 됐다."[63]

독실한 스타벅은 에이해브가 벌이는 시도가 신성을 모독하는 것일지도 모른다고 주장하지만 에이허브는 굴하지 않는다. 에이허브는 자신의 행동이 신들을 불쾌하게 하더라도 신경 쓰지 않는다. 신들이 먼저 자신을 불쾌하게 만들었다고 생각하기 때문이다. 그는 신들에게 감사하는 마음이나 존경하는 마음을 품을 이유가 없다고 보며 절대적인 힘에 감화되기를 거부한다. 오직 "네가 나를 상처 입힌다면 나도 너를 상처 입히겠다"는 계율에 따라 움직인다. 눈에는 눈으로 갚아줄 것이며 그게 누구 눈이라도, 심지어 하느님의 눈이라도 상관없다. "자네, 나한테 신성모독이라는 이야기는 하지 말게. 태양이 날 모욕한다면 나는 태양이라도 공격할 테니까 말이야."[64] 마치 천사 루시퍼*Lucifer*가 불공정한 세계 질서에 분노하면서 동일한 권리를 요구하는 것과 비슷하다. 에이허브는 자존심이 있는 평범한 사람이라면 누구라도 할 만한 일을 하고 있을 뿐이다. 운동장에서 자신을 괴롭히는 불량배에게 맞서 싸우는 것이다.[65] 세계정신이라는 것이 존재한다면 거기에 합당한 숭배를 드리는 방식은 저항뿐이다. 설령 우리가 승리할 가능성이 전혀 없다고 하더라도 말이다. 아예 싸움을 피하느니 싸우다 죽는 편이 더 낫다.

> 그대는 사랑에도 존경에도 친절을 보이지 않는다. 증오에도 죽임으로 응대할 뿐이다. 그대는 모두를 죽인다. 겁 없는 바보도 이제 결코 그에게 맞서지 않는다. 나는 말과 장소를 잊게 만드는 그대의 힘을 인정한다. 하지만 그 힘이 나를 무조건적으로 불필요하게 지배하려 드는 경우 나는 요동치는 생명력이 다할 때까지 저항하겠다. 의인화된 사물들 가운데 바로 여기에 한 인간이 서 있다. 물론 기껏해야 점 하나에 불과하다. 내가 어디서 왔고 어디로 가는지도 모른다. 하지만 내가 지

상에 거하는 동안에는 여왕과 같은 위엄을 지닌 인격이 내 안에 살면서 왕권을 누리리라. … 오, 그대 맑은 정령이여. 그대의 불이 나를 미치게 하는구나. 나는 진정한 불의 자식처럼 다시 그대에게 불을 내뿜어 보인다.[66]

안타깝게도 우리는 이미 겉모습을 믿을 수 없다는 사실을 알고 있다. 실제 상황은 눈에 보이는 것과 다를 수 있다. 따라서 에이허브의 눈에는 자신이 신들을 대적하고 있는 것처럼, 자신의 자유의지를 사용해 신들이 자신은 물론 인류 전반에게 부여한 운명에 저항하고 있는 것처럼 보일 수 있겠으나 실상은 이마저 또 다른 망상일 가능성이 꽤 높다. 소설에는 그렇게 생각할 만한 근거가 충분히 많이 등장한다. 바로 첫 장에서부터 이슈메일은 우리 모두가 노예에 불과하다고 언급한다.[67] 또 지금까지 지나간 일들이 모두 어떤 식으로 전개됐는지 돌이켜볼 때 자신이 포경선에 올라타기로 결정한 것이 "오래전부터 구상된 하느님의 웅장한 계획의 일부"인 것 같다고 느낀다.[68] 신이라면 좋은 결과를 보장해야 하지 않았을까? 하지만 이번에는 결코 그러지 않았다. 여정이 시작될 때부터 끔찍한 결과를 경고라도 하듯, 아니 예언이라도 하듯 불길한 기운이 풍부하게 감돌았다. 하지만 그런 예언은 "외부로부터 주어진 예언"이라기보다는 "내부에서 이미 일어난 일의 확증"에 가까웠다. 우리는 "우리 존재의 가장 깊숙한 곳에 자리 잡고 있는 내적 필요"에 의해 계속 나아가기 때문이다.[69]

책의 끝부분에서 흰 고래와 최후의 결전을 벌이기 전에 스타벅은 에이허브가 정신을 차리도록 만드는 데 거의 성공한다. 에이허브는 "바다 속의 공포"와 싸움을 벌이느라 이미 40년이라는 세월을 낭비했다. 이제 자신의 우선순위를 재고한 다음에 광기 어린 추적을 포기하고 새 삶을 살아야 하지 않을까?[70] 잠시나마 스타벅은 에이허브를 설득하는 데 성공한 것처럼 보인다. 에이허브는 자신이 그동안 얼마나 어리석은 짓을 했는지 깨닫는다. 일등항해사의 눈을 바라보자 집에서 자신을 기다리고 있는 아내와 자식의 모습이 보인다. 하지만 스타벅의 기대는 무너진다. 에이허브는 도저히 멈추지 못한다. 자신의 의지와 상관없이 계속 나아가야 한다. 어떤 숨겨진 힘이 에이허브를 지휘한다.

> 이건 무엇인가? 뭐라 말할 수도 없고 헤아릴 수도 없으며 이 세상에 속하지도 않는 것 같은 이 힘은 도대체 무엇인가? 모습을 감춘 채 나를 기만하는 주인, 잔인하고 무정한 황제가 나로 하여금 온갖 자연스러운 사랑과 갈망을 등지고 계속 나아가도록 명령하는구나. 그래서 나는 계속 나 자신을 밀어붙이고 몰아붙이고 닦달한다. 내 자연스러운 보통의 마음으로는 감히 생각도 않을 일을 기꺼이 저지르도록 나를 무모하게 몰아세운다. … 이보게, 하늘에 의해 우리는 저기 보이는 양묘기처럼 이 세상에서 빙글빙글 돌아간다네. 운명이라는 지레에 의해서 말이야.[71]

따라서 고래 사냥은 계속된다. 눈에 보이지도 않고 저항할 수도 없는 바람의 손길이 그들을 계속 몰아붙인다. 숨겨진 힘이 에이허브는 물론 배에 올라탄 모두를 노예처럼 맹목적으로 달리도록 만드는 것이다.[72] 그렇다면 에이허브는 사실 신들을 거스르고 있지 않다. "잔인하고 무정한 황제"가 여전히 에이허브를 통제하고 있으며 따라서 에이허브는 자신이 하도록 예정된 일을 정확히 수행하고 있다. 에이허브의 노력도 실패도 모두 큰 계획의 일부에 불과하다. 늘 그렇듯이 결국 최후에 웃는 자는 신들이다.

하지만 신들에게 저항하는 방법은 또 있다. 수수께끼 같지만 경탄을 자아내는 단편 〈필경사 바틀비*Bartleby, the Scrivener*〉(1853)에서 멜빌은 완전히 다른 방식으로 저항하는 방법을 묘사한다. 한 변호사는 법률 문서를 필사하도록 바틀비를 고용한다. 바틀비는 입사 초기에는 일을 괜찮게 한다. 하지만 어느 날 문서를 검토해 달라는 요청을 받자 명확한 이유도 없이 요청에 불응해 변호사를 실망시킨다. 요청받은 일을 하는 대신 바틀비는 온화하면서도 확고하게 "그러지 않는 쪽을 택"하겠다고 말한다. 당황한 변호사는 일단 그냥 넘어가기로 결정한다. 하지만 같은 일이 계속 반복되다 결국 바틀비가 벽돌로 된 벽을 바라보는 일 외에 어떤 일도 하지 않겠다고 거부하자 변호사는 조처를 취해야겠다고 다짐한 뒤 바틀비에게 더 이상 회사에 나오지 않아도 된다고 말한다. 하지만 바틀비는 계속 머무르기로 선택한다. 따라서 변호사는 바틀비를 눈앞에서 제거하기 위해 스스로 사무실을 나가며 바틀비는 이제 다른 사람 소유가 된 이전 사무실에 계속 귀신처럼 남는다. 결국 바틀비는 사무실에서 강제로 쫓겨나 감옥에 간히는 신세가 된다. 얼마 지나지 않아 바틀비는 굶어죽게 되는데 혹사를 당했기 때문이 아니라 스스로 음식을 먹지 않기로 선택했기 때문이다.

바틀비가 왜 그런 일들을 벌였는지는 분명하지 않다. 소설에는 명확한 설명이 제시되지 않는다. 바틀비가 요청받은 일은 부적절하거나 모욕적인 일이 전혀 아니었다. 게다가 주위 사람들은 전반적으로 바틀비의 기괴한 행동을 이상할 만큼 용인해주는 편이었다. 따라서 바틀비의 행동은 말 그대로 불가해하다. 전혀 말이 되지 않는다. 소설에서 바틀비의 동기를 추측해볼 만한 유일한 단서는 바틀비가 죽은 뒤 변호사의 이목을 끈 소문 한 가지였다. 소문에 따르면 바틀비는 예전에 배달 불능 우편물을 담당하는 우체국 직원으로 일하면서 수신인에게 보낼 수 없는 우편물을 처리하는 일을 맡았던 것으로 보인다. 우편물 배달이 불가능한 경우는 대부분 수신인이 이미 죽었기 때문이었다. 변호사는 이 일이 "불운하게도 천성적으로 쉽게 절망에 빠지는" 사람에게는 너무나 우울한 일이었을 것이라고 추측한다.[73] 소설은 당혹감이 묻어나는 변호사의 탄식으로 끝이 난다. "아, 바틀비여! 아, 인간이여!" 마치 바틀비의 운명이 어떤 식으로인가 '우리'의 운명과 같다고 암시하는 것 같다. 우리 역시 우주적 차원의 배달 불능 우편 사무소에서 일하고 있다는 것이다. 이것이 의미하는 바가 정확히 무엇이든 간에 분명 좋은 것 같지는 않다.

변호사(즉 소설의 화자)는 바틀비가 얼마나 외로워 보였는지에 주목한다. 바틀비는 "온 우주에서 절대적으로 혼자"였으며 "대서양 한가운데 떠 있는 난파선 잔해" 같았다.[74] 《사기꾼》에서도 처음 등장한 사기꾼의 모습은 "극단적인 의미에서의 이방인"이다.[75] 물론 세계주의자가 "누구도 이방인이 아니"라고 주장하기는 하지만[76] 정작 소설 자체에서는 정반대로 우리 '모두'가 "이 낯선 세계"에서 언제 어디서나 이방인이라고 제시한다.[77] 바틀비 역시 "극단적인 의미에서의" 이방인이었다. 천성 자체가 어디에도 속하지 않는 존재였다는 뜻이다. 바틀비는 무심하고 적대적인 세계에서 이방인이었다. 우리 모두와 마찬가지로 우주적인 고아였다. 물론 바틀비는 우리가 아무런 소득 없이 이해하려고 부단히 애를 쓰는 바로 그 세계 자체를 상징하는 존재이기도 하다. 그는 에이허브가(또 집착이 덜하기는 했지만 〈필경사 바틀비〉의 이름 없는 변호사가) 뚫고 지나가고자 했던 벽이자 뚫고 지나가지 '않음'으로써 그 벽에 맞서고자 한 인물이기도 하다. 바틀비는 그저 잠시 동안 벽을 마주하다가 조용히 작별을 고한다.

에이허브와 바틀비는 둘 다 삶이라는 게임의 법칙에 순응하기를 거부한다. 그들은 각자 나름의 방식으로 반기를 든다. 다만 에이허브는 게임의 법칙을 바꾸기 위해 공허하게 애를 쓰는 반면 바틀비는 게임 자체를 수행하기를 거부한다. 에이허브의 저항은 적극적이지만 바틀비의 저항은 수동적이다. 그럼에도 에이허브는 저항에 실패하는 반면 바틀비는 저항에 성공하는 것처럼 보인다. 하지만 바틀비의 성공 역시 실은 상대적인 성공에 불과하다. 바틀비 역시 세상에 속아 넘어가지 않으면서도 믿음을 가지고 살아가는 방법을 찾지는 못한다. 게다가 에이허브와 바틀비 둘 다 결국 죽음을 맞이한다. 둘 중 누구도 삶을 살아가는 모범적인 방법을 제시하지는 못한다. 그런 점에서 우리는 살아남은 자에 주의를 기울여야 한다. 모비딕을 추적하는 과정에서 유일하게 생존한 자, 바로 스스로를 이슈메일이라고 불러 달라고 말한 자다.

합리적으로 광대 노릇하기

에이허브는 실수를 저질렀다. 신들이 웃는 모습을 보고 분개한 것이다. 에이허브는 분개하는 대신 신들과 함께 웃음을 터뜨려야 했다. "우리가 삶이라고 부르는 이 기이하고 복잡한 사태를 살아가다 보면 온 우주가 사실상 어마어마한 규모의 장난처럼 받아들여지는 이상야릇한 순간들이 있다. 물론 어떤 이는 장난의 의미를 제대로 식별하지 못하고 그 장난이 자신을 상대로 이루어지고 있다고 의심한다."[78] 하지만 그렇다 한들 어떠한가? 온 우주가 장난일 뿐이고 우리 자신이 그 장난질의 표적이라고 생각하면 그만이다. 에이허브처럼 적의를 느끼고 노발대발할 필요도 없고 바틀비처럼 세상으로부터 등을 돌릴 필요도 없다. 사건의 참여자임에도 독자에게는 어느 순간 거의 눈에 띄지 않을 만큼 순전히 관찰자로서 나타나는 이슈메일은 굉장히 다른 접근법을 취한다. 이슈메일은 온갖 나쁜 일은 물론 심지어 죽음까지 포함하여 우리에게 일어나는 모든 일들이 사실 "눈에 보이지 않는 의문의 장난꾸러기에게 부드럽게 그리고 유쾌하게 옆구리를 얻어맞은 것"에 불과할지도 모른다는 생각에 묘한 해방감을 느낀다.[79] 이슈메일은 그런 식의 인생관이 불러일으키는 유쾌한 무심함, "자유롭고 편안한 느낌의 무법자 철학"을 환영하는 마음으로 받아들인다.[80] 또 모비딕을 추적하는 여정 역시 바로 이런 관점에서 바라보겠다고 다짐한다. 삶이 장난이라는 사실을 바꿀 수 없다면 장난에 맞춰 즐기는 것이 최선의 전략인 법이다.

《사기꾼》도 비슷한 사상을 독려한다. "삶은 코스튬을 입고 즐기는 소풍과 같지요. 누구든 배역을 맡아 등장인물인 척을 하면서 언제라도 합리적으로 광대 노릇을 할 준비를 갖춰야 합니다."[81] 찰리 노블은 "온 세상이 하나의 무대"와 같다는 셰익스피어의 말을 인용한다. 우리는 그 무대 위에서 여러 다양한 역할을 소화해야 할지도 모른다.[82] 모든 역할은 다른 누군가가 정해주는 것이기 때문에 우리가 맡고 싶은 역할을 선택할 수는 없겠지만 연극이 지속되는 한 편히 즐기는 마음으로 자기가 맡은 역할을 최선을 다해 수행하지 않을 이유가 없다. 어쨌든 연극이 진행되는 동안 즐길 것들은 풍성히 존재한다. 일단 에이허브가 형이상학적인 복수를 하겠다고 고집스럽게 고래를 좇다가 포기하게 된 온갖 것들이 존재한다. 에이허브가 고래 추적에 몰두하는 동안, 죽은 고래의 기름을 쥐어짜서 다시 액체로 만드는 임무를 부여받은 이슈메일은 고래 기름의 냄새와 촉감은 물론 동료 선원들과 함께 일한다는 사실에서 순전한 기쁨을 발견(혹은 재발견)한다. 그는 "낙원의 천사들이 손을 고래기름 통 속에 넣은 채 길게 늘어서 있는 모습"을 상상하면서 "모든 악의나 심술이나 적개심 같은 것으로부터 해방된 신성한 자유"를 느낀다.[83] 우리가 행복을 느끼는 데는 많은 것이 필요하지 않다. 그저 행복을 적절한 곳에서 찾기만 하면 된다. "결코 지성이나 상상 속에서 행복을 찾지 않으며 아내, 연인, 침대, 식탁, 안장, 화로, 시골에서 행복을 찾는다."[84] 또 "빈 배로 항해하면서 세상에서 더 나은 무언가를 얻을 수 없다면 적어도 맛있는 저녁거리라도 구하라"는 고래잡이들의 말을 명심한다.[85]

물론 삶에 대해 그처럼 여유로우면서도 역설적인 태도를 갖기 위해서는 세상으로부터 어느 정도 거리를 둬야 한다. 훨씬 중요하게는 세상에 대한 자신의 본능적인 반응으로부터 어느 정도 거리를 둬야 한다. 이슈메일은 우리가 모비딕을 본받아 얼음장처럼 차가운 바다에서도 온기를 유지해야 한다고 조언한다. 세상의 일부가 되지 않은 채 사계절 내내 자신만의 온도를 유지하면서 살아가야 한다는 것이다. 우리는 고래처럼 단단한 벽과 널찍한 속을 가지고 있어야 한다. 물론 인간 입장에서는 어느 쪽도 쉽지 않다.[86] 하지만 그렇다고 시도조차 할 필요가 없다는 뜻은 아니다. 이슈메일은 어느 정도 그런 목표를 달성하는 데 성공한 것처럼 보인다. "내 존재는 폭풍우가 휘몰아치는 대서양 같지만 그 한가운데 있는 나는 여전히 조용하고 평온하게 장난치며 놀고 있다. 사그라지지 않는 고뇌가 육중한 행성들처럼 내 주위를 돌고 있지만 내 깊숙한 곳 정중앙에서 나는 여전히 부드러운 기쁨 속에 끊임없이 잠겨 있다."[87] 이방인은 바로 그가 이방인이기 때문에 주인이 된다. 이방인은 세상에 온전히 속하지 않는다. 이방인은 자신이 맡은 역할을 소화하는 배우이며 연기를 굉장히 잘하지만 그렇다고 그 역할에 스스로를 잡아먹히지 않는다. 물론 괴물들이 존재할지도 모르지만 그것들은 종이 반죽으로 만들어졌을 뿐이다. 연극의 등장인물은 괴물에게 상처를 입을 수 있겠지만 배우는 상처를 입지 않는다. 또한 등장인물이 죽더라도 배우는 여전히 산 채로 또 다른 배역을 소화하면서 또 다른 고래와 싸우게 될지도 모른다.

— 우리의 삶에 후진이 없는 한결같은 전진은 존재하지 않는다. 정해진 단계대로 전진하다가 마지막 단계에서 멈추는 것도 아니다. 다시 말해 우리는 유아 시절의 무의식, 소년 시절의 맹신, 청년 시절의 의심(모두에게 공통된 운명), 회의, 불신을 거쳐 '만약'을 심사숙고하는 성년 시절의 평정에서 멈추는 것은 아니다. 오히려 모든 단계를 거치고 나면 우리는 다시 원을 그리기 시작한다. 다시 유아에서 시작해 소년, 청년 시절을 거쳐 '만약'의 단계까지 가기를 영원히 되풀이한다.[88]

4장

더 이상 사랑할 수 없다면 그곳은 지옥

표도르 도스토옙스키

1821~1881

Fyodor Dostoyevsky

무엇도 중요하지 않다

도스토옙스키 작품의 줄거리는 대개 자살이나 죽음이라는 소재를 중심으로 전개된다. 여러 등장인물이 자살이나 살인을 저지른다. 자살 혹은 살인을 시도했다가 실패하거나 변심하는 인물들도 있다. 그 외에도 대부분이 자살이나 살인을 시도하지는 않더라도 고려하기는 한다. 도스토옙스키의 걸작들에는 최소한 한 번 이상의 자살 혹은 자살 시도와 한 번 이상의 살인 사건이 등장한다. 《죄와 벌*Crime and Punishment*》(1866)에서 학생이었던 라스콜니코프는 고리대금업자인 노파는 물론 정신적으로 문제가 있는 노파의 여동생까지 살해하고, 부자이자 도덕적으로 문제가 있는 인물인 스비드리가일로프는 라스콜니코프의 여동생 두냐에 대한 사랑을 거절당한 뒤 자살한다. 《백치*The Idiot*》(1869)에서 어린 나이에 폐병으로 죽어가는 이폴리트 테렌티에프는 총으로 자살을 시도하지만 실패하고, 로고진은 아마도 그가 사랑했을 여인인 나타샤를 찔러 죽인다. 《악령*Demons*》(1872)에서 혁명을 준비하던 표트르 베르호벤스키 일당은 이전 동료인 샤

토프를 살해하고, 샤토프의 이웃인 키릴로프는 자기 머리에 방아쇠를 당겨 자살하며, 소설의 주인공답지 않은 비뚤어진 주인공 스타브로긴은 목을 매달아 죽는다. 《카라마조프가의 형제들*The Brothers Karamazov*》(1880)에서 늙은 아버지는 자기 하인에게 살해당하며 그러자 사생아라는 소문이 있는 스메르자코프는 회한이 아니라 앙심에 사무쳐서 목을 매달아 자살한다.

이러한 살인이나 자살 행각이 특이한 점은 딱히 절박한 이유가 존재하지 않는다는 것이다. 도스토옙스키의 작품에 등장하는 인물들은 빚을 갚을 수 없어서, 공개적으로 모욕을 당해서, 죄책감으로 만신창이가 돼서, 사랑하는 사람을 잃어서 목숨을 끊는 것이 아니다. 오히려 개인적인 환경과는 무관하게 더 이상 살아가야 할 이유를 찾지 못해서 목숨을 끊는다. 마찬가지로 그들이 다른 누군가를 죽이는 이유 역시 더 이상 죽이지 않아야 할 이유를 찾지 못하기 때문이다. 종종 살인을 저지르는 구실이 등장하는 것은 사실이다. 예컨대 라스콜니코프와 스메르자코프 둘 다 살인을 범한 뒤 금품을 훔친다. 하지만 일단 그렇게 하고 나면 그들은 더 이상 돈에 크게 신경을 쓰지 않는다. 애초에 돈이 그렇게 중요한 문제는 아니었다는 말이다. 대부분의 경우에 도스토옙스키의 작품에 등장하는 인물들은 그들이 살인을 저지를 수 있기 때문에 그리고 그들이 살인을 저지를 수 있다는 사실을 (자신에게 혹은 타인에게) 증명해야 하기 때문에 살인을 저지른다. 그들은 그렇게 하지 않을 이유가 없다고 주장한다. 살인은 권리를 행사하는 것이자 독립을 선언하는 것이다. 그들은 다른 사람들을 죽임으로써 자신들이 평범한 사람들의 삶을 지배하고 구속하는 도덕 법칙으로부터 독립돼 있음을 선언한다. 또 그들은 자기 자신을 죽임으로써 자신들이 죽음을 두려워하고 삶에 감사하는 자연스러운 마음으로부터 독립돼 있음을 선언한다. 결국 살인과 자살 행위는 살고 죽는 문제를 비롯해 그 무엇도 딱히 중요하지 않다는 사실을 드러내는 두 가지 방법인 셈이다.

이런 식의 평가적 허무주의*evaluative nihilism*는 1860년대 러시아에서 인기를 얻기 시작했는데 도스토옙스키는 이런 태도가 인간이 의미 있는 삶을 사는 데 심각한 위협이 된다고 판단했다. 따라서 도스토옙스키는 자신의 소설을 통해 허무주의를 반박하고자 부단히 노력했다. 소설에서 그는 이성적인 논증을 벌이는 대신 그런 세계관을 가지고 살 때 실질적으로 어떤 결과가 닥치는지 제시함으로써 허무주의와 삶이 양립 불가능하다는 사실을 드러내고자 했다. 하지만 새로운 세계관을 받아들이고 지지하는 사람들 입장에서 허무주의는 인간에게 자유를 약속하고 신의 역할을 맡을 기회를 제공하는 밑바탕이었다. 종래의 도덕적·종교적 편견으로부터 간섭을 받지 않은 채 오로지 자유의지의 인도에 따라 마침내 세계의 창조자가 될 혹은 적어도 인간의 형상에 따라 세계를 틀 잡을 기회를 얻은 것이다.

《악령》에서 공학자인 키릴로프*Kirillov*는 허무주의적인 대의를 이루는 순교자가 되기 위해 자살하겠다고 결심한다. 두려움 때문에 죽고자 하는 것이 아니라 오히려 두려움을 죽이기 위해, 죽음은 물론 아무것도 두려워할 이유가 없다는 사실을 증명하기 위해 죽고자 한다. 키릴로프는 자신의 개인적인 희생이 인류로 하여금 두려움에서 벗어나 마침내 신이 되도록 만들 것이라고 믿는다.[1] 인류는 온전한 행복에 이를 것이며 시간은 멈출 것이다. 인류는 역사의 최후에 다다를 것이다. 그러기 위해 우리는 모든 것이 괜찮다는 사실을, 심지어 악조차 괜찮다는 사실을 받아들이기만 하면 된다. 즉 우리가 좋다고 생각하는 것과 나쁘다고 생각하는 것 사이에는 본질적으로 차이가 없다는 뜻이다. 모든 것이 괜찮다는 말은 무엇도 다른 무엇보다 더 좋거나 나쁘지 않다는 사실을, 그 무엇도 딱히 중요하지 않다는 사실을 의미한다. 인류가 이런 사실을 받아들일 때 세상은 끝을 맞이할 것이다(아마도 역사 자체가 선을 가져오고 악을 물리치려는 끊임없는 투쟁으로 여겨지기 때문인 것 같다. 따라서 선과 악 사이에 아무런 차이가 없다면 더 이상 투쟁할 이유나 대상도 없어지는 것이나 마찬가지다). 그러고 나면 세상은 구원받을 것이다. 다만 기독교 신앙에서 이야기하는 것처럼 "신인 인간*the God-man*"에 의해(즉 예수 그리스도에 의해) 구원받는 것이 아니라 "인간인 신*the man-god*"에 의해 구원받을 것이다.[2] 우리 자신의 해방된 자아에 의해 구원받는다는 뜻이다. 결국 신이 존재하지 않는다면 '우리'가 신이다. 혹은 신의 부재가 함축하는 바를 기꺼이 받아들이는 한 적어도 신이 될 가능성을 갖는다.[3] 만약 신이 존재한다면 '신'의 의지가 세상을 장악했을 것이다. 하지만 그러지 않는 것으로 보아 '우리'의 의지가 세상을 장악해야 한다.

키릴로프는 자유의지를 공언하는 것이 자신의 의무라고 생각한다. 그렇게 하는 한 가지 실질적인 방법이 살인이며 그중에서도 가장 고차원적인 방법이 자살, 특히 자신의 의지를 발휘하는 것 외에 별다른 이유가 없는 자살이다. 신은 인간의 발명품이며 키릴로프 자신은 신을 만들어내기를 거부한다. "나는 내가 불복종한다는 사실을 그리고 내가 무시무시한 자유를 새롭게 얻었다는 사실을 보여주기 위해 내 목숨을 끊는다."[4]

키릴로프의 사상은 그리 합리적이지 않으며 그 저변에 깔려 있는 절망은 나중에 이반 카라마조프*Ivan Karamazov*가 경험한 뒤 더욱 조리 있게 표현하는 절망과 비슷하다. 키릴로프는 믿음을 가지기를 원하지만 자신이 그럴 수 없다는 사실을 깨닫는다. 키릴로프는 겁에 질려 있다. 죽음을 무서워할 뿐만 아니라 더 이상 두려워할 것도 희망할 것도 남아 있지 않는 세계를 무서워한다. 신이 없는 세계는 도덕적 나침반을 잃어버린 세계와 같아서 우리가 죽든 살든 상관이 없으며 우리가 어떤 식으로 죽거나 사는지도 상관이 없다. 키릴로프는 대담하게도 여기서 긍정적인 측면을 찾으려고 애쓰지만 그조차 흥분에서 비롯된 자신의 주장을 온전히 믿지는 못하는 것 같다. 악마 같은 인물인 표트르 베르호벤스키*Pyotr Verkhovensky*가 키릴로프의 자살 계획을 부추기자 키릴로프는 주저하다가 결국 처음에는 계획을 실행하지 못한다. 심지어 키릴로프에게조차 삶은 소중한 것이다. 키릴로프가 마침내 자살을 저질렀을 때 그의 행동은 영웅적인 희생이나 자연에 대한 승리로 비춰지기는커녕 딱하고 쓸모없는 행동으로 그려진다. 내재적으로 파멸적이며 삶에 대한 부정으로 이어질 수밖에 없는 생각, 즉 '무엇도 중요하지 않다'는 생각을 좇다가 그저 또 다른 생명 하나가 덧없이 사라진 것이다.

그렇다면 대안은 무엇일까? 키릴로프는 신이 존재하지 않으며 존재할 수도 없다는 사실을 알고 있으면서도 동시에 신이 필수적이기 때문에 반드시 존재해야 한다고 주장한다.[5] 키릴로프는 이런 모순을 안고 사는 것이 불가능하다고 느낀다. 오직 신을 통해서만 죽음이 극복될 수 있기 때문에 신은 필수적이다. 도스토옙스키는 물론 키릴로프에게 있어서 신이란 부활을 가능하게 하는 존재다. 우리가 하는 어떤 일도 잊히지 않을 것이라는, 선한 자는 보상을 받고 악한 자는 처벌을 받을 것이라는, 어떤 죽음도 끝이 아니라는 확신을 주는 존재다. 인간의 불멸성은 신의 존재와 연결돼 있다. 인간의 불멸성 없이는 무엇도 말이 되지 않는다. 어차피 모든 것이 흔적도 없이 사라질 것이므로 우리가 무엇을 하든 안 하든 아무 상관이 없게 되기 때문이다. 따라서 신은 반드시 존재해야 한다. 신의 존재는 '도덕적' 필연성을 지닌다. 하지만 그럼에도 우리는 신이 존재한다는 어떤 확실한 경험적 증거도 가지고 있지 않다. 오히려 이 세계에서 벌어지는 많은 일들은 신(특히 전능하고 지선한 신)의 존재를 확실히 부정하는 것처럼 보인다. 또한 우리가 자연에 대해 알고 있는 모든 지식을 근거로 판단할 때 인간은 죽고 나면 정말로 영영 사라져서 다시는 돌아오지 않는 게 맞는 것 같다. 심지어 예수 그리스도조차 영영 죽음을 맞이했을 것이며 예수의 시신은 다른 여느 시신과 마찬가지로 썩어 없어졌을 것이다. 신의 존재는 도덕적으로 필연적일지 모르나 동시에 과학적으로 혹은 논리적으로 불가능한 것이다.

키릴로프는 신이 필요하지 않으며 오히려 우리가 신 없이 훨씬 더 잘 살 수 있다고 스스로를 설득한다. 그는 신의 죽음을 인간이 권능을 회복할 기회로 보려고 애쓴다. 반면 도스토옙스키는 키릴로프가 틀렸다고 독자를 설득한다. 그렇기 때문에《카라마조프가의 형제들》에서는 키릴로프의 낙관적 허무주의가 이반 카라마조프의 꿈에 나타난 악마에게 옹호를 받는다.

일단 인류가 하느님을 포기한다면 … 이전의 모든 세계관이, 특히 이전의 모든 도덕성이 저절로 무너질 것이다. 그러면 모든 것이 새로워질 것이다. 사람들은 삶에서 취할 수 있는 모든 것을 취하기 위해 한데 모이겠지만 물론 오로지 이 세계에서만 취할 수 있는 행복과 기쁨을 위해 모일 것이다. 인간은 신성과 거대한 자부심으로 차오를 것이며 '인간인 신'이 나타날 것이다. 더 이상 의지와 지식에 한계가 없기 때문에 인간은 매순간 자연을 정복하면서 매순간 고상한 기쁨을 누릴 것이다. 바로 그 기쁨이 천상의 기쁨을 누리기를 바라던 이전의 희망을 대체할 것이다.[6]

물론 악마는 거짓의 아버지다. 허무주의로 말미암아 유토피아적인 사회주의를 이루고자 하는 시도는 성공을 거두지 못한다. 조금 칠칠맞기는 해도 쾌활하고 정중한 신사 모습으로 이반에게 나타난 악마는 인류의 혁신이 공동체의 과업인 것처럼 묘사한다. 하지만 신이 없는, 따라서 근본적으로 원칙이 없는 세계에서 진정한 공동체는 존재할 수 없다. 악마는 사람들이 한데 모일 것이라고 말하지만 사실 그들은 더욱 사이가 멀어질 것이며 서로 완전히 분리될 것이다. '완전히 합리적'이라는 새로운 세계에서는 사람들이 각자 자기 일만 신경 쓸 것이며 자기 이후의 일은 될 대로 되라는 식일 것이다. 여전히 자신의 행복에는 관심이 많겠지만 더 이상 다른 사람의 행복에는 관심이 없을 것이다. 관심을 가질 이유가 어디 있겠는가? 도덕적으로 유의미한 집단으로서의 인류는 더 이상 존재하지 않을 테니까 말이다. 물론 악마는 이 사실을 알고 있다. 따라서 악마는 이반에게 모두가 이 세상의 보편적인 행복을 누릴 준비가 될 때까지 기다리는 대신(악마가 무심코 시인하듯이 그런 일은 어차피 없을 것이다) 세상의 진정한(즉 신이 존재하지 않으며 지극히 멸성인) 본성을 이해한 것으로부터 지금 당장 실용적인 결론을 이끌어내라고 조언한다. 신과 불멸성이 존재하지 않으므로 "그 새로운 인간은 설령 온 세계에서 혼자라 한들 인간인 신이 될 수 있다. 그리고 이 새로운 지위 하에서 필요하다면 과거 노예인 인간 시절의 도덕적 장애물은 가벼운 마음으로 뛰어넘을 수 있다. 신에게는 법 따위가 존재하지 않기 때문이다".[7]

"신들"이 아니라 "신"이라는 사실에 주목하자. 신들이 이루는 사회는 존재할 수 없다. 만약 내가 신이 된다면 다른 사람들은 눈앞의 또 다른 장애물에 불과하다. 세계가 여럿일 수는 있으나 각 세계에서 신이 설 수 있는 자리는 단 하나뿐이다. 합리적 이기주의는 사실상 유아론이나 마찬가지다. 인간인 신은 노예인 인간을 대체하지 못한다. 노예인 인간 없이는 인간인 신 역시 존재할 수 없기 때문이다. 명령을 내리거나 의지를 강요할 노예가 없는 신은 신이 아니다. 새로운 세계에 평등은 존재하겠지만 평등은 오로지 다수인 대중에게만 적용될 것이다. 《악령》에서 사회이론가 쉬갈료프*Shigalyov*가 설명하듯이 미래의 이상적인 사회에서는 대다수 사람들이 그저 권위에 복종하기만 하면 된다. 따라서 그들 사이에는 평등이 보장될 것이며 "모든 것이 공통된 수준으로 맞춰"질 것이다.[8] 물론 그들은 자유롭지 못하겠지만 아무런 문제가 되지 않는다. 어차피 자유를 가지고 무엇을 해야 할지도 모를 것이기 때문이다. 자유는 다수가 아니라 소수의 정해진 사람을 위한 것이다. 바로 그 소수의 사람들에게는 모든 것이 허용된다. 아니, 과연 그럴까?

인간은 이를 죽일 수 있는가?

《죄와 벌》에서 주인공 로지온 라스콜니코프*Rodion Raskolnikov*는 한 학생과 젊은 장교가 나누는 대화를 엿듣게 된다. 학생은 전당포를 운영하는 어느 고리대금업자 노파를 살해하고 강탈하는 일을 순전히 이론적인 가능성으로서 정당화한다. 그 노파에 대해서는 라스콜니코프 역시 이전에 거래를 했던 사람이기에 알고 있었다. 학생은 자신과 같은 젊은 사람들이 노파가 가진 돈을 훨씬 잘 쓸 수 있을 것이라고 주장한다. 젊은 사람들은 돈을 가지고 인류를 이롭게 할 수 있다. 반면 노파에게는 그런 돈이 필요치 않을 것이고 돈을 잘 쓰지도 못할 것이다. 물론 노파를 살해하고 강탈하는 것은 범죄겠지만 노파의 생명이 그리 중요하지 않다는 점을 고려한다면 딱히 범죄도 아니다. "그 늙은 할망구는 세상에 해를 끼치기 때문"에 노파의 생명은 "이나 바퀴벌레"의 생명보다도 가치가 없다.[9] 노파와 같은 사람들은 딱히 살아 있을 만한 자격이 없다. 그렇지 않다고 생각하는 것은 순전히 편견에 불과하다. 따라서 이 문제를 합리적으로 바라보면서 자연의 섭리를 바로잡는 편이 맞지 않을까? 분명 "천 번의 좋은 일은 한 번의 사소한 범죄를 덮어준"다.[10] 따라서 노파를 죽이는 쪽이 합리적이라는 것은 "단순한 셈"의 문제다.

학생의 공리주의적인 논증이 충분히 설득력이 있다고 생각한 라스콜니코프는 학생의 말을 실천으로 옮겨 이론을 시험해보고자 한다. 그리하여 전당포 노파를 죽인 뒤(그 과정에서 순진하고 친절한 노파의 여동생까지 죽이고 만다) 노파의 돈을 챙겨서 달아난다. 이 모든 일이 책의 첫 장에서 발생한다. 나머지 다섯 장은 라스콜니코프가 저지른 범죄의 후유증을 다룬다. 그 후유증이란 무엇일까? 라스콜니코프가 처음으로 알아차린 사실은 자신이 환경과 맺고 있는 관계가, 특히 다른 사람들과 맺고 있는 관계가 급격히 변화했다는 점이다. 그는 갑자기 나머지 세계로부터 단절됐다는 느낌을 받는다. "감당할 수 없는 새로운 감각이 시시각각 라스콜니코프를 사로잡고 있었다. 그는 만나는 사람마다 그리고 마주치는 사물마다 거의 물리적으로 느껴질 만한 혐오감을 끝없이 느꼈다. 악의와 증오가 가득 담긴 완강한 혐오감이었다. 만나는 모든 사람들이 혐오스러웠다. 그들의 얼굴, 걸음걸이, 움직임 하나하나가 혐오스러웠다."[11] 라스콜니코프가 저지른 범죄는 분명 그 자신과 세계 사이에 커다란 균열을 일으켰다. 이제 세계는 낯설고 불편하고 역겨운 장소로 변했다. 균열에 대한 인식은 딱히 도덕적인 감정은 아니었다. 라스콜니코프는 후회하지도 않으며 균열감은 오래 가지도 않는다. 그는 자신이 잘못을 저질렀다고 생각하지 않는다. 처음에 그가 유일하게 걱정한 것은 자신이 잡힐지도 모른다는 점이었다. 그는 자신이 훔친 돈이 자신에게 불리한 증거로 사용될지도 모른다고 생각하기 때문에 돈을 없애 버리기를 간절히 바란다. 자신이 살인이라는 수단을 이용해 이루고자 한 목표가 노파의 돈을 손에 넣는 것이었다는 생각은 전혀 떠오르지 않는다. 오히려 돈은 갑자기 더 이상 필요하지 않은 것처럼 보인다. 살인을 저지른 진짜 이유는 따로 있었다는 뜻이다.

살인 사건을 수사하면서 한 수 앞서는 판단력으로 라스콜니코프를 의심하는 인물인 포르피리 페트로비치*Porfiry Petrovich* 경감은 라스콜니코프가 과거 학생 시절에 쓴 논문에서 그 답을 찾는다. 논문에 따르면 어떤 사람들은 "온갖 종류의 범죄 및 월권 행위를 저지를 수 있을 뿐만 아니라 그럴 자격을 온전히 부여받"는다고 한다. 그들에게는 "법률도 적용되지 않는"다.[12] 그런 "비범한" 사람들은 자신의 목표("때로는 온 인류에게 유익"할 수 있는 목표)를 달성하는 데 필요하기만 하다면 "특정한 한계를 넘어설" 권리를 가지고 있다.[13] 예컨대 뉴턴이 과학적 발견을 하기 위해 사람을 백 명 죽여야 했다면 백 명(딱 그

백 명)을 죽였어야 한다는 것이다. 위대한 사람일수록 범죄자가 될 가능성이 높다. 자신의 행동의 도덕성을 따지기에 앞서 먼저 신경 써야 할 훨씬 중요한 일들이 있기 때문이다. 사실 인간은 자연적인 법칙에 따라 두 부류로 나뉜다. 다시 말해 번식이 주목적인 복종하는 사람들과 나폴레옹처럼 "진정한 의미에서 인간"인 사람들로 나뉜다. 진정한 인간은 새로운 변화를 가져오기 위해 기꺼이 법을 초월하고자 하며 그렇게 하더라도 책임을 질 필요가 없다. 그런 사람들은 "더 나은 미래를 명분으로 현재를 파괴할 것"을 요구함으로써 세상을 움직인다.[14] 그들에게는(그리고 오직 그들에게만) "모든 것이 허용"된다.[15]

하지만 포르피리가 곧바로 지적하듯이 이런 이론에는 한 가지 문제가 있다. 자기가 어떤 부류의 인간에 속하는지 어떻게 안다는 말인가? 당연하게도 혹자는 자신이 실제로 비범하지 않음에도 비범한 사람이라고 '착각'할 수 있다. 위대한 인간은 희소하지만 스스로가 위대하다고 착각하는 사람은 차고 넘친다. 라스콜니코프 입장에서도 이는 골치 아픈 문제였다. 나중에 소냐*Sonya*(젊은 매춘부로 라스콜니코프와 친분이 깊어져 나중에 시베리아까지 동행하는 인물)에게 고백하듯이 라스콜니코프는 스스로를 의심했다. 그리고 그렇기 때문에 노파를 죽이기로 결심했다. 자신이 어느 부류에 속하는지, 즉 자신도 "나머지 모두처럼" 이에 불과한지 아니면 "진정한 의미에서의 인간"에 해당하는지 알고 싶었던 것이다.[16] 그는 살인을 저지르고 원하는 것과 필요한 것을 취함으로써 자신이 다른 인간들과는 다르다는 사실을, 자신이 정말로 특별하다는 사실을, 자신에게는 모든 것이 허용된다는 사실을 스스로에게 증명해 보이고 싶었다. "소냐, 난 그저 감히 시험해보고 싶었어. 이유는 그게 다야."[17] 하지만 이상하게도 라스콜니코프는 감히 범죄를 저질렀음에도 자신이 시험을 통과하지 못했다고 느낀다. 자신이 한계를 "넘어서는 데" 실패했다고 판단한다. 물론 그는 여전히 "그저 이 한 마리, 쓸모없고 불결하고 해로운 이 한 마리를 죽였을 뿐"이라며 후회하지 않는다.[18] 하지만 이제 그 자신도 그저 이 한 마리에 불과하다는 사실을 기꺼이 받아들인다. 왜 그럴까? 진정으로 위대한 사람과는 달리 자신이 정말로 살인을 저지를 권리가 있는지 계속 곱씹었기 때문이다. 라스콜니코프는 확신하지 못했다. 그리고 바로 그 확신의 부족이 그에게 특별한 자질이 없다는 사실을 명확히 보여줬다. 인간이 이에 불과한지 의문이 든다면 적어도 당신에게는 인간이 이가 아니라는 뜻이다. 오직 의문 자체가 들지 않는 사람에게만 인간은 이에 불과하다.[19]

하지만 라스콜니코프의 판단에는 여전히 착오가 있다. 라스콜니코프가 자신이 오직 이 한 마리를 죽였을 뿐이라고 주장하자 소냐는 인간을 이라고 부르는 것 자체가 불합리하다고 지적한다. 그러자 라스콜니코프는 소냐를 "이상하다는 듯이 쳐다보면서" 이렇게 답한다. "물론 이 한 마리가 아니지. 그건 나도 잘 알아."[20] 라스콜니코프 역시 마음 한구석에서는 자신의 이론적 가정이 거짓이라는 사실을, 그것도 '명백히' 거짓이라는 사실을 알고 있다. 라스콜니코프가 스스로에게 뭐라고 되뇌든 라스콜니코프도 그가 죽인 노파도 이가 아니다. 결국 진실은 '어떤' 인간도 이가 아니라는 점이다.

또한 라스콜니코프는 '비범한 사람에게는 자신의 목적을 이루는 데 필요하다고 여겨지는 일이라면 무엇이든 할 권리가 있다'는 주장을 (이반에게 나타난 악마가 그랬듯이) 합리화하기 위해 활용한 공리주의적 추론 역시 본심을 숨기기 위한 허울에 불과하다는 사실을 알고 있다. 사실 그는 인류 공동의 행복에 전혀 관심이 없었다. 그가 강도질을 한 동기는 지극히 이기적이었고 지극히 개인적이었다. "삶은 나에게 오직 한 번만 주어질 뿐 다시는 주어지지 않을 것이다. 그러니 난 앉아서 보편적인 행복이 찾아오기를 기다리고 싶지 않다. 나 자신도 살고 싶다. 그렇지 않으면 아예 살지 않는 편이 더 나을 것이다."[21] 결국 라스콜니코프가 원한 것은 자기 자신의 "육체와 욕망"을 충족시키는 것이 다였다.[22] 라스콜니코프가 온갖 이론과 망상을 펼쳤음에도 실제로 그를 움직인 것은 삶에 대한 목마름이었다는 사실은 역설적이게도 그를 어느 정도 구원에 이르게 한 것으로 그려진다. 아직 모든 것을 잃어버리지는 않았다는 희망을 품게 한다. 삶에 대한 라스콜니코프의 갈증은 그를 인간으로 만든다.

사실 그가 자기 자신을 위한 삶을 원한다는 것은 전적으로 '옳은' 일이다. 다만 문제는 그가 '어떻게' 살아야 하는지 그리고 산다는 것이 무엇을 의미하는지 제대로 알지 못했다는 점이다. 또 그는 잘못된 가정을 하고 있다. 그는 자신에게 주어진 삶이 이번 한 번뿐이니 이번 삶에서 최대한 많은 것을 취해야 한다고 추리한다. 바꿔 말해 삶이 한 번만 주어지는 것이 아니라면, '이번' 삶의 끝이 '모든' 삶의 끝이 아니라면 상황이 전혀 달라질 수 있다는 뜻이다. 라스콜니코프가 자신을 위하는 삶을 추구한다는 것은 충분히 이해할 만하다. 심지어 좋은 일이기까지 하다. 하지만 그의 행동과 그로 인한 불행은 삶에 대한 사랑이 아니라 그가 "미래의 삶을 믿지 않는다"는 사실에서 초래됐다.[23]

이런 믿음 내지는 믿음의 결여는《악령》에 등장하는 악랄함이 극에 달한 허무주의자 표트르 베르호벤스키를 떠올리게 한다. 그에게 이따금 저지르는 살인이란 눈 깜짝할 일도 아니다. 살인은 그저 목표를 이루기 위한 수단에 불과하므로 살인을 이용하지 않는다는 것은 절대적으로 불합리하다. "돈이 필요한데 숙련된 살인자가 어떻게 살인을 저지르지 않을 수 있겠는가!"[24]《카라마조프가의 형제들》에 등장하는 알료샤 카라마조프*Alyosha Karamazov*의 신학교 동창 라키친*Ratikin* 역시 그와 비슷한 냉담한 태도를 보인다. 라키친은 "지성을 가진 사람에게는 모든 것이 허용"된다는 사실을 머리로도 마음으로도 전혀 의심하지 않는다.[25] 삶을 목말라 하기는커녕 파괴만을 추구하는 베르호벤스키와 라키친은 도스토옙스키가 그리는 세계에서 악마에 해당한다. 그들에게는 구원에 이를 만한 일말의 여지도 없다. 그들은 영영 길을 잃었다. 반면 라스콜니코프는 그렇지 않다. 알료샤의 형이자 충동적인 성향을 지닌 드미트리*Dmitry* 역시 마찬가지다. 드미트리는 아버지의 죽음과는 무관할지언정 분노나 질투 때문에 충분히 누군가를 죽일 수 있을 만한 인물이다. 하지만 다행히도 라키친의 주장이 꽤 말이 된다고만 생각할 뿐 그 자신은 사상가 유형이 아니라고 생각하며 이론적 구상에도 거의 영향을 받지 않는다.

드미트리는 그저 자기 삶을 너무 많이 격렬하게 사랑할 뿐이다. 카라마조프가의 형제들 중 둘째인 이반은 허무주의의 꾐에 훨씬 취약한 편이긴 하지만 역시 삶을 사랑한다. 이반은 신이나 도덕이 존재하지 않으며 따라서 모든 것이 허용된다는 주장을 논리적으로는 받아들인다. 허무주의가 충분히 이성적이라고 생각한다. 하지만 이반에게는 이성 말고도 중요한 것이 존재한다. 그는 스메르자코프에 의해 아버지를 잃고서야 그 사실을 깨닫는다. 분명 늙은 아버지 표도르는 《죄와 벌》에 나오는 전당포 노파와 마찬가지로 쓸모없고 해로운 존재, 돈방석을 깔고 앉아 있는 이 한 마리에 불과했다. 그러므로 표도르를 살해하고 강탈하는 것은 이성적으로 정당화됐다. 이반은 그렇다고 믿었다. 적어도 그렇게 믿는다고 공언했다. 하지만 스메르자코프가 이론을 실행에 옮겨 늙은 아버지를 때려죽이자 이반은 본능적으로 충격과 당혹감을 느끼며 결국에는 압도적인 죄책감으로 완전히 무너진다. 자신이 그런 일이 일어나도록 내버려둔 것은 물론 어느 정도 독려했을지도 모르기 때문이다. 이반은 삶을 사랑해야 할 논리적인 이유와 통상적인 도덕 제약을 진지하게 받아들여야 할 논리적인 이유가 전혀 없다고 생각하지만 그럼에도 자신이 그렇게 살아간다는 사실을 깨닫고 혼란스러워한다.

이것만으로도 이반은 베르호벤스키나 라키친 같은 순수한 합리주의자들과는 확연히 구분된다. 그들은 무엇도 중요하지 않다는 주장을 머리로는 물론 마음과 영혼으로까지 진심으로 믿는 인물들이다. 그들은 자신들이 우리가 공유하는 세계로부터 벗어났다고 생각한다. 반면 이반과 라스콜니코프는 둘 다 삶이 소중하다는 사실을 알고 있거나 깨닫게 된다. 라스콜니코프는 사형선고를 받은 사람에 관해 어디에선가[26] 읽었던 내용을 떠올린다.

— 죽음을 맞이하기 한 시간 전에 이런 말이었나 생각을 했다지. 만약 자신이 높은 낭떠러지 위에 간신히 두 발만 놓을 수 있는 공간에서 주위에 심연과 대양과 영원한 어둠과 영원한 고독과 영원한 폭풍을 끼고서 살아야 한다 해도, 발바닥만한 그 공간에서 평생을, 천 년을, 영원을 살아야 한다 해도 지금 당장 죽는 것보다는 사는 것이 더 낫다고! 그저 살 수만, 살 수만, 살 수만 있다면! 어떤 식으로든 그저 살 수만 있다면![27]

이반 역시 자신이 삶을 사랑한다는 사실을 솔직히 인정한다.

— 비록 내가 사물의 질서를 믿지 않는다 하더라도 내게는 봄이 오면 솟아오르는 끈적끈적한 이파리들이 소중하고 푸른 하늘이 소중하고 왜인지도 모르겠는데 … 가끔씩 마음이 가는 그런 사람들도 소중하고 또 오래전부터 믿지 않게 됐을지도 모르지만 오랜 습성 때문에 마음으로는 여전히 존중하는 인류의 위업들도 소중하단다.[28]

합리적인 태도는 아니다. 그럼에도 불구하고 우리는 삶을 사랑한다. 오랜 습성이다. 우리는 머리나 논리로 이해해서가 아니라 직감적으로 삶을 사랑한다. 이반은 무엇도 중요하지 않다는 이성의 말을 듣고 싶어 한다. 하지만 이반의 마음과 직감은 그렇지 않다고 말한다. 어느 쪽 손을 들어줘야 할까? 어느 쪽이 진실을 말하고 있는 것일까? 이런 의문에 도스토옙스키는 이성보다 직감이 옳다고 생각하는 것이 분명해 보인다. 우리가 삶을 사랑하는 한 우리는 완전히 길을 잃지 않을 수 있다. 오히려 삶을 사랑하는 것은 의미 있는 삶, 즉 서로를 이로 여기는 것이 아니라 진정한 인간으로 여기는 삶에 이르는 최선의 출발점이 될 수 있다.

2 곱하기 2는 5

도스토옙스키는 삶에 대한 사랑은 물론 삶 자체가 당시 유행처럼 퍼져 있던 철학에 의해 위협을 받고 있다고 확신했다. 서구의 계몽주의 운동 이후 러시아를 엄습한 이 철학에는 무신론, 공리주의, 물질주의, 과학지상주의, 합리적 이기주의, 결정론과 같은 사상들이 위태롭게 뒤섞여 있었다. 이런 철학이 널리 받아들여지고 당연하게 여겨진다면 우리 모두가 허무주의자가 될 것이 뻔했다. 따라서 도스토옙스키는 《지하로부터의 수기*Notes from Underground*》의 지하인*Underground Man*을 통해 바로 그 철학에 격렬한 공격을 가한다.

만약 내가 당신에게 당신이 유인원의 후손임을 증명해 보인다면 쓸데없이 얼굴을 찌푸리지 말고 사실을 있는 그대로 받아들이라. 만약 내가 당신에게 찔끔 짜낸 당신의 지방 한 방울이 본질적으로 당신의 동료 인간 10만 명보다 더 소중하다는 사실을 증명해 보인다면 그리하여 소위 도덕이나 의무 같은 헛소리나 편견이 결국 사르르 없어질 것임을 증명해 보인다면 괜한 의심 말고 사실을 받아들이라. 당신이 달리 할 수 있는 일은 없다. 2 곱하기 2처럼 수학이나 마찬가지니까. 할 수 있으면 한번 반박해보라.[29]

워낙 합리적인 말처럼 들리기 때문에 도저히 반박하기가 어렵다. 게다가 이런 종류의 철학은 일종의 해방감을 약속하기 때문에 훨씬 더 매력적으로 보인다. 우리의 행동과 존재를 책임질 필요가 없어지기 때문에 삶이 훨씬 더 쉬워진다. 하지만 지하인은 그런 생각을 받아들이기를 거부한다. 지하인은 이 새로운 사고방식과 그에 따른 실용주의적 노선이 삶에서 무엇이 정말로 중요한지를 심각하게 잘못 이해한 데서 비롯됐다고 주장함으로써 당대의 사상적 분위기에 반기를 든다. 지하인은 인간이 가진 이점 가운데 "번영, 부, 자유, 평화 등등"보다 중요한 무언가가 있다고 지적한다.[30]

거의 모든 인간에게는 자신의 최상의 이익보다 더 소중한 무언가가 존재한다. 혹은 (논리를 해치지 않기 위해 더 엄밀히 말하자면) 가장 이익이 되는 이점이 존재한다. … 이는 다른 어떤 이점보다 더 주요하고 유리한

> 이점이 된다. 이를 위해 인간은 필요하다면 어떤 법칙도 거스를 준비가 돼 있다. 다시 말해 이성, 명예, 평화, 번영 등 온갖 아름답고 유용한 것들을 포기할 준비가 돼 있다. 그저 이 제일가고도 가장 이익이 되는, 다른 어떤 것보다 소중한 이점을 얻기 위해서 말이다.[31]

지하인은 계산식에서 빠져 있는 가장 이익이 되는 이점을 가리켜 "욕구*wanting*"라 부른다. 욕구는 이성보다 훨씬 더 우월하다. 이성이 그저 겉만 건드리는 반면 욕구는 우리 존재의 깊숙한 곳까지 닿으며 우리가 무엇인지를 정의하기 때문이다.

> 물론 이성도 좋은 것이다. 거기에는 의심의 여지가 없다. 하지만 이성은 그저 이성에 불과하며 인간의 사고 능력만을 충족시킬 뿐이다. 반면 욕구는 삶 자체의 표출이다. 거기에는 이성은 물론 온갖 다양한 갈망 등 인간의 삶 전체가 담겨 있다. 비록 욕구가 표출되는 우리의 삶은 지저분한 꼴이 되기 십상이지만 그것은 어쨌든 삶이지 제곱근풀이 따위가 아니다.[32]

지하인은 영리한 일이든 어리석은 일이든 우리가 원하는 바를 소망할 우리의 권리를 요구하고 옹호한다. 그런 권리를 가리켜 '멍청해질 권리'라 부르자. 이런 권리를 가지는 것, 다시 말해 실수를 저지르든 말든 자신이 적절하다고 생각하는 대로 자신의 삶을 살 수 있는 것이 바로 최상의 이점이다. "그것은 다른 어떤 이점보다 이익이 된다. 심지어 그것이 우리에게 명백히 손해가 되며 우리 이성이 이익에 관해 내린 가장 합리적인 결론과 상충된다 할지라도 이익이 된다. 어떤 경우든 그것은 우리에게 가장 주요하고 소중한 것, 즉 우리의 개성과 인격을 보존해주기 때문이다."[33] 우리 안에 내재한 욕구, 즉 삶을 향한 의지는 너무나 강력하기 때문에 어떤 식으로든 겉으로 표출되기 마련이다. 설령 온전한 행복을 포기해야 할지라도 인간의 본성은 완벽히 합리적이기를 거부한다. 결국 우리는 행복보다 많은 것을 바라게 된다. 만약 우리의 삶에 그 이상의 무언가가 존재하지 않는다면 우리는 별다른 이유도 없이 삶을 벗어나고 파멸에 이르고자 할 것이다. 우리는 사회주의적인 유토피아에 살기 위해 만들어진 존재가 아니다.

인간에게 지상의 온갖 축복을 퍼부어 그가 행복 속에 잠기도록, 머리까지 잠기도록 만들어보자. 그리하여 물 위에서처럼 행복 위에 거품만 보글보글 올라오도록 만들어보자. 그의 경제적 필요를 모두 만족시켜 잠을 자고 생강빵을 먹으며 세계사의 영속에 대해 고민하는 것 외에 달리 할 일이 없도록 만들어 보자. 바로 그 순간 그 인간은 … 무언가 고약한 일을 저지를 것이다. 그는 심지어 자기 생강빵까지 걸고서 일부러 가장 파멸적인 허튼 짓을, 가장 비경제적인 무의미한 짓을 저지르기를 소망할 것이다. … 유일한 목적은 자기 자신에게 … 인간은 인간이지 피아노 건반이 아니라는 사실을 확증해 보이기 위함이다.[34]

사실 그렇게 하는 것, 즉 인간은 인간이라는 자기주장을 펼치는 것이 인간에게 주어진 과업 전부라고 할 수 있다. 이때 목표 자체보다는 목표까지 나아가는 과정이 더 중요하다.

> 어쩌면 인류가 지상에서 추구하는 모든 것은 목표 자체가 아니라 목표를 달성하기 위해 끊임없이 나아가는 과정, 즉 삶 자체에 있는 것일지도 모른다. 어차피 목표란 2 곱하기 2는 4라는 공식에 불과하니까 말이다. 2 곱하기 2는 4라는 공식은 이미 삶이 아니라 죽음의 시작이다.[35]

인간은 참으로 "우습게 생겨 먹은" 존재다. 우리는 목표를 달성하기를 바라지만 아직 목표가 달성되지 않은 상태를 좋아한다. '2 곱하기 2는 4'도 좋지만 "2 곱하기 2는 5도 때로는 가장 사랑스러운 것"이 될 수 있다.[36] 우리가 원하고 사랑하는 것은 행복이 다가 아니다. 우리는 때때로 고통 역시 겪어야 한다. 고통은 의심, 부정, 파괴, 혼돈 등 "의식의 유일한 근원"이기 때문이다. 인간에게 완벽은 어울리지 않으며 바람직하지도 않다. 1851년 만국박람회를 개최하면서 런던에 세워진 거대한 유리 및 철제 건물인 수정궁은 "영원히 무너지지 않을" 산업혁명의 상징물이었으나 (지하인은 물론 도스토옙스키가 보기에는) 병든 시대와 거짓된 철학을 드러내는 상징물이기도 했다. 수정궁은 경외감을 자아내기 위해 만들어졌지만 지하인 입장에서는 그저 닭장에 불과했다. 삶에는 상업적 이득과 그에 따라오는 편안함 말고도 많은 것이, 완전히 다른 종류의 수정궁이 존재할 수도 있기 때문이다. 현실 세계의 수정궁은 정신적 죽음을 상징하는 상징물이었다. 우리는 삶에 너무나 익숙한 나머지 "이따금 진짜 '삶을 산다는 것'에 일종의 혐오감을 느끼며 따라서 그 사실을 떠올리기조차 힘들어"한다.[37] 우리는 무슨 일을 해야 할지 누군가 말해주지 않으면 혼란스러워한다. 더 이상 "무엇을 사랑하고 무엇을 증오해야 할지, 무엇을 존중하고 무엇을 경멸해야 할지" 모르게 된다.[38] 인간성을, 육체를, 감정을 부끄러워하게 된다. 우리가 실패작이라는 사실을 거리낌 없이 받아들인다.

지나치게 상업화되고 합리화된 삶이 사람들을 숨 막히게 하는 상황을 비판하는 지하인의 장광설은《죄와 벌》에서 더욱 요점을 갖추어 반복된다. 라스콜니코프의 둘도 없는 충실한 친구이자 따뜻한 마음을 가진 인물인 라주미힌*Razumikhin*은 이른바 유토피아적인 사회주의가 인간의 본성을 무시하고 삶을 혐오하는 분위기를 조장했다며 이렇게 비난한다.

삶의 '살아 있는' 과정을 좋아하지 않는 거야. '살아 있는 영혼' 따위는 필요 없다는 거지. 살아 있는 영혼은 삶을 요구하지! 살아 있는 영혼은 기계공의 말을 듣지 않아! 살아 있는 영혼은 의심이 많지! 살아 있는 영혼은 반동적이야! 물론 고기 썩는 냄새는 나겠지만 그들도 고무를 가지고 영혼을 만들어낼지도 몰라. 하지만 그건 살아 있지 않아! 그건 의지도 가지고 있지 않지! 그건 노예에 불과해! 그건 반역을 꾀

하지도 않아! 결국 그들에게는 모든 것이 벽돌 쌓기 내지는 공동주택 *phalanstery*의 복도나 방 배치 작업 정도로 환원되는 거야! 공동주택은 이미 다 준비됐을지도 모르지만 네 본성은 아직 공동주택에 살 준비가 되지 않았어. 네 본성은 삶을 원하고 아직 삶의 과정을 마치지 못했으니까. 무덤에 들어가기엔 너무 이르지! 그저 논리만 가지고 인간의 본성을 덮어버릴 수는 없어! 고려해야 할 경우가 백만 가지가 되는데도 논리는 세 가지 경우만 상정하니까! 백만 가지를 다 무시하고는 모든 것을 편의라는 한 가지 문제로 환원해버리는 거야![39]

하지만 우리는 삶을 갈망하는 만큼 삶을 두려워하기도 한다. 어쨌든 삶을 살지 않는 편이 더 쉽고 덜 위험하기 때문이다. 따라서 우리가 안전과 자유 중 어느 쪽을 더 원하는지가 문제다. 더 중요하게는 어느 쪽을 더 '필요'로 하는지가 문제다. 이 문제는 《카라마조프가의 형제들》에 나오는 대심문관*Grand Inquisitor*의 독백에서 핵심적으로 다뤄진다. 대심문관은 자신의 말에 귀를 기울이지만 침묵을 지키는 그리스도에게(혹은 자기 자신에게) 그리스도가 인간에게 자유를 허락한 것은 이전에도 아무 의미가 없었으며 앞으로도 아무 의미가 없을 것이라고 설득하려 애쓴다. 어차피 사람들은 자유를 원하지 않는다는 것이다. 사람들은 그저 배가 부르기를 원한다. 자유와 빵 둘 다를 가질 수는 없기 때문에 사람들은 결국 항상 빵을 선택할 것이며 그 대가로 노예 생활을 하더라도 반길 것이다. 만약 사람들이 그저 존재하는 것만으로 만족하지 못한다면 그들에게 살아야 할 목적을 던져주면 된다. 그들에게 무엇이 선하고 무엇이 악한지 알려주면 된다. 그들에게 기적과 신비와 권위를 보여주면 된다.[40] 사람들에게 필요한 것은 그게 전부다. 그리스도가 저지르는 실수는 그가 자유에서 나오는 사랑에 목말라 한다는 점이다. 하지만 사람들이 진정으로 원하는 것은 자신들을 양떼로 보고 인도해줄 누군가다. 그리고 바로 가톨릭교회가 모두의 유익을 위해 그 역할을 대신한다. "우리와 함께라면 모두가 행복해질 것이다. 그리고 그들은 당신의 자유 하에서 그랬던 것과는 달리 어디서도 더 이상 반역을 일으키지도 서로를 파괴하지도 않을 것이다. 오, 우리는 그들에게 자유를 포기하고 우리에게 복종할 때에만 그들이 자유로워질 것이라고 설득할 것이다."[41] 비록 이 모든 일은 그리스도의 이름을 근거로 행해졌지만 대심문관은 교회가 이미 오래전부터 그리스도로부터 등을 돌린 것은 물론 사람들이 삶에 대한 사랑과 서로에 대한 사랑으로 연합된 공동체를 이뤄야 한다는 그리스도의 이상 역시 외면했다는 사실을 잘 알고 있다. 그 대신 교회는 악마(이반의 꿈에 등장했던 것처럼 '2 곱하기 2는 4'라고 확신하는 합리적이고 냉정한 유형의 신사)와 손을 잡았다.

우리가 이웃을 사랑할 가능성

도스토옙스키의 그리스도가 원하는(또 본으로 남기는) 것은 자유의지에서 나온 사랑, 비이기적인 사랑, 어떤 보상도 기대하지 않는 사랑, 모든 살아 있는 생명에 대한 구체적이고 개인적인 사랑이다. 한 마디로 지극히 비경제적인 종류의 사랑이다. 대심문관은 인간이 그런 사랑을 할 수 있을 리 없다고 반박한다. 대심문관이 품은 의심은 도스토옙스키의 작품에 등장하는 다른 여러 인물들 역시 공유하고 있다. 《백치》에서 나스타샤*Nastasya*는 인간이 "모두를, 모든 사람을, 모든 이웃을 사랑"할 수 있을지 의문을 표한다. 하지만 나스타샤는 이미 답을 알고 있다. "물론 아니죠. 심지어 그건 부자연스러워요. 인류애라는 추상적인 사랑을 통해 인간은 거의 항상 자기 자신만을 사랑하니까요."[42] 이반 카라마조프도 비슷한 염려를 가지고 있다. "이웃을 사랑한다는 게 어떻게 가능한 것인지 난 절대 이해할 수 없을 거야. 내 생각엔 절대 사랑할 수 없는 존재가 바로 이웃이거든."[43] 추상적인 의미에서 인간에 대한 사랑은 가능할지 모르지만 각각의 인간을 개인적으로 알게 되는 경우의 사랑은 대부분 순식간에 사라진다. 사실 사랑은 어느 정도 거리를 두어야만 가능하다. 따라서 그리스도의 사랑은 인간이 소화할 수 있는 사랑이 아니다. 우리는 서로에게 닫혀 있기 때문에, 즉 다른 사람들이 어떤 고통을 얼마나 심하게 겪는지 결코 이해할 수 없기 때문에 그리스도가 원하는 대로 사랑하는 것이 불가능하다.

대심문관이 이와 같이 주장하는 동안 그리스도는 말을 끝까지 들어주면서 인내심 있게 침묵을 지킨다. 그리스도는 반박하지 않는다. 하지만 대심문관의 주장에 동의하지 않는 것이 분명하다. 도스토엡스키 역시 동의하지 않는다. 우리가 그리스도의 사랑을 나타내는 것이 어려울 수는 있으나 그렇다고 불가능하지는 않기 때문이다. 어쨌든 대부분의 사람들에게서는 그리스도가 말하는 사랑의 흔적이 발견된다. 그리고 누구도 그런 사랑이 쉽다고 말한 적은 없다.

《죄와 벌》에서 라스콜니코프는 결국 그런 사랑을 깨닫는 것처럼 보이는데 그러기까지는 오랜 시간과 고통이 필요했다. 소냐와 포르피리는 라스콜니코프에게 죄를 고백하고 기꺼이 죗값을 치름으로써 스스로를 구원하라고 촉구한다. 그들은 구원에 고통이 수반된다는 것을 이해하고 있다.[44] 그들은 라스콜니코프에게 믿음을 되찾고 고통을 겪으며 스스로를 삶에 내어주고 그만 추리하라고 조언한다.[45] 라스콜니코프는 저항한다. 소설이 거의 끝날 때까지 라스콜니코프는 자신이 이를 죽였을 뿐 범죄를 저지르지 않았다는 믿음을 고집하려 애쓴다. 자신이 왜 고통을 겪어야 하냐고 묻는다. 자신이 피를 흘리게 했을지는 모르나 어차피 피는 매일 홍수같이 쏟아진다. "마치 샴페인처럼" 쏟아진다.[46] 대국적으로 보자면 자신이 저지른 일은 큰 의미가 없다. 심지어 시베리아에서조차 라스콜니코프는 자신이 겪는 고통과 처벌이 쓸모도 의미도 없다고 생각하며 뉘우치는 태도를 보이지 않는다.[47] 반면 소냐는 모두에게 친절하며 관심을 기울인다. 죄수들이 겪는 고통을 알아보고 그들과 함께 고통을 겪는다. 따라서 모든 죄수들의 사랑을 얻는다. 결국 병이 난 라스콜니코프는 과열로 인한 섬망譫妄에 빠져 전 인류가 정신이 나가 자기파멸의 길에 이르는 꿈을 꾸는데 그러고 나서야 갑자기 "무언가가 그를 들어

다가 소냐의 발치에 내던진 것처럼" 소냐의 사랑에 압도된다.[48] 그리고 바로 그 새롭게 발견한 사랑 덕분에 "새로운 미래, 새로운 삶으로 향하는 온전한 소생"을 기대하게 된다.[49]

만약 아무것도 중요하지 않은 것처럼 느껴진다면 그것은 우리가 사랑하는 법을 잊었기 때문이다. 생각은 지나치게 많은데 삶과 사랑은 지나치게 적기 때문이다. 우리는 서로를 이해할 수 없기 때문에 극도의 외로움을 느끼면서 삶을 살아간다. 실제로 서로 유대를 맺는 데 성공하더라도 한순간일 뿐이며 금세 서로에게서 멀어진다. 도스토옙스키의 작품에 등장하는 인물들은 끊임없이 사랑을 찾으려 애쓰지만 제대로 찾지 못하며 설령 사랑을 찾더라도 지키지 못한다. 그 후로 행복하게 살았다는 식의 이야기는 등장하지 않는다. 사랑은 연약하고 믿기 힘들며 끊임없이 변화한다. 이성 간의 낭만적인 관계는 온갖 오해로 가득 차 있으며 서로에 대한 불신으로 손상된다. 배신은 흔한 일이다.

지하인의 경우에는 거의 증상에 가깝다. 지하인은 매춘부인 리자*Liza*를 이해하지 못하며 오히려 리자를 밀어내고 모욕한다. 지하인은 리자를 사랑할 수 없다. "나는 더 이상 사랑을 할 수가 없다. 왜냐하면 거듭 말하지만 내게 사랑이란 압제와 도덕적 우월을 의미하기 때문이다."[50] 사랑은 흔히 투쟁하는 것으로, 미움에서 생겨나는 것으로, 일단 지배하고 나면 영영 사라지고 말 상대를 지배해야 하는 것으로 잘못 이해되고는 한다. 지하인은 진정한 사랑을 하기를, 삶을 살기를 두려워하며 오늘날 우리 모두가 그렇게 느낀다고 강력하게 주장한다. 우리 모두는 지하에서 살고 있다.

도스토옙스키의 단편 중 하나인 〈온순한 여인*A Gentle Creature*〉(1876)은 자신의 아내를 이해하지 못하는 한 남자에 관한 이야기다. 남편은 41세고 아내는 16세다. 여자가 남자와 결혼한 이유는 다른 선택지가 없었기 때문이며 남자는 그 사실을 잘 알고 있다. 소설 제목이 암시하는 것과는 반대로 아내는 전혀 온순하지 않으며 오히려 독립적이다. 자신만의 생각과 "욕구"를 가지고 있다. 또한 아내는 기꺼이 남편을 신뢰하고 사랑할 준비가 돼 있으며 개방적이고 열정적이다. 반면 남편은 사실상 불량배나 다름없다(자신이 여태까지 괴롭힘을 당해왔기 때문에 이제 세상에 복수를 하겠다고 결심하는 인물이다). 남편은 아내를 윽박지르며 대화하려는 아내의 시도를 차단한다. 그저 "철저한 존경"을 요구하며 아내가 자신에게 순종하고 복종하기를 바란다. 자기 권위를 행사하여 아내에게 모욕 주기를 좋아한다. 남편은 대화보다는 침묵을 선호한다. 아내는 남편이 세운 벽을 뚫고 들어가려고 애쓰지만 남편은 자신이 가진 힘을 행사하기를 지나치게 즐긴다. 시간이 지나면서 아내는 시도를 포기하고 남편으로부터 거리를 둔다. 그러다 결국에는 창문 밖으로 뛰어내려 죽음을 맞이한다. 바로 그제야 남편은 뒤늦게 아내에게 마음을 연다. 허망하게 목숨 하나가 또 버려진 것이다. 아니, 정확히는 두 목숨이 버려졌다. 남편 역시 죽어 있는 것이나 마찬가지기 때문이다. 결론 부분에서 남편은 "오, 자연이여!"라고 한탄하며 이렇게 말한다.

인간은 지상에서 혼자다. 그게 바로 삶의 재앙이다! 오랜 러시아의 영웅은 "땅 위에 살아 있는 사람이 있는가?" 하고 외치지만 아무도 대답하지 않는다. 사람들은 태양이 세상에 생명을 불어넣는다고 말한다. 태양이 높이 떠올라 세상을 바라보면 마치 시체와 같지 않겠는가? 모든 것이 죽어 있고 사방에 시체가 널려 있다. 사람들은 존재할 뿐이고 그들 주위에는 침묵이 깔려 있다. 지구란 바로 그런 것이다![51]

이름 없는 남자의 이런 절망은 세계가 공허하고 무의미하다는 생각을 반영한다. 혹은 정반대를 뜻할 수도 있다. 사람들이 서로를 사랑하기만 한다면 세계는 달라 보일지도 모른다. 하지만 문제는 어떻게 그렇게 할 수 있는가다. 인간은 어떤 식으로인가 사랑하는 능력을 되찾아야 한다. 사랑 없이는 무엇도 중요하지 않을 것이다.

초기 작품인 〈백야*White Nights*〉(1846)에서 젊은 화자는 "페테르부르크에서 8년 동안 살았지만 친한 사람을 거의 한 명도 만들지 못했"다.[52] 화자는 마침내 나스첸카*Nastenka*라는 여자를 만나서 격렬한 사랑에 빠진다. 갑자기 다른 인간과 관계를 맺게(혹은 관계를 맺었다고 착각하게) 된 것이다. 그러자 바로 그 관계가 사라질까 봐, 외로움이 찾아올까 봐, "그 무기력하고 무의미한 존재"가 느껴질까 봐 공포가 엄습한다.[53] 화자는 삶이 빠르게 지나간다며 탄식한다. 언젠가 우리는 늙을 것이고 우리가 살면서 무엇을 이뤘는지 자문할 것이다. 꿈은 희미해지는 법이다. 인간은 삶을 살아야지 삶을 꿈꿔서는 안 된다. 화자는 나스첸카에게 이렇게 말한다. "세상이 얼마나 차갑게 변하고 있는지 봐요. 여러 해가 지나겠죠. 그러고 나면 우울한 고독이 찾아올 거예요. 그리고 지팡이를 짚고 부들거리는 노년이 찾아오겠죠. 그 뒤에는 고난과 절망이 찾아올 거예요. … 혼자 남겨진다는 게, 완전히 혼자 남겨진다는 게 얼마나 비참할까요? 심지어 후회할 것조차 없겠죠. 아무것도, 그 무엇도 없겠죠."[54] 하지만 젊은 화자는 나스첸카가 자신의 외로움을 끝내줄 것이라고, 자신이 삶을 살아가도록 도울 것이라고 헛된 희망을 품어본다. 그러나 나스첸카는 다른 사람과 함께 달아난다. 화자는 집에 돌아와서는 주위를 둘러본다. 모든 것이 심지어 자신의 방마저 낡아 보인다.

벽도 바닥도 색이 바랬다. 모든 것이 우중충해졌다. 어느 때보다 거미줄이 많아 보였다. 왜인지는 모르겠지만 창문 밖을 흘긋 보자 맞은편에 있는 집도 낡고 우중충해 보였다. 기둥에 칠한 벽토는 벗겨지거나 떨어져 있었다. 처마는 검게 그을리고 갈라져 있었다. 짙은 황토색 벽은 군데군데 얼룩이 묻어 있었다. … 쭉쭉 뻗어 있던 햇빛이 갑자기 먹구름 뒤로 달아나서 모든 것이 내 눈에 침침해 보인 것일지도 모른다. 아니면 혹시 나를 기다리고 있는 비참하고 무미건조한 미래가 눈앞에 번쩍 지나간 것일지도 모른다. 15년이 지나 늙고 나서도 지금처럼 똑같은 방에 홀로 남아 있는 내 모습을 본 것일지도 모른다.[55]

동일한 주제가 후기작 〈우스운 자의 꿈*The Dream of a Ridiculous Man*〉(1877)에서 다시 다뤄진다. 역시 이름이 없는 화자는 자신이 최근에 아무것도 중요하지 않다는 느낌을 받는다고 설명한다. "나는 어느 순간 갑자기 깨달았다. 세상이 존재하든 어디에 아무것도 존재하지 아니하든 내게는 아무 상관이 없다는 것을 말이다."[56] 이런 느낌을 겪고 나자 다른 사람들이 거의 눈에 보이지 않을 정도가 된다. 심지어 자신의 삶조차 무의미해진다. 그래서 화자는 집에 가서 총으로 자살하겠다고 결심한다. 하지만 집으로 가는 길에 화자는 어린 소녀 하나가 겁에 질린 채 거리에서 엄마를 절박하게 찾고 있는 모습을 보게 된다. 소녀가 자신을 도와달라고 간청하지만 화자는 외면한 채 소녀를 쫓아낸다. 화자는 집에 도착하지만 다시 소녀를 떠올리면서 자살하기를 주저한다. 다른 사람에게 무관심한 자신조차 소녀 생각에 거의 물리적인 수준의 고통을 느낀다는 사실을 알아차린다. 어떻게 가능한 것인지는 모르겠지만 자신이 소녀를 돕지 않았다는 사실에 수치심을 느끼면서 소녀를 동정하고 있다는 사실을 깨닫는다. "내가 금방이라도 완전히 소멸해서 결국 무엇도 존재하지 않게 될 것이라는 사실을 알고 있음에도 나는 어째서 조금의 변화도 없이 여전히 소녀에게 연민을 느끼는 것이며 내 야비한 행동에 수치심을 느끼는 것인가?"[57] 어차피 자신이 죽고 나면 소녀는 자신에게 더 이상 존재하지도 않을 것이기 때문에[58] 화자는 자신에게 자연스럽게 나타나는 감정적 반응을 의아하게 여긴다.

내가 날 쏘고 나면 세상은 존재하기를 멈출 것이다. 적어도 나에게는 말이다. 나 이후의 누군가에게 무엇도 존재하지 않을 것이라는 점은

> 말할 것도 없다. 내 의식이 소멸하자마자 내 의식의 속성인 온 세계 역시 허깨비처럼 사라질 것이며 스스로 붕괴할 것이다. 이 모든 세계와 이 모든 인간들이 내 자신의 자아에 불과할지도 모르기 때문이다.[59]

이런 생각 후에 화자는 잠에 빠져 꿈을 꾼다. 꿈속에서 화자는 자신에게 총을 쏘는데, 계획한 대로 머리를 쏘는 게 아니라 심장을 쏜다. 그러고는 땅에 묻힌다. 그러자 불가사의한 생명체가 나타나 그를 우주로 데려간 다음 평행세계에 있는 쌍둥이 지구를 보여준다. 그곳에는 타락하기 전의 인간들이, 즉 죄 없고 아름답고 사랑으로 가득 찬 인간들이 행복하게 살고 있다. 그곳은 지상낙원이다. "그들은 무엇도 갈망하지 않았으며 평온해 보였다. 그들은 우리와 달리 삶에 대한 지식을 갈구하지 않았다. 그들에게 삶이란 그 자체로 완전했기 때문이다."[60] 물론 그들은 더 고등한 지식을 가지고 있다. 지식 없이 사는 법을 아는 것이다. 또한 그들은 모두 서로를 사랑한다. "그것은 완전하고 보편적인, 상호 간의 사랑이었다."[61] 우리 모두가 내심 갈망하고 있는 종류의 사랑인 셈이다. 화자는 행복해한다. 하지만 얼마 뒤 화자는 의도치 않게 자신의 말로 혹은 자신의 존재만으로 낙원 사람들을 타락시킨다. "그들은 거짓말하는 법을 배웠다. 그들은 거짓을 사랑하게 됐으며 거짓의 아름다움을 인식하기 시작했다."[62] 색욕, 질투, 학대가 뒤따른다. 다음에는 슬픔, 고통, 지식, 위선, 합리화, 제도화된 종교가 나타난다. 그들은 "지식이 감정보다 우월하다고, 삶에 대한 인식이 삶 자체보다 우월하다고" 믿기 시작한다(착각임이 암시된다).[63] 화자는 그들에게 모두 자신의 잘못이라고 자신이 기둥에 못 박힘으로써 처벌을 받겠다고 설득하지만 그들은 화자의 말을 믿지 않으며 결국 화자를 쫓아낸다. 그렇게 꿈이 끝난다.

잠에서 깬 화자는 자신이 더 이상 자살하기를 원하지 않는다는 사실을 깨닫는다. 화자는 불행을 느끼지 않는다. 오히려 갑자기 삶에 굶주리기 시작한다. "지상에서 살아갈 능력을 잃어버리지 않은 채로도 인간이 아름답고 행복할 수 있다"는 진리를 설파하기를 원한다.[64] 이제 악이 인류의 기본적인 조건이 아님을 알고 있다. 인간은 달라지는 것이 '가능'하다. "핵심은 다른 사람을 자기 자신처럼 사랑하는 것이다."[65] 적절하게도 소설은 화자가 앞서 만난 소녀를 도우러 가겠다고 결심하는 것으로 끝이 난다. 화자는 마침내 삶을 살기 시작했다.

바보 성자가 발견한 아름다운 것들

우스운 자가 꿈을 통해 배운 것은 삶을 향한 새롭고도 건강한 태도였다. 이는 《카라마조프가의 형제들》에 등장하는 조시마*Zosima* 장로의 가르침에도 명확히 나타나 있다. 조시마는 인간 고립의 시대가 끝이 나야 한다고 역설한다. "오늘날 모두가 무엇보다도 자신의 인격을 분리하려고 애쓰고 있기 때문입니다. 그렇게 함으로써 그들은 자기 속에서 삶의 충만함을 느끼려고 하지만 부단한 노력으로 그들이 얻는 것은 삶의 충만함이 아니라 충만한 자살입니다."[66] 우리는 그저 안전하기 위해 서로에게서 자신을 숨기고 서로를 밀어낸다. 하지만 이는 부자연스러운(그리고 사실 안전하지도 않은) 삶의 태도다. 그런 태도는 삶을 충만히 즐기지 못하게 만든다. "우리 주위에 신이 주신 선물들을 보십시오. 맑은 하늘, 신선한 공기, 부드러운 풀밭, 지저귀는 새들을 보십시오. 자연은 아름답고 죄가 없습니다. 하지만 우리, 우리 인간만이 신을 모른 채 어리석으며 삶이 낙원이라는 사실을 이해하지 못합니다."[67] 사실 낙원은 우리 안에 숨겨져 있다. 우리는 그저 그 낙원에 다가가기만 하면 된다. 우리는 모두가 다른 모두 앞에서 죄인이라는 사실을 겸손히 인정해야 한다.

> 형제들이여, 인간의 죄를 두려워하지 아니하며 인간을 죄 지은 상태 그대로 사랑하라. 하느님의 사랑과 닮은 이런 사랑이야말로 지상에서 가장 으뜸인 사랑이기 때문이다. 하느님의 모든 창조물을 사랑하라. 창조물 전체를, 모래알 하나까지도 사랑하라. 모든 창조물을 사랑한다면 창조물에 깃든 하느님의 신비를 깨닫게 될 것이다.[68]

그러기 위해서는 내면의 변화가 요구된다. 모든 인간이 형제 관계를 맺고 있다는 사실을 실제로 인정해야 한다. 그렇게 할 때에야 인류는 하늘왕국을 되찾을 수 있다. 지금 인류는 사실상 지옥에 살고 있는 것이나 마찬가지기 때문이다. 조시마 장로(그리고 도스토옙스키)가 생각하기에 지옥이란 "더 이상 사랑할 수 없다는 고통"을 겪는 것이다.[69] 물론 지옥에서 벗어나기 위한 영적 변혁을 이루기 위해서는 시간이 필요하다. 또 그렇기 때문에 세상에는 인류에게 본을 보일 바보 성자*holy fool*가 필요하다.[70]

알료샤 카라마조프가 바로 그런 바보 성자 중 한 명이다. 《백치》에 등장하는 공작 미쉬킨*Myshkin* 역시 마찬가지다. 사회의 시각에서 볼 때 미쉬킨은 백치다. 미쉬킨은 일반적으로 이익이 된다고 여겨지는 일에 관심이 없으며 자기 자신에 대해서도 크게 신경을 쓰지 않기 때문이다. 미쉬킨은 도저히 웃음을 터뜨리지 않을 수 없을 만큼 착하다는 점에서 우스운 자이기도 하다. 하지만 도스토옙스키가 보기에는 바로 그런 이유 때문에 미쉬킨이 "확실히 아름다운 인간"이다.[71] 미쉬킨은 대심문관이 그리스도에게 부여한 이상에 맞춰 살아가려고 애쓴다. 미쉬킨에게 있어 사랑이란 근본적으로 보편적인 연민을 가리키며(도스토옙스키가 고통의 중요성을 여러 차례 암시하는 것도 이 때문일 수 있다) 연민이란 "전 인류에게 있어서 가장 중요한, 어쩌면 유일한 존재 법칙"이다.[72] 오직 사랑만이 우리의 삶에 의미를 부여하며 우리의 삶을 이해할 수 있게 만든다. 조시마 장로와 마찬가지로 미쉬킨 역시 모든 인간이 행복해질 수 있다고 믿는다.

— 있잖아요. 저는 어떻게 나무를 보고서 기뻐하지 않은 채 그냥 지나갈 수 있는지 이해할 수 없어요. 어떻게 다른 사람과 이야기를 나누면서 그 사람을 사랑한다는 사실에 행복해하지 않을 수 있는지 이해할 수

없어요! … 발을 한 발짝 내디딜 때마다 아름다운 것들이, 심지어 머리가 가장 복잡한 사람조차 아름답다고 생각할 만한 것들이 얼마나 많은지요. 어린아이를 보세요. 하느님이 해를 뜨게 하는 것을 보세요. 잔디가 자라는 걸 보세요. 당신을 사랑하는 사람이 당신을 바라보는 그 두 눈을 보세요.[73]

물론 사람들이 언제나 사랑할 만한 가치가 있는 존재로 보이는 것은 아니다. 때때로 그들은 끔찍한 일을 저지른다. 이런 사실은 우리가 애초에 다른 인간을 사랑하기를 너무나 어렵게 만든다. 하지만 바로 그 이유 때문에 이 세상에는 연민으로서의 사랑이 시급히 필요하다. 시베리아 강제노동수용소에 수감된 기간 동안 도스토옙스키 자신이 직접 깨달은 것처럼[74] 심지어 최악의 범죄자에게서도 발견할 수 있는 연민으로서의 사랑은 인간 속에 숨겨진 선함과 순수에 이르는 핵심 열쇠다. 드미트리 카라마조프와 그의 아버지 표도르 카라마조프의 관심의 대상인 그루셴카*Grushenka*는 다소 혼동을 겪기는 하지만 이 사실을 분명히 이해하고 있다. "이 세상 모든 사람들이 좋은 사람들이에요. 하나하나 다 좋은 사람들이라고요. 세상은 좋은 곳이에요. 우리 인간이 나쁠 수는 있지만 세상은 좋은 곳이에요. 우리 인간은 나쁘면서 착하죠. 그래요, 나쁘지만 동시에 착해요."[75] 드미트리 카라마조프 역시 나중에 굶주리는 사람으로 가득 찬 황량한 세상에 관한 악몽을 꾸고 나서 똑같은 주장을 제기한다. 그곳에는 작은 아이들과 큰 아이들만 있었다고 한다. 심지어 성인마저 어린아이

같았던 것이다. 우리 모두는 의존적이고 취약하며 겁이 많고 사랑에 굶주려 있다. "모두가 '연약한 존재'"다.[76]

알료샤 카라마조프는 바보 성자답게 언젠가 세상이 모두가 서로를 사랑하는 곳으로 바뀌기를 염원한다.[77] 이런 소망이 실현되기 위해서는 우리 중 누군가가 온전히 비이기적인 사랑을 적극적으로 실천함으로써 첫걸음을 내딛어야 한다. 그런 사랑은 (그저 추상적인 사랑에 불과한) 인류 전반에 대한 사랑이 아니라 개개의 인간에 대한 사랑이어야 한다. 알료샤는 인류를 사랑하는 것은 쉬우나 개개의 인간을 꾸준히 사랑하는 것은 어렵다는 사실을 잘 알고 있다.[78] 사실 이 두 종류의 사랑은 종종 서로에게 방해가 된다. 다시 말해 우리가 인류 전반을 더 사랑할수록 개개의 인간을 덜 사랑하게 된다. 적극적인 사랑을 나타내는 것은 "혹독하고 두려운 일"이다.[79] 결코 순식간에 이루어지지 않는다. 참을성이 요구된다. 이런 사랑에 요구되지 않는 것이 있다면 바로 종교적 믿음이다. 물론 알료샤는 영혼의 불멸성을 믿지만 그런 믿음이 적극적인 사랑의 동기나 기반이 되지는 않는다. 오히려 정반대다. 적극적인 사랑을 실천할 때 우리는 이내 하느님과 불멸성을 믿지 않는 것이 불가능하다는 사실을 깨닫게 된다. 알료샤는 적극적인 사랑이 종교적인 의심을 말끔히 지워 버린다고, "시험을 견뎠으니 확실"하다고 주장한다.[80] 그런데 정말로 그럴까?

영원은 구석구석 거미가 득실거리는 곳

도스토옙스키가 신의 존재(덩달아 인간 불멸성의 존재)를 증명하는 방식은 우리가 세상 전반은 물론 개개의 동료 인간에게 사랑을 느낀다는 사실(그리고 그런 사랑이 반영된 감정인 죄책감과 후회를 느낀다는 사실)에 기반을 두고 있다. 논증 과정은 믿기 힘들 만큼 단순하다. 신이 존재하지 않는다면 아무것도 중요하지 않다. 하지만 분명 (우리에게) 중요한 것이 있다. 그러므로 신은 존재해야 한다. 물론 도스토옙스키는 합리적인 관점에서 볼 때 무엇도 확실하지 않다는 사실을 잘 알고 있다. 우리가 죽은 뒤에 무슨 일이 있을지 모른다는 사실과 우리에게 관심이 있으며 선을 지향하는 신성한 힘이 과연 이 세상에 존재하는지 모른다는 사실에는 변함이 없다. 우리가 아는 것이라고는 죽음과 함께 우리의 존재도 열망도 모두 사라진다는 점이다. 혹시 사후세계가 존재한다 할지라도 그것은 우리가 즐겨 상상하는 모습과는 굉장히 다를지도 모른다. 오히려 《죄와 벌》의 수수께끼 같은 인물인 스비드리가일로프*Svidrigailov*가 떠올리는 모습과 비슷할지도 모른다. "우리는 계속해서 영원이라는 것을 절대 이해할 수 없는 개념이라고, 거대하고도 거대한 무언가라고 생각하죠! 하지만 왜 영원이 거대해야만 합니까? 차라리 시골 목욕탕 같은 조그마한 방이 하나가 있어서 사방이 검게 그을려 있고 구석구석에는 거미가 득실거린다고 상상해봐요. 영원이라는 것은 그게 다일지도 몰라요."[81] 라스콜니코프가 분명 그보다는 더 나은 무언가를 떠올릴 수 있을 것이라고 반박하자 스비드리가일로프는 한층 더 놀라면서 우리 인간 같은 생명체에게는 그런 식의 영원이 공정할 것이라고 대답한다.

사실 세상 자체가 공정한 곳이 아닐 수도 있다. 세상에 시시각각 일어나고 있는 온갖 끔찍한 일들을 보고 있노라면 분명 세상 질서가 공정하다고 믿을 만한 이유는 거의 없다. 도스토옙스키 역시 삶이 우리에게 퍼붓는 수많은 불공정을 예리하게 인식하고 있었으며 죽는 순간까지 그런 불편한 진실을 애써 숨길 생각이 없었다. 도스토옙스키가 "확실히 아름다운 인간"이라 평한 인물이자 인류의 희망인 미쉬킨 공작은 결국 정신 이상으로 정신병원에 수감된다. 또 알료샤 카라마조프 역시《카라마조프가의 형제들》에서는 아무런 피해 없이 살아남기는 하지만 도스토옙스키가 죽기 전에 계획한 후속편에서는 불명예스러운 결말을 맞이할 수도 있었다. 문헌에 따르면 도스토옙스키는 출판인이자 저널리스트인 알렉세이 수보린에게《카라마조프가의 형제들》후속편에서 알료샤가 무정부주의자가 돼 러시아 황제를 죽일 것이라 말했다고 한다.[82] 어쨌든 도스토옙스키에게 삶이란 공정한 게임은 아니었던 것이 분명하다.

죽음의 무작위성 역시 이런 불공정을 한층 더 심화시킨다.《백치》에서 젊은 허무주의자 이폴리트 테렌티예프*Ippolit Terentyev*는 폐병으로 죽어간다. 그는 자신이 기껏해야 몇 주밖에 못 산다는 사실을 알고 있고 자신보다 더 오래 살 사람들을 한껏 질투한다. 고작 몇 주를 사는 것은 아무 의미가 없다고 느끼며 따라서 무엇도 시작할 이유가 없다고 생각한다. 그리고 왜 다른 사람들이 자신들에게 주어진 방대한 시간을 제대로 활용하지 못하는지 의아해한다. 만약 그들이 어떻게 살아야 할지를 모른다면 그것은 그들 잘못이다. "살아 있는 한 모든 것이 손 안에 있거늘!"[83] 그는 이제 인간에게 필요한 것은 건강이 전부라고 생각한다. "핵심은 삶에, 단지 삶에만 있다. 끊임없이 영원히 삶을 찾는 데 있다."[84] 도스토옙스키 또한 이런 정서에 동감할 것이다. 한편 이폴리트는 삶이 적극적인 사랑을 나타낼 기회를 제공하며 그런 사랑이 보상을 약속한다는 사실 역시 깨닫는다.

> '자선'을 베풂으로써, 어떤 형태로든 선행을 베풂으로써 당신의 씨를 뿌릴 때 당신은 당신 인격의 일부를 내어주는 대신 다른 이의 인격 일부를 당신 속으로 들여오게 된다. 서로 교감을 나누게 되는 것이다. 다른 이에게 조금만 더 관심을 기울인다면 당신은 전혀 발견하리라고 예상치 못한 지식을 보상받게 될 것이다. … 다른 한편으로 당신이 뿌린 씨, 당신이 나타낸 사려는 설령 당신은 잊어버렸을지 몰라도 살을 입고 쑥쑥 자랄 것이다. 그 사람이 당신에게서 받은 사랑을 또 다른 사람에게 전해줄 것이기 때문이다.[85]

하지만 이폴리트에게 임박한 죽음은 모든 것에 그림자를 드리운다. 삶에서 모든 의미를 앗아갈 만큼 강력한 영향을 미친다. 이폴리트는 난생처음 홀바인*Holbein*의 〈무덤 속의 그리스도*Dead Christ*〉 모작을 보고는 1867년에 바젤미술관에서 원본을 본 도스토옙스키만큼이나[86] 충격을 받는다. 이폴리트는 죽음이 얼마나 끔찍한 것인지 두 눈과 마음으로 이해하며 예수 그리스도마저 죽음을 극복할 수 없다면 죽음을 어떻게 극복해야 하는 것인지 의문을 표한다. "이 그림을 보는 사람 입장에서 자연이란 거대하고 무자비하며 말이 없는 짐승의 형상처럼 보인다. 아니, 더 정확히 말하자면 … 가장 위대하고도 소중한 존재를 아무 의미도 감각도 감정도 없이 붙잡고 짓이기고 삼켜버린 거대한 현대의 기계처럼 보인다."[87] 이런 경험을 하고 난 뒤 이폴리트는 세계를 다스리는 전능한 존재가 있다면 그 존재는 "거대하고 역겨운 타란툴라"일 것이라고 상상한다.[88]

세상에 유의미한 질서가 존재하리라는 믿음은 이후로도 계속 도전에 직면한다. 이폴리트는 이미 사형 선고가 내려진 이상 스스로 삶을 끝내기를 원한다. 굳이 끝을 기다릴 이유가 무엇인가? 설령 신이 타란툴라가 아니라 해도, 설령 이 모든 상황에 어떤 식으로든 합당한 이유가 있다 해도 다른 모두가 계속 삶을 살아가는데 자신은 죽어야만 한다는 불합리함은 사라지지 않는다. 그런데도 분노하지 않아야 할 이유가 어디 있는가? 그런데도 왜 자신을 죽음에 이르게 하는 존재를 사랑해야만 하는가?

— 여기 내 겸손이 필요한 이유가 있는가? 나를 이미 삼켜버린 존재를 찬양할 것을 요구하는 대신 그냥 날 삼켜버리면 되지 않는가? 내가 2주 더 기다리기를 원치 않는다는 사실에 정말 불쾌해할 존재가 있을까? 그럴 리 없다. 차라리 내 하찮은 목숨이, 그저 입자에 불과한 내 목숨이 웬 우주적 조화나 대조를 위해 혹은 그 밖의 무언가를 위해 필요했

다고 추측하는 쪽이 더 맞을 것이다. 그렇다면 그렇게 되라지![89]

문제는 설령 만물이 어떤 고등한 힘에 의해 주의 깊이 질서가 잡혀 있으며 모든 일이 나름의 선한 목적을 위해 반드시 일어나야 한다고 할지라도 우리가 그런 질서나 목적을 이해하지 못한다는 점이다. 그렇다면 우리는 세상의 질서를 거부할 충분한 이유가 있는 셈이다. 우리가 세상의 질서를 이해하지 못한다면 그리고 실제로 그것이 인간의 이해를 초월하기 때문에 이해 자체가 '불가능'하다면 어째서 우리가 세상의 질서를 수용하지 못한다 해서 책임을 져야 한다는 것일까? 이폴리트는 혹시 미래의 삶과 신의 섭리가 존재한다 할지라도 자신이 이해하지 못하는 이상 이번 삶을 받아들일 수는 없다고 추리한다. 또 이런 상황 하에서 자신이 자유의지를 행사하여 유일하게 선택할 수 있는 선택지는 자살밖에 없다고 생각한다. "만약 나에게 태어나지 않을 능력이 있었다면 아마도 나는 이런 기만적인 조건 하에 존재하기를 거부했을 것이다. 여생을 반납하긴 해야겠지만 다행히도 아직 나에게는 죽을 능력이 남아 있다."[90]

현 세상 질서를 향한 이폴리트의 저항은 이반 카라마조프에 의해 한층 더 강력하게 두드러진다. 이반은 신이 존재할 가능성, 불멸성이 존재할 가능성, 신이 지혜롭고 선할 가능성, 영원한 조화가 존재할 가능성은 기꺼이 받아들일 수 있다. 그가 받아들이지 못하는 것은 신이 아니라 신이 창조했다고 하는 세상이기 때문이다. 비록 끝이 다 좋게 끝난다 해도 지금 세상 사람들이 겪고 있는 고통은 실재하며 앞으로 어떤 식으로든 끝이 올 때까지 실재할 것이다. 이반은 인간이 서로에게, 심지어 어린아이에게, 동물에게, 특히 일반적으로 가엾고 무기력하고 취약한 존재에게 가하는 온갖 끔찍한 일들을 열거한다. 온갖 증거는 인간이 그저 어린아이를 고문하기를 '즐긴다'는 것을 보여 준다.[91] 인류는 자신의 형상과 모습에 따라 악마를 창조했다.[92] 무엇을 위해서 말인가? 악을 행할 자유가 도대체 무엇을 위해 필요하다는 말인가? 설령 필요한 이유가 있다고 하더라도 그 이유가 무엇이든 어린아이의 고통을 대가로 삼는다는 것은 너무 가혹하다. "만약 영원한 조화를 이루기 위해 모두가 반드시 고통을 겪어야 한다고 한들 도대체 어린아이들은 무슨 관계가 있단 말이야?"[93] 어린아이들이 고통을 겪어야만 고차원적인 조화나 보편적인 용서를 이룰 수 있다는 것은 그저 불쾌하게만 여겨진다. 설령 악이 처벌받는다고 하더라도 충분치 않다. 그런 상황 하에서 구원은 불가능하다. "그들이 복수를 당한다 한들 내가 무슨 상관이고 고통을 가한 자들이 지옥에서 썩든 내가 무슨 상관이겠어? 이미 저들이 고통으로 신음하고 있는데 이곳에 지옥이 있다 한들 뭐가 달라지겠냐고?"[94] 이반은 (하늘왕국의) 입장료를 지불하기를 원하지 않으니 자신의 표를 반납하겠다고 한다. 알료샤는 반박하려고 애쓰지만 그럴 수 없다는 것을 알고 있다. 이반의 논증이 너무나 강력하기 때문이다. "미미한 피조물 하나"가 겪는 고통을 가지고 영원한 평화와 행복을 살 수 있다고 한들 이는 결코 받아들여서는 안 되는 거래라는 사실에[95] 결국 알료샤조차 수긍할 수밖에 없다.[96]

5장.

피할 수 없는 모든 것의 끝

레프 톨스토이

1828~1910

Leo Tolstoy

어떻게 살 것인가?

톨스토이의 삶은 어느 면으로 보나 행복한 삶은 아니었다. 물론 삶의 환경 때문에 불행한 것은 거의 혹은 전혀 아니었다. 톨스토이는 러시아 귀족 집안에서 태어났고 비록 부모를 일찍 여의긴 했지만 형제자매들과 함께 비교적 사랑이 넘치는 안정된 환경에서 숙모에 의해 길러졌다. 성인이 된 후에는 유산과 소득을 가지고 사치스러운 생활을 즐겼다(20대부터 30대 초반까지 음주, 도박, 매춘에 실컷 탐닉했다). 전반적으로 오래 건강하게 살았다. 자신을 사랑해주는 착한 아내를 만났으며 열세 명의 자식을 낳았다(그중 몇몇은 유아 때 죽었지만 당시로서는 흔한 일이었다). 아내는 톨스토이의 작품 활동을 지원했으며 톨스토이가 죽을 때까지 충실하게 곁에 머물렀다(쉽지 않았을 것이다). 톨스토이는 소설가로서 어마어마한 성공을 거뒀으며 숨을 거둘 때까지 정치, 사회, 종교 개혁가로서 세계적인 명망을 얻었다. 대중의 사랑을 한껏 받았기 때문에 당국조차 톨스토이를 함부로 건들 수 없었다. 82세의 나이로 사망했을 때는 셀 수 없이 많은 사람들이 그의 죽음을 애도했다. 톨스토이는 모든 것을 누린 셈이다. 하지만 행복했냐고 묻는다면 그렇지는 않았다. 톨스토이는 자신이 찾지 못한 무언가를 필사적으로 찾으려고 평생 애쓴 것으로 보인다. 또 그는 온갖 업적과 성공 등 자신이 이룬 모든 것이 궁극적으로는 딱히 중요하지 않다는 집요한 감정에 시달렸다. 자신이 해낸 어떤 일도 '충분히 괜찮지 않다'는 느낌에 시달렸다. '자신'이 충분히 괜찮지 않다고 느꼈다. 자신이 잘못된 말에 돈을 걸었다는 느낌을 받았다. 무언가 중요한 것이 빠져 있다고 느꼈다. 톨스토이가 짧지 않은 인생을 살면서 내내 집착한 문제는 바로 그 빠져 있는 것이 정확히 무엇인지 찾아내는 것이었다. 그러고 나면 삶의 방식을 바로잡을 수 있으리라 기대했다.

톨스토이는 청년 시절부터 목표를, 삶의 목적을 찾고자 했다. 하지만 자기 자신에게 아무 목표나 '부여'하는 것으로는 충분하지 않다는 사실을 알았다. 추구할 만한 '가치'가 있는 목표를 찾아야 했다. 아무 목표가 아니라 '알맞은' 목표를 찾아야 했다. 안타깝게도 어린 톨스토이에게 그런 목표란 찾기 어려운 것이었다. 톨스토이는 불멸하게 될 자신의 영혼을 걱정했으며 따라서 모든 능력을 완벽에 가깝게 발전시키겠다고 다짐했다. 더 나아지기를 원했다. 하지만 그는 더 나아진다는 것이 무엇인지 알 수 없었으며 계율을 따르는 데도 그리 능한 사람이 아니었다. 결국 청년 시절의 톨스토이는 뚜렷한 목표 없이 흘러가는 대로 살았다. 학위도 받지 않은 채 대학 공부를 일찍 관뒀으며 대부분의 시간을 성욕을 충족시키고 도박으로 재산을 날리는 데 허비했다. 그런 삶은 공허하고 천박했을지 모르나 다시 생각해봐도 다른 삶을 추구할 만한 마땅한 이유가 보이지 않았다. 삶에 그 이상 무엇이 더 존재한다는 말인가? 물론 톨스토이는 자신이 글을 꽤 잘 쓴다는 사실을 알았다. 그래서 글을 써서 작가로서 명성을 얻었다. 하지만 자신의 삶이 적어도 지적인 면에서는 대외적으로 더 존경할 만한 삶이 됐음에도(즉 자신이 무언가 중요하고 가치 있는 일을 하고 있다고 생각하기가 더 쉬워졌음에도) 톨스토이는 결국 근본적으로 아무것도 변하지 않았으며 자신이 정말로 의미 있는 삶을 사는 데 근접도 하지 못했다는 사실을 깨달았다. 어떤 의미에서는 이전보다 삶이 악화됐다고도 할 수 있었다. "'무엇이 선이고 무엇이 악인가'라는 삶의 가장 근원적인 질문"에 아직 "해답"을 찾지 못했을 뿐만 아니라 답을 여전히 찾지 못했다는 사실조차 잠깐 동안 잊고 있었기 때문이다.[1] 성공적인 소설가로서의 삶은 부유한 한량으로서의 삶보다 더 보람 있고 더 많은 존경을 받을 수 있을지는 모르나 결국 마찬가지로 무의미했다. 어찌됐든 그런 삶조차 결국 죽음으로 끝날 것이기 때문이었다.

우리를 갈기갈기 찢어버리기만을 기다리는 죽음이라는 용

톨스토이가 보기에는 죽음의 현실성과 불가피성이 삶과 삶에 따라오는 모든 부속물을 완전히 무의미하게 만들 위험이 존재한다. 죽음은 또한 '어떻게 살 것인가'라는 질문에 빨리 답을 찾아야 한다는 위급함을 불러일으킨다. 《전쟁과 평화*War and Peace*》(1869)에서 피에르 베주호프*Pierre Bezukhov*는 마치 톨스토이처럼 삶의 의미와 목적을 찾으려고 몰두하면서 즉시 그 문제를 자신의 필멸성과 연관시킨다.

> "무엇이 나쁘고 무엇이 좋은 것일까? 우리는 무엇을 사랑해야 하고 무엇을 증오해야 할까? 삶은 무엇을 위해 존재하며 나는 무엇일까? 삶이란 무엇일까? 죽음이란 무엇일까? 어떤 종류의 힘이 만사를 지휘하고 있는 것일까?" 피에르는 계속 자문했다. 그리고 그런 종류의 질문들에는 답이 존재하지 않았다. 다만 어떤 질문에도 답이 되지 못하는 비논리적인 반응만이 나타날 뿐이었다. 그 반응이란 이러했다. "넌 죽음을 맞이할 거고 그러면 모든 것을 알게 되거나 질문하기를 그만두겠지." 하지만 죽는다는 것은 끔찍한 것이었다. … "모든 것의 끝인 죽음, 그것은 오늘 올 수도 내일 올 수도 있다. 어느 쪽이든 영원의 규모에 비하면 찰나에 불과하다."[2]

죽음이 찾아오면 삶의 거대한 질문들에 해답이 주어질지도 모른다. 하지만 설사 그렇다 하더라도(이 역시 불확실하지만) 그때는 이미 늦을 것이다. 우리가 살아가는 방식을 어떻게든 바꾸기에는 너무 늦을 것이다. 우리는 삶의 방향을 정해야 하기 때문에 대답을 지금 당장 필요로 한다. 게다가 답이 무엇으로 밝혀지든 간에 죽음은 우리에게 그 답을 제공해주지 못할 것이다. 죽음은 우리의 존재를 끝낸다는 점에서 모든 것의 '끝*end*'이다. 하지만 정말로 끔찍한 점은 죽음이 삶의 유일한 목적이라는 점에서 삶의 '종착지*end*'일 수도 있다는 것이다. 어쩌면 우리는 그냥 살다가 죽는 것이 아닐지도 모른다. 죽기 '위해' 사는 것일지도 모른다. 우리 삶에 존재하는 것이라고는 그게 다일지도 모른다. 어쨌든 간에 우리가 언젠가 죽어야만 한다는 사실은 우리로 하여금 애초에 왜 삶을 가지고 걱정해야 하는지 의문을 품게 만든다. 어차피 그리 머지않아 모든 것이 끝날 것이기 때문에 삶이 지금 당장 끝난다 하더라도 큰 차이가 없을 것이다. 삶은 너무나 짧아서 아예 존재하지 않는 편이 더 나을 정도다. 궁극적인 현실은 죽음이며 삶은 죽음의 그림자에 영영 가려진 채 진행되는 "멍청하고 사악한 장난질"에 불과하다.[3]

> 내게 소중한 사람들에게 그리고 나 자신에게 … 오늘이든 내일이든 병과 죽음은 찾아올 것이다. 그러면 악취와 구더기 외에는 아무것도 남지 않을 것이다. 내가 무슨 행적을 쌓았든 머지않아 그런 행적들은 잊힐 것이며 더 이상 존재하지 않을 것이다. 그렇다면 이렇게 호들갑을 떠는 이유가 무엇일까? 어떻게 인간이 이런 사실을 깨닫지 못한 채 계속 삶을 살아갈 수 있을까? 그것 참 놀라운 일이로다! 계속 삶을 살아가는 것은 삶에 취해 있는 동안에나 가능한 것이다. 일단 깨고 나면 삶이 그저 속임수에, 멍청한 속임수에 불과하다는 사실을 알아차리지 못할 수가 없다![4]

톨스토이가 《고백록*A Confession*》(1882)에서 한 말이다. 나이를 먹은 톨스토이가 보기에 삶은 뛰어난 사기꾼이다. 삶이 온갖 유혹을 통해 우리에게서 숨기려고 애쓰는 진실은 바로 죽음이다. 하지만 우리가 충분히 주의 깊이 들여다보기만 한다면 삶이 전부 수작질에 불과하다는 사실을 깨달을 수 있다. 톨스토이에 따르면 우리가 처한 실상은 어느 동부유럽 우화에서 묘사하는 상황과 크게 다르지 않다. 이 우화에서 한 여행자는 사나운 야수를 피해 달아나다가 텅 빈 우물 속에 숨는다. 하지만 그 우물 바닥에는 용 한 마리가 입을 넓게 벌린 채 여행자를 먹어치우려고 기다리고 있을 뿐이다.[5] 그렇다고 다시 우물 밖으로 나갈 수는 없다. 밖에는 야수가 기다리고 있기 때문이다.[6] 그래서 여행자는 우물 벽에 자라난 나뭇가지 하나를 붙잡는다. 물론 나뭇가지에 영원히 매달려 있을 수 없으며 언젠가 손을 놓을 수밖에 없다는 사실을 잘 알고 있다. 쥐 두 마리(하나는 흰색 하나는 검은색)가 이미 나뭇가지를 갉아먹고 있다는 사실이 그 결과를 더 확실히 보장한다. 얼마 지나지 않아 나뭇가지는 무게를 버티지 못하고 부러질 것이며 여행자는 넓게 벌려진 용의 입 속으로 떨어지고 말 것이다. 이 상황에서 여행자가 할 수 있는 일은 달리 없다. 그저 상황이 전개되는 과정을 절망적으로 지켜볼 수밖에 없다. 유일한 위안이라고는 나뭇가지에 달려 있는 꿀 두 방울이다. 여행자는 꿀을 핥는다. 너무 달콤해서 잠시나마 야수와 용을 까맣게 잊어버리고는 그저 맛을 음미할 수 있다. 하지만 결국 여행자는 두 방울의 꿀이 아무리 달콤하다고 한들 자신이 처한 절박한 상황을 조금도 바꿀 수 없다는 사실을 인정할 수밖에 없다. 그러자 잠시 좋았던 기분도 다시 원래대로 돌아온다. 이제 톨스토이는 이렇게 설명한다. "마찬가지로 나는 죽음이라는 용이 나를 갈기갈기 찢어버리려고 여지없이 기다리고 있다는 사실을 온전히 이해한 채 삶이라는 나무에 매달려 있다. … 물론 나에게는 끔찍한 진실로부터 눈을 돌리게 만들어주는 꿀 두 방울이 있다. 바로 가족을 향한 사랑과, 내가 예술이라고 부르는, 글쓰기를 향한 사랑이다. 하지만 이조차 더 이상 달콤하다고 느껴지지 않는다."[7]

죽음과 죽음에 대한 공포라는 소재는 톨스토이의 첫 번째 대작《전쟁과 평화》에도 이미 충분히 잘 나타나 있다. 하지만 톨스토이는《전쟁과 평화》를 집필하고 출판한 직후에야 우리 모두가 죽는다는 사실이 얼마나 절망적인 일인지 혹은 절망적인 일이어야 하는지 확실히 깨달았다. 1849년 40세의 나이에 톨스토이는 심각한 우울증에 시달린다. 그해 여름 쇼펜하우어를 공부했다는 사실이 우울증에 영향을 미쳤을지도 모르겠다.[8] 여태까지 그가 알게 된 사실이라고는 죽음이 나쁜 것이며 불가해한 것이라는 사실뿐이었다. 하지만 죽음이 나쁘다고 할 수 있는 유일한 이유는 죽음이 삶을 끝내기 때문이며 삶은 소중하다. 죽음에 관해 숙고할수록 삶의 소중함은 극명하게 드러난다. 대개 죽음은 우리가 삶의 가치를 제대로 인식하도록 도와주며 이는 전혀 나쁜 일이 아니다. 하지만 우울증에 빠진 톨스토이는 죽음이 불가피하게 찾아온다는 사실 때문에 도저히 살 수 없다는 느낌을 강하게 받았다. 죽음이 모든 것을 무화시킨다는 느낌을 받았다. 따라서 죽음을, 무의 도래를 애써 미룰 만한 충분한 이유가 없다고 생각했다. "자신을 속이는 것은 무의미하다. 모든 것이 공허하다. 태어난 적이 없는 사람은 행복하다. 죽음이 삶보다 더 낫다. 인간은 삶으로부터 자유로워져야 한다."[9] 무엇도 아무 의미가 없다면 자살만이 논리적인 결론이다. 실제로 톨스토이는 한동안 스스로 목숨을 끊는 선택지를 진지하게 고려한 것으로 보인다. 이런 비관적인 시각의 흔적(혹은 기억)은 톨스토이의 두 번째 대작《안나 카레니나*Anna Karenina*》(1878)에서도 명확히 드러난다(잘 알려진 것처럼 소설 제목과 동명의 인물인 안나는 온전히 명확한 이유도 없이 소설 결말부에서 자살을 택한다).《전쟁과 평화》의 피에르 베주호프나《부활*Resurrection*》의 드미트리 네흘류도프처럼 톨스토이의 대체 자아 역할을 하는(동시에《안나 카레리나》의 주인공이나 마찬가지인) 콘스탄틴 레빈*Konstantin Levin*은 형인 니콜라이의 죽음을 기다리면서 자연스럽게 죽음의 본성과 의미에 관해 생각하게 된다. 레빈이 내리는 결론은 정말로 암울하다.

> 피할 수 없는 모든 것의 끝인 죽음이 난생처음 거역할 수 없는 힘을 가지고 그의 앞에 나타났다. 그리고 이 죽음은, 지금 여기 잠결에 신음하며 하느님과 악마를 구분도 하지 않은 채 습관처럼 번갈아 부르는 사랑하는 형 내부에 있는 죽음은, 결코 이때까지 그가 생각했던 것처럼 멀리 떨어진 일이 아니었다. 그런 죽음은 자신 속에서도 있었다. 그는 자기 안의 죽음을 느꼈다. 죽음은 지금이 아니면 내일, 내일이 아니면 30년 뒤에 찾아올지도 모르는 일이었다. 어느 쪽이든 무슨 차이가 있겠는가! 이 피할 수 없는 죽음이 도대체 무엇인지 그는 알지도 못했고

> 생각해보지도 않았으며 생각할 능력도 없었고 감히 생각할 마음을 먹지도 못했다. … 하지만 생각하려고 안간힘을 쓸수록 … 그가 사실은 … 한 가지 사소한 운명을 까맣게 잊고 있었다는 사실이 분명해졌다. 바로 죽음이 반드시 찾아와 모든 것이 끝날 것이라는 점, 따라서 어떤 일도 시작할 만한 가치가 없다는 점, 여기에 대해 달리 할 수 있는 조치가 없다는 점 말이다. 분명 끔찍한 일이었지만 사실이 그러했다.[10]

분명 죽음이 언제 찾아오는가는 전혀 중요하지 않다. 죽음이 찾아온다는 '사실' 자체가 중요하다. 무슨 일이 있어도 '반드시' 죽음이 찾아온다는 사실 말이다. 이 때문에 심지어 어떤 일도 시작할 만한 가치가 없다. 어차피 끝날 일을 왜 시작한다는 말인가? 어차피 사라질 것을 왜 만들어낸다는 말인가? 또한 레빈은 쇠약하게 무너져가고 있는 형의 현재 상태와 어린 시절 자신이 기억하고 있는 형의 모습, 힘과 기쁨과 활력이 넘치던 형의 모습을 대조하면서 충격을 받는다. 그 모든 것이 영영 사라진 것이다. 시간이 인간에게 벌이는 짓이 그와 같다(흰 쥐와 검은 쥐처럼 우리 삶을 갉아먹는다). 레빈은 과거와 현재(결국 현재와 미래)를 머릿속으로 대조하는 일을 거의 견디지 못할 정도라고 여긴다. 형은 얼마 전까지만 하더라도 젊고 강했지만 이제 죽어가고 있다. 레빈 역시 지금은 건강하고 강인하지만 언젠가 죽어갈 것이다. 그리고 그때는 그리 멀지 않았다. 레빈은 우리가 삶을 살아가려면 죽음에 관한 생각을 전부 멀리 밀어낸 채 모든 것이 지속될 것이라고 믿는 척하는 수밖에 없다고 결론 내린다.[11] 죽음이 불가피하다는 생각은 자연스럽게 세계가 무의미하다는 생각, 결국 우리 삶 역시 무의미하다는 생각으로 이어진다. 따라서 레빈은 친구인 스테판 오블론스키*Stepan Oblonsky*에게 이렇게 말한다. "나는 내 생각이나 업적을 끔찍이 아끼지. 하지만 생각해봐. 우리가 살아가는 온 세상은 본질적으로 아주 작은 혹성에 피어난 조그마한 곰팡이에 지나지 않아. 우리는 우리가 무언가 위대한 것을 이룰 수 있다고 생각하지. 사상이나 위업 같은 거 말이야! 하지만 그것들은 전부 모래알에 불과해." 친구는 "케케묵은 생각"이라며 따분하다는 듯이 화제를 돌리려고 한다. 그러자 레빈은 계속해서 이렇게 주장한다. "그래, 케케묵은 생각이지. 하지만 그거 아는가? 자네가 그 생각을 명확히 이해하는 순간 모든 것이 어떤 식으로인가 하찮아진다네. 오늘이든 내일이든 죽을 수 있으며 그러고 나면 아무것도 남지 않는다는 사실을 이해하는 순간 모든 것이 너무나 하찮아진다네." 이를 피하기 위해 우리는 죽음에 관한 지식으로부터 우리의 주의를 돌리기 위해 부단히 애를 쓰면서 삶을 살아가고 있다.[12] 그리고 일반적으로 우리는 주의를 돌리는 데 굉장히 능한 편이다.

모든 것이 필연적으로 끝을 맞이한다는 지식으로부터 우리가 거의 영향을 받지 않는다면 그 이유는 진실을 구체적으로 인식하는 대신 추상적으로만 인식하기 때문이다. 톨스토이는 비교적 짧은 작품 중 가장 기억에 남을 만한 작품인 〈이반 일리치의 죽음*The Death of Ivan Ilych*〉(1886)에서 둘 사이에 어마어마한 차이가 있음을 훌륭하게 묘사한다. 우리 모두는 우리가 죽을 것이라는 사실을 알고 있다. '모두'가 죽는다는 사실을 알고 있기 때문에 혹은 기꺼이 받아들이고자 하기 때문에 우리 자신이 죽는다는 사실도 논리적으로 따라 나온다. 하지만 우리가 이 사실을 받아들인다는 것은 우리가 우리 자신을 그저 일반적인 법칙에 부합하는 하나의 특정한 사례로 바라본다는 뜻이다. 모든 인간이 죽을 운명이라면 나라는 특정한 인간 역시 죽을 운명이다. 나는 미국의 대통령이 죽을 수밖에 없다는 사실을 아는 것처럼 미하엘 하우스켈러 역시 죽는다는 사실을 알고 있다. '나'라는 존재가 죽을 운명이라는 사실은 완전히 다른 종류의 명제다. 웬만하면 받아들이고 싶지 않은 명제다.

이반 일리치는 결국 우리 모두가 깨닫는 이 사실을 아주 힘겹게 깨닫는다. 그는 죽어가고 있다. 처음에는 그렇다는 사실을 받아들이지 않으려고 애쓰지만 결국에는 사실로서 받아들인다. 하지만 이반 일리치는 죽음의 필연성을 받아들이는 것이 어떻게 가능한 것인지 이해하지 못한다. 필연적인 죽음을 맞이해도 괜찮다고는 생각하지 못한다. 그는 심각한 고통을 겪는다. 이제 자신이 죽을 것이라는 사실을 알았기 때문이다. 자신의 가족을 비롯해 다른 누구도 지금 벌어지고 있는 일의 심각성을, 자신의 죽음이 야기하는 도덕적 분노를 깨닫지 못하는 것 같기 때문에 고통은 더욱 심해진다. 그는 자신이 얻지 못하는 연민을 갈구한다. 본인은 자신의 죽음을 아주 심각하게 생각하는데 그에 비해 다른 모두는 자신의 죽음을 그리 중요하게 여기지 않기 때문이다. 어쨌든 그들에게는 이반 일리치의 죽음이 모든 것의 끝은 아니다. 이반 일리치는 병든 아이처럼 사랑과 위로를 받기를 원하지만 다른 모두는 그저 자기 삶을 계속 살아가기를 원한다. 이는 당연히 이반 일리치의 절망을 심화시킨다. "그는 자신의 무력한 상황 때문에, 자신이 느끼는 끔찍한 외로움 때문에, 인간의 잔혹함 때문에, 하느님의 잔혹함 때문에, 하느님의 부재 때문에 흐느껴 울었다."[13] 이반 일리치는 자신의 죽음에 대해 달리 할 수 있는 일이 없기 때문에 무력감을 느낀다. 그는 외롭다. 끔찍할 만큼 외롭다. 자신이 죽더라도 세상은 상처 하나 없이 계속 돌아갈 것이기 때문이다. 누구도 자신에게 필요한 만큼 혹은 요구되는 만큼 관심이나 이해를 나타내는 것 같지 않다는 점에서 인간은 잔혹하다. 그런 일이 일어나도록 내버려둔다는 점에서 신은 잔혹하다. 그런 상황에서조차 위안을 가져다주지 않는다는 점에서 신은 부재한다. 이반 일리치는 자신이 붙잡고 있는 나뭇가지가 부러지면 곧 자신을 찢어발길 용과 함께 외롭게 남겨졌다.

탈출구는 어디에 있는가?

톨스토이는 자살이라는 선택지를 고려했을지 모르지만 결국 자살을 하지는 않았다. 자신의 가족도 자신이 하는 예술도 계속 살아갈 만한 충분한 이유가 되지 못한다고 결론 내렸음에도 자살을 하지는 않았다. 어쩌면 톨스토이 역시 이반 일리치처럼 죽음이 두려웠던 것일 수 있다. 하지만 톨스토이는 무의미한 것은 삶 자체가 아니라 특정한 종류의 삶, 특정한 양식의 삶이라는 사실을 점차 깨닫고 있었다. 삶을 끝내는 대신 삶을 변화시킴으로써 의미 있는 실존 양식을 발견할지도 모르는 일이었다. 하지만 과연 어떤 방식으로 변화시켜야 했을까?

이반 일리치는 다가오는 죽음을 기다리는 동안 자신의 삶을 되돌아보면서 무언가 부족하다는 사실을 발견한다. 꽤 괜찮은 삶을 즐겁게 살았기 때문에 처음에는 그런 삶을 되찾고 싶다고 생각하지만 이내 그 정도로 충분하지 않다는 사실을 깨닫는다. 안락한 삶이 가져다주던 즐거움이 갑자기 하찮고 불쾌하고 무가치하게 느껴진다. 오히려 어린 시절에는 좋았던 점도 있었던 것 같은데 어른이 될수록 그런 좋은 점마저 사라졌던 것 같다. 그러니까 이반 일리치의 삶은 점점 가속도가 붙으면서 아래로 굴러 떨어지는 바위덩어리와 굉장히 유사했다. 다시 말해 이반은 혹은 그의 영혼은 살아오는 내내 계속 죽어가고 있었던 셈이다.

‘그게 무슨 의미일까? 왜 그런 것일까? 삶이 그처럼 무의미하고 끔찍할 리가 없다. 하지만 삶이 정말로 끔찍하고 무의미하다면 나는 왜 죽어야, 그것도 고통 속에서 죽어야 하는가? 무언가 잘못된 것이 분명하다!’ 불현듯 ‘어쩌면 나는 내가 살아가야 하는 방식대로 살지 않았던 것일지도!’ 하는 생각이 떠올랐다. ‘하지만 난 모든 것을 제대로 해낸 것 같은데 어떻게 그럴 수 있단 말일까?’ 그러면서 그는 삶과 죽음이라는 거대한 수수께끼의 유일한 답을 찾는 일이 거의 불가능한 일이나 마찬가지일 것이라며 생각을 떨쳐버렸다.[14]

이반은 처음에는 자신이 삶을 제대로 살지 않았다는 사실을 받아들이기를 거부한다. 하지만 결국 이반은 자신의 이전 삶이 공허했음을 인정하며 오직 그 사실만이 지금 자신이 이런 식으로 죽어야만 하는 이유를 설명해줄 것이라고 생각한다. 하지만 그렇다면 자신이 정확히 어떤 식으로 삶을 살아야 했는지가 여전히 불분명하다. 실제로 우리는 삶을 허비하지 않기 위해 어떻게 살아야 했는지 정확히 알지 못하면서도 자신이 삶을 허비했다는 사실 자체는 알거나 믿을 수 있다. 그런데 이반에게 또 한 가지 불분명한 점은 자신이 삶을 잘못 살았으며 다른 식으로 삶을 살아야 했다는 사실을 수용하는 것이 과연 어떤 식으로 "삶과 죽음이라는 거대한 수수께끼"를 해결해 주는가다. 어차피 죽음의 불가피성이 우리의 삶을 무의미하게 만드는 것이라면, 우리가 삶을 제대로 살았을 때 삶이 덜 무의미해질 것이라고 기대할 수 있는 이유는 무엇일까?

《고백록》에서 톨스토이는 우리가 죽음을 마주하기를 피하기 위해 일반적으로 취하는 네 가지 방법을 열거한다. 바로 무지와 쾌락주의와 자살과 약함이다. 어떤 사람들은 죽음에 대해 그리고 죽음이 얼마나 삶을 견디기 힘들게 만드는지에 대해 절대 많은 생각을 하지 않는다. 그들은 심지어 죽음이라는 용이 자신을 기다리고 있다는 사실조차 알아차리지 못한다. 또 어떤 사람들은 죽음이 자신을 기다리고 있다는 점은 이해하고 있지만 오히려 그렇기 때문에 삶이 지속되는 동안 삶을 최대한 즐기려고 애쓴다. 용을 보기는 하지만 꿀에 초점을 맞추는 셈이다. 어떤 사람들은 죽음이 의미하는 바를 받아들이고서는 스스로 목숨을 끊는다. 나무가 부러질 때까지 기다리는 데 아무 의미가 없다고 생각하기 때문에 그냥 나무를 놓아버린다. 또 어떤 사람들은 죽음의 의미를 이해하고 받아들이지만 거기서 실질적인 결론을 이끌어 내기에는 마음이 너무 연약하다. 그들은 아직 용을 마주할 자신이 없기 때문에 그저 나무에 매달린 채로 머무른다.

하지만 톨스토이는 죽음의 현실에 대처하는 이 모든 방법들을 거부한다. 그 대신 톨스토이는 자신의 추론에 문제가 있을 것이라고 스스로를 설득한다. 삶은 사실 전혀 무의미하지 않다고, 적어도 '모든' 삶이 무의미한 것은 아니라고 스스로를 설득한다. 물론 이성은 정확히 정반대를 가리킨다. 하지만 톨스토이는 틀림없이 이성이 틀린 것이라고 추리한다. 수많은 사람들이 자살을 고려하기는커녕 삶이 살 만한 가치가 있다고 생각하면서 두려움 없이 삶을 행복하게 살아가고 있기 때문이다. 그들이 살아 있으며 계속 살아가고 있는 것을 볼 때 그들은 살 만한 이유를 가지고 있는 것이, 톨스토이가 놓친 무언가를 알고 있는 것이 분명하다. 삶의 의미에 관해 무언가를 알고 있거나 삶을 의미 있게 만드는 법을 발견한 것이 분명하다. 그러므로 우리가 삶을 살 만한 가치가 있게 만드는 것이 무엇인지 이해하기를 바란다면 바로 그런 사람들에게 주의를 돌려야 한다. 또 우리가 의미 있는 삶을 살기를 원한다면 바로 그런 사람들이 살아가는 방식을 모방해야 한다.

물론 이런 주장은 다소 의아하고 주장 자체만 봐서는 그리 설득력이 없어 보인다. 조금 전까지만 해도 톨스토이 자신이 사람들이 진정으로 절박한 상황에 처해 있음에도 계속 삶을 살아가는 이유를 세 가지나 제시하지 않았는가. 그들은 그저 무지하거나 쾌락을 좇거나 허약한 것일 수 있다. 게다가 그런 사람들조차 어쨌든 죽음을 맞이할 것이다. 그들이 무슨 생각을 하든 혹은 무슨 행위를 하든 우물 속의 용은 사라지지 않을 것이다. 따라서 죽음이 삶의 의미를 위협하거나 약화시키는 이상 그 사람들의 삶 역시 톨스토이의 삶보다 더 의미 있을 리가 없다. 톨스토이가 최소한 그들 중 일부라도 톨스토이가 모르는 무언가를 알고 있다고 생각한 까닭은 그들이 죽음에 직접 직면해서도 죽음을 두려워하지 않는 것처럼 보이기 때문이다. 죽음이라는 용이 그들을 계속 기다리고 있음에도 그들은 딱히 걱정하지 않는 것 같다. 오히려 그들은 용을 정면으로 응시한다. 용에 관해, 용의 정체에 관해 무언가를 알고 있지 않는 이상 그렇게 할 수 있을 리가 없다. 용이 보이는 것과는 다르다는 사실을, 어쩌면 용을 두려워할 이유가 없다는 사실을 우리가 모르는 것일지도 모른다.

《안나 카레니나》에서 레빈의 형인 니콜라이가 죽어갈 때 레빈 자신은 죽음을 앞에 두고 어떻게 행동해야 할지 확신하지 못한 채 불편해하는 반면 집안 여자들은 확신과 품위를 갖고 죽음에 대처하는 모습을 보인다. 레빈은 그것을 보고 충격을 받는다. 그들은 그저 해야 할 일을 할 뿐 유난을 부리지도 어색해하지도 않는다. 그 순간 레빈은 자신이 아내나 하녀보다 더 똑똑하고 훨씬 지식이 많음에도 그들이 이해하고 있는 죽음을 전혀 이해하지 못하고 있다는 생각을 한다.

> 그들이 죽음이 무엇인지 확실히 알고 있다는 증거는 그들이 한순간도 망설이지 않고 죽어가는 사람을 어떻게 대해야 하는지 알고 있을 뿐만 아니라 죽어가는 사람을 두려워하지 않는다는 데 있었다. 반면 레빈을 비롯한 다른 사람들은 죽음에 대해 많은 말을 하지만 죽음이 무엇인지는 분명 모르고 있었다. 그들은 죽음을 두려워할 뿐만 아니라 사람이 죽어갈 때 어떻게 해야 하는지 전혀 몰랐기 때문이다.[15]

그와 비슷하게 《이반 일리치의 죽음》에서는 하인으로 등장하는 게라심*Gerasim*이 죽어가는 이반 일리치를 비이기적으로 그리고 실질적으로(게다가 거의 유쾌한 마음으로) 돌봐준다. 이반이 가능한 한 편안하게 여생을 보낼 수 있도록 자신이 할 수 있는 모든 일을 해준다. 이반이 죽어간다는 사실을 있는 그대로 받아들이면서 개의치 않아 하는 인물은 게라심이 유일하다. 게라심은 사실을 애써 숨기려 하지도 않고 두렵다는 기색을 보이지도 않는다. 오히려 죽음을 이해한다. 《안나 카레니나》에서든 《이반 일리치의 죽음》에서든 죽음에 대한 두려움은 죽음에 대한 이해가 부족하다는 증거로 받아들여진다. 우리가 이해 범주 안에 있는 대상을 두려워하지 않는다고 가정하기 때문이거나 실제로 죽음이 두려워할 대상이 아니라고 가정하기 때문일 것이다. 후자가 더 가능성이 높은데《안나 카레니나》에서 레빈의 아내와 하녀가 가지고 있는 지식이 "본능적이거나 동물적이거나 이성에 근거하지 않은" 지식이 아니라 의식적이고 진정한 이해에서 나온 지식임이 강조되기 때문이다. 그들이 죽어가는 니콜라이의 영혼까지 보살피는 모습(니콜라이가 성체성사와 종부성사를 받게 하려는 모습)을 보면 그 점이 드러난다.[16] 둘은 죽음이 겉으로 보는 것과 달리 사실 모든 것의 끝이 '아니'라는 점을 알고 있다.

실제로 톨스토이의 작품 중 여러 대목에서는 죽음의 순간에 혹은 죽음 직전에 일종의 계시가 주어진다는 암시가 들어 있다. 예컨대 형 니콜라이의 죽음을 기다리는 동안 레빈은 죽어가는 형에게 "자신에게는 여전히 어둠으로 남아 있는 무언가가 점차 명확해"지는 과정을 목격한다.[17] 하지만 그 무언가가 무엇인지는 아직 밝혀지지 않는다. 안나 카레니나 역시 죽음을 맞이하기 전에 무언가가 명확히 이해되는 순간을 맞이한다. "그리고 그녀가 불안과 속임수와 슬픔과 악으로 가득 찬 책을 읽는 동안 옆에서 빛을 비추던 촛불 하나가 어느 때보다 밝게 타오르더니 이전에 어둠 속에 숨겨져 있던 모든 것을 그녀에게 환하게 비춰 보이고는 피식 소리를 내며 흐릿해지다가 영영 꺼지고 말았다."[18] 물론 안나나 니콜라이의 경우에는 죽음이 최종적인 끝이 아니라는 암시가 나타나 있지 않다. 하지만 톨스토이는《이반 일리치의 죽음》에서 남아 있는 모호함을 완전히 제거해 버린다. 이반 일리치의 삶과 고통이 마침내 끝날 때가 다가오자 이반은 죽음이 자신이 생각했던 것과 다르다는 사실을 확인하고는 깜짝 놀란다. "'그리고 죽음은 … 어디 있는 거지?' 그는 이전에 자신을 길들였던 죽음에 대한 두려움을 찾으려고 애썼지만 찾을 수 없었다. '어디에 간 거지? 죽음이 뭔데?' 두려움은 없었다. 죽음이 없었기 때문이다. 죽음이 있던 자리에는 빛이 있었다."[19] 드디어 죽음이라는 용이 사라진 것이다. 어쩌면 더 정확히는 죽음이라는 용이 그저 환상에 불과했음이 드러난 것이다.[20]

물론 우리는 죽음이 실재하지 않는다거나 죽음이 우리가 상상하는 모습과는 다르다는 사실을 실제로 알아낼 수는 없다. 적어도 우리가 일반적으로 지식을 습득하는 방식으로 알아낼 수는 없다. 죽고 나서 우리에게 어떤 일이 일어날지 확실히 아는 사람은 아무도 없다. 무엇보다도 우리 중 누구도 죽어본 적이 없기 때문이다. 우리에게는 어떤 식으로든 증거가 존재하지 않는다. 따라서 만약 죽음에 대한 지식이 이승에 존재한다고 한다면 그것은 틀림없이 특이한 종류의 지식일 것이다. 이성이나 경험에 기반을 둔 지식은 아닐 것이다(그렇다고 이성에 반대된다는 의미에서 '비합리적인' 지식은 또 아닐 것이다). 톨스토이는 이런 특이한 지식을 가리켜 '믿음'이라 부른다.

믿음, 내면의 판사가 하는 말을 듣는 능력

믿음은 유한성을 넘어서는 지식이다. 믿음은 유한과 무한 사이(혹은 경험 내부와 외부 사이)를 연결한다. 이 특이한 지식은 우리(혹은 일부 사람들)로 하여금 죽음을 받아들이고 죽음에 대처할 수 있도록 만들 뿐만 아니라 우리에게 애초에 죽음 자체를 찾지 않을 이유를 제공해준다. 믿음은 우리가 살아 있어야 할 이유를 제공한다. 톨스토이의 주장에 따르면 믿음 없이 우리는 살 수 없다. "믿음은 인간 삶의 의미에 관한 지식이며 결과적으로 인간이 목숨을 끊는 대신 계속 살아가도록 만든다. 믿음은 삶의 원동력이다. 만약 어떤 사람이 살아 있다면 그것은 그가 무언가를 믿고 있기 때문이다. 그가 자신이 살아야 할 목적이 있다고 믿지 않는다면 그는 살아가지 못할 것이다."[21]

하지만 여기서 말하는 '믿음을 가진 사람들'은 일반적으로 믿음을 가졌다고 여겨지는 사람들과는 다르다. 톨스토이는 으레 믿음이 강하다고 여겨지는 독실한 신자들이라든가 정교회의 대표자들에게서 자신이 찾는 믿음을 발견하지 못했다. 그런 사람들은 이성을 부정하고 불합리성을 받아들인다. 온갖 미신적인 요소들을 가리지 않고 믿는다. 무엇보다도 그들은 여전히 두려움에 떨며 살아가는 것처럼 보인다. 톨스토이의 생각에 따르면 진정한 믿음이 어떤 모습인지 이해하려면 우리는 평범한 노동자들에게 주의를 기울여야 한다. 그들이 삶을 살아가는 방식, 그들이 삶과 죽음을 불평 없이 받아들이는 방식에 주의를 기울여야 한다. "삶을 생성하는 사람들인 노동하는 자들의 활동이 내 눈에는 유일하고도 진정한 삶의 방식으로 보였다."[22] 그들은 개인으로서 계속 삶을 살아갈 뿐만 아니라 삶을 '생성'하기도 한다. 다시 말해 삶이 자기 개인의 존재를 넘어서서 계속되도록 만든다. 그들의 본을 통해 배울 수 있듯이 무의미한 것은 삶 자체가 아니라 톨스토이 자신의 삶이다. 정확히는 톨스토이가 살아온 특정한 종류의 삶, 예컨대 부유한 지주로서의 삶, 귀족 구성원으로서의 삶, 실질적인 가치를 지닌 무언가를 생성하기는커녕 상상에만 몰두하는 예술가로서의 삶이다. 삶에서 의미를 찾으려면 그저 기존과는 다른 방식으로 삶을 살아가는 법을 찾기만 하면 될지도 모른다. 사색하기보다는 삶에 스며드는 방식으로, 스스로를 고립시키기보다는 믿음을 키우는 방식으로 살아가면 될지도 모른다.

"나는 무엇일까? 나는 어디에 있을까? 나는 왜 여기에 존재할까?"[23] "나를 기다리고 있는 필연적인 죽음에도 소멸되지 않을 삶의 의미"가 있을까?[24] 이런 근원적인 질문들에 과학이나 철학이 해답을 제시해줄 것이라고 기대해서는 안 된다. 과학은 보통 그런 질문들을 무시해버린다. 철학은 대답하려고 시도는 하지만 제대로 된 대답을 제공하지 못한다. 그저 질문을 끊임없이 새로운 형태로 재생성하는 데 몰두할 뿐이다. 궁극적으로 철학은 쓸모없다. 우리가 철학에서 기대할 수 있는 최선은 우리가 이미 알고 있던 원점으로 돌아가는 것이며 최악의 경우에는 우리가 찾고 있던 의미 자체가 사라질 수 있기 때문이다. 마치 어린아이처럼 우리는 "시계를 분해하고 줄을 빼내서 장난감처럼 가지고 놀다가 시계가 더 이상 작동하지 않는 것을 보고는 깜짝 놀란"다.[25]

그렇기 때문에 《안나 카레니나》에서 톨스토이가 정한 주인공이라 할 수 있는 콘스탄틴 레빈 역시 삶이라는 시계를 분해하려고 애쓰기를 멈추고 나서야 삶의 의미를 발견하게 된다. 레빈은 모든 지적 야망과 허영을 포기할 뿐만 아니라 그에 따라오는 합리적이고 과학적인 세계관, 세계에서 의미를 찾지 못하게 만드는 세계관을 포기한다. "내가 누구인지 그리고 내가 왜 여기에 존재하는지 알지 못하는 채로 나는 살아갈 수가 없다. 그리고 나는 그 답을 알지 못한다. 그러므로 나는 살아갈 수 없다. … 무한한 시간, 무한한 물질, 무한한 공간 속에 물거품 같은 생명체가 하나 분리돼 나온다. 그리고 그 물거품은 잠시 동안 버티다가 펑 터져 버린다. 그 물거품이 바로 나다."[26] 우리가 우리 자신을 그런 식으로 간주하는 한, 즉 우리가 우리 자신을 물거품에 불과하다고 믿는 한 삶은 무의미해 보일 수밖에 없다.

하지만 레빈이 깨닫게 되는 것처럼 이는 (과학과 이성에서 도출된) "거짓"이며 "사악한 힘에 의한 잔혹한 장난질"에 지나지 않는다.[27] 우리는 죽음만이 우리를 이 사악한 힘에서 구해낼 수 있다고 착각하며 이는 자살을 매력적인 선택지로 만든다. 이성은 삶의 의미를 밝혀내기는커녕 삶의 의미를 숨기는 데 기여할 뿐이다. "레빈은 자신이 누구이며 자신이 무엇을 위해 살고 있는지 생각할 때면 답을 찾을 수 없어서 절망에 빠졌다. 하지만 스스로에게 그런 질문을 하기를 멈추자 자신이 누구인지 그리고 자신이 무엇을 위해 사는지 깨닫게 된 것 같았다. 드디어 그는 진정한 의미에서 확고하게 움직이며 살아가고 있었다."[28] 삶에 대해 생각할수록 삶은 무의미했지만 삶에 대해 생각을 멈추자 삶은 의미를 얻었다. "논리는 그를 의심 속으로 밀어 넣었으며 그가 무엇을 해야 하고 무엇을 하지 말아야 하는지 깨닫지 못하도록 만들었다. 하지만 그가 생각을 멈추고 삶을 살기 시작하자 그의 영혼 안에 절대 틀리는 법이 없는 판사가 들어앉아 어떤 행동이 더 좋고 어떤 행동이 더 나쁜지 계속 판단해주는 것만 같았다."[29]

틀리는 법이 없다는 이 내면의 판사가 하는 말을 들을 능력과 의지가 있는가가 톨스토이가 말하는 믿음의 핵심이다. 교회 당국과 같은 권위 있는 존재가 답을 가장 잘 알 것이라고 추측하면서 그 인도를 따르는 종류의 믿음과는 확실히 다르다. 오히려 톨스토이가 말하는 믿음을 갖기 위해서는 무엇을 해야 하고 무엇을 하지 말아야 하는지에 관한 지배적인 여론, 교리, 절차, 전통으로부터 자유로워질 필요가 있다. 그런 외부의 목소리는 대개 우리 내면의 목소리를 비틀고 가릴 뿐이다. 톨스토이는 이런 내면의 목소리를 신의 목소리와 동일시한다. 신이 인간 영혼이 진정으로 필요로 하는 것을 알려준다는 것이다(이런 견해 때문에 톨스토이는 결국 교회에서 파문당했으며 이 판결은 백 년 이상이 지난 지금까지도 유효하다). 레빈이 불가피한 죽음 앞에서 삶이 무의미해 보인다는 생각으로부터 마침내 벗어나는 것도 바로 이런 깨달음 덕분이다.[30] 레빈이 찾은 해결책은 욕구를 충족시키기 위해 삶을 사는 것(이성에 따르면 당연한 일)이 아니라 다른 무언가, 이성을 넘어서는 무언가를 위해 삶을 사는 것이다. 우리는 그 무언가를 신이라 부를 수도 있고 (결국 같은 얘기지만) 영혼이나 "선"이라 부를 수도 있다. 이성은 우리에게 우리 자신의 배를 채우라고 말한다. 언제나 자신의 개인적인 이익을 앞자리에 두라고 말한다. 이런 관점에서 보자면 진리를 위해, 신을 위해, 선을 위해 살아가는 삶은 확실히 비이성적이다. 하지만 톨스토이의 주장에 따르면 우리 모두는 우리가 바로 그런 목적을 위해 삶을 살아야 한다는 사실을 마음속 깊이 알고 있다.[31] 오직 선을 위해 삶을 살 때에만 우리의 삶에 의미를 부여할 수 있기 때문이다. 그러고 나면 우리는 삶 자체가 잘못된 것이 아니라 삶에 대한 우리의 생각이 잘못된 것임을 깨닫게 된다. 톨스토이가 말하는 영적 진리에 따라 사는 한 삶은 좋은 것이다. 그리고 우리 모두가 바로 그 진리를 알고 있다. 우리는 우리가 무엇을 위해 살아야 하는지 이미 잘 알고 있다. 만약 그렇지 않다면 우리는 선한 사람이 되려고 노력조차 하지 않을 것이다. 다른 사람을 도우려 하지 않을 것이고 사려 깊은 태도를 나타내려 하지 않을 것이며 그저 자신의 이익을 확장하려 할 뿐 다른 존재들에 관심을 기울이려 하지 않을 것이다. 이런 영적 진리를 모르고 있다면 우리는 "짐승"과 같은 삶을 살 것이다. 하지만 우리는 짐승같이 살지 않는다. 적어도 매번 짐승같이 살지는 않는다. 설령 짐승같은 삶을 살더라도 최소한 그렇게 살아서는 안 된다는 사실은 알고 있다.

톨스토이가 (다소 비현실적일 만큼) 노동자 계층, 그중에서도 특히 러시아 소작농 계층에게서 이상적인 삶의 전형을 찾을 수 있다고 확신하는 이유는 그들이 자신의 실존을 위해 일할 뿐만 아니라 다른 모두의 실존을 위해 일한다고 생각하기 때문이다. 톨스토이가 속한 귀족 계층 구성원 대다수(톨스토이가 혐오하는 나태한 삶을 사는 사람들)와는 달리 농부들은 기생충처럼 삶을 살아가지 않는다. 어쩌면 그보다도 중요한 점으로 그들은 '단순한' 삶을 살아간다. 톨스토이가 보기에 단순함은 좋은 것이다. 단순함이란 결국 필요하지도 중요하지도 않은 것들로부터 자유로운 순수한 상태를 가리키기 때문이다. 그렇다면 노동하는 사람들이 삶에 부여하는 의미란 정확히 무엇일까?

> 모든 인간은 하느님의 의지에 따라 세상에 나온다. 그리고 하느님은 인간을 창조하실 때 각 사람이 자신의 영혼을 파괴할 수도, 구원할 수도 있도록 만드셨다. 인간이 삶을 살아가는 목적은 결국 자신의 영혼을 구원하는 것이다. 영혼을 구원하기 위해 인간은 반드시 하느님의 뜻에 따라 살아야 한다. 하느님의 뜻에 따라 살기 위해 인간은 반드시 삶의 모든 안락함을 포기한 채 노동을 하고 겸손을 나타내며 고통을 겪고 자비를 나타내야 한다.[32]

부서지기 쉬운 삶의 의미

일을 하고 겸손을 나타내며 삶이 주는 고통을 견디고 다른 이들을 사랑과 연민으로 대하라. 이것이 좋은 삶, 의미 있는 삶을 사는 비법이다. 톨스토이의 대작에 등장하는 주인공들, 즉《전쟁과 평화》의 피에르,《안나 카레니나》의 레빈,《부활》의 네흘류도프는 모두 동일하게 성공을 거두는 것은 아니지만 최종적으로는 바로 이 이상에 접근하기 위해 애를 쓴다. 물론 톨스토이의 작품에서 이상 자체는 지극히 점진적으로 드러난다. 예컨대《전쟁과 평화》에서는 정신이 번쩍 들게 하는 죽음이라는 경험, 특정한 종류의 삶의 방식이 내포하는 공허함, 이상적으로 그려지는 소작농의 삶, 삶에 욕구를 충족하는 것 이상의 무언가가 존재할 것이라는 감각, 일종의 초월적인 상태에 이르고자 하는 갈망, 사랑이 인간을 변화시킬 수 있다는 믿음 등 이상적인 삶의 온갖 요소들이 진작에 등장한다. 하지만 이런 요소들이 어떤 식으로 결합하여 확실히 의미 있는 삶을 형성하는지는 명확히 밝혀지지 않는다. 불확실성이 감돈다. 등장인물들은 일찍부터 더 의미 있는 삶을 살고자 애쓰지만 작가 톨스토이와 마찬가지로 그들 역시 의미 있는 삶이 무엇인지 찾아내는 데 애를 먹는다. 따라서 안드레이 *Andrey* 공작은 이렇게 외친다. "지금 내가 '주여 제게 자비를 보이소서!' 하고 말할 수 있다면 내 마음이 얼마나 행복하고 평온할까! … 하지만 나는 누구에게 말하는 것일까? … 아니, 확실한 것은 아무것도 없다. 확실한 것은 우리가 이해할 수 있는 모든 것이 부질없다는 사실과 정작 우리가 이해할 수 없는 무언가가 대단히 중요하며 영예를 담고 있다는 사실뿐이다!"[33]

하지만 곧이어 죽음이 중요한 역할을 한다. 죽음은 사람들에게 올바른 방향을 알려준다. 특히 임박한 죽음은 우리가 우선순위를 바로잡도록 도와준다. 우리가 중요하다고 생각하도록, 추구하거나 흠모할 만한 가치가 있다고 생각하도록 길들여진 것들이 사실은 전혀 중요하지 않다는 사실을 일깨워줌으로써 영적 전환을 이루는 출발점이 된다. 전투 중 심각한 부상을 입은 안드레이 공작이 실망스러울 만큼 평범해 보이는 나폴레옹을 마주쳤을 때 바로 이런 영적 전환이 일어난다.

— 출혈로 인한 쇠약, 극심한 고통, 인접한 죽음 탓인지 엄숙하고 진중한 생각이 꼬리에 꼬리를 물었다. 그에 비하면 세상 만물이 무의미하고 사소해 보였다. 안드레이 공작은 나폴레옹의 눈을 똑바로 바라보면서 위대함의 부질없음을, 누구도 의미를 이해할 수 없는 인간 삶의 부질없음을, 그리고 특히 어떤 산 사람도 이해하거나 설명할 수 없는 죽음의 부질없음을 골똘히 생각했다.[34]

나중에 안드레이는 목숨을 잃을지도 모르는(그리고 실제로 목숨을 잃게 될) 전투를 앞두고 자신의 삶 전체가 영혼이라는 벽에 환등기로 거짓된 이미지를 투사하는 공연에 불과했다는 느낌을 받는다.

— 여기에 조악하게 대충 칠한 형상들이 있구나. 예전만 하더라도 장엄하고 신비해 보였는데 말이다. 명예와 영광, 자선, 여성을 향한 애정, 조국을 향한 애정 등 과거에는 이런 그림들이 얼마나 웅장해 보였던가! 얼마나 심오한 의미가 담겨 있었던가! 하지만 내게 다가오고 있는 차가운 여명의 빛에 비추어 보니 이제 이 모든 것들이 너무나도 단순하고 건조하고 조악해 보이는구나.[35]

인간의 필멸성을 마주한 안드레이는 이 중 어떤 것도 그리 중요하지 않다는 사실을 이해하고 있다. 하지만 안드레이는 그렇다면 '무엇'이 중요한 것인지 혹은 애초에 중요한 것이 '존재'하기는 하는지를 이해하는 데 실패한다. 안타깝게도 안드레이는 그 답을 찾기 전에 죽음을 맞이한다. 안드레이 입장에서 삶을 되돌리기에는 이미 너무 늦었다. 안드레이는 용감하고 충직한 사람이라는 점에서 좋은 사람이지만 마지막 순간까지 삶이 무의미하다는 생각에서 벗어나지 못한다. 이런 맥락에서 보자면 안드레이의 친구인 피에르 베주호프는 훨씬 운이 좋은 편이다. 프랑스에서 오래도록 투옥 생활을 하다가 풀려난 뒤에 피에르는 평생토록 찾고자 했던 무언가를 마침내 찾아낸 것으로 보인다.

> 오래전부터 그를 괴롭히던 한 가지 문제, 즉 삶의 목적을 찾으려는 끊임없는 투쟁이 마침내 끝이 났다. … 피에르가 누리는 행복의 밑바탕에는 온전하고도 즐거운 자유가 있었으며 이 자유는 피에르가 어떤 목적도 가지고 있지 않았기 때문에 누릴 수 있는 자유였다. 피에르는 더 이상 아무런 목적을 찾을 수 없었다. 이제 믿음을 가지고 있었기 때문이다. 원칙이나 말이나 사상에 대한 믿음이 아니라 감정과 경험의 주인이자 살아 계신 하느님에 대한 믿음이었다. 지난날 피에르는 스스로 목적을 설정함으로써 하느님을 찾고자 했다. 목적을 찾고자 노력한 것은 사실상 하느님을 찾으려 노력한 것이었다. 그러다 갑자기 프랑스에 갇혀 있는 동안 말이나 논증을 통해서가 아니라 직접 개인

적인 경험을 함으로써 오래전 늙은 간호사가 말해준 무언가를 깨닫게 된 것이다. 하느님이 여기에 계신다는 사실, 지금 우리와 함께 계시다는 사실, 여기에도 어디에도 계신다는 사실을 깨달았다. 과거의 피에르는 어떤 사물에서도 위대한 분, 불가사의한 분, 무한한 분을 보지 못했다. … 이제는 모든 사물에서 위대한 분, 영원한 분, 무한한 분을 보는 법을 깨달았다. 그리고 피에르는 … 이제 끊임없이 변화하고 지극히 위대하며 우리의 이해를 넘어서는 삶, 자신을 둘러싸고 있는 삶을 관찰하는 데서 즐거움을 찾기 시작했다. 삶을 더 가까이서 들여다볼수록 더 깊은 행복과 평화가 느껴졌다. 불행한 과거에는 끔찍한 질문 하나가 이런 질서정연한 생각을 망쳐 놓았다. 그건 바로 '왜'라는 질문이었다. 하지만 더 이상 그런 질문은 존재하지 않았다. 이제 피에르의 영혼은 '왜'라는 질문에 잘 준비된 간단한 대답을 곧바로 내놓을 수 있었다. 하느님이 존재하기 때문이라고, 하느님 없이는 인간의 머리카락 한 올도 떨어지지 않을 것이기 때문이라고 답할 수 있었다.[36]

피에르는 자유를 되찾은 덕분에, 얼마든지 죽음으로 끝날 수 있었던 끔찍한 경험에서 살아나온 덕분에 "감정과 경험의 주인이자 살아계신 하느님에 대한 믿음"을 발견 혹은 재발견했다. 톨스토이가 보기에 피에르는 제대로 된 하느님을 찾았다. 하지만 앞으로 부정적인 경험을 겪고 나서도 피에르의 믿음이 사라지지 않으리라는 보장은 없다. 과거에 그런 일이 이미 일어난 적이 있기 때문이다. 어느 처형 장면을 목격한 후에 피에르는 "세계에 선한 질서가 존재한다는 믿음, 인간의 영혼에 대한 믿음, 자기 자신의 영혼에 대한 믿음, 심지어 하느님에 대한 믿음까지 자신의 모든 믿음이 무너져 내렸다"는 느낌을 받았다.[37] 그런 믿음은 나타났다가 사라졌다가를 반복하는 것으로 보인다. 한편 그런 믿음은 그리 많은 노력을 요구하지 않기도 한다. 무엇이 옳은지 그리고 어떻게 사는 삶이 최선의 삶인지 알아내려고 온갖 수고를 다하는 대신 신이 존재하기 때문에 무슨 일이든 최선의 결과가 나올 것이라고 믿는 쪽이 훨씬 더 쉽고 힘이 덜 든다. 사실상 우리가 해야 할 일도 바꿔야 할 것도 존재하지 않는다. 《전쟁과 평화》에서 톨스토이는 운명론적인 역사관을 강하게 끌어안는다(나중에는 포기한다). 우리는 어떤 일들이 왜 그런 식으로 일어나는지 전혀 이해하지 못할 수 있지만 그럼에도 모든 것이 나름의 이유 때문에 일어난다고 확신할 수 있다. 인간적인 관점으로는 어떤 목적이 존재하는지 결코 이해할 수 없다 하더라도 모든 일에 목적이 존재한다고 확신할 수 있다.

— 즉각적이고 이해 가능한 목적이 있어서 우리가 그 목적을 알 수 있다는 주장을 포기할 때에만, 즉 궁극적인 목적은 우리의 이해를 넘어선다는 사실을 인정할 때에만 우리는 역사적 인물들의 삶을 논리적으로 쉽게 이해할 수 있다. 역사적 인물들이 만들어내는 영향력이 인간의 일반적인 능력을 넘어서는 것처럼 보일지라도 그 이면에 나름의 이유가 있다는 사실을 알 수 있다. 그렇다면 우리는 더 이상 '우연'이나 '천재'와 같은 단어를 사용할 필요도 없다. … 우리는 역사적 인물을 역

사적 인물로 만든 일련의 사소한 사건들을 설명하기 위해 우연을 고집할 필요가 없을 뿐만 아니라 그런 사소한 사건들이 사실 불가피한 일이었음을 분명히 이해하게 된다.[38]

《전쟁과 평화》를 쓴 시절의 톨스토이에게 자유의지는 존재하지 않는다.[39] 소설 내내 운명이 정해져 있다는 느낌이 강하게 들며 따라서 궁극적으로 어떤 등장인물도 자신의 행동에 책임을 질 필요가 없다. 그들은 '다른 누군가'가 자신들을 위해 써준 대본을 소화하면서 자신이 맡은 역할을 수행할 뿐이다. 바로 그 '다른 누군가', 즉 최고 주권자만이 무슨 일이 벌어지고 있는지, 각각의 인물이 왜 그런 행동을 하는지, 결과가 어떻게 나올지 제대로 이해하고 있다.

톨스토이는 그런 세계관에 나름의 의미가 존재한다고 주장하지만 분명 그 역시 의심을 품고 있었을 것이다. 실제로《안나 카레니나》에서는 상황이 바뀐다. 인물들이 자기 손으로 직접 선택을 내린다. 그들은 다르게 행동할 수도 있었다. 충분히 열심히 노력했다면 다른 삶, 더 나은 삶을 살 수도 있었다. 그들에게는 여러 선택지가 있었다. 신은 최선의 결과가 나오도록 상황을 움직이지 않는다. '우리'가 그렇게 해야 한다. 안나 카레니나는 잘못된 선택을 내린다. 안나는 연인과 함께 살기 위해 남편과 자식을 버린다. 물론 그로 인한 결과를 톡톡히 치른다. 가장 눈에 띄는 결과는 주위 사람들에게 외면을 당하는 것이지만 절대 그것이 최악의 결과는 아니다. 톨스토이는 사회의 인정을 크게 신경 쓰는 사람이 아니다. 톨스토이가 보기에 더욱 끔찍한 결과는 안나가 자신의 행동을 통해 자기 속에 있던 선한 것, 즉 영혼을 타락시키고 궁극적으로는 파괴했다는 점이다. 안나는 사랑을 하지만 그것은 잘못된 종류의 사랑이다. 근본적으로 이기적인 동기에서 나온 쾌락을 좇는 사랑이다. 안나의 사랑은 갈망으로 가득 찬 파괴적인 사랑이다. 갈망이 채워지지 않자 순식간에 증오로 바뀌는 사랑이다. 안나는 스스로 목숨을 끊는다. 사회에서 자신의 지위를 잃어버렸기 때문에 혹은 질투에 가득 찼기 때문에 혹은 더 이상 자신이 사랑받는다는 확신이 들지 않기 때문에 자살하는 것이 아니다. 안나는 길을 완전히 잃어버린 나머지 자신의 존재를 비롯한 모든 것이 역겹게 느껴지기 때문에 자살한다. 단지 삶이 무의미해졌다는 말로는 부족하다. 온 세계가 반의미*anti-meaning*를 내뿜는다.[40]

"나는 이 거리들을 전혀 못 알아보겠다. 웬 언덕들이 있고 집들이 있고 집들은 …. 집 안에는 사람들이 있고 사람들은 …. 너무 많아. 끝이 없을 정도로 많다. 그리고 그들은 모두 서로를 미워한다."[41] "우리 모두는 서로 미워하기 위해 그리하여 우리 자신과 다른 사람들을 괴롭히기 위해 이 세상에 내던져진 것이 아닐까?"[42] 또 안나는 기차 안에서 어느 부부를 보고는 이렇게 생각한다. "안나는 그들이 서로를 얼마나 역겨워하는지 그리고 서로를 얼마나 미워하는지 또렷이 보았다. 그리고 그처럼 딱할 만큼 추잡한 사람들을 미워하지 않는 것은 불가능했다."[43] 안나에게는 "삶이 고통이 아닌 상황을 떠올리기가 불가능"한 것 같다. "우리 모두가 고통을 겪기 위해 만들어졌으며 모두 그 사실을 알고 있으면서도 계속해서 스스로를 속일 방법을 생각해내는 것" 같다.[44] 자살만이 유일한 탈출구를 제공한다. "더 이상 아무것도 볼 것이 없다면, 무엇을 보더라도 불쾌한 느낌만 든다면 촛불을 끄지 않을 이유가 무엇인가?"[45] 혹은 적어도 자살만이 답인 것처럼 보인다. 안나는 자신을 순식간에 치어 죽일 기차 앞으로 뛰어들고 나서야 자신이 벌이고 있는 일의 끔찍함을 깨닫는다. 안나의 경우도 깨달음이 너무 늦었다.

하지만 《안나 카레니나》는 안나의 죽음으로 끝나지 않는다. 그 대신 레빈의 영적 전환과 구원으로 끝이 난다. 그러면서 의미 있는 삶이 가능하다는 확신을 남긴다. 레빈은 자신의 삶을, 혹은 어떤 식으로든 삶에 대한 자신의 태도를 바꾼다. 레빈은 앞으로도 계속 실수를 저지를지 모른다. 하지만 실수는 더 이상 중요하지 않다. 레빈은 이제 무엇이 좋고 나쁜지, 무엇이 옳고 그른지 알기 때문이다. "앞으로 나에게 무슨 일이 일어나든 간에 내 삶은, 매 순간순간을 포함한 내 모든 삶은 이전처럼 무의미하지 않을 뿐만 아니라 의심의 여지없이 내가 나의 삶에 부여하는 선의 의미를 띠게 될 것이다."[46] 이렇듯 확신과 희망으로 가득 찬 문장들로 책은 끝이 난다.

두 종류의 사랑

하지만 레빈이 앞으로도 계속 그렇게 느끼리라는 보장은 없다. 의미는 부서지기 쉽다. 의미는 변화에 취약하며 언제든 사라질 수 있다. 어쩌면 레빈은 갓 결혼한 직후에 한동안 모든 것이 좋아 보이고 모든 것에 의미가 있어 보였던 것처럼 여전히 자신을 속이고 있는 것일지도 모른다.[47] 레빈은 자신의 아내를 계속 사랑했지만 당시에 느꼈던 삶의 의미는 계속 지속되지 않았다. 톨스토이 역시 자신의 결혼생활에서 유사한 경험을 했던 것으로 보이나 나중에 되돌아보며 생각하기를 당시에 자신이 발견했다고 생각한 의미는 진정한 의미가 아니라 주의를 돌리는 요소에 불과했다고 본다. "돌아온 뒤에 나는 결혼했다. 행복한 가정생활이라는 새로운 환경은 내가 삶의 전반적인 의미를 찾지 못하도록 주의를 완전히 빼앗았다."[48] 《전쟁과 평화》의 피에르는 이 면에서도 운이 좋았다. 피에르는 사랑하는 나타샤*Natasha*를 떠올리면서 자신이 더 이상 "왜?"라는 삶의 목적을 묻는 질문에 대답할 필요가 없다고 느낀다.

> 피에르는 그저 마지막으로 봤을 때 나타샤의 모습을 떠올리기만 하면 됐다. 그러면 모든 의심이 녹아서 없어졌다. 그녀가 그를 사로잡아온 의문들에 대답해주었기 때문이 아니라 그녀의 모습이 그를 즉시 달콤하고 밝고 영적 활동력이 넘치는 완전히 다른 영역으로 데려갔기 때문이다. 그곳에는 옳은가 그른가 하는 문제도 없었고 삶을 살 만한 가치가 있게 만들어주는 아름다움과 사랑만이 있었다.[49]

피에르는 500페이지 이후에 마침내 나타샤의 사랑을 얻을 때까지 계속 이런 감정을 느낀다. "그에게 있어서 그리고 온 세계에 있어서 삶의 의미란 전부 자신의 사랑과 그에 대한 보답으로 사랑을 돌려받을 가능성에 있는 것 같았다."[50] 한 여성을 향한 피에르의 사랑은 심지어 더욱 포괄적인 사랑, 즉 인간 전반을 향한 사랑으로 확장된다. "마음속에 사랑이 가득 넘쳐흐르자 그는 사람들을 아무 이유 없이 사랑하게 됐다. 일단 그러고 나자 사람들을 사랑할 만한 온갖 좋은 이유들을 너무나 쉽게 찾아낼 수 있었다."[51] 이 단계의 사랑이 톨스토이가 최종적으로 추천하는 종류의 사랑, 우리가 나타내야 하는 종류의 사랑이다. 바로 비이기적인 사랑, 이타적인 사랑, 기독교의 아가페*agape* 사랑이다. 이런 사랑을 실천할 때에만 진정으로 의미 있는 삶을 살 수 있다. 하지만 여기에는 여전히 일말의 회의가 남아 있다. 피에르가 사람들을 사랑할 만한 이유를 찾을 수 있는 이유는 그가 사랑이 넘치는 '기분' 속에 있기 때문이다. 마치 안나가 죽기 전 몇 시간 동안 증오에 가득 차 있었기 때문에 사람들을 미워할 만한 이유를 찾았던 것과 유사하다. 따라서 그런 감정이 계속 지속될지, 지속된다면 얼마나 지속될지 의문이 들 수 있다. 피에르가 느끼는 감정이 궁극적으로는 성욕에 기반을 둔, 나타샤를 향한 낭만적인 사랑과 복잡하게 엮여 있기 때문에 더더욱 그렇다.

톨스토이 자신도 인생 대부분의 기간 동안 매우 강한 성적 충동을 느꼈으며 결과가 어떻든 별다른 거리낌 없이 그런 충동을 행동으로 옮기고는 했다. 하지만 톨스토이는 그런 자신의 행동을 좋지 않게 여겼다. 자신의 성적 모험심이나 성적 욕구는 물론 성행위 자체까지도 수치스럽고 역겹다고 느꼈다. 따라서 톨스토이는 성적 끌림에서 기인한 사랑이나 성관계를 목표로 하는 혹은 수반하는 사랑뿐만 아니라 성관계가 '모든' 악의 근원까지는 아니더라도 꽤나 많은 악의 근원이라고 확신해갔다. 《전쟁과 평화》에서는 피에르와 나타샤의 사랑과 같은 낭만적인 사랑이 받아들일 만한 사랑이자 행복에 이를 수 있는 길로 여겨지지만《안나 카레니나》에 와서는 그런 사랑이 일종의 질병으로 격하된다. 한 등장인물은 그런 사랑이 "극복해야만 하는 성홍열"과 같다고 가볍게 이야기하며 또 다른 등장인물은 "천연두와 마찬가지로" 사랑을 상대로도 예방주사를 만들어야 한다고 답한다.[52]

인상적이면서도 다소 충격적인 후기 작품 〈크로이체르 소나타*The Kreutzer Sonata*〉(1889)에서 톨스토이는 심지어 한발 더 나아가 성관계가 완전히 불결하고 타락한 행위이며 부부 사이에 임신 목적으로만 성관계를 갖더라도 마찬가지라고 주장한다. 설령 인류의 멸종(모든 사항을 고려했을 때 그리 나쁜 일이 아닐지도 모르는 일)을 초래하더라도 우리는 우리의 영혼(도덕적 존재로서의 순수함)을 지키기 위해 성관계를 삼가야만 한다. 톨스토이는 거의 《걸리버 여행기*Gulliver's Travels*》를 쓴 조너선 스위프트*Jonathan Swift* 수준으로 인류 전반에 대한 혐오감을 내비친다(안나 카레니나가 자살하기 몇 시간 전부터 사로잡혔던 증오와 크게 다르지 않다). 〈크로이체르 소나타〉는 한 남자가 결혼생활에 실패하면서 얻은 극단적인 교훈을 다루고 있다. 결혼생활은 아내가 다른 남자와 바람을 피우고 있었다는 사실을 발견한 뒤 질투와 분노가 폭발한 남자가 아내를 살해하는 것으로 끝이 난다. 여기서 배운 교훈은 사랑이든 결혼이든 모두 헛짓거리라는 것이다. 사랑은 환상에 불과하며 결혼은 성행위를 정당화함으로써 성행위에 따르는 수치심을 감추려는 수단에 불과하다. "사랑은 이론적으로는 무언가 이상적이고 고상한 것이지만 실질적으로는 무언가 끔찍하고 추잡한 것이다. 언급하거나 떠올리기조차 진저리나고 부끄럽다."[53] 그렇기 때문에 결혼한 배우자끼리는 (마치 같이 범행을 저지른 공범자처럼) 자주 서로를 미워한다. 여성은 그저 쾌락의 수단으로 사용될 뿐이며 따라서 사물 수준으로 격하된다. 성관계를 통해 태어난 아이들 역시 상황을 낫게 만들지 못한다. "자식들은 괴로움의 근원에 지나지 않는다."[54] 자식은 그저 추잡한 삶을 살려는 구실에 불과하다. 진실은 모든 성관계가 "끔찍하고 수치스럽고 고통스럽다"는 점이다.[55] 진정한 인간이 되기 위해 우리는 "돼지처럼 굴기"를 그만둬야 한다.[56] 설령 인류가 존재하기를 그만둬야 한다고 할지라도 말이다.

어차피 현재 상태로 볼 때 인류가 존재해야만 하는 이유는 딱히 없다. 우리가 모두를 사랑한다면, 모두가 받아 마땅한 방식으로 사랑을 나타낸다면 인류가 존재할 만한 이유가 있다고도 할 수 있다. 하지만 육체적 사랑은 우리가 그렇게 하는 것을 방해한다. 그렇기 때문에 우리는 육체적 사랑을 포기해야 한다. 그것은 인류가 "자제와 순수를 통해 달성할 수 있는 선"의 이상을 깨달음으로써 하나로 연합되는 것을 막을 뿐이다.[57] 우리가 선의 이상을 깨닫고 하나로 연합될 수만 있다면 우리는 인간으로서 도달해야 할 목표에 이른 것이며 인간으로서 실현해야 할 운명에 맞닿은 것이다. 그러고 나면 더 이상 우리가 존재해야 할 이유는 없다.

1899년에 출판된 톨스토이의 마지막 소설《부활》에서도 인간의 육체와 육체적 사랑에 대한 반감은 여전히 지배적으로 나타난다. 톨스토이는 우리가 두 가지 존재로 이루어져 있다고 설명한다. 하나는 모든 인간의 행복을 추구하는 영적인 존재고 다른 하나는 자신의 행복만을 추구하는 동물적인 존재다.[58] 둘은 서로 싸우지만 주로 이기는 쪽은 우리의 동물적인 본성이다. 우리는 보통 그 사실을 알아차리지도 못한다. 우리의 동물성이 "시적 감정과 미적 감정이라는 덮개 밑에 숨어" 있기 때문이다.[59] 우리는 그것을 낭만적 사랑이라고 포장한다. 하지만 사실 그런 사랑은 혐오스러운 것이다. "인간 존엄성에 적대와 모욕을 가한다."[60]

그러나 세상에는 다른 종류의 사랑, 더 나은 사랑이 존재한다. 우리가 추구해야 하는 사랑도 바로 그런 사랑이다.《부활》에서는 부유한 귀족 드미트리 네흘류도프*Dmitri Nekhlyudov* 백작의 이야기를 소개한다. 네흘류도프는 젊은 시절 한 여자를 배신한 적이 있다(유혹해 임신을 시킨 뒤 버렸다). 이 때문에 여자의 삶은 완전히 망가졌다. 결국에는 매춘부가 되고 만다. 나중에 여자는 살인을 저질렀다고 거짓 고발을 당하는데 이때 배심원 중 한 명으로 네흘류도프가 참석한다. 네흘류도프는 자신이 무슨 짓을 저질렀는지 깨닫고는 자신의 정신적 자아를 각성(혹은 재각성)시킨다. "그는 하느님께 자신을 도와달라고, 자신에게 들어와서 속을 정화시켜 달라고 기도했다. 그가 기도한 내용은 이미 이루어져 있었다. 그의 안에 거하는 하느님께서 그의 의식을 일깨웠다. 그는 하느님과 하나가 됐다고 느꼈다. 결과적으로 자유와 충만한 삶의 기쁨을 느꼈을 뿐만 아니라 의의 힘을 온전히 느꼈다."[61] 여기서부터 네흘류도프의 "부활"이 시작된다. 한때 네흘류도프의 영혼이 죽어 있었으나 이제 다시 살아 숨쉬기 시작했다는 뜻이다. 무언가 분열 같은 일이 일어났으며 네흘류도프는 다시 예전으로 돌아갈 수 없다. 이 순간 이후로 네흘류도프는 자기 주변에 만연한 고통은 물론 특히 국가에 의해 자행되는 온갖 불의를 점점 더 또렷이 자각하게 된다. 세상이 어디가 잘못됐는지 이해하며 이를 바로잡기 위해 행동을 취하기 시작한다. 불의에 맞서 싸운다. 자신의 소유물을 전부 내준다. 자기 자신을 위해 무언가를 원하기를 그만둔다. 그 대신 다른 사람들을 돕기 위해 살아간다. 사실상 네흘류도프는 러시아 혁명가로 변모해간다.

특이하게도 톨스토이가 내세우는 주인공들 가운데 네흘류도프만큼 삶의 의미를 찾는 데, 살아가야 할 이유를 찾는 데 시간을 적게 투자한 인물이 없다. 그럼에도 네흘류도프는 그저 내면의 목소리에 귀를 기울임으로써 그리고 내면의 목소리가 인도하는 대로 행동함으로써 삶의 진정한 의미를 찾는 데 가장 근접한 인물이기도 하다. 즉 선한 목소리를 들었다. 우리에게 무엇이 옳고 그른지, 무엇이 선하고 악한지 말해주는 목소리를 들었다. 이 시점의 톨스토이는 우리 모두가 내면에 이런 목소리를 가지고 있다고 확신한다. 우리는 그저 귀를 기울이기만 하면 된다. 어떤 사람들은 귀를 기울이고 어떤 사람들은 귀를 기울이지 않는다. 내면의 목소리에 귀를 기울이지 않는 사람들은 그 대신 다른 사람들의 목소리에 귀를 기울인다. 네흘류도프는 자신의 과오에 피해를 입은 여자를 따라 시베리아까지 함께한다. 여자는 다른 수백 명의 죄수들과 함께 강제로 행군을 해야 한다. 어느 날 죄수들이 여느 때처럼 누더기 차림에 지친 몰골을 하고서 행군을 하는데 죄수들에 길이 가로막힌 고급 마차 한 대가 죄수들이 모두 지나가기를 기다린다. 마차 안에는 부유한 부부와 그들의 자녀인 소년과 소녀가 하나씩 타고 있다. 두 아이는 똑같은 광경을 목격하지만 그 광경을 전혀 다른 방식으로 인식하고 해석한다.

— 아버지도 어머니도 그들이 무엇을 본 것인지 아무런 설명을 해주지 않았기 때문에 아이들은 이 특이한 광경이 무엇을 의미하는지 스스로 알아내야만 했다. 소녀는 아버지와 어머니의 얼굴에 나타난 표정을 보고는 저 사람들이 아버지나 어머니나 주변 친지들과는 전혀 다른 종류의 사람들이라고 추측했다. 그들이 나쁜 사람들이라고, 그렇기 때문에 저런 식으로 대접을 받는 것이라고 추측했다. 따라서 소녀는 두려움 외에 다른 어떤 감정도 느낄 수 없었으며 더 이상 그 사람들을 볼 필요가 없다는 사실에 기뻐했다. 반면 목이 길쭉한 소년은 죄수들의 행렬을 눈을 떼지 못한 채 한참을 들여다보다 전혀 다른 방식으로 의문을 해결했다. 소년은 하느님에게서 온 확신을 가지고 있었기 때문에[62] 죄수들이 자신이나 다른 모든 사람과 똑같은 부류의 사람들임을 아무런 의심 없이 확고히 알고 있었다. 그러므로 누군가 그들에

게 잘못을 저지른 것이, 해서는 안 될 일을 저지른 것이 분명하다고 생각했다. 따라서 소년은 그들에게 연민을 느꼈다. 머리를 밀리고 족쇄를 찬 사람들에게도, 머리를 밀고 족쇄를 채운 사람들에게도 두려움을 느끼지 않았다.[63]

노년의 톨스토이가 보기에 의미 있는 삶, 살 만한 가치가 있는 삶에 이르는 열쇠는 보편적 사랑이다. 보편적 사랑이란 공감이자 연민이자 용서다. 인류가 맺고 있는 형제자매 관계를 경험을 통해 실제적으로 인식한 사랑이다. 하지만 여전히 죽음이라는 존재가 풀리지 않는 의문을 제기하는 듯하다. 소설 말미에 네흘류도프가 친분을 쌓은 죄수 중 하나가 죽음을 맞이하자 케케묵은 존재론적 고민이 다시 빳빳하게 고개를 치켜든다. "네흘류도프는 생각했다. '그는 왜 고통을 겪어야 했을까? 그는 왜 살아야 했을까? 이제는 이해할까?' 하지만 답은 없는 것 같았다. 죽음 말고는 아무것도 없는 것 같았다. 네흘류도프는 현기증을 느꼈다."[64]

6장.

위험한 삶이 가져다주는 즐거움

프리드리히 니체

1844~1900

Friedrich Nietzsche

"신은 죽었다"

19세기 말엽 서유럽을 지배하던 세계관은 유물론과 인본주의였다. 대부분의 과학자들은 세상이 작동하는 방식을 설명하는 데 더 이상 신이 필요하지 않다고 생각했다. 물리학, 화학, 생물학에 더해 인간 사회에 대한 이해만 있다면, 즉 자연법칙에 대한 이해만 있다면 괜찮다고 생각했다. 물론 학식 있는 사람들이 여전히 입에 발린 말로 기독교를 추켜세웠을지는 모르나 그들 중 대다수는 종교가 더 이상 딱히 중요하지 않다고 믿었다. 실질적으로는 그들의 삶에 신이 더 이상 존재하지 않는 것이나 마찬가지였다. 이런 변화는 하룻밤 사이에 일어난 것이 아니라 지난 두 세기에 걸쳐 천천히 점진적으로 이루어졌다. 변화의 속도가 느렸기 때문에 변화를 알아차리기가 쉽지 않았다. 사람들은 사실상 자기도 모르는 사이에 신을 믿기를 관뒀다.

이런 모호한 상태를 끝내기 위해 독일 철학자 프리드리히 니체는 우리가 신이 없는 세계를 살아가고 있다는 사실을 인정함으로써 우리 자신에게 솔직해져야 할 뿐만 아니라 새로운 현실에 따르는 결과를 마주해야 한다고 주장했다. 《즐거운 학문*The Gay Science*》(1882)에서 니체는 "신은 죽었다"는 냉혹한 선언을 한다. 그리고 신을 죽인 것은 바로 우리 인간이라 밝힌다.[1] 우리는 더 이상 신의 존재를 믿지 않음으로써 신을 죽였다. 의식적인 결정이든 아니든 간에 그것은 분명 우리가 내린 결정이며 이제 우리는 그 사실을 인정할 필요가 있다. 어쨌든 우리 삶에서 신이 사라졌다는 사실은 사소한 문제가 아니기 때문이다. 모든 것을 바꿔놓을 만한 문제이기 때문에 그냥 지나쳐서는 안 된다. 이제 세상은 완전히 다른 곳으로 변했다. 신이 없이는 무엇도 확실하지 않고 무엇도 분명하지 않으며 무엇도 보장할 수 없다. 신에 대한 믿음과 함께 우리는 세상에 대한 믿음 역시 잃어버렸다. 우리는 더 이상 무엇이 어떻게 돌아가는지 알지 못한다. 방향성을, 목적의식을 완전히 잃어버렸다. 우리는 더 이상 우리가 여기 왜 존재하는지 그리고 우리가 어디로 가고 있는지 알지 못한다. 땅 위에 굳건히 서 있는 것이 아니라 자유낙하를 하는 기분이다. 옳고 그름이 존재하지 않는다는 사실을 깨우쳤기 때문에 무엇도 옳고 그른 것 같지 않다. 우리는 "무한한 무" 사이를 헤매고 있다. 텅 빈 공간으로 둘러싸여 있다. 세상은 더 춥고 더 어두워졌다. 점점 더 밤이 길어졌다.[2] 간단히 말해 우리는 신을 죽임으로써 꽤나 난장판을 만들어 놨다.

방금 일어난 일의 심각성을 이해한 사람들은 우리가 신을 잃어버린 것은 물론 신을 믿는 데서 느끼던 안정감마저 잃어버렸기 때문에 절망하는 일 외에 달리 할 수 있는 일이 없다고 생각했다. 신이 없는 세계는 분명 끔찍한 곳이며 이에 대한 합당한 반응은 모든 것이 공허하고 무의미하다고 매도하면서 심각한 우울감에 빠지는 일밖에 없는 것 같았다.[3] 이런 식으로 느끼는 사람들에게는 살 만한 이유도 죽을 만한 이유도 남지 않게 된다. 실제로 서양 사회가 세속화되면서 새로운 부류의 사람들이 나타났다. 이들은 더 이상 살 수 없다고 느끼는 동시에 "너무 지쳐서 죽을 수도 없다"고 느끼기 때문에 계속 삶을 살아가기는 하지만 마치 무덤 속 시체처럼 살아간다.[4] 어쩌면 이해할 만한 일인지도 모른다. 어쨌든 "당신이 심연을 오랫동안 들여다본다면 심연 또한 당신을 들여다볼 것"이기 때문이다.[5]

하지만 꼭 그럴 필요는 없다. 신이 사라진 세계에 대응하는 방법 중에는 허무주의 말고도 훨씬 건강하고 진보적인 방법이 존재하기 때문이다. 우리는 우리의 슬픔을 털어낼 수 있다. 신의 상실을 새로운 종류의 어둠이 세상에 들이닥치는 것이라고 받아들이는 대신 우리 삶을 드리우던 먹구름이 걷히고 그 틈 사이로 세상을 이전 어느 때보다 밝게 비출 빛이 뿜어져 나오는 것이라고 받아들일 수 있다. 분명 신의 죽음은 무언가가 끝났다는 사실을 암시한다. 하지만 끝은 곧 또 다른 시작이기도 하다. 이번 끝 역시 사실 우리에게 유익을 가져다줄지도 모른다. 신의 죽음은 삶의 의미를 앗아가는 사건이기는커녕 새로운 날의 시작을 알리는 여명에 해당할지도 모른다. 우리를 해방시켜주고 수많은 기회와 기대로 가득 찬 새로운 빛을 가져다줄지도 모른다. "마침내 수평선이 다시 또렷이 나타났다. 완전히 밝지는 않을지라도 드디어 우리의 배가 다시 자유롭게 항해하며 어떤 위험이든 마주할 수 있게 된 것이다. 앎을 향한 여정이 다시 허락

됐다. 바다가, '우리'의 바다가 다시 열렸다. 이렇게 활짝 열린 바다는 이전에 존재한 적이 없을지도 모른다."[6]

우리가 신을 죽였을지는 모르나 그렇게 함으로써 우리는 우리 자신에게 그리고 우리 후손에게 엄청난 이바지를 했다. 세상은 더 이상 이전에 우리가 생각했던 것만큼 소중한 곳이 아닐지도 모른다. 하지만 그렇다고 세상이 이전보다 '덜' 소중한 곳이 된 것은 아니다. 단지 이전과는 다른 방식으로 소중한 곳이 됐을 뿐이다.[7] 신이 죽음으로써 이전에 존재하던 가치들을 대체할 새로운 가치들이 등장했다. 새롭게 등장한 가치들은 종교적 신념을 유지하느라, 완전하고 불변하며 영원하다는 허구적인 일자를 숭배하느라 형태가 일그러지거나 얼룩이 지지 않았다.[8] 인류에게 덜 적대적이며 삶에 덜 적대적이다. 죽음이 악이라는 잘못된 신념을 반영하는 대신 죽음 없이는 삶도 있을 수 없다는 사실, 새로운 존재의 출현에는 낡은 존재의 소멸이 요구된다는 사실, 창조하기 위해서는 파괴하기도 해야 한다는 사실을 온전히 인정한다.[9] 신의 죽음은 인간이 스스로를 재창조할 기회를, 더 고등한 형태의 인간으로 소생할 기회를 주었다. 신의 죽음은 곧 우리 인류의 부활이다.[10] 다만 그러기 위해 우리는 반드시 스스로 신이 됨으로써 우리에게 신을 죽이는 것을 비롯한 위대한 업적을 달성할 능력이 있음을 증명해야 한다.[11] 다시 말해 명령을 듣지 않고도 스스로 행동할 수 있는 영혼이 돼야 한다. 확실성을 갈망하지 않는, 안전망이 필요 없는 자유로운 영혼이 돼야 한다. 오히려 자신이 누리는 자유와 스스로 결정할 수 있는 능력에 기뻐하면서 가능성만을 즐기는 영혼이 돼야 한다. 삶이 무엇을 내놓더라도, 심지어 심연의 끝자락에 있더라도 춤을 출 줄 아는 자유롭고 쾌활한 영혼이 돼야 한다.[12]

말인의 행복에는 딱히 가치가 없다

이처럼 반反비관론적이고 반反허무주의적인 자유로운 영혼의 철학은 니체의 가장 특이하고 난해한 저서《차라투스트라는 이렇게 말했다*Thus Spoke Zarathustra*》(1883~1885)에서 자세히 다뤄진다. 니체는 페르시아 예언자 차라투스트라의 입을 빌려 인간 실존이 불가해하고 무의미해 보인다는 사실을 인정하지만 그런 무의미함이 상당 부분 우리가 타락한 삶의 태도를 가지고 있기 때문에 나타난다고 주장한다. 우리가 일반적으로 삶이라고 부르는 것은 사실 오랜 기간에 걸쳐 천천히 자살하는 과정에 지나지 않는다.[13] 물론 어떤 사람들은 아직 내면에 "춤추는 별에 숨을 불어넣"는 데 필수적인 "작은 혼돈"을 가지고 있을지 모른다.[14] 그리고 이는 니체가 생각하기에 굉장히 바람직한 일이다. 하지만 얼마 지나지 않아 이런 상황조차 지나갈 것이며 결국 "말인*last human*"이 세상을 장악할 것이다. 말인들은 더 이상 별에 생명을 불어넣을 수 없다. 그들은 스스로를 경멸하는 법조차 잊어버렸다는 점에서 모든 인간 중 가장 경멸스러운 자들이다.[15] 인간은 이런 식으로 존재해서는 안 되며 꼭 이런 식으로 존재했던 것도 아니다. 니체는 역사적으로 별에게 생명을 불어넣는 일이 가능했던 시대가 있었다고 암시한다. 인류가 지금과는 달랐던 시대, 오늘날과는 달리 더 영웅적이고 열정적이던 시대가 있었다는 뜻이다. 하지만 그런 시대는 이미 지나갔다. 우리는 심지어 그런 시대나 생활양식이 가능했다는 사실을 상기시켜주는 단어들조차 이해하지 못하는 상태다. "'사랑이 무엇인가? 창조가 무엇인가? 갈망이 무엇인가? 별이 무엇인가?' 말인은 그렇게 묻고는 눈을 껌뻑인다. 그러자 대지가 작아졌으며 말인은 그 위를 뛰어다니며 모든 것을 작게 만든다. 말인이라는 종족은 벼룩처럼 뿌리 뽑기가 힘들다. 말인은 가장 오래 살아남는다. '우리는 행복을 발견했다.' 말인은 그렇게 말하고는 눈을 껌뻑인다."[16] 니체는 말인이 누리는 행복이 딱히 가치가 없다는 사실을 강하게 암시한다. 그 행복에는 깊이가 없다. 위대함이 없다. 말인들은 모두 같은 것을 원하며 그들이 원하는 것은 무가치하다. 또 그들은 모두 똑같아지기를 원한다. 스스로가 다르다고 느끼는 자들은 정신병원에 들어가는 수밖에 없다.[17]

아무것도 변하지 않는다면 세상은 그렇게 변하고 말 것이다. 아니, 벌써 거의 그렇게 변하고 말았다. 하지만 '반드시' 그래야만 하는 이유는 없다. 방향 전환은 여전히 가능하다. 행복하지만 행복하지 않은 비참한 삶을 피하기 위해 우리에게 필요한 것은 세상을 뒤흔들 누군가, 우리에게 길을 보여줄 누군가다. 마치 차라투스트라나 니체처럼 말이다. 차라투스트라가 맡은 역할은 니체를 대신하여 우리에게 우리 존재의 의미를 가르쳐주는 것이다. 차라투스트라에 따르면 우리 존재의 의미란 "초인*superhuman*"이다.[18] 우리 인간은 우리가 일반적으로 도달하는 수준에 비해 더 뛰어난 수준의 인간이 될 운명이기 때문이다. 인간 존재에는 우리가 아직 실현하지 못한 혹은 실현하는 법을 잊어버린 잠재력이 담겨 있다. 세상과 우리 자신을 바라보는 방식을 바꾼다면 우리는 초인이 될 수 있다. 그것이 우리의 운명이다. 초인이 되는 것이 우리가 여기 존재하는 이유이자 일어나기로 정해져 있는 일이다. "초인은 곧 대지의 의미이다."[19] 현재 인류는 과거 동물에서 출발해 언젠가 초인에 이르게 될 궤적의 중간에 위치해 있다. 니체는 이런 중간 상태를 가리켜 "위대한 정오*great noon*"라 부른다.[20] 초인이 될 잠재력을 실현하기 위해 우리는 앞으로 다가와야만 하는 일, 말하자면 인류의 저녁과 밤을 적극적으로 반겨야 한다. 그래야 새로운 여명이 도래할 수 있기 때문이다.

초인이 될 잠재력을 실현하기 위해 우리는 우리 내면에 존재하는 인간을 극복해야 한다. 내면의 인간이란 우리 내면에 존재하며 우리가 소중히 여기지만 실제로는 진정한 가치를 지니고 있지 않은 모든 것을 가리킨다. 오늘날 우리가 동물원의 원숭이들을 보면서 비웃기도 하고 부끄러워도 하는 것처럼 우리는 우리 자신을 보고 비웃는 법을 (다시) 배워야 한다. 오늘날의 인간은 초인에게 비웃음과 부끄러움의 대상으로 여겨져야 한다.[21] 더 정확히는 인간 자신에게 비웃음과 부끄러움의 대상으로 여겨져야 한다. 만약 그렇다면 우리가 이미 초인이 돼가는 과정 속에 있다는 뜻이기 때문이다. 우리는 이성, 미덕, 그리고 무엇보다도 행복과 같이 일반적으로 소중하게 여겨졌던 모든 것을 경멸하는 법을 배워야 한다. 그중 어떤 것도 중요하지도, 가치 있지도 않기 때문이다.[22] 우리의 목표는 자기 극복으로 향하는 길을 여는 것이다. "인간이란 동물과 초인 사이를 잇는 밧줄, 심연 너머에 걸린 하나의 밧줄이다."[23] 인간이란 끝 자체가 아니라 시작과 끝을 연결하는 다리이자 끝을 향해 이행하는 과정이다. 우리 인간에게 맡겨진 역사적 과업은 우리 자신을 대지에 제물로 바쳐 "초인을 위한 집을 짓"는 것, 다시 말해 초인이 도래할 수 있도록 필수적인 준비를 모두 갖추는 것이다.[24] 차라투스트라는 초인에 관해 가르치면서 새로운 긍지와 결의를 불어넣는다. "더 이상 천상의 것들로 이루어진 모래밭에 머리를 처박지 말고 의미를 부여하는 대지의 머리를 자유롭게 쳐들라!"[25]

오랫동안 우리는 하늘에 있는 것들로 스스로를 만족시키려고 애썼다. 존재하지 않는 신에게 믿음을 둠으로써 우리 존재의 의미를 구축하려고 애썼다. 잠깐 동안은 효과가 있는 것 같았다. 하지만 모든 구조물이 거짓말에 기반을 두고 있기 때문에 결국에는 무너질 수밖에 없었다. 우리는 마침내 우리가 신을 창조할 수 없다는 사실을 인정할 수밖에 없게 됐다. 하지만 우리가 창조할 수 있는 것은 바로 초인이다.[26] 신의 죽음과 그것을 수용한 일은 우리를 우주적으로 하찮은 존재로 만들지 않았다. 오히려 우리에게 주어진 운명을 따를 수 있도록 만듦으로써 인류에게 다시금 희망을 불어넣었다. "신들은 모두 죽었다. 그러니 이제 우리는 초인이 살아나기를 바란다."[27]

선악을 넘어선 탁월한 파괴자

초인 개념을 제대로 이해하기란 쉽지 않다. 오늘날 트랜스휴머니스트를 비롯한 기술지상주의자들은 인간의 본성에 기술적 개입을 가함으로써 고도로 증강된 인간이나 포스트휴먼이 나타나기를 기대하고 있는데, 우리는 초인 역시 그런 존재라고 오해하기 쉽다. 물론 니체가 우생학적 개념을 건드리는 것은 사실이다. 심지어 미래에 일종의 "생명당"이 존재해서 인류를 개량하고 "퇴화한 자나 기생하는 자를 모두 무자비하게 박멸"할 것이라고 상상하기까지 한다.[28] 이는 분명 혼동을 일으킨다. 하지만 전반적으로 니체의 초인 개념은 생물학적 개념이라기보다는 태도에 관한 개념으로 보인다. 니체가 말하는 초인은 초월적인 근력, 고도로 향상된 인지 능력, 훨씬 긴 수명 등 어떤 '초인적인' 능력도 가지고 있지 않다. 그 대신 초인은 삶을 이해하는 방식, 자신을 이해하는 방식, 도덕적 견해에 있어서 일반적인 인간과 구별된다. 우리 대부분이 의심 없이 고착하도록 길들여진 그리고 니체가 보기에 우리가 삶을 온전히 살아내지 못하도록 방해하고 막는 역할을 하는 (기독교적) 가치 체계를 통째로 갖다 버릴 수만 있다면 우리는 초인이 될 것이다. "모든 가치의 재평가"를 성공적으로 수행할 때 초인이 만들어진다.[29] 따라서 초인을 '더 좋은' 종류의 인간이라고 이해하거나 인간의 이상을 체화한 존재로 이해하는 것은 문제가 있다. '좋다'라는 표현의 일반적인 의미를 기준으로 볼 때 초인은 결코 '좋은' 존재가 아니기 때문이다. 초인은 성자와 천재를 반반씩 섞어 놓은 존재가 아니다. 니체는 바그너*Wagner*의 작품에 등장하는 순결하고 동정적인 바보 성자 파르지팔*Parsifal*보다 무정하고 힘에 굶주린 체사레 보르자*Cesare Borgia*가 사실 초인에 더 가까운 인물이라고 유쾌하게 지적한다.[30] 니체는 오히려 파르지팔 같은 인물을 혐오한다.

니체는 자신이 "최초의 비도덕주의자"이자 "탁월한 파괴자"라는 사실에 자부심을 느낀다.[31] 니체가 파괴하려고 시도하는 대상은 인류의 집단적인 망상과 가식이다. 첫 표적은 우리가 살고 있는 세상이 어떤 종류의 세상인지, 의미 있는 삶을 살 만한 곳이 되려면 어떤 종류의 세상이 되어야 하는지에 대한 우리의 고의적인 오해다. 니체는 자연에 객관적인 가치가 존재한다는 생각을 단호히 부정한다.[32] 가치평가를 하는 것은 바로 우리 자신이므로 자연에 가치가 존재하는 것 같다면 그것은 단지 우리가 이전에 그곳에 가치를 갖다 놨기 때문일 뿐이다. 우리가 세상에 가치를 "부여"했다. 우리에게 의미가 있는 세상은 전적으로 우리가 우리 자신을 위해 창조한 세상에 지나지 않는다.[33] 따라서 선과 악은 자연적인 사실이 아니라 인간의 창조물에 불과하다. 다시 말해 우리가 현재 도덕적 가치들을 준수하며 살고 있는 것도 모두 우리 책임이라는 뜻이다. 무엇도 그리고 누구도 조상에게서 물려받게 된 가치들을 지키라고 우리에게 강요하지 않았다. 결국 무엇이 옳고 그른지 판단하고 그에 따라 삶을 살아가는 방식을 결정하는 것은 우리 각자에게 달려 있다. 그런 결정을 내리기란 외로운 일이다. "자기 율법의 재판관이자 집행관으로서 홀로 있는 것은 끔찍한 일이다."[34] 여기에는 많은 용기가 필요하기도 하다. 파괴 없이는 창조도 이루어질 수 없기 때문이다. 이미 존재하던 것을 파괴하지 않고는 새로운 무언가를 창조할 수 없다. 무언가를 파괴하는 것은 보통 악으로 여겨진다. 따라서 우리는 일반적으로 악하다고 여겨지는 일을 저지를 용기가 필요하다. 아울러 실제로 창조라는 선보다 더 고등한 선은 존재하지 않는다. 그러므로 우리는 보통 악이라고 여겨지는 것이 오히려 선을 행하는 데 필수적인 요소임을 이해해야 한다.[35] 세상은 이른바 악이라고 불리는 것 없이 존재할 수 없으며 실제로 그 속에는 감탄할 만한 요소가 많이 존재한다. "호랑이, 야자나무, 방울뱀 등 뜨거운 태양이 부화시키는 경이로운 존재들을 목격하다니 나는 축복받았다."[36] 호랑이와 방울뱀은 분명 위험한 대상이다. 그것들은 자비를 모른다. 연민 없이 다른 생명체를 파괴한다. 하지만 그것들은 강인하고 아름답기도 하다. 그것들이 피해자 입장에서 봤을 때나 "악한" 본성을 지니고 있다고 한들 우리는 여전히 그것들을 있는 그대로 존경할 수 있다. 인간계의 호랑이나 방울뱀에게도 똑같이 할 수 있지 않을까? 그들이 지닌 강인함과 무자비함에 똑같이 탄복할 수 있지 않을까? 무엇이 우리를 막는다는 말일까? 도덕일까?

하지만 도덕은 무엇이며 도덕은 어디서 왔을까? 니체는 "앞으로 다가올 철학의 서곡"이라 할 수 있는 《선악을 넘어서*Beyond Good and Evil*》(1886)와 그보다 응집된 속편 《도덕의 계보*On the Genealogy of Morality*》(1887)를 통해 그런 질문들에 답을 제시하고자 한다. 니체가 생각하기에 도덕이란 약자들이 강자들에 대한 통제력을 얻기 위해 고안한 발명품에 불과하다. 도덕의 밑바닥에는 공포와 원한이 깔려 있다. 평범한 인간은 비범하고 예외적인 인간이 평범한 인간에게 제기하는 위험을 인식하며 비범하고 예외적인 인간이 지닌 자연적인 우월성을 시기한다. 따라서 평범한 인간은 비범하고 예외적인 인간에게 특정한 믿음을 주입하기 위해 최선을 다한다. 세상에는 해서는 안 되는 일들이 존재한다는 믿음, 의지를 발휘하기를 삼가고 다른 모두를 배려해야 한다는 믿음, 다른 사람, 특히 약자의 선이 강자의 선만큼이나 중요하다는 믿음을 주입한다. 미덕이 무엇인지 결정하는 주체는 무리 생활을 하는 동물로서의 인간이기 때문에 그런 미덕에 따라 살기를 거부하는 예외적인 존재는 악한 존재로 낙인이 찍힌다.[37] 스스로를 선하다고 칭하는(그리하여 스스로의 결점을 이상화하는) 자들의 눈에 초인은 악마처럼 보인다. 애초에 초인은 그들과 비교해서 초인이기 때문이다.[38]

우리는, 즉 무리 생활을 하는 동물로서의 인간은 우리가 두려워하는 인간보다 더 우월하지 못하다. 바로 그렇기 때문에 우리는 도덕이라는 정교한 책략을 꾸며내 스스로를 강자로부터 보호할 뿐만 아니라 스스로를 우월한 존재로 인식하고자 한다. 우리는 도덕을 사용해 우리의 평범함을 가린다.[39] 스스로를 실제보다 (강자가 보기에는 물론 우리 자신이 보기에도) 더 고상해 보이도록 만든다. 우리가 스스로의 도덕적 우월성을 나타낸다고 생각하는 많은 것들이 사실은 나태함과 자기만족을 드러내는 표식에 불과하다. 어쨌든 모두가 공유하며 모두에게 유효한 도덕에 충성을 맹세하고 충성을 요구하는 것은 삶을 훨씬 더 쉽게 만들기 때문이다. 자신은 물론 다른 사람들을 이른바 "선"에 종속시키는 것은 구미가 당기는 일이다. "선"은 더 안락하고 덜 위험한 실존을 보장하기 때문이다. 하지만 거기에는 나름의 위험이 따른다. 어쩌면 어떤 위험보다도 가장 심각한 위험일지도 모른다. 도덕의 요구에 순응한 채 삶을 살아가는 것은 퇴화로 이어진다. 삶을 더 쉽게 만들어줄 수는 있으나 동시에 삶을 더 하찮고 하등하게 만든다. 실제로 도덕의 핵심 목적은 우리를 하등한 상태, 즉 길들여진 상태, 예측 가능한 상태, 관리 가능한 상태로 유지시키는 것이다. 두려워할 만한 존재를 아무것도 남기지 말라는 인간 무리의 제일가는 명령을 충실히 따르는 것이다. 우리는 그런 목표에 가까이 다가가는 것을 "진보"라 부른다.[40] 하지만 도덕은 겉으로만 우리를 더 낫게 만들어주는 척할 뿐 실제로는 우리의 생혈을 빨아먹는 데 성공한다. 도덕은 일종의 흡혈귀나 마찬가지다.[41]

연민이라는 마지막 질병

도덕이 수행하는 기능은 우리(혹은 우리 중 여전히 야생적인 사람, 여전히 내면에 혼돈과 투지를 가진 사람)를 길들이는 것이다. 일단 길들여지고 나면 우리는 더 이상 두려움의 대상이 되지 않아도 된다. 하지만 두려움의 대상이 되지 않아도 된다는 말은 우리 안에 지금의 우리보다 더 위대해지기를 원하는 부분이 하나도 남아 있지 않다는 뜻이다. 이는 사실 우리에게 일어날 수 있는 일 중 최악의 일이다. 그렇게 되면 우리는 (말인이 그랬던 것처럼) 평범함에 만족하게 되며 오직 안락함과 얄팍한 행복만을 추구하게 된다. 더 이상 두려워할 필요가 없는 대상은 더 이상 존경을 받을 수도, 존중을 받을 수도, 심지어 사랑을 받을 수도 없다. 두려움이 사라지는 한 우리는 인류를 향한 경외심도 희망도 의지도 잃어버리게 된다. 인간이 그저 우리를 지치게 만들 뿐인 단계에 도달한다. 우리 자신을 비롯해 인간 자체에 싫증이 난다. 사실상 허무주의에 빠지는 것이다.[42]

두려움이 자리 잡고 있던 곳에는 혐오와[43] 연민이 들어찬다. 혐오와 연민이라는 위험한 조합은 무로의 의지를 북돋는다.[44] 우리로 하여금 무엇도 중요하지 않다고 생각하게 만들며 따라서 무엇도 원하지 않도록 만들기 때문이다. 이때 우리가 원하는 것이라고는 만물이 끝을 맞이하는 것밖에 없다. 서로에 대한 연민은 인류에 대한 혐오를 상쇄하지 못한다. 오히려 혐오를 강화한다. 연민은 우리가 소중히 여기는 기독교적 가치들 중에서도 가장 최악의 가치다. "선한 이의 어리석음은 깊이를 헤아릴 수 없을 정도"이기 때문이다.[45] 연민은 우리가 거짓을 말하도록 만들며 따라서 모든 자유로운 영혼을 억압한다. 연민은 주제넘고 부끄러움을 모르는 특성이 있기 때문에 많은 경우 도움을 베풀지 않는 편이 더 고상할지도 모른다.[46] 연민은 힘을 약화시키며 생명력을 감퇴시킨다. "우리는 연민을 느낄 때 힘을 잃는다."[47] 연민은 고통을 배로 늘림으로써 생명력을 위협한다.[48] 니체는 쇼펜하우어가 연민이 삶을 부정하도록 촉진한다는 주장만큼은 제대로 짚었다고 지적한다. 연민은 허무주의를 실행하는 방식이자 우리를 무에 이르게 하는 악습이다. 단지 우리가 그렇다고 인정하지 않을 뿐이다. 그 대신 우리는 연민을 저편에 속하는 것, 천상에 속하는 것, 구원, 영원한 축복 등과 연관시킨다.[49] 전부 우리를 삶으로부터, 즉 지금 바로 여기에서 삶을 온전히 살아가는 것으로부터 등을 돌리게 만든다는 점에서 무를 나타내는 상징에 해당한다. 그렇기 때문에 연민이라는 도덕은 "마지막 질병"으로서 이해해야만 한다.[50]

니체는 연민이 강자에게서 나온다면 어느 정도 가치가 있을지도 모른다고 인정한다. 하지만 약자에게서, 직접 고통을 겪고 있는 자에게서 나온다면 연민은 무가치하다.[51] 우리가 서로를 동정하는 이유는 주로 우리의 허약함 때문이다. 다른 사람이 겪는 고통에 전염됐기 때문이며 마치 일정 수준의 신체적 혹은 정신적 고통이 인간에게 일어날 수 있는 최악의 일이기라도 한 것처럼 고통에 지나친 중요성을 부여하기 때문이다. 니체는 연민에 따라오는 방종을 경멸하다시피 거부한다. 니체 자신이 고통에 너무나 익숙한 사람임에도, 아니, 너무나 익숙한 사람이기 때문에 거부한다. 니체는 극심한 두통, 일시적 실명, 심각한 현기증 등 다양한 종류의 질병으로 거의 평생 동안 고통을 겪었다. 하지만 그러는 내내 집필 활동을 했으며 자신만의 삶의 철학을 발전시켰다. 그렇게 할 때 고통이 정당화된다고 생각했으며 고통을 견딜 만한 정도가 아니라 진심으로 환영할 만한 무언가로 느낄 수 있었다. 니체는 자신이 겪는 고통이 자신을 굴복시키도록 내버려두지 않았으며 오히려 고통을 부가적인 힘을 얻을 수단이자 결의를 다질 수단으로 삼았다.

니체는《우상의 황혼*Twilight of Idols*》(1889)에서 "나를 죽이지 못하는 고통은 나를 더 강하게 만든다"고 도전적으로 선언한다.[52] 이 책은 우리에게 "망치를 가지고 철학하는 법"을 알려주겠다고 약속하며 실제로 끝에 가서는 바로 그 망치가 우리에게 말을 걸면서 자기 자신처럼 "단단해지라"고 권고한다.[53] 고통은 우리를 단단하게 만든다. 고통은 우리를 훈육한다. 니체의 주장에 따르면 인류가 높이 올라설 수 있는 이유는 전부 고통 덕분이다. 고난 속에 있는 영혼의 긴장이, 인내하고 감내하고 이용하고 극복함으로써 불행을 짊어지고자 하는 용기가 영혼을 더욱 강인하게 만든다.[54] 우리가 최소한 엄청난 고통을 겪을 가능성조차 받아들이지 않는다면 우리는 최고의 기쁨 역시 결코 맛볼 수 없다.[55] 우리는 이런 사실을 잘 알고 있기 때문에, 고통의 가치를 잘 알고 있기 때문에 고통 없이 살 수 없다. 기쁨을 느끼기를 바란다면, 지식을 얻기를 바란다면, 위대함에 도달하기를 바란다면 우리는 고통 역시 원해야 한다. 이 모든 것이 서로 연결돼 있기 때문이다.[56] 그렇기 때문에 우리는 더 이상 제대로 된 고통을 찾을 수 없을 때 고통을 고안해 내기까지 한다. 우리는 진짜든 가짜든 고통 위에서 번성한다.[57]

그렇다고 고통이 절대 나쁘지 않다는 말은 아니다. 많은 경우 고통은 나쁘다. 하지만 니체에 따르면 고통을 나쁘게 만드는 것은 고통 자체가 아니라 고통의 '무의미함'이다.[58] 우리는 우리가 겪는 온갖 고통이 공허하다는 생각을, 고통에 아무런 목적도 장점도 없다는 생각을 견디지 못하기 때문에 신, 천국, 섭리와 같은 개념을 만들어 우리가 겪는 고통을 이해하고자 했다. 우리는 금욕주의적인 이상향을 지어냈다. 이에 따르면 우리는 구원을 받기 위한 다른 세계가 존재한다는 현실을 인정해야 하고 이 땅에 속하는 모든 관심사와 소유물을 포기해야 하며 살고자 하는 의지를 부정해야 한다. 더 좋다는 무언가, 우리가 대단한 이름을 붙여서 부르는 무언가를 위해 반드시 치러야 할 대가다.

하지만 우리가 그 무언가에 대단한 이름을 붙이는 이유는 우리조차 우리가 무엇을 말하고 있는지 제대로 모른다는 사실, 그 무언가가 실은 실재하지 않는다는 사실을 은폐해야 하기 때문이다. 우리는 달리 우리 존재를 납득할 만한 방법을 떠올릴 수 없기 때문에 이런 짓을 벌인다. 어쨌든 우리 인간의 삶은, 다시 말해 인간이라는 동물의 삶은 내재적으로 뚜렷이 정해진 목적을 가지고 있는 것 같지 않기 때문이다. 우리는 '우리가 왜 여기에 존재하는가?'라든가 '우리는 무엇을 위해 고통을 겪어야 하는가?'라는 질문에 명확한 해답을 제시할 수 없다. 그럴 수밖에 없는 이유는 자연에 어떤 궁극적인 목표도 존재하지 않기 때문이다. 사물이 존재하는 목적이라든가 저편에 존재하는 세계라든가 경험을 초월하는 무언가라든가 칸트 철학에서 말하는 물자체 따위는 존재하지 않는다. 우주는 아름답지도 무정하지도 합리적이지도 비합리적이지도 않다. 그저 존재할 뿐이다. 세상에는 필연성만이 존재할 뿐 법칙 역시 존재하지 않는다(법칙은 위반할 수 있는 반면 본성은 그럴 수 없기 때문이다). 죽음은 삶에 반대되는 무언가가 아니라 삶의 필수적인 구성요소다. "살아 있는 것은 죽어 있는 것 가운데 특정한 부류, 그것도 희귀한 부류에 해당할 뿐이다."[59] 유일하게 존재하는 진정한 세계 따위가 존재하지 않기 때문에 전통적인 관점에서 말하는 진리도 존재하지 않는다. 궁극적으로 우리의 생물학적 본성에 기반을 두고 있는 해석만이 존재할 뿐이다. 우리의 이상은 사실 생리적 욕구와 욕망을 잘못 해석한 결과, 순화시킨 결과에 불과하다. 철학자들이 우리에게 존재의 가치를 설명할 때 실제로 우리에게 말하고 있는 것은 바로 그들의 몸이다. 그들은 사실 진리에는 전혀 초점을 맞추고 있지 않다. 그들이 진정으로 관심이 있는 대상은 건강, 미래, 성장, 힘 등 그들의 몸이 그들에게 관심을 가지라고 '요구'하는 대상이다. 간단히 말해 '삶'에 관심이 있다.[60]

성스럽고도 건전한 이기심

인간은 자신이 존재하는 이유를 알고 있다고 확신해야만 하는 "별난 동물"로 진화해 왔다.[61] 따라서 우리는 상당한 고통이라도 그 목적을 이해하고 받아들일 수만 있다면 기꺼이 고통을 견디고자 한다. 사실상 의지를 부정(혹은 분쇄)하는 것이나 다름없는 금욕주의적 이상이 여태까지 우리에게 그런 목적을 제공해왔다. 금욕주의적 이상은 인간적인 모든 것(즉 우리의 동물적인 본성과 육체성)에 대한 근원적인 증오를 반영한다. 관능은 물론 (인간) 이성에 대한 혐오를 반영한다. 행복과 아름다움에 대한 공포를 반영한다. 출현, 변화, 생성, 죽음, 욕망으로부터 탈출하고자 하는 갈망을 반영한다. 금욕주의적 이상은 무에 이르고자 하는 의지를, 삶을 멀리하고자 하는 반감을, 삶의 가장 기본적인 조건을 포기하고자 하는 저항심을 표출한다.[62] 이런 이상을 추구할 때 그나마 나은 점이 있다면 최소한 의지를 부정하려고 애쓰는 '의지'라도 존재한다는 점이다. 하지만 안타깝게도 이런 의지는 기형적인 의지임에 틀림없다. 스스로의 소멸을 목표로 하는 의지이기 때문이다. 따라서 우리에게는 삶에 대한 새로운 이상과 관점, 의지를 좌절시키기는커녕 의지를 증진하고 촉진하는 이상과 관점이 필요하다.

니체는 진화론적인 관점을 받아들임으로써 그런 이상을 발견한다. 우리의 존재와 행위는 전부 인류의 존속과 발전에 기여한다. 그렇지 않다면 우리는 여기에 존재하지 않을 것이다. 이런 관점에서 보자면 우리가 행하는 모든 일은 좋은 일이며 어떤 일도 (악하기는커녕) 나쁘지 않다. 전부 필요한 일이다. 전부 나름의 역할이 있다. 우리가 보통 악하다고 부르는 존재는 강한 존재다. 하지만 그런 강한 존재는 새로움을 창조한다는 점에서 좋은 존재다. 악이 없다면 어떤 것도 변할 필요 없이 그대로 존재할 것이다. 정체 상태가 초래될 것이며 이는 삶을 억누를 것이다. "산다는 것은 무엇인가? 산다는 것, 그것은 죽기를 원하는 무언가를 계속해서 허물 벗듯 벗기는 것을 의미한다. 산다는 것, 그것은 우리 안에 있는 허약하고 노쇠한 모든 것에 잔혹하고 냉정한 태도를 취하는 것을 의미한다."[63]

삶 자체는 선과 악을 구분할 줄 모른다. 따라서 삶을 위해 우리는 그런 도덕적 구분에 의존해서는 안 된다. 하지만 '선'과 '악'이 인간이 지어낸 산물이라고 해서 '좋음'과 '나쁨' 역시 인간의 산물이라는 뜻은 아니다.[64] 세상에는 삶에 객관적으로 좋은 것과 삶에 객관적으로 나쁜 것이 존재한다. 연민을 강조하는 기독교의 도덕 체계는 전반적으로 볼 때 삶에 나쁜 것이다. 반면 좋은 것이라는 말을 듣는다고 해서 그것이 실제로 좋다는 것은 아니다. 시초에는 그저 우리에게 힘이 있다는 감각을 증진시켜주는 것이 좋은 것이었다. 반대로 나쁜 것이란 약함에서 초래되거나 우리를 약하게 만드는 모든 것을 가리켰다. 행복이란 힘이 자라난다는 감정이었다. 기형이거나 허약한 대상을 향한 연민은 그저 그 대상의 존재를 연장시킬 뿐이라는 점에서 나쁜 것이었다.[65] 사실 우리는 이를 잘 알고 있다. 아니, 적어도 잘 알고 있었다. 우리가 기독교의 영향에 굴복해 타락하기 전까지는 말이다. 그전까지 좋은 인간이란 고귀한 인간, 즉 강하고 건강하고 용감한 인간을 상징했다. 노예가 아니라 주인이 될 운명인 인간을 상징했다. 반면 나쁜 인간이란 스스로를 지킬 수 없는 허약하고 겁이 많은 인간을 상징했다. 상층민과 하층민이라는 개념 역시 바로 여기서 나왔다. 하지만 약자들의 원한이 일종의 창조력으로 작용하여 "노예들의 반란"을 일으키고 사실상 최초로 모든 가치를 전도시킴으로써 상황이 완전히 뒤집혔다. 귀족 도덕이 소멸하고 말았다. 귀족 도덕은 자기 자신을 의기양양하게 긍정하는 데서 기인한 반면 노예 도덕은 자신이 아닌 모든 것, 자신과 다른 모든 것을 부정하는 데서 기인했다.[66] 이제 "좋음"은 나쁨의 정반대 개념으로나 인식됐다.[67] 그리고 과거에 좋은 것이라고 여겨졌던 것(힘이나 자연적 우월성)은 (약자들의 원한을 통해) 나쁜 것으로 재창조됐다. 자연의 포식자가 길들여져 애완동물이 되고 말았다.[68] 이는 포식자의 본성을 위배하는 것일 뿐만 아니라 강자에게 강하지 말 것을 요구한다는 점에서 부조리하기까지 하다.[69] 이제 한정된 무리 내에 속하는 모두가 서로에게 친절을 나타내야 하지만 사람들은 무리 내에 속하지 않는 자에게는 타자화 정신에 충실하게도 여전히 야생동물처럼 행동하는 경향이 있다.[70] 앞서 지적한 억압 때문에 나타나는 과잉보상 현상이다. 자연적인 귀족성의 근원에는 포식자, 금발의 야수가 자리 잡고 있어서 때때로 잠깐씩 풀려나 개활지로 나와야 하는 것이다.[71] 우리가 악이라고 부르는 것이 사실 "우리가 지닌 가장 위대한 힘이자 가장 고등한 생물로 나아가기 위한 가장 단단한 디딤돌"이기 때문이다. "인간은 더 선해져야 하는 동시에 더 악해져야 한다."[72]

우리는 인간이 스스로를 일반적인 인간 존엄성의 법칙이나 상호 배려의 원칙이 적용되지 않는 우월한 존재로 생각하기 시작할 때 어떤 끔찍한 일들이 뒤따르는지 잘 알고 있다. 이런 맥락에서 볼 때 니체의 주장은 다소 냉혹하고 불쾌하게 느껴질지도 모른다. 인류 혹은 인류 대다수를 상대로 전쟁을 벌이기를 원하는 사람이라면 니체의 글에서 정당화할 만한 근거를 쉽게 찾을 수 있을지도 모른다. 누군가 니체를 공부하고서 자신의 행동이 어떤 대학살을 초래하든 처벌을 받지 않고 지나갈 수만 있다면 자신이 원하는 대로 할 권리가 있다고 결론 내리더라도 니체를 '오해'한 것이라고 말할 수 있을지 사실 나도 잘 모르겠다.

하지만 그렇다고 해서 니체가 기독교의 노예 도덕을 비판한 것이 완전히 잘못된 것이라고 말할 수는 없다. 우리 대다수가 거의 의문조차 품지 않은 채 받아들인 도덕에 대해 니체가 그렇게나 분개하는 이유는 그런 도덕이 자아를 위태롭게 만들기 때문이다.[73] 여기에는 분명 일말의 진리가 담겨 있다. 소위 미덕이라는 것이 우리에게 실제로 요구하는 것은 가방을 싸서 영영 떠나라는 것, 일종의 자살을 저지르라는 것이다.[74] 미덕은 개별성을 제거하고자 하며 우리 모두를 똑같이 평범한 수준으로 끌어내림으로써 차이를 없애고자 한다. 하지만 인간은 동일하지 않으며 동일해야 할 필요도 없다.[75] 만약 세상에 우월함과 열등함이, 투쟁과 갈등이, 끌어올림과 밀어내림이 존재하지 않는다면 우리는 결코 더 이상 진보하지 못할 것이다. 우리는 우리가 지금 위치한 곳에 영원히 머물러 있을 것이다. 한편 니체는 스스로를 도덕적이라고 생각하는 사람들의 가식과 우쭐함에도 분개한다. 그들은 미덕이 필수적이라고 주장하면서도 실제로는 "치안 유지가 필수적"이라고 생각한다.[76] 그들은 정의를 사랑한다고 주장하지만 대부분은 그저 사람들이 처벌받는 광경을 지켜보기를 좋아할 뿐이다. 그들이 정의를 부르짖는 이유는 권력을 휘두르고 싶은 충동을 감추기 위해서다.

가장 중요한 점은 우리의 도덕 말고도 다른 도덕이 존재한다는 사실이다.[77] 진정한 미덕은 다른 사람들에게 공유되지 않는다. 모든 사람이 자기 자신만의 도덕을 가지고 있다. '나'만의 선이 있고 그런 선을 행사하는 '나'만의 방식이 있다는 뜻이다.[78] 우리는 바로 거기에 초점을 맞춰야 한다. 우리는 도덕을 개인이 최선의 상태로 존재할 수 있으며 가장 아름다운 산출을 낼 수 있는 가장 자연스러운 여건으로서 이해해야 한다.[79]

니체는 "성스럽고도 건전한 이기심"을 온 마음을 담아 예찬한다.[80] 진정으로 성취할 만한 가치가 있는 일을 성취하기 위해서는 제일 먼저 자기 자신을 사랑해야 할 필요가 있다고 확신하기 때문이다. "만약 당신이 하늘을 나는 법을 배우고 싶다면 당신은 우선 서는 법, 걷는 법, 기어오르는 법, 춤추는 법을 배워야 한다. 하늘을 나는 것으로 나는 법을 배울 수는 없다."[81] 따라서 우리는 소위 죄 많은 행위를 정죄하는 기독교적인 도덕관념이 우리에게 요구하는 대로 스스로를 부끄러워해서는 안 된다. 그런 도덕관념은 우리 모두를 "도덕적인 괴물이자 허수아비"로 만들 뿐이다.[82] 만약 우리가 스스로를 부끄러워한다면 여기에는 비관적인 세계관이 따라온다. 스스로를 혐오하기 때문에 삶 역시 혐오하게 되는 것이다.[83] 그 대신 우리는 "고귀한 이기심"을 끌어안아야 한다.[84] 이는 더 솔직할 뿐만 아니라 덜 가식적이다. 결국 이타심이 추앙받는 주된 이유도 다른 사람들의 이타심이 우리에게 이익이 되기 때문이다. 우리는 우리 자신이 이타적이지 않기 때문에 다른 사람들이 이타적이기를 바란다. 자유는 더 이상 자기 자신을 부끄러워하지 않는 네 있다.[85] 자기 자신에게 겁을 먹고는 자기 자신이 비열하게 행동하기를 기대하는 대신에 우리는 마치 자유의 몸으로 태어난 새처럼 수치심도 걱정도 없이 날아올라야 한다.[86]

요약하자면 니체는 '이것을 하지 말라' 혹은 '저것을 하지 말라' 하면서 자기 자신을 억제할 것을 요구하는 모든 도덕에 반기를 든다. 부정하는 데 본질이 있는 모든 부정적인 도덕을 거부하는 대신, 무언가를 '나'만이 할 수 있는 방식으로 잘 하라고 독려하는 도덕을 환영한다.[87] 결국 핵심은 우리가 자기 자신이라는 존재에 폭력을 가하지 않으면서 자기 자신만의 삶을 살아야 한다는 점이다. 자기 자신이라는 존재에 가하는 폭력은 당연하게도 우리를 병들게 만들 뿐이다.

모든 좋은 것은 웃고 있으니, 무거움의 영을 피하라

여기서 명심해야 할 점은 자기 자아에 폭력을 가하기를 꺼린다는 사실이 자동적으로 다른 존재에 폭력을 행사하기를 원한다고 전제하지 않는다는 점이다. 오히려 정반대로 우리가 자기 자신의 표출을 억압하려고 할 때 우리 내면에는 다른 사람들에게 고통을 가하고자 하는 욕망이 생겨난다. 우리는 다른 사람들이 고통을 겪도록 만들기를 즐긴다. 그렇게 하는 것이 우리가 자기 자신에게 폭력을 가할 때 느껴지는 고통을 어느 정도 완화하기 때문이다.[88]

물론 니체의 말을 듣다 보면 이따금 니체가 생각하는 초인이 사실상 무정한 살인마나 다름없어 보일 때가 있다. 하지만 초인의 핵심적인 특징은 잠재적인 무자비함이 아니라 상황을 지나치게 진지하게 받아들이지 않을 줄 아는 능력에 있다. 여기에는 다른 사람들의 생각, 필요, 요구에 철저히 무관심한 것은 물론 스스로에게도 지나친 관심을 두지 않는 것이 포함된다.

차라투스트라의 첫 연설에는 정신이 겪는 세 가지 변화에 관한 이야기가 나온다. 첫 변화는 정신을 낙타로 바꾸어 놓는다. 낙타는 자신의 힘을 증명하고 행사하기 위해 가장 무거운 짐조차도 기꺼이 지고자 한다. 다음으로 정신은 낙타에서 사자로 바뀐다. 사자는 황무지의 주인이 되기를 바라는 가운데 자유를 찾고자 한다. 자유를 얻기 위해 사자는 거대한 용과 맞서 싸운다. "그대는 해야 한다"라는 이름으로 불리는 거대한 용은 자기 피부에 새겨진 가치 외에는 어떤 가치도 인정하지 않으며 어떤 새로운 가치도 만들어져서는 안 된다고 주장한다. 사자는 용을 무찌른다. 그리하여 새로운 가치를 정할 권리, "그대는 해야 한다"라는 용의 명령을 무시할 권리, "나는 할 것이다"라고 말함으로써 스스로를 긍정할 권리를 되찾는다. 하지만 아직 충분하지 않다. 기존의 가치를 해체하고 자신의 자유를 주장하는 것과 새로운 가치를 창조하는 것은 서로 별개의 과정이기 때문이다. 새로운 가치를 창조하기 위해서는 정신이 사자에서 아이로 바뀌는 세 번째 변화가 필요하다.[89] 아이는 삶에 대한, 자기 자신에 대한 "성스러운 긍정"을 상징한다. 자신의 존재를 수치도 근심도 없이 긍정하는 것을 뜻한다. "어린아이는 순결이자 망각, 새로운 출발, 놀이, 스스로 굴러가는 바퀴, 최초의 움직임, 신성한 긍정이다."[90] 이런 이미지 속에서 폭력이나 피를 흘리고자 하는 욕망 따위는 찾아볼 수 없다. 오히려 어린아이가 세상을 새롭게 발견해 세상을 가지고 실험하고 무엇이 가능한지 알아보며 자신이 지닌 자연적인 힘을 행사하느라 즐거워하는 모습만이 나타난다. 악의는 드러나지 않는다. 그저 삶이라는 모험을 평온하게, 결연하게, 기쁘게 환영하고 있을 뿐이다. 바로 이런 아이가 니체가 말하는 진정한 초인이다.

어쩌면 니체가 다른 무엇보다 되찾고 싶은 것은 인류가 역사를 거쳐 오면서 어디선가 잃어버린 존재의 가벼움일지도 모른다. 우리는 목표에 도달하는 과정에서 '춤'을 추는 법을 배워야 한다. 진흙탕 위에서도 그것이 마치 얼음판인 것처럼 가벼운 발놀림으로 춤출 줄 알아야 한다.[91] 니체는 만물을 추락하게 만드는 것이 "무거움의 영"이라고 말한다. 우리는 바로 그 무거움의 영을 죽여야 한다. 악마는 굉장히 진지한 자이며 우리는 그런 존재가 되기를 바라서는 안 된다. 반면 진정한 신은 웃을 줄 알고 춤출 줄 안다. 그런 신이라면 실제라도 믿을 만한 가치가 있다. 그런 신이라면 니체마저 기꺼이 믿고자 할지도 모른다.[92] 우리 역시 세상이 온갖 가능성들과 딱 알맞게 사랑스러운 것들로 가득 차 있다는 사실을 인정하는 가운데 그런 신처럼 웃음을 터뜨려야 한다. 우리 주변을 그처럼 좋은 것들로 가득 채운 가운데 스스로를 보고 웃을 줄 알아야 한다.[93] "모든 좋은 것은 웃고 있"기 때문이다.[94] 니체는 심지어 철학자의 순위를 매기되 글의 질이 아니라 웃음의 질에 따라 순위를 매겨야 한다고 제안하기까지 한다. 철학자 중에 최고는 가장 잘 웃는 철학자, "황금 같은 웃음"을 터뜨릴 줄 아는 철학자다.[95]

우리는 삶을 비극으로 보는 경향이 있다. 비극적으로 삶을 바라보는 관점이 아예 나쁜 관점은 아니다. 최소한 삶에 어느 정도의 가치를 부여하도록 독려하기 때문이다. 하지만 그럼에도 잘못된 관점인 것은 확실하다. 우리가 깨달아야 하는 사실은 오히려 삶이 희극이라는 점, 삶이 웃음을 터뜨릴 만한 무언가라는 점, 삶이 오로지 "즐거운 학문"을 통해서만 제대로 포착할 수 있는 무언가라는 점이다. 이런 관점은 우리가 유쾌하면서도 무심한 태도로 삶을 탐험할 수 있도록 독려한다.[96]

여기에는 예술이 도움이 될 수 있다. 예술은 우리를 우리 자신으로부터 떨어뜨려 놓기 때문이다. 미적 현상으로서의 세상은 여전히 견딜 만하며 예술은 세상은 물론 우리 자신까지 미적 현상으로 바꾸어 놓을 수 있다. 예술은 우리 자신을 멀리 위에서 바라보는 법, 우리 자신을 보면서 울고 웃는 법, 열정적으로 지식을 좇느라 놓친 영웅과 바보(특히 바보)를 찾는 법을 가르쳐준다. 우리는 "만물에 행사할 수 있는 우리의 자유를 잃지 않기 위해" 예술을 필요로 한다.[97]

또한 예술은 우리가 도덕 위에 서 있을 수 있도록(더 정확히는 도덕 위를 떠다니며 놀 수 있도록) 만들어 준다.[98] 삶은 사실상 권력 의지의 표출이다.[99] 따라서 우리는 삶을 의무나 운명이나 사기로 여기는 것이 아니라 실험의 장으로 여기는 가운데 즐겁게 살아가야 한다.[100] 삶의 의미를 찾는 데 하늘왕국은 필요하지 않다. 우리가 원하는 것은 그리고 우리에게 필요한 것은 오직 "지상왕국"뿐이다.[101] 지상왕국은 충분히 살 만한 가치가 있는 왕국이다.[102]

지상왕국에서 잘 살아가기 위해 우리는 무거움의 영을 버리는 대신 놀기 좋아하는 미적 태도를 받아들여야 한다. 여기에는 다른 무엇보다 사물이 우리에게 나타나는 다양한 방식을 예리하게 인식할 줄 아는 능력이 요구된다. 색깔, 소리, 냄새, 맛 등 모든 신체적 경험을 예리하게 인식할 줄 알아야 한다.[103] 우리는 사물의 본질을 찾기 위해, 사물의 저편에 무엇이 놓여 있는지 알아내기 위해 지나치게 깊이 파고들 필요가 없다. 그러기를 원하지도 않는다. 우리는 현상을 가리고 있는 베일을 찢어버리지 않는다. 어떤 사물도 벌거벗긴 채로 감상하거나 관찰할 필요가 없다. 그러기를 고집하는 것은 부적절할지도 모른다. 자연이 무언가를 숨기고 있다면 거기에는 나름의 이유가 존재할 것이다. 삶을 잘 살기 위해서는 사물의 표면을 예찬할 줄 알아야 한다. 외양을 숭상할 줄 알아야 한다. 그리스인들의 시각이 피상적이었다고들 하나 그것은 그들이 그만큼 똑똑했기 때문이다.[104] 그들은 본질 같은 것이 존재하지 않는다는 사실을, 궁극적으로 겉모습이 '전부'라는 사실을, 오직 거기서만 진정한 행복을 발견할 수 있다는 사실을 이해하고 있었다. "깊이를 가진 인간은 모두 파도 제일 꼭대기 위를 헤엄치는 물고기처럼 살아감으로써 행복을 발견한다. 그들이 만물에서 가장 소중히 여기는 것은 만물이 표면을, 껍데기를 가지고 있다는 점이다."[105] 외양은 우리가 언제든 썼다가 벗었다가 할 수 있는 가면에 불과한 것이 아니다. 외양은 "주체이자 삶 그 자체"다.[106]

물론 겉으로 보이는 것은 한낱 꿈에 불과할지도 모른다. 하지만 그게 뭐가 중요할까? 정말로 중요한 사실은 겉모습으로 이루어진 이 세계가 '우리'에게 명백히 중요하다는 사실이다. 설령 꿈이라 한들 우리 모두가 함께 꾸는 꿈이며 깨어나지 않는 한 이 꿈은 계속될 것이다. 만약 소설이라고 한다면 우리 모두 소설을 쓰고 읽는 데 정신이 팔린 것이 분명하다. 단 하나뿐인 진리를 알아야 한다고 주장하는 것은 일반적으로 잘못된 판단이다. 일단 진리가 비진리보다 늘 유용한 것은 아니다.[107] 오히려 오류가 삶의 조건 중 하나가 될 수도 있다.[108] 그런 경우에는 진리를 찾고자 하는 무조건적인 의지가 사실 삶을 파괴하고 적대하는 원칙임이, "죽음에 이르고자 하는 숨겨진 의지"임이, 허무주의의 또 다른 형태임이 쉽게 드러날 것이다.[109] 우리는 세상을 바라보면서 참과 거짓을 구분하는 대신 그저 "외관"의 다양한 "등급"을 혹은 외관의 다양한 밝기를 구분해야 한다.[110] 세상에 고유한 진리는 존재하지 않는다. 오히려 세상은 무한한 수의 다양한 해석에 열려 있다. "본질적으로 기계적인 세상은 본질적으로 무의미한 세상이나 마찬가지일 것"이므로 차라리 다행인 일이다.[111]

의미로 '가득한' 세상은 본질적으로 기계적이지 않아야 한다. 끊임없이 변화해야 하고 예측 불가능해야 하며 우연과 혼돈이 가득해야 한다.

무슨 일이 일어나든 지금의 삶을 사랑하라

더 나아가 니체는 우리가 우리 자신의 죽음을 비롯하여 죽음이 존재하는 세상을 개탄할 것이 아니라 환영해야 한다고 주장한다. 죽음은 진정한 진보를 위해, 즉 더 강력해지기 위해 꼭 필요한 조건이다. 죽음은 더 큰 선을 위한 희생이다. 따라서 더 많은 목숨을 희생할수록 더 많은 선을 달성할 수 있다.[112] 지구상의 행복은 모두 투쟁에서, 전쟁에서 나온다.[113] "전쟁은 모든 좋은 것의 아버지다."[114] "자선보다는 전쟁과 용기가 위대한 일을 훨씬 더 많이 이뤘다."[115] 죽음은 우리가 삶이라 부르는 전쟁의 결과물이다. 죽음은 피할 수 없으며 피해서도 안 된다. 장수는 반드시 바람직한 것은 아니다.[116] 삶이 얼마나 오래 지속됐는가보다는 삶이 어떤 방식으로 살아졌는가가 훨씬 더 중요하다. "너무 늦게 죽음을 맞이하는 사람은 많지만 너무 일찍 죽음을 맞이하는 사람은 적다." 따라서 "적당한 때"에 죽음을 맞이하는 것이 중요하다.[117] 하지만 그렇게 하기 위해 우리는 적당한 때에 '살아야' 할 필요도 있다. 그러지 못한다면 애초에 태어나지 않는 편이 더 나았을 것이다. 모두가 자신이 죽어간다고 걱정한다. 하지만 죽어가는 것은 문제가 아니다. 진짜 문제는 우리가 아직도 죽음을 제대로 '기념'하는 법을 모른다는 점이다. 우리는 희망과 전망으로 가득 찬 사람들에게 둘러싸인 채 승자로서 죽음을 맞이해야 한다.[118] 이것이 불가능하다면 차선책은 싸우다 죽음을 맞이하는 것이다. 이른 죽음을 맞이하는 사람은 칭송받을 것이다.[119] 나쁜 죽음은 도둑처럼 조용히 우리를 잠식하는 죽음이다. 좋은 죽음은 우리가 원하기 때문에 찾아오는 자유로운 죽음이다. 우리는 언제가 떠나야 할 때인지 알아야 하며 그때가 되면 삶에 매달리지 말고 기꺼이 떠나야 한다. 긍정을 발해야 할 때가 끝난다면 "성스러운 부정론자"가 돼야 한다.[120] 죽음은 삶의 조건이라는 점에서 좋은 것이다. 죽음 없이는 성장도 없다. 삶은 자기초월적이다.[121]

죽음을 억울함 없이 우아하게 받아들일 수 있다면 우리는 다른 모든 것도 기꺼이 받아들일 수 있다. 삶을 잘 사는 비결은 추하다고 여겨지는 것에 맞서 싸우기를 그만두는 대신 그 속에서 아름다움을 찾기 시작하는 것이다. 삶을 비난하고 불평하기를 그만두는 대신 살면서 마주치는 모든 일을 긍정하기 시작하는 것이다.[122] 니체는 이런 태도를 "운명애*amor fati*"라고 부른다. 자기 운명을 사랑하는 태도는 날씨가 나쁜 것처럼 비교적 사소한 일이든 친구를 잃거나 병에 걸리거나 중상을 당하거나 배신을 당하는 것처럼 비교적 심각한 일이든 우리에게 일어나는 모든 일이 어떤 식으로인가 우리에게 좋은 일이라고 생각할 수 있게 돕는다. 무슨 일이 일어나든 우리는 그것이 무언가에 필요했다고, 그것이 나름의 쓸모가 있다고, 그것이 '나 자신'의 삶에 나름의 의미를 지니고 있다고 확신할 수 있다.[123] 모든 일이 필수적이므로 우리는 체념하고 수용하는 법을 배워야 한다.[124] 아니, 더 나아가 우리는 아무리 이상한 일이 벌어지더라도 그 일의 모든 부면을 긍정적으로 '사랑'하는 법을 배워야 한다.[125] 그렇게 한다면 우리는 니체가 이미 첫 저서《비극의 탄생*The Birth of Tragedy from the Spirit of Music*》(1872)에서부터 발전시키기 시작한 디오니소스적 철학을 실천에 옮기게 된다. 여기에는 그저 존재하는 삶 대신 급진적으로 생성하는 삶을 살기 위해 죽음과 소멸을, 대립과 전쟁을 끊임없이 긍정하는 것이 요구된다.[126]

바로 이런 긍정이 니체가《즐거운 학문》에서 소개하고《차라투스트라는 이렇게 말했다》에서 본격적으로 다루는 유명한 사상, 영겁회귀*eternal recurrence* 사상의 핵심이다. 니체는 모든 일어날 수 있는 일은 이미 일어났어야 한다고 주장한다. 지금 바로 이 순간 일어나고 있는 모든 일은 이전에 이미 일어난 적이 있으며 앞으로도 영원히 반복해서 일어날 것이다.[127]

모든 것이 가고 모든 것이 돌아온다. 존재의 바퀴는 영원히 돌아간다. 모든 것이 죽고 모든 것이 다시 피어난다. 존재의 세월은 영원히 흐른다. 모든 것이 부서지고 모든 것이 다시 모아진다. 존재의 집은 영원히 똑같이 세워진다. 모든 것이 분리되고 모든 것이 다시 결합된다. 존재의 순환은 스스로에게 영원히 충실하다. '지금'마다 존재는 시작된다.

'여기'마다 '저기'라는 공이 주위를 회전한다. 중심은 어디에나 있다. 영원의 길은 굽어 있다.[128]

문자 그대로 받아들인다면 굉장히 재밌으면서도 갈피를 잡기 힘든 사상이다. 하지만 우리가 이를 문자 그대로 받아들여야 하는가는 불확실하다. 어쩌면 니체는 진심으로 시간이 순환적이며 삶이라는 끝없는 순환 속에서 모든 일이 이전에 영원히 반복되어온 것처럼 앞으로도 정확히 반복될 것이라고 믿었을지도 모른다. 하지만 그러지 않았을 가능성이 더 높다. 그런 생각이 급진적 생성*radical becoming*에 관한 본인의 철학과 상충된다는 점을 알고 있었을 것이기 때문이다.

니체는 영겁회귀 개념을 쇼펜하우어에게서 얻었다. 1장에서 살펴본 것처럼 쇼펜하우어에게 시간은 실재하지 않는다. 시간은 그저 우리가 사물을 투과해 바라보는 렌즈 중 하나에 불과하다. 쇼펜하우어가 진정으로 실재한다고 믿는 것, 즉 의지는 변화하지 않는다. 하지만 우리는 시간이라는 렌즈를 통해 사물을 바라보기 때문에 실제로는 변화하지 않는 대상이 마치 반복해서 나타나는 것처럼 보일 수 있다.[129] 그런데 니체가 말하는 영겁회귀 역시 시간의 실재성을 부정하고 있다. 시간을 실재하게 만드는 것은 무언가가 '지나간다'는 사실과 일단 지나가고 나면 지나간 채로 '남아 있다'는 사실이기 때문이다. 그것은 결코 다시 돌아오지 않는다. 만약 영겁회귀 사상이 암시하는 대로 지나간 것이 다시 돌아온다면 그것은 실제로 지나간 것이 아니다. 혹은 어떤 의미에서 지나간 것이라 하더라도 정확히 그만큼 다가올 것이기도 하다. 존재했던 것이 다시 존재할 것이기 때문이다.

영겁회귀 사상은 비록 시간의 본성에 관한 형이상학적 주장으로서는 충분히 신뢰할 만하지 못하지만 여전히 중요한 실용적인 기능 한 가지를 수행한다. 바로 우리에게 삶을 잘 살고 있는지 측정할 수 있는 사고의 틀을 제공하는 것이다. 일종의 사고실험 역할을 한다. 니체는《즐거운 학문》에서 이렇게 말한다.

> 어느 날 낮 혹은 밤에 악령 하나가 슬며시 찾아와 이렇게 말한다면 어떻게 하겠는가? "너는 네가 지금 살고 있는 대로 그리고 네가 지금까지 살아온 대로 이 삶을 다시 살아야 할 것이다. 셀 수 없이 많이 살아야 할 것이다. 새로운 일은 하나도 없을 것이다. 그저 네 삶의 모든 고통과 모든 기쁨과 모든 생각과 모든 한숨이, 말로 표현할 수 없을 만큼 사소한 일부터 중대한 일까지 전부 다 동일한 차례와 순서로 똑같이 반복될 것이다. 여기 나무들 사이의 거미와 달빛까지도 이 순간과 나 자신까지도 반복될 것이다. 존재의 영원한 모래시계가 계속해서 뒤집히고 또 뒤집힐 것이다. 그리고 작은 모래 알갱이에 불과한 너 역시 함께 뒤집힐 것이다."[130]

이런 일이 정말로 벌어진다면 뭐라고 대답하겠는가? 다가올 전망에 잔뜩 겁먹을 것인가? 아니면 삶을 영원히 긍정할 수 있다는 사실에 '그래, 다시 또 해보자!'라며 기뻐할 것인가? 그럴 수 있으려면 우리는 우리 자신을 그리고 우리의 삶을 조금도 거리낌 없이 긍정할 수 있어야 할 것이다. 니체가 생각하기에는 바로 여기에 우리의 구원이 놓여 있다. 모든 것을 되풀이하기를 원하는 사람들이 우리가 상상할 수 있는 가장 즐거운 사람, 가장 살아 있는 사람, 가장 긍정적인 사람이다.[131] 우리의 의지는 언제나 시간을 향해 분노한다. 시간은 영원히 그리고 끊임없이 우리 손아귀에서 점점 더 많은 것들을 앗아가기 때문이다. 하지만 우리가 "그땐 그랬지"를 "딱 내가 원한 대로야"로 바꾸기만 한다면 우리는 시간을 극복할 수 있다.[132] 사고방식의 변화, 삶의 태도의 변화를 실제로 이루고 싶다면 용기가 필요하다. 하지만 우리가 "그게 삶이었어? 한 번 더 살아보자!"라고 말할 용기를 내기만 한다면 우리는 죽음 자체까지도 극복할 수 있다.[133]

7장.

구체적인 세계의 극적 풍성함

윌리엄 제임스

1842~1910

William James

‘의미 있음’의 실질적인 현금 가치

윌리엄 제임스는 《실용주의*Pragmatism*》(1907)에서 이렇게 밝힌다. “어디선가 차이를 ‘만들지’ 못하는 차이는 어디에도 ‘존재하지’ 않는다.”[1] ‘실용주의’라는 이름은 제임스가 특정한 종류의 철학적 태도 및 탐구 방법론에 붙인 이름이다. 실용주의는 뿌리보다는 열매에, 기본 원리보다는 결과에 더 많은 관심을 둔다. 실용주의는 특정한 주장이 어떤 의미를 지니고 있는지 이해하려면 그 주장이 참이거나 거짓일 때 어떤 실질적인 ‘영향’이 초래되는지 이해해야 한다는 전제하에 작동한다. 만약 특정한 명제가 참이든 거짓이든 실용적인 관점에서 아무런 차이를 만들지 못한다면 그 명제는 사실상 무의미한 것이나 마찬가지다. 예컨대 우리가 자유의지가 존재하는지를 두고 논쟁을 벌인다고 해보자. 이 논쟁이 의미가 있으려면 자유의지가 존재하는지 존재하지 않는지에 따라 반드시 무언가가 영향을 받아야만 한다. 우리가 그 질문에 무엇이라고 답하는지가 우리의 ‘행동’ 방식에 영향을 미쳐야만 한다. 아니면 적어도 미래에 우리에게 일어날 것으로 예상되는 '일'에 영향을 미쳐야만 한다. 우리는 이렇게 자문해 봐야 한다. '인간의 의지가 자유로운가' 아니면 '인과적으로 결정되는가'에 따라 정말로 차이가 발생하는가? 우리가 실제로 한 일 대신 다른 일을 할 수 있었는지 여부(즉 우리에게 '자유'가 존재하는지 여부)가 정말로 중요한가? 어떤 식으로든 뚜렷한 차이가 발생하지 않는다면 자유의지는 무의미한 개념이며 더 이상 자유의지를 놓고 논쟁할 이유가 없다. 뚜렷한 차이가 발생한다면 자유의지 개념은 차이가 발생한 만큼의 의미를 지니고 있으며 자유의지의 의미는 정확히 자유의지 개념이 만들어내는 차이에 해당한다.[2]

제임스는 우리가 실용주의 방법론을 사용해 세계가 유일한가 다수인가, 세계의 본질이 물질에 있는가 정신에 있는가, 세계가 설계의 산물인가 우연의 산물인가 등 논쟁이 많이 벌어지는 형이상학적 문제들을 해결해야 한다고 권고한다. 즉 우리는 각 문제가 실질적인 차이를 만드는지, 차이를 만든다면 어떤 차이를 만드는지 확인해야 한다. 명확히 밝히고 있지는 않지만 제임스는 분명 삶의 의미에 관한 문제 역시 동일한 시험대를 거칠 수 있으며 거쳐야만 한다고 생각할 것이다. 만약 우리가 삶 자체가 혹은 특정 개인의 삶이 유의미한지 무의미한지 알아보고 싶다면 우리는 우선 삶이 의미가 있는지 없는지에 따라 실질적인 차이가 발생하는지를 확인해야 한다. '의미 있음'의 실질적인 현금 가치가 얼마인지 확인해야 한다. 그러기 위해서는 삶의 의미가 의식의 흐름*stream of experience* 속에서 어떤 자리를 차지하고 있는지 파악해야 한다. 제임스에게 있어서 누군가에 의해 어떤 식으로인가 경험되지 않는 대상은 실재하는 대상이 아니다. 어떤 식으로든 경험되지 않는 대상은 우리에게 아무런 차이를 가져오지 않기 때문이다. 존재하지 않는다고 봐도 무방하다. 반면 경험은 행동과 밀접히 연관돼 있다. 경험은 우리의 행동을 변화시킨다. 만약 행동을 변화시키지 않는 것 같다면 사실 우리는 아무것도 경험하지 않았다는 뜻이다. 그렇다면 의미 있는 삶은 의미 없는 삶과 어떤 실질적인 차이가 있을까? 의미 있는 삶은 혹은 의미 없는 삶은 우리의 경험과 행동에 어떤 영향을 미칠까?

'의미'는 확실히 우리에게 차이를 불러일으킨다. 우리는 우리의 삶이 의미 있기를 바라며 의미 없어 보이는 삶을 보고 탄식한다. 그런데 우리가 삶을 의미 없다고 말할 때 그것이 정확히 의미하는 바가 무엇일까? 누군가 자신의 삶이 의미 있다고 생각한다면 우리는 최소한 그 사람이 자신의 삶을 계속 살 만한 가치가 있는 것으로 경험하리라 기대할 수 있다. 누군가 (마땅한 이유도 없이) 자신의 목숨을 끊는다면[3] 그 사람은 더 이상 삶을 살 만한 가치가 있는 것으로 경험하지 않는다고 말할 수 있다. 그 사람의 삶이 스스로 인식하기에 (결국 중요한 것은 스스로의 인식뿐이다) 무의미하다는 사실은 그 사람이 저지르는 자살 행위에 의해 증명된다. 물론 그렇다고 어떤 사람이 자살을 저지르지 않았다는 사실에서 그 사람이 삶을 살 만한 가치가 있는 것으로 경험하고 있다는 결론이 필연적으로 따라 나오지는 않는다. 그 사람은 그저 자신이 경험하는 무의미함에 대응하여 행동을 취하기에 마음이 너무 유약한 것이거나 죽음을 지나치게 두려워하는 것일 수 있다. 반면 어떤 사람에게 삶을 지속하고자 하는 긍정적인 욕구가 존재한다면, 그 사람이 삶을 (단순히 견디는 것이 아니라) 진정으로 '원하고' 있다면 그 삶은 명백히 살 만한 가치가 있는 것으로, 의미 있는 것으로, (제임스가 즐겨 사용하는 표현으로는) 중요한 것으로 경험되고 있다는 뜻이다. 제임스는 〈인간에게 나타나는 어떤 맹목에 관하여*On a Certain Blindness in Human Beings*〉(1898)에서 이렇게 기술한다.

> 삶이라는 과정이 삶을 살아가는 인간에게 열의*eagerness*를 전달할 때마다 그 삶은 진정한 의미를 지니게 된다. 그 열의란 때로는 신체 활동과 더 깊이 엮이고 때로는 인식과 더 깊이 엮이며 때로는 상상력과 더 깊이 엮이고 때로는 반성적 사고와 더 깊이 엮인다. 하지만 어디서 발견되든 열의가 존재하는 한 그곳에는 열정과 얼얼함과 현실적인 흥분이 존재한다. 그리고 그곳에는 '중요성'이 존재한다. 존재할 수 있는 가장 실재적이고 확실한 방식으로 존재한다.[4]

바로 이것이 실용주의적인 방법론에 따라 드러나는 의미 있는 삶과 의미 없는 삶의 차이다. 어떤 사람이 삶을 살아가면서 일종의 열의—"열정과 얼얼함과 현실적인 흥분"—를 경험한다면, 계속 미래를 향해 나아가도록 독려하는 삶의 즐거움을 경험한다면 그 삶은 의미 있는 삶이다. 반대로 그런 열의가 결여된 삶은 의미 없는 삶이다. 이때 삶을 의미 있게 여긴다는 말이 계속 살아갈 이유가 있다는 뜻이고 삶을 의미 없게 여긴다는 말이 계속 살아갈 이유가 없다는 뜻이라고 오해하기가 쉽다. 하지만 이는 제임스가 말하고자 하는 바를 제대로 포착하지 못한 것이다. 살아갈 이유가 있다고 말하는 것은 자의식이 강하고 성찰적이며 개념화를 즐겨 하는 정신에 지나친 강조점을 부여한다. 살 만한 가치가 있는 삶을 사는 데는 '이유'가 필요하지 않다.[5] 우리에게 필요한 전부는 어느 부면이든 삶의 특정한 부면에 강렬한 '흥미'를 가지는 것이고 그런 흥미를 추구하는 와중에 수반되는 혹은 결과로 따라오는 '즐거움'을 누리는 것이다. 제임스는 자신의 논지를 분명히 하기 위해 로버트 루이스 스티븐슨*Robert Louis Stevenson*의 책을 인용한다. "즐거움을 놓치는 것은 전부 놓치는 것이나 마찬가지다."

울타리 밑에 숨겨둔 뼈다귀가 가져다주는 황홀감

수전 울프*Susan Wolf*는 우리의 삶이 의미를 지니려면 두 가지 조건이 함께 충족돼야 한다고 주장한다. 일단 '사랑'이 필요하고(즉 우리가 사랑하는 일에 적극적으로 관여해야 하고) 그다음에 '객관적 가치'가 필요하다(즉 우리가 사랑하는 일이 사랑과 관심을 받을 '자격'이 있어야 한다).[6] 둘 중 하나라도 빠져 있는 삶은 의미 있는 삶이 아니다. 삶의 의미는 "사랑을 받을 만한 가치가 있는 대상을 사랑하고 그 대상에 적극적인 방식으로 관여하는 데서 기인"한다.[7] 아마도 윌리엄 제임스는 철저히 실용주의적인 관점에서 울프의 생각에 동의하지 않을 것이다. 물론 제임스라면 사랑이 삶의 의미를 찾는 데 중요하며 사랑이 실재한다고(우리 경험 속에 존재한다고) 인정했을 것이다. 하지만 어떤 활동이나 생활방식이 '객관적인 가치'를 가지고 있다는 말은 기껏해야 '내'가 그렇게 생각한다는 사실, '내'가 그런 활동이나 생활방식을 그 자체로 할 만한 가치가 있는 일로 여긴다는 사실, '내'가 그런 활동이나 생활방식을 사랑한다는 사실을 뜻할 뿐이다. 실용주의적인 관점에서 말하자면 우리가 무엇이 사랑할 만한 가치가 있고 무엇이 사랑할 만한 가치가 없는지 알아낼 수 있는 유일한 방법은 주변을 둘러보면서 어떤 종류의 대상이 실제로 사랑을 받고 있는지 확인하는 방법뿐이다.[8]

또한 우리는 자신만의 기준으로 다른 사람이나 생물을 판단하지 않도록 각별히 주의해야 한다. 사실 우리는 언제나 "더 맞는 쪽은 더 많은 것을 느끼는 쪽이지 덜 느끼는 쪽이 아니"라고 추정해야 한다.[9] 예컨대 당신은 관심을 가지고 있고 실천하기를 좋아하지만 나는 전혀 관심이 없는 일이 있다고 해보자. 이때 나는 당신이 하는 일이 실행할 만한 가치가 없는 일이라고 결론 내려서는 안 된다. 오히려 당신이 (불행히도) 나에게는 닫혀 있는 다양한 측면의 현실에 접근할 수 있다고 생각해야 한다. 현실은 다층적이고 다면적이지만 우리가 이해하는 현실은 부분적일 수밖에 없기 때문이다. 우리는 우주의 본성에 관해 제대로 이해하고 있는 사실이 거의 없다.

오히려 나는 우리 인간이 온 우주와 맺고 있는 관계가 개나 고양이가 온 인간 생활과 맺고 있는 관계와 크게 다르지 않다고 본다. 개나 고양이는 우리네 거실이나 서재에 산다. 그러면서 정작 자기들은 중요한 줄도 모르는 여러 중요한 상황에 참여한다. 걔네들은 인류 역사라는 곡선에 접하고 있는 접선에 불과할 뿐 곡선의 시작이 어떻고 끝이 어떻고 모양이 어떤지는 전혀 이해하지 못한다. 마찬가지로 우리 역시 더 광범위한 생활 영역에 접하고 있는 접선에 지나지 않는다.[10]

사실 우리 거실이나 서재에 살고 있는 바로 그 개와 고양이조차 더 광범위한 생활 영역의 일부를 차지하고 있으며 따라서 우리는 접근하지 못하는 현실의 여러 측면에 접근할 수 있을지도 모른다. 제임스가 〈인간에게 나타나는 어떤 맹목에 관하여〉에서 말하고자 하는 맹목성 역시 다른 사람에게 중요한 대상 혹은 우리와 다른 모든 존재에게 중요한 대상을 이해하거나 인식하지 못하는 인간 전반의 무능력함을 가리킨다. 우리는 대개 우리 자신의 삶을 살아가면서 마주치게 되는 요구나 기회에 지나치게 몰두하는 나머지 우리와는 다른 방식으로 삶을 살아가거나 세상을 경험하는 존재를 쉽게 업신여기는 경향이 있다. 그러다 보면 우리 자신이 "감히 다른 사람의 조건이나 이상이 지닌 가치를 절대자처럼 판가름"할 수 있다고 착각하기가 쉽다.[11] 하지만 실상은 삶을 살아가고 있는 당사자가 살 만한 가치가 있다고 생각하는 한 모든 삶이 살 만한 가치가 있다는 점이다. 여기에는 동물의 삶 역시 포함된다(삶의 의미라는 주제를 학술적으로 다룰 때면 마치 동물의 삶은 의미를 지닐 수 없기라도 한 것처럼 번번이 논의에서 배제되고는 한다). 물론 우리는 동물의 삶, 예컨대 개의 삶을 정말로 의미 있게 만드는 것이 무엇인지 인식할 수 없을지도 모른다. 하지만 이는 그저 우리의 한계를 반영할 뿐이다. 개는 "문학과 예술의 즐거움"에 관해서라면 눈이 먼 것이나 다름없을지 모르지만 우리 인간 역시 (개에게 너무나 소중한) "울타리 밑의 뼈다귀라든가 나무나 가로등 냄새가 가져다주는 황홀감"에 관해서라면 맹인이나 다름없다.[12] 개의 삶은 우리 인간의 삶보다 덜 소중하지 않다. 그저 우리 삶과는 다른 방식으로 중요할 뿐이다. 개 입장에서 삶을 의미 있게 만들어주는 무언가가 존재한다면 그것은 개의 삶을 살 만한 가치가 있는 삶으로도 만들어 줄 것이다.

그런데 제임스는 우리의 삶이 한층 '더' 의미 있는 삶이 될 수 있는 방법을 제안한다. 바로 "바글바글 소리가 날 정도로 풍요로운 구체적인 세계의 극적 풍성함"을 향해 스스로를 활짝 열어젖히는 것이다.[13] 실용주의적인 생물이다 보니 우리 인간은 보통 "내면의 삶으로 이루어진 방대한 세계"가 우리 주위를 둘러싸고 있다는 사실을 알아차리지 못한다.[14] 삶이 있는 곳이라면 어디에서든 울타리 밑에 숨겨진 뼈다귀를 비롯해 갖가지 대상으로부터 기쁨(그리고 고통)을 얻을 수 있음에도 알아차리지 못한다. 물론 바쁘게 살아가는 와중에도 어느 정도의 의미나 중요성을 발견할 수 있을지도 모른다. 하지만 삶이 다른 이들에게 어떤 의미를 가지고 있는지 내다보고 받아들이고 참여할 줄 아는 사람들에게 현실은 훨씬 더 흥미진진하고 살아갈 만한 곳이 된다. 셸리*Shelly*나 워즈워스*Wordsworth* 같은 시인들은 우리가 현실적인 이익을 제쳐두고 "어리석음을 힘보다 앞자리에" 둔 채[15] 우리 사방을 둘러싸고 있는 자연물들의 삶에 우리의 눈과 마음을 열어젖힌다면[16] 특별한 종류의 환희가 한순간에 우리를 덮칠 것이라고 묘사한다.

그러고 나면 우리는 "숨겨진 의미가 갖고 있는 신비감"에 압도당할 수 있다.[17] (제임스보다 몇십 년을 앞서 《풀잎*Leaves of Grass*》이라는 성적으로 적나라한 시집을 통해 미국을 발칵 뒤집어 놓은 바 있는) 시인 월트 휘트먼*Walt Whitman*은 모든 부류의 삶과 관계를 맺고 모든 부류의 삶에 참여할 때 나타나는 이런 신비감에 특히 예리한 감각을 지니고 있었다. 휘트먼은 어디서든 신성을 볼 줄 알았다. 제임스는 이것이 당연한 일이라고 지적하면서 이유를 이렇게 설명한다. "본질적인 신성 혹은 영속적인 의미는 평범한 브루클린 혹은 뉴욕 시민이 아무 생각 없이 지나치는 광경 속에 존재하지 다른 데 존재하지 않는다. 그곳에는 삶이 있고 바로 한 발짝 옆에는 죽음이 있다. 언제 어디서도 볼 수 없는 종류의 아름다움이 있다."[18] 다시 말해 우리가 마음만 먹으면 바로 '여기'에서 온갖 신성을 찾을 수 있다는 뜻이다.

실용주의자는 경험을 초월하는 대상마저 경험할 수 있다. 그것이 무언가를 의미하기만 하면 된다. 우리의 경험을 넘어서는 대상이라도 우리의 경험 속에 나타나기만 한다면 실재가 될 수 있다. 유한에서 무한을, 불경한 것에서 신성한 것을 찾을 수 있다. "휘트먼이 그랬듯이 세계가 존재하는 광경만을 보고도 만족감에 넋이 나가는 것, 그것이 세계의 심오한 의미와 중요성을 지각하고 있음을 드러내는 가장 근본적인 방법이다."[19] 세계의 의미와 중요성이 "심오한" 이유는 우리가 삶이 게임이 아니라 진지한 실전이라고 느끼고 삶이 우리의 흥미와 관심을 끌 만큼 중요하다고 느낌에도 삶이 '왜' 중요하며 어떤 식으로 중요한지는 제대로 이해하지 못하기 때문이다. 우리는 삶이 중요하다는 '느낌'을 가지고 있으며 그에 따라 삶을 살아간다. 우리가 확신할 수 있는 것은 그게 전부다. 나머지는 그저 추측에 불과할지도 모른다.

제임스는 이런 심오한 의미에 접근하는 법을 '어떻게' 배울 수 있는지도 말해주지 못한다. 비법 같은 것은 존재하지 않는다. 삶의 의미를 느끼거나 느끼지 못하거나 둘 중 하나다. 어떤 때는 느낄 수도 있고 다른 때는 느끼지 못할 수도 있다. 아주 가끔씩만 느낄지도 모른다. 어떤 사람들은 특정한 사건을 겪은 다음에 일종의 회심 수준의 급격한 변화를 경험하기도 한다. 그렇게 맹목성이 사라질 수 있다. 회심*conversion*이라고 해서 반드시 특정한 종교적 신앙을 가져야 한다는 뜻은 아니다. 제임스가 《종교적 경험의 다양성*Varieties of Religious Experience*》(1902)에서 일부 소개하고 있듯이 회심은 다양한 형태를 취할 수 있다. 어떤 형태의 회심이든 공통점은 그것이 행복을 초래한다는 점, 삶의 의미를 해독할 수 있는 더욱 개방적이고 민감한 삶의 태도를 가져다준다는 점이다.

사실 삶의 의미는 언제 어디서나 발견할 수 있다. 물론 특별한 곳에서 발견할 수도 있지만 우리가 거의 주의를 기울이지 않을 만큼 평범한 곳에서도 발견할 수 있다. 〈인간에게 나타나는 어떤 맹목에 관하여〉에서 제임스는 톨스토이의 피에르 베주호프를 떠올리면서[20] 피에르가 프랑스에 포로로 잡혀 이전까지 누리던 호화롭고 안락한 생활을 박탈당한 뒤에야 삶의 기본적인 활동들이 가져다주는 즐거움을 온전히 인식할 수 있게 됐다고 지적한다. 피에르는 "배고플 때 먹는 행복, 목마를 때 마시는 행복, 졸릴 때 자는 행복, 말을 섞고 싶을 때 대화하는 행복"을 느꼈다.[21] 피에르는 강제로 궁핍한 생활을 하면서 삶이 이미 기본적인 수준에서도 얼마나 풍성할 수 있는지, 삶이 겉으로 보기에 열악한 환경에서도 얼마나 아름다울 수 있는지 깨달았으며 난생처음 진정한 행복을 맛봤다. 물론 어떤 사람들은 피에르가 겪은 상황을 전혀 다른 식으로 경험할 수 있으며 뚜렷한 시각의 변화가 나타나지 않을 수 있다. 제임스는 이렇게 덧붙인다. "그렇다면 사건이나 경험 자체는 아무것도 아니다. 모든 것은 주어진 상황에 영혼이 완전히 몰두할 수 있는가, 삶의 기류를 내맡길 수 있는가에 달려 있다."[22] 운 좋게도 그런 능력을 가지고 있다면 우리는 더 이상 우리의 삶이 진정으로 의미가 있는지 고민할 필요가 없다. "그처럼 민감한 감수성을 가지고 있는 한 삶은 언제나 살 만한 가치가 있다."[23]

제임스는 휘트먼이 예찬한 "삶에서 기본적으로 확정돼 있는 좋은 것들"의 중요성을 강조한다. 우리 평범한 인간들은 "보는 것, 냄새 맡는 것, 맛보는 것, 자는 것, 몸을 과감히 사용하는 것"과 같은 일들에서 느낄 수 있는 유익에 지나치게 무감각한 경향이 있다.[24] 삶을 좋게 만드는 것은 삶에 대해 생각하는 일이 아니다. 삶이 우리에게 무언가를 '의미'한다면 그것은 대개 "스스로를 생각하지 않는 단계, 순전히 감각을 통해 인식하는 단계로 끌어내릴 때 삶이 제공하는 강렬한 즐거움" 덕분이다.[25] 의미가 자연적으로 그리고 제일 먼저 생겨나는 곳은 바로 감각이다. 결국 제임스의 철학에 따르면 삶의 의미는 철저히 공평하게 주어진다. 우리는 의미 있는 삶을 살기 위해 정치운동가나 의료연구원이나 인권변호사가 될 필요가 없다. 성자가 될 필요는 더더욱 없다. 특별한 무언가를 전혀 하지 않아도 된다. 우리는 그저 세상에 존재하면서 우리의 존재를 즐기면 된다. 무언가를 해내야 한다는 투지를 내려놓은 채 긴장을 풀고 삶을 한껏 받아들이면 된다. "삶에서 휴일은 가장 중요하고 필수적인 부분이다. 휴일은 신비할 만큼 무책임한 매력으로 뒤덮여 있기 때문이다."[26]

사실 삶은 "가치와 의미로 … 흠뻑 젖어" 있다.[27] 따라서 우리는 삶의 의미를 멀리까지 가서 찾을 필요가 없다. 하지만 삶에 존재하는 무수한 의미 중 대다수는 우리가 아닌 다른 존재만이 제대로 느낄 수 있다. 그렇기 때문에 우리는 절대 "다른 존재 형태의 무의미함"에 관해 말해서는 안 된다. 오히려 "어떤 존재가 아무에게도 해를 끼치지 않고 자기 나름의 방식으로 삶을 행복하게 즐기고 있다면 우리 머리로는 아무리 이해하기 힘들다 한들 관용과 존중과 인내를 나타내야 한다. 간섭하지 말자. 모든 진리와 선은 결코 단 한 명의 관찰자에게만 모습을 드러내지 않는다."[28]

삶의 기본적인 선을 인식할 수 있는가, 인식할 수 있다면 어디까지 인식할 수 있는가는 주로 자신이 어떤 종류의 사람인가에 달려 있다. 내가 잘못된 종류의 사람인 경우 더 개방적이고 민감한 종류의 사람이었다면 접근할 수 있었을 온갖 의미의 근원에 다가가기가 어려울 것이다. 결국 모든 것은 기질의 문제다. 윌리엄 제임스는《실용주의》의 첫 장에서 모든 사람이 자기 고유의 철학, 세계를 이해하는 자신만의 방식을 가지고 있으며 바로 이 철학이 세계를 바라보는 방식을 결정한다고 주장한다. 여기서 "철학"이란 "삶의 진정한 의미 혹은 삶의 심오한 의미에 관한 우리의 다소 우둔한 인식"을 가리킨다.[29] 따라서 의미는 우리의 인식에 새겨져 있다. 세계와 세계에서 일어나는 모든 일들은 언제나 우리에게 '무언가'를 의미한다(만약 아무것도 의미하지 않는다면, 바로 앞 대목에서 살펴본 것과 같은 뚜렷한 중요성을 띠지 않는다면 의미가 없다는 바로 그 사실이 우리에게 드러나는 의미다). 어떤 경우든 세계는 특정한 개인의 해석에 종속돼 있다. 따라서 세계는 사람마다 다르게 보이며 무엇보다도 다르게 느껴진다. 그렇다면 우리의 경험에 관한 한 '유일한' 세계 같은 것은 존재하지 않는다. 세계는 늘 '나'의 세계로서, '너'의 세계로서, '그'의 세계로서, '그녀'의 세계로서 존재한다. 여러 방면에서 부분적으로 겹치기는 하지만 완전히 통합되지는 않는 가운데 단일 세계가 아니라 다중 세계가 존재하는 셈이다. 이는 실용주의적 차원에서 아주 중요하다. 우리가 세상에 대해 어떻게 느끼는가가 우리가 세계에서 어떻게 행동하는가를 결정하기 때문이다.

우리의 느낌은 우리가 세상에 대해 어떻게 '생각'하는지, 즉 세계의 궁극적인 본성을 무엇이라고 생각하는지 역시 결정한다. 따라서 제임스는 본질적으로 철학의 역사를 서로 다른 기질을 가진 사람들 사이에 일어난 충돌의 역사로 이해해야 한다고 주장한다. 이런 기질의 전형에는 "정신이 유연한*tender-minded*" 기질과 "정신이 완고한*tough-minded*" 기질이 있다. 정신이 유연한 사람들은 원칙을 좋아하고 합리주의적인(이상주의적인) 시각을 받아들이려는 경향이 있는 반면 정신이 완고한 사람들은 사실을 좋아하고 경험주의적인 시각을 받아들이려는 경향이 있다.[30] 또한 유연한 사람들은 낙천주의자가 될 가능성이 높은 반면 완고한 사람들은 비관주의자가 될 가능성이 높다.[31] 그러므로 철학적 논쟁이란 객관적인 사실에 관한 논쟁, 무엇이 (객관적으로) 참이고 거짓인지에 관한 논쟁이 아니다.[32] 여기에 확실히 옳고 그른 것은 존재하지 않는다. 상반되는 기질을 가진 사람들은 단지 세계의 어떤 측면에 초점을 두는지가 다를 뿐 둘 다 똑같이 실재하는 측면에 초점을 맞춘다. 양쪽 다 어떤 진리는 민감하게 인식하고 어떤 진리는 전혀 인식하지 못한다. 따라서 두 관점은 서로를 보완한다고 할 수 있다.

《종교적 경험의 다양성》에서 제임스는 앞서 살펴본 기질 구분과 비슷하지만 완전히 일치하지는 않는 방식으로 두 가지 (철학적이고 종교적인) 기질을 구분한다. 바로 "건강한 정신*healthy mind*"과 "병든 영혼*sick soul*"이다. 정신이 건강한 사람들은 선에 초점을 맞추며 악을 무시하거나 경시하려고 애쓴다. 그들은 전부 다 괜찮다고 믿거나 적어도 끝에 가서는 최선의 결과가 나올 것이라고 믿는다. 만물은 그 자체로 딱 알맞게 존재하며 만약 그렇지 않다면 우리보다 거대한 어떤 힘에 의해 제 시간 내에 바로잡힐 것이다. 많은 경우 이런 태도는 상황을 (최소한 지금보다는) 좋게 만든다. 이런 태도는 우리가 다른 방식으로 행동하게 만들며 행동은 실제로 세계를, 현재 상황을 바꿀 수도 있기 때문이다(실용주의자 입장에서 진리란 하나로 고정된 것이 아니다. 진리는 언제나 변화하는 과정 중에 있다). 이때 종교적 감정은 과학과 마찬가지로 "세계라는 보물 창고의 자물쇠를 여는" 진정한 열쇠 역할을 한다.[33] 사실 자물쇠에 들어맞는 열쇠는 하나 이상 존재한다. 어쨌든 세계는 "서로가 서로의 영역을 침투하는 수많은 현실"로 이루어진 복잡한 곳이기 때문이다.[34] 정신이 건강한 사람들은 세상에서 의미와 중요성을 찾는 데 어려움을 겪지 않는다. 그들은 자연스럽게 세상이 즐거운 곳이라고, 의심과 의문의 여지없이 삶이 살 만한 가치가 있는 것이라고 생각한다. 그들은 세상을 편안하게 느낀다. 모든 형태의 삶을 예찬한 월트 휘트먼은 정신이 건강한 사람의 대표주자라고 할 수 있다.

반면 영혼이 병든 사람들은 딱히 좋은 삶에 유익이 되지 않는 나쁜 일에 초점을 맞춘다. 그들은 자신의 삶이 의미가 있는지 의심하느라 괴로워하고 무언가 중요한 것을 찾으려고 애쓰지만 찾는 데 어려움을 겪으며 집에 있는 것 같은 편안함을 느끼지 못한다. 제임스는 톨스토이가 바로 그처럼 병든 영혼이라고 평가한다. 영혼이 병든 사람들은 세상이 마땅히 존재해야 할 방식대로 존재하지 않는다는 사실에, 세상이 충분히 좋지 못하다는 사실에 진정으로 슬퍼한다. 영혼이 병든 사람의 마음 상태는 진지하고 엄숙하다. 물론 쇼펜하우어와 니체 같은 일부 비관론자는[35] 그런 조건에 늘 부응했던 것은 아니다. "그들이 내는 울음소리에는 종교적 슬픔에서 나오는 정화의 음이 결여돼 있다." 결과적으로 그들이 보내는 야유는 "대부분 죽음을 앞둔 쥐 두 마리가 찍찍거리며 신음하는 소리를 떠올리게" 만든다.[36] 제임스가 보기에 둘은 세상이 얼마나 나쁜 곳인지 한탄하는 면에서 충분히 품위 있거나 "엄숙"하지 못하다.

그럼에도 세상에 나쁜 일이 실제로 벌어진다는 사실을 부정하기는 어렵다. 수많은 고통이 존재하며 결국 우리를 데려갈 죽음이 존재한다.[37] 정신이 건강한 사람들은 그런 사실들을 외면하는 경향이 있는 반면 영혼이 병든 사람들은 현실을 더 잘 포착하는 경향이 있다. 제임스는 이렇게 말한다.

> 건강한 정신이 철학적 신조로는 부적당하다는 사실에는 의심의 여지가 없다. 건강한 정신이 설명하기를 전적으로 거부하는 악한 사실들 역시 엄연한 현실의 일부이기 때문이다. 어쩌면 그런 악한 사실들이 삶의 중요성에 이르는 최선의 열쇠이자 가장 심오한 진실에 눈 뜨게 해 주는 유일한 수단일지도 모른다. 평범한 삶을 살아가는 과정 속에도 끔찍한 우울감이 가득한 순간들, 근본적인 악이 기회를 잡아 견고

한 모습을 드러내는 순간들처럼 나쁜 순간들이 존재한다. 정신이상자의 끔찍한 망상 역시 모두 일상적인 사실에서 기인한 것이다. 인류 문명은 아수라장 위에 세워졌으며 따라서 모든 개별 존재는 무력한 고통 속에 외로운 발작을 겪는다.[38]

제임스는 "악한 사실들이 삶의 중요성에 이르는 최선의 열쇠"라는 말이 정확히 무슨 뜻인지 설명하지 않는다. 이 문제는 나중에 다시 다뤄보도록 하자. 어쨌든 여기서 제임스가 말하고자 하는 주된 요지는 이 세상에 존재하는 고통 역시 중요하다는 점, 고통이 아주 많이 존재한다는 점, 고통 역시 충분히 실재적이며 따라서 합리화해서 치워버릴 수 없다는 점이다. 현실 세계는 "땀과 먼지"로 가득한 난잡한 곳이다.[39] 영혼이 병든 사람들은 그 사실을 잘 알고 있다. 그들은 악이라는 현실을 인정하기를 회피하지 않으며 바로 그 이유 때문에 삶을 살아가기를 힘들어한다. 삶에 그 이상의 무언가가 존재하지 않는 이상 그들은 삶이 진정으로 살 만한 가치가 없다고 생각한다. 그렇다고 삶이 가져다주는 나름의 특전이 존재한다는 사실이 위로가 되지도 않는다. 오히려 이는 상황을 한층 더 악화시킨다.

인류는 얼어붙은 호수 위를 살아가는 일단의 사람들과 비슷한 처지에 있다. 이 호수는 절벽으로 둘러싸여 있어서 탈출할 수 있는 방법이 없다. 그런데 사람들은 조금씩 얼음이 녹아내리고 있으며 머지않은 언젠가 마지막 얼음 층마저 사라질 수밖에 없음을 알고 있다. 호수에 빠져 굴욕적으로 죽어가는 것이 인류에게 주어진 운명인 셈이다. 얼음 위에서 스케이트를 타며 즐거워할수록, 낮에 해가 더욱 환하게 반짝일수록, 밤에 모닥불이 더욱 불그스름하게 타오를수록 전체 상황에서 발견할 수 있는 의미는 더욱 가슴 저미는 슬픔을 불러일으킨다.[40]

제임스의 우화에 등장하는 사람들이 직면한 진짜 문제는 그들이 얼음이 녹아내린다는 사실을 '알고 있다'는 점이다. 그들은 그들이 죽을 것임을 알고 있다. 여기서 제임스는 죽음이라는 현실과 그것의 불가피성을 인식하는 방식이 (마치 톨스토이에게 그랬던 것처럼) 개인의 삶에 그림자를 드리움으로써 '삶의 의미가 무엇인가' 그리고 '왜 굳이 살아야 하는가'라는 의문을 품는 병든 영혼에게 슬픔을 초래한다는 사실을 인정하고 있다. 다행히도 (톨스토이가 최소한 부분적으로는 성공했던 것처럼) 영혼이 병든 사람들은 자신의 병을 극복할 수 있다. 제임스는 극복에 성공한 사람들을 "두 번 태어난*twice-born*" 사람들이라고 지칭하면서 세상 상태를 절대 걱정하지 않으며 행복에 이르기 위해 한 번만 태어나면 되는 정신이 건강한 사람들과 대조시킨다.[41]

자정의 고뇌에서 대낮의 믿음으로

제임스는 《종교적 경험의 다양성》을 내놓기 몇 해 전인

1895년에 집필하고 출판한 에세이 〈인생은 살아야 할 가치가 있는가?*Is Life Worth Living?*〉에서 어떻게 영혼의 병을 극복할 수 있는지에 대해 언급한 바 있다. 에세이는 삶이 살*living* 만한 가치가 있는가는 전적으로 간*liver*('삶을 살아가는 사람'을 의미할 수 있는 중의적 표현—옮긴이)에 달려 있다는 농담으로 시작된다. 제임스 자신이 지어낸 말장난은 아니지만 이 농담은 삶의 의미 여부를 느낄 수 있는가가 주로 기질에 달려 있다는(혹은 생리적인 문제에 뿌리를 둘 수 있다는)[42] 제임스의 주장을 완벽히 포착하고 있다. 하지만 제임스는 이것이 웃고 넘길 만한 문제가 아니라고 재빠르게 지적한다. 영혼의 병은 "겉으로 드러나는 존재의 화려함"에서 주의를 돌려 "삶의 심오한 베이스 음"에 초점을 맞출 때 우리가 "마음속 가장 깊숙한 곳"에서 느끼는 슬픔으로부터 초래되기 때문이다.[43] 우리 중 건강한 정신을 끊임없이 유지할 수 있는 사람은 거의 없다. 우리는 때때로 월트 휘트먼처럼 세계라는 존재 자체에서 행복과 의미를 찾을 수 있을지 모르지만 그런 기분은 지나가기 마련이다. 어느 순간 삶이 정말로 살 만한 가치가 있는지 의문이 떠오른다.

> 이와 같은 기분이 영원히 지속될 수 있다면 그리고 이와 같은 기질이 보편적일 수 있다면 지금 우리가 직면한 논의 자체가 생겨나지 않았을 것이다. 삶이 살 만한 가치가 있다는 사실이 그 자체로 자명하기 때문에 어떤 철학자도 굳이 그 사실을 확실히 증명하겠다고 나서지 않았을 것이다. 그리고 대답이 주어졌기 때문이라기보다는 질문 자체가

사라졌기 때문에 문제 역시 사라질 것이다.[44]

안타깝게도 낙천적인 기분이 끊임없이 지속되는 경우는 극히 드물며 건강한 정신이라는 기질 역시 보편적인 것과는 거리가 한참 멀다. 우리 대부분은 이따금 "세계의 궁극적인 잔혹함"을 인식하기 마련이다.[45] 그리고 그럴 때면 우리는 온갖 고난을 지금 여기서 끝내야 하는가 하는 고민에 빠질지도 모른다. 제임스가 지적하듯이 수많은 사람들이 스스로 목숨을 끊는다는 사실은 삶이 실제로는 살 만한 가치가 없다는 사실을 강하게 지지하는 것 같다.[46] 물론 어떤 사람들은 삶이 제대로 풀리지 않아서 자살을 저지른 것일지도 모른다. 어떤 사람들은 "주체하기 힘든 충동"이 "갑작스럽게" 이는 바람에 자살을 저질렀을 수도 있다.[47] 하지만 분명 충분히 제정신인 상태에서 특정한 상황이나 환경과는 관련 없이 자살을 결심한 사람들도 존재한다. 그런 사람들은 특정한 종류의 삶의 권태*tedium vitae* 때문에 죽음을 맞이한 희생자들이다. 삶의 권태는 오직 "좋은 쪽으로든 나쁜 쪽으로든 성찰적인 삶에 몰두하는" 사람들과 "악착같이 사물의 추상적인 뿌리를 찾느라" 시간을 보내는 사람들에게만 닥치는 것 같다. 이는 보통 "의문만 지나치게 많이 제기할 뿐 적극적인 책임을 거의 지지 않은" 결과이다.[48] 삶의 권태에 압도당한 사람들은 특히 어두운 렌즈를 통해 세상을 바라본다. 제임스는 이런 렌즈를 가리켜 "삶을 자정*midnight*처럼 바라보는 관점" 혹은 "삶을 악몽*nightmare*처럼 바라보는 관점"이라고 부른다.[49] 이는 정신이 건강한 사람들이 가지고 있는

"사물을 대낮*daylight*처럼 바라보는 관점"과 뚜렷이 구분된다.[50]

삶을 자정처럼 바라보는 관점은 세계를 비참한 곳으로 소개한다. 우리는 세계를 완전히 이해하려고 애쓰지만 우리가 그럴 수 없다는 사실을 깨닫는다. 우리가 이해할 수 있는 통일성 같은 것은 존재하지 않는다. "아름다움과 추함, 사랑과 무자비함, 삶과 죽음은 계속해서 불가분의 관계를 유지한다. 따라서 인류를 사랑하는 신이 존재하다는 예의 따뜻한 관념 대신 사랑하지도 미워하지도 않는 끔찍한 힘이 공동의 파멸을 향해 만물을 의미 없이 굴리고 있다는 관념이 우리를 점점 엄습한다."[51] 삶을 악몽처럼 바라보는 관점 하에서 세계는 불가사의하고 사악한 "도덕적 다중 세계"에 해당한다.[52] 게다가 여기에 죽음까지 있다. 우리 개인이 죽음을 맞이한다는 사실뿐만 아니라 우리가 알고 있는 모든 것, 우리가 가치 있게 여기는 모든 것이 결국 죽음을 맞이한다는 사실(톨스토이가 말하는 "모든 것의 피할 수 없는 끝")이 있다. 현대 과학은 우리가 우리 삶에 담겨 있는, 우리 삶에 드러나 있는 모든 "귀중한 요소들"이 언젠가 사라질 것임을 예상해야 한다고 권한다. "종국에 이처럼 철저한 파멸과 비극밖에 없다는 주장이 과학적 유물론의 핵심이다."[53]

삶을 악몽처럼 바라보는 관점은 기질적인 근원(개인의 기질과 기분)을 가지고 있다. 이는 오늘날 세상을 지배하고 있는 과학적인 세계관에 의해 생겨나고 자라날 수 있지만 훨씬 근본적인 문제는 제임스가 "마음의 갈구"라고 부르는 욕구와 욕망에 있다. 우리 마음은 참회하고 화해할 기회를 제공하여 "만물의 총체적인 영혼"과 "교감"할 수 있게 해주는 일종의 영적 의식을 갈구한다.[54] 하지만 삶을 자정처럼 바라보는 관점이 우리를 압도하면 우리는 세상이 존재해야 하는 대로 존재하지 않는다고 느끼며, 그런 세상에서 살 수도 없고 살고 싶지도 않다고 느끼기 때문에 문제가 발생한다. 우리가 갈구하는 교감을 제시하지 못하는 셈이다. 결과적으로 우리는 세상이 지금과는 다른 상태이기를 바라며, 만약 이런 세상을 창조하고 우리를 그 안에 집어넣은 신이 정말로 존재한다면 그 신은 우리가 원하고 필요로 하는 종류의 신이 아닐 것이라고 생각한다. 따라서 우리는 세상이 보이는 대로가 다가 아니며 아직 우리에게 숨겨진 더 나은 무언가가 있기를 소망하지만 그것이 무엇인지 찾을 수 없기 때문에 절망한다. 그렇기 때문에 제임스는 이런 부류의 비관적인 인생관을 가리켜 "사실상 종교적인 질병"이라고 부른다.[55] 이런 비관론은 종교적인 바람이 충족되지 않은 채 남아 있을 때 초래된다. 여기에는 긴장과 불협화음이 존재한다. 나중에 알베르 카뮈가 "부조리*absurd*"라고 부르는 종류의 불협화음이다. 우리가 요구하는 것(삶이 의미 있으며 살 만한 가치가 있다는 인식)과 세상이 우리에게 부여하는 것 사이에 충돌이 일어나는 경험을 하는 것이다.

제임스는 이런 불화 속에서 빠져나오는 방법이, 삶을 자정처럼 바라보는 관점을 극복할 수 있는 방법이 적어도 두 가지 있다고 주장한다. 한 가지 방법은 우리의 기대를 낮추는 것이다. 바뀌기 싫다고 완고하게 고집을 부리는 세계에게 굳이 우리가 원하는 대로 바뀌라고 요구하지 않는 것이다. 이때 우리는 신이 존재하지 않는다는 사실, 무엇도 궁극적으로 중요하지 않다는 사실, 숨겨진 의미나 경험을 초월하는 의미가 존재하지 않는다는 사실, 우리가 악이라고 부르는 요소들이 세계가 지닌 치명적인 구조적 결함이 아니라 그저 가능한 한 실용적으로 그리고 효율적으로 대처함으로써 극복하면 되는 유한한 장애물에 불과하다는 사실을 받아들이게 된다. 다른 선택지는 우리 마음이 요구하는 바에 딱 맞는 방식으로 세계를 해석하는 법을 찾은 뒤 거기에 우리의 믿음을 두는 것이다.

많은 경우 우리의 기대치를 낮추는 것만으로도 충분히 삶을 살 만한 가치가 있는 것으로 재발견할 수 있다. "한계를 넘어서는 형이상학적인 책임감"을 놓아주면 된다.[56] 그렇게 한다면 우리는 다시 생명력이 샘솟는 기분을 느끼고 앞으로 무슨 일이 벌어질지 순수한 호기심을 품으며 만물을 향해 과도한 고민 없이 일상적인 사랑을 나타낼 수 있을지도 모른다. 혹시 이 정도 원동력으로 충분하지 않다고 하더라도 여전히 세상에는 삶에 대한 흥미를 살아 있게 만들어주는 깊은 원동력이 존재한다. "설령 사랑하고 탄복하고자 하는 충동이 죽어버리더라도, 미워하고 싸우고자 하는 충동이 요구에 부응하고자 하기 때문이다."[57] 우리 대부분은 우리의 삶이 살 만한 가치가 있어 보이려면 반드시 세상이 좋은 곳이어야 한다고 추정한다. 그러다 보니 세상이 좋은 곳이 아니라는 사실을 깨달았을 때 삶에 절망하는 것이다. 하지만 사실 세상은 꼭 좋은 곳이어야 할 필요가 없다. 오히려 굉장히 많은 경우 우리를 계속 나아가도록 만드는 것은 일부 악의 존재다. 적어도 악은 우리가 맞서 싸워야 할 대상은 물론 우리가 스스로를 증명할 기회를 제공하기 때문이다. 악 자체는 악하지만 악이 존재한다는 사실은 악하지 않다. 오히려 악의 존재는 삶을 더욱 흥미롭게 만들며 어떤 면에서는 계속 살아갈 훌륭한 이유를 제공한다는 점에서 삶을 더욱 살 만한 가치가 있는 것으로 만든다. "결핍과 투쟁은 우리를 흥분시키고 고무시킨다." 우리의 삶에 "더욱 간절한 열망"을 부여한다.[58] 우리 모두는 질병이 찾아올 때 혹은 질병에 맞서 싸울 때 느껴지는 묘한 생기에 익숙할 것이다. 그러므로 싸워야만 한다는 사실에는 싸움에서 이길 가능성이 있는 한 전혀 잘못된 점이 없다. "삶이 우리에게 무슨 일을 초래하든 삶은 살 만한 가치가 있다. 우리가 전투를 성공적으로 끝마쳐 발뒤꿈치로 압제자의 목을 짓누를 수만 있다면 괜찮다."[59] 개인적으로는 제임스가 삶을 의미 있게 만들려면 우리가 전투에서 반드시 '승리'해야 한다는 의미로 이런 말을 했다고 생각하지 않는다. 우리에게는 '기회'만 있으면 된다. "어쩌면"이면 충분하다.

마지막으로 이마저도 효과가 없다면, 즉 삶을 계속 살아갈 만한 사랑을 느끼지도 미움을 느끼지도 못한다면 우리는 '도의심'을 중심으로 삶을 계속 살아갈 이유를 찾을 수 있을지도 모른다. 우리가 살아갈 수 있도록 다른 존재들이(특히 우리가 삶을 유지하기 위해 일상적으로 이용하고 살육하는 수많은 동물들이) 수없이 고통을 겪어왔으며 수없이 스스로의 목숨을 내주었다는 사실을 인식하는 것이다. 우리의 유익을 위해 다른 수많은 존재가 희생했다는 사실은 우리에게 최선을 다해 삶을 살면서 삶에 감사해야 할 의무를 부여한다. 그뿐만 아니라

"우리 삶의 토대가 된 수많은 생명에 보답하는 마음으로 우리 역시 어느 정도 고통을 지는 가운데 자기 자신을 부인하는 삶을 살아야 할" 의무 역시 부여한다.[60]

신앙을 가질 권리

우리가 우리 눈에 보이는 세계보다 더 따뜻하고 친절하고 만족스러운 세계를 갖고 싶다는 종교적인 충동과 욕망을 억누르기로 결정했다면, 앞서 살펴본 것처럼 호기심, 호전성, 도의심이 우리가 의미 있는 삶을 살기 위해 기댈 수 있는 '자연적인' 수단이 될 수 있다. 하지만 이 모든 것이 효과가 없다면 어떻게 해야 할까? 영혼이 너무 병든 나머지 무엇도 사랑할 만한 가치가 없다고 느끼고, 무엇을 위해서도 싸울 만한 가치가 없다고 느끼며, 아무 의미 없는 것 같은 존재들이 자신을 위해 희생했다고 해서 도의적인 책임을 져야 하는 것도 아니라고 느낀다면 어떻게 해야 할까? 그런 경우라면 단 하나의 선택지만이 남아 있다. 바로 종교적 신앙이다. 이는 특정 종교 교리에 대한 신앙이 아니라 가능한 한 넓은 의미에서의 신앙을 가리킨다. 특히 겉으로 보기에는 전혀 그런 것 같지 않더라도 어떤 식으로인가 모든 것을 좋게 만드는 혹은 적어도 선을 향해 나아가는 힘으로서 작용하는 고등한 영적 질서가 존재한다는 '믿음'을 가리킨다. 우리는 그런 질서가 존재하는지, 존재한다면 정확히 어떤 본성을 가지고 있고 어떤 영향을 미치는지 확실히 알 수 없다. 하지만 마찬가지로 그런 질서가 존재하지 않는다고 확신할 수 있는 근거도 없다. 어쨌든 세상은 매우 거대한 곳이며 우리가 알고 있는 지식은 극히 일부에 지나지 않는다(앞서 살펴본 대로 거실이나 서재에 살면서 인간 생활에 참여는 하지만 인간 생활을 거의 이해하지 못하는 개나 고양이와 다를 바 없다). 그러므로 종교적 신앙을 가질 만한 여지는 풍부하게 존재한다. "신앙이란 의심하는 것이 이론적으로 가능한 선택지임에도 무언가를 믿는 것을 의미한다."[61] 신앙은 언제나 필요하다. 심지어 과학에서도 필요하다. "신앙으로부터 벗어나려면 정신을 완전히 비우는 수밖에 없다."[62] 예컨대 과학자라면 자연이 일관적이라는 사실과 자연법칙이 불변한다는 사실을 믿어야 한다.[63] 여기에는 어떤 증거도 없다. 그렇다는 신앙을 가져야 한다. 그리고 우리는 신앙을 가지고 있다. 그렇지 않고서는 학문을 할 수 없기 때문이다. 종교적 신앙은 그저 그와는 다른 필요를 충족시킬 뿐이다.

실용주의적인 관점에서 보자면 종교적 신앙을 갖는 것은 그 대안이라고 할 수 있는 과학적 유물론을 따르는 것에 비해 훨씬 더 나은 선택지가 될 수 있다. 과학적 유물론은 세상에 영속적인 의미가 존재할 수 있다는 우리의 희망을 완전히 산산조각 낸다는 점에서 실질적으로 우리가 경악할 만한 결과를 초래한다고 할 수 있다. 사실 유물론 역시 신앙 내지는 신앙의 정반대에 있는 무언가를 필요로 한다. 일종의 불신을 필요로 한다. 유물론자들은 눈에 보이는 것 외에 아무것도 존재하지 않는다고 믿는다. 그렇다면 우리가 우리 눈에 보이는 것 이상이 존재한다고, 무언가 고등한 질서가 있어서 우리를 돕고 지탱하고 보존하는 것은 물론 심지어 우리에게 관심까지 가지고 있다고 믿지 못할 이유가 무엇이란 말인가? 제임스는《실용주의》에서 하느님이라는 개념이 실용주의적 관점에서 우월성을 가지고 있다고 주장한다. 그것이 "영구적으로 보존될 이상적인 질서를 보장"하기 때문이다.[64] 만약 신이 존재한다면 "비극은 일시적이고 부분적인 것에 불과하며 난파와 소멸은 절대적인 끝이 아니"다. "영구적인 도덕 질서를 염원하는 욕구는 우리의 가슴 가장 깊은 곳에 자리 잡고 있는 욕구 중 하나다."[65] 종교적 신앙의 실용주의적 가치는 그것이 '희망'을 허락한다는 점이다. 세상에 지금까지 우리에게 밝혀진 것 이상의 무언가가 존재한다는 믿음이 세상을 다시 살아갈 만한 가치가 있는 것으로 느끼게 만들 수 있다면 우리는 그런 믿음을 가질 권리가 충분히 있으며 사실 마땅히 그래야 한다. 그런 믿음을 가지지 않는다면 우리가 존재하지 않는다고 여기는 대상이 실제로도 존재하지 않게 될 것이기 때문이다. 믿음은 특정한 결과를 초래하며 믿음의 부재 역시 그 점에서는 마찬가지다. 믿음은 행동으로 이어지며 우리가 무엇을 하지 않는가는 우리가 무엇을 하는가만큼이나 사건이 전개되는 과정에 영향을 미친다. 이런 논리로 보자면 행동을 하지 않는 것은 사실 행동을 하는 것이나 다름없다.

더 나아가 신앙은 무언가를 성취하는 데도 필요하다. 심지어 과학적인 발견조차도 개인이 아무 증거가 없는데도 무언가가 실재한다고, 실재해야 한다고 꾸준히 믿었기 때문에 이루어진 경우가 많다. 어쨌든 우리는 무언가를 찾고자 할 때 실제로 더 높은 확률로 무언가를 찾을 수 있다. 반대로 애초에 무언가가 존재하지 않는다고 믿는다면 무언가를 찾을 가능성도 더 낮아진다. 일반화해서 말하자면 삶의 대부분의 영역에서 성공은 행동의 힘에 달려 있고, 행동의 힘은 우리가 실패하지 않을 것이라는 믿음에 달려 있으며, 우리가 실패하지 않을 것이라는 믿음은 우리가 옳다는 믿음에 달려 있다.[66] 우리가 실패하리라고 예상한다면 실제로도 실패할 가능성이 훨씬 높아진다. 삶을 어떻게 살 것인지 고민할 때 이런 사실을 이해하는 것은 특히 중요하다. 도덕적 문제나 종교적 문제는 본질적으로 언제나 우리가 머리로 알 수는 없지만 어느 쪽이든 선택해야만 하는 문제와 관련돼 있기 때문이다. 이런 문제를 놓고서 중간을 선택할 수는 없으며 의심하거나 망설일 여유도 없다. 우리는 '반드시' 한쪽을 선택해야만 한다.

— 정당화할 수 없는 살인인지 확신이 들지 않는다고 해서 살인을 막지 않는다면 사실상 나는 살인을 교사하고 있는 것이나 마찬가지다. 내가 들인 노력으로 배가 떠 있을지 확신이 들지 않는다고 해서 배에서 물을 퍼내지 않는다면 사실상 나는 배가 가라앉도록 방조하고 있는 것이나 마찬가지다. 산 속 절벽에 갇혀 있는데 내게 감히 뛰어오를 권리가 있는지 의심하고 있다면 나는 적극적으로 내 죽음을 묵인하고 있는 것이나 마찬가지다.

도덕적 낙관론은 세상이 이미 그 자체로 도덕적인 세상이기 때문에 타당한 것이 아니다. 도덕적 낙관론이 타당한 이유는 낙관론 없이는 세상이 결코 도덕적인 곳이 되지 않을 것이므로 만약 세상이 도덕적인 곳이 되기를 바란다면 내가 마치 세상이 도덕적인 것처럼 행동해야 하기 때문이다. "도덕적인 문제를 놓고서 회의론을 펼치고 있다면 부도덕의 적극적인 공범이 되는 것이나 마찬가지다."[67] 선을 실현하기 위해서는 선이 실재한다는 믿음, 신념, 신앙이 필요하다. 우리는 우리가 바라는 것을 믿음으로써 새로운 현실을 창조한다. 믿음은 에너지를 불러일으키며 에너지는 (설령 우리가 살아가는 동안은 아닐지라도) 상황이 이루어지도록 만든다. 우리가 중요하다고 믿는 한 세상은 중요하다. 실제로 세상의 본성이 무엇인지는 중요하지 않다. 세상은 그 자체로는 아무것도 아니다. 세상은 우리가 원하는 대로 바꿀 수 있는 열린 프로젝트다.

제임스의 권고에 따르면 우리는 삶을 자정처럼 바라보는 관점을 물리치기 위해 지금 우리가 하고 있는 일이 우리가 알고 있는 현실을 초월하는 의미를 가지고 있는 것처럼 행동해야 한다. 우리는 삶이 살 만한 가치가 있다고 느끼기 위해 "우리의 용기와 인내가 눈에 보이지 않는 세계 어디에선가 마침내 결실을 맺고 있다고 확신"하는 것처럼 행동해야 한다.[68] 실제로는 그런 결실을 맺을지 '확신'할 수 없다고 하더라도 단념해서는 안 된다. 우리가 어떤 행동을 취하기 전에 행동의 결과에 대해 혹은 행동의 객관적인 가치에 대해 확신할 수 있을 때까지 기다리기만 한다면 우리는 아무것도 할 수 없다. "가능성에 기대지 않고는 어떤 승리도 거둘 수 없으며 어떤 충직한 행동이나 담대한 행동도 취할 수 없다. 실수가 아닐지도 모르는 어떤 수고나 자선도, 과학적 탐구나 실험이나 교재도 이룰 수 없다. 우리는 매 시간 스스로를 위험에 빠뜨리지 않고는 조금도 살아갈 수 없다."[69]

신앙을 갖는 것은 위험을 감수하는 것을 뜻한다. 하지만 우리는 위험을 감수함으로써 스스로에게 유리한 말만 하는 병든 영혼의 비관론을 극복할 수 있다. 그렇다고 건강한 정신의 낙관론으로 되돌아가야 한다는 뜻은 아니며 오히려 되돌아가서도 안 된다. 제임스가 우리에게 권하는 시각은 비관론도 낙관론도 아니다. 우리는 제임스가 개선론*meliorism*이라 부르는 시각을 받아들여야 한다. 비관론은 세계의 구원이 '불가능'하다고 단언하고 낙관론은 세계의 구원이 '필연적'이라고 단언하는 반면 개선론은 그저 세계의 구원이 '가능'하다고 믿을 뿐이다.[70] 개선론적인 시각은 세상을 우리가 바라는 더 나은 곳으로 만들기 위해 행동하도록 독려한다. 우리의 믿음에서 나온 행동이 "그럴 여지가 있는 한 그리고 가능성의 틈을 비집고 들어가는 한 세계의 구원을 창조할 것"이기 때문이다.[71] 이런 맥락에서 우리의 행동은 "존재의 작업장"이라고 할 수 있다.[72]

이런 주장이 옳다면 우리는 삶이 살 만한 가치가 없는 것처럼 보일 때마다 삶이 살 만한 가치가 있다고 믿음으로써 그리고 그에 상응하게 행동함으로써 삶을 살 만한 가치가 있게 만들 수 있다. 그러므로 우리의 삶이 살 만한 가치가 있는지 없는지는 실제로도 살아가는 사람에게 달려 있는 것이나 마찬가지다. "당신은 믿음을 가짐으로써 혹은 불신을 가짐으로써 두 개의 가능한 세계 중 하나를 현실로 만든다. 당신이 행동을 취하기 전까지 두 세계는 모두 가능성으로만 남아 있다."[73] 자살을 저지름으로써 삶이 살 만한 가치가 없다고 선언한다면 우리는 삶을 자정처럼 바라보는 관점을 확증하는 것이다. 즉 자기파멸적인 행동을 취하기 전보다 세상을 한층 더 암울한 곳으로 만듦으로써 삶을 자정처럼 바라보는 관점이 옳다고 증명하는 것이다. 마찬가지로 그런 암울한 시각에 굴복하기를 거부할 때 우리는 세상을 조금 더 밝은 곳, 조금 더 살 만한 곳으로 만든 것이다. 어떤 신앙은 신앙을 갖는 것만으로도 스스로를 입증해 보인다. "삶을 두려워하지 말라. 삶이 살 만한 가치가 있다고 확신하라. 그러면 당신의 그런 믿음이 실제 사실을 창조하는 데 일조할 것이다."[74] 물론 우리의 믿음이 최종적으로 타당한 것으로 드러날지 그렇지 않을지는 아무도 확실히 알 수 없다. 하지만 우리는 삶이 의미가 있으려면 우리의 싸움이 이득과 손실을 가져오는 실제적인 싸움이어야만 한다는 사실을 안다. 그리고 적어도 지금 당장 우리가 말할 수 있는 것은 삶이 확실히 실제처럼 '느껴진다'는 것이다.[75] 결국 우리의 신앙은 우리의 종교적인 욕구에 기반을 두고 있을 뿐만 아니라 우리가 현실을 경험하는 방식에도 기반을 두고 있다.

위험 없는 세계의 끔찍함

우리는 무언가가 중요하다고 생각하기 때문에, 싸울 만한 가치가 있는 무언가가 (실제로) 존재한다고 생각하기 때문에 싸움을 벌인다. 하지만 동시에 우리는 세상이 아직 바람직한 상태로 존재하지 않기 때문에 그리고 우리의 노력 없이는 결코 바람직하게 변하지 않을 것이기 때문에 사물이 실재한다고, 우리와 우리가 하는 일이 중요하다고 느낀다. 우리는 우리가 맞서 싸울 무언가가 혹은 우리가 싸워서 쟁취해야 할 무언가가 아직 남아 있기 때문에 세계가 실재한다고 느낀다. 만물이 이미 완벽하다면, 모든 희망이 충족된다면, 모든 적이 완파당한다면, 모든 업적이 달성된다면 우리는 삶을 견딜 수 없을 것이며 삶이 아무런 의미가 없다고 느낄 것이다.

제임스가 마지막으로 집필한 뛰어난 에세이 〈무엇이 삶을 의미 있게 만드는가?*What Makes a Life Significant?*〉(1898)에서 제임스는 자신의 경험을 소개한다. "몇 해 전 여름에 나는 셔토쿼*Chautauqua* 호수 경계에 위치한 유명한 캠핑장에서 행복한 한 주를 보냈다."[76] 이곳에는 인간이 원할 법한 모든 것이 갖추어져 있는 것 같았다. "인간의 하등한 필수 욕구를 전부 채워주는 것은 물론이고 고등한 잉여 욕구까지 대부분 채워줄 만한 수단들"이 가득했다.[77] 모든 것이 가능한 한 완벽한 상태로 존재하는 것 같았다.

전염병도 가난도 취태도 범죄도 경찰도 없었다. 문화가 있고 친절이 있고 값싼 물건이 있고 평등이 있었다. 인류가 지난 여러 세기에 걸쳐 문명이라는 이름 아래 피와 땀을 흘리면서 투쟁해온 최상의 결과물이 그곳에 있었다. 다시 말해 고통과 음지 없이 사방에 빛이 내리쬔다면 인류 사회가 어떤 모습일지 맛보기로 즐길 수 있었다.

한 마디로 "죄도 피해자도 오점도 눈물도 없는 중산층의 낙원"이었다.[78] 그곳에서 제임스는 행복했다. 아니, 행복한 것 같았다. 그곳을 떠나기 전까지는 말이다. 다시 "어둡고 사악한 세계"로 돌아왔을 때 제임스는 웬 안도감이 솟구치는 것을 느꼈다. 그리고 자신이 그렇게나 풍성한 평화와 조화, 온갖 진부함, "평범함과 열정의 부재"를 견딜 수 없다는 사실을 깨닫고는 스스로도 깜짝 놀랐다.[79] 심지어 이제 제임스는 약간의 악을 해독제로서 갈망하고 있었다.

이제 원시적이고 원초적인 무언가를 갈망하게 됐다. 수평을 다시 맞추기 위해 아르메니아 학살 사건 같은 끔찍한 일이 필요하다 하더라도 말이다. 이곳 질서는 너무 지루하다. 이곳 문화는 어딘가 부족하다. 이곳의 선은 너무 밋밋하다. 악당도 고통도 없이 펼쳐지는 이곳의 인생극장은 너무나 재미없다. 이곳 사회는 너무 정제돼 있어서 인간에게 내재한 야수에게 권할 만한 것이 기껏해야 크림소다밖에 없다. 호수 위로 떠오른 미지근한 태양에 지글지글 끓고 있는 이 도시에서 나는 살아갈 자신이 없다. 위험이라고는 없는 이 끔찍한 세계에서 나는 살아갈 자신이 없다. 차라리 나는 죄와 고통이 가득한 거대한 황무지

같은 바깥세상에서 다시 살아갈 기회를 놓치지 않겠다. 그곳에는 높이와 깊이가 있다. 벼랑처럼 가파른 이상이 있다. 어슴푸레 빛나는 장엄함과 무한함이 있다. 무엇보다도 그곳에는 사실상 죽음이나 다름없을 만큼 평범함이 절정에 차오른 이곳에 비해 희망과 구원이 천 배는 더 많다.[80]

참으로 인상 깊은 선언이 아닌가! 사실상 악을 지지하는 것처럼, 세상을 지상낙원으로 바꾸려는 모든 시도를 신랄하게 비난하는 것처럼 보인다. 마치 유토피아를 반대하는 성명문의 축소판 같다. 물론 지상낙원이라는 개념이 이론상으로는 좋아 보일지도 모른다. 하지만 문제는 우리가 낙원에 살면서, 즉 지상에 강림한 천국에 살면서 행복하지 않을 것이라는 점이다. 그런 유토피아는 인간의 본성을 만족시키지 못할 것이다(발할라*Walhalla*라면 가능할지도 모른다). 우리 인간에게는 "험난함"은 물론 "용기와 분투, 긴장과 위험"과 같은 요소들이 늘 필요하다.[81] 우리는 세상이 완전히 안전하기를 바라지 않는다. 우리 인간은 심연의 경계 위를 걸어 다니거나 낭떠러지 위를 살아가는 등 위험을 감수해야 한다. 적어도 "죽음의 가능성"은 있어야 한다. 우리는 우리 자신이 "빛의 세력과 어둠의 세력 사이에 벌어지는 끊임없는 싸움"에서 나름의 역할과 발언권을 가지고 있다고 생각할 수 있어야 한다. 그 싸움에서 최종적인 승리를 거두는 것은 최종적인 패배를 거두는 것만큼이나 삶의 가치를 무너뜨릴지도 모른다. "열매를 따다 먹는 순간 모든 것이 명예를 잃는다."[82]

다시 말해 우리의 행복은, 삶이 살 만한 가치가 있다는 우리의 인식은 우리가 영웅적 행위를 나타낼 기회가 있는가에 달려 있다. 이런 욕구를 충족하기 위해 전쟁을 벌일 필요는 없다. 그저 전쟁에 상응하는 적절한 등가물만 있으면 된다. 제임스는 영웅적 행위를 나타낼 기회가 사람들이 도전에 직면하는 곳이라면 사실상 어디에나 존재한다고 생각한다. "칼을 맞대고 싸우는 전쟁이나 목숨을 건 행군만이 우리가 찾는 영웅적 행위는 아니다. 지금까지도 세워지고 있는 철교나 내화 건물에서도 영웅적 행위를 찾을 수 있다. 화물열차 위나 선박 갑판 위에서도, 방목장이나 광산에서도, 뗏목 위에서도, 소방관이나 경찰관 사이에서도 용기는 끊임없이 요구되며 끊임없이 공급된다."[83]

그러므로 제임스가 볼 때 산업화 시대는 분명 수많은 영웅들이 출현할 만한 시대다. 우리는 여기서 톨스토이가 선망하고 예찬한 평범한 노동자들의 삶을 떠올리게 된다. 톨스토이는 노동자들의 단순한 삶이 가장 의미 있는 삶이라고 생각했다. 이를 잘 이해하고 있는 제임스 역시 톨스토이가 삶의 의미를 민주적으로 분배했다는 사실에 갈채를 보내는 한편 "가장 의미 깊은 인간의 삶은 어디에나 존재하며 영원하다"고 주장한다.[84] 의미 있는 삶에 이르는 열쇠는 용기(자신이 믿는 바를 위해 기꺼이 싸우고자 하는 의지와 그 과정에서 앞을 가로막는 장애물을 기꺼이 극복하고자 하는 의지)이며 이를 나타낼 수 있는 상황과 방식은 매우 다양하다. 삶의 의미와 중요성은 손으로 하는 노동이나 소작농의 더러운 장화에서만 발견할 수 있는 것이 아니라 비교적 지적이고 추상적인 목표를 추구하는 과정에서도 발견할 수 있다. 우리는 육체노동 역시 삶에 의미를 부여하기는커녕 그저 생각 없이 수행하는 고역으로 전락할 수 있음을 기억해야 한다. 왜 그럴까? 분명 그 과정에서 무언가 빠져 있기 때문일 것이다. 정확히 무엇이 빠졌을까? 제임스는 바로 '이상*ideal*'의 부재가 노동에서 의미를 앗아감으로써 노동을 그저 고역으로 전락하게 만든다고 주장한다.

우리가 무엇을 하든 간에 혹은 어떤 삶의 행로를 추구하든 간에 우리의 행동이 '외부 관찰자'가 보기에 중요해 보이려면, 즉 "객관적으로 철저히 중요"해 보이려면 우리는 특정한 이상에 따라 움직이고 있어야 한다.[85] 다른 누군가의 행동에 내재한 의미는 "오직 내면의 기쁨과 용기와 인내가 이상과 결합했을 때만 우리에게 온전하고 타당"해 보일 수 있다.[86] 여기서 제임스는 의외의 전개를 펼치고 있다. 〈무엇이 삶을 의미 있게 만드는가?〉가 논의를 이어받은 것으로 보이는 에세이 〈인간에게 나타나는 어떤 맹목에 관하여〉에서 주장한 내용과는 다소 모순이 있기 때문이다. 누군가의 삶이 살 만한 가치가 있으려면 삶에서 그 사람의 흥미를 끌 만한 무언가가 존재하기만 하면 된다는 예의 주장이 돌연 성립하지 않는 것처럼 보인다. 여기서부터 '의미 있음'이라는 용어는 조건이 많이 붙는 새로운 뜻을 획득한다(이에 따르면 더 이상 개의 삶은 '의미 있는' 삶이 아닌 것 같다). 제임스는 이런 모순에 관해 상세히 설명해주지 않고 있다. 하지만 어쩌면 우리는 어떤 삶을 '존중*respect*'할 것인지와 어떤 삶을 '찬미*admire*' 할 것인지를 구분함으로써 이런 모순을 해소할 수 있을지도 모른다.

우리는 삶을 살아가는 당사자가 살 만한 가치가 있다고 생각하는 삶을 가치 없는 삶으로서 여기거나 대해서는 절대 안 된다. 다른 방식의 삶이나 다른 형태의 삶을 존중한다는 말에는 이런 전제가 내포된다. 하지만 우리가 이런 맥락에서 다른 삶이 의미 있다고 인정한다고 해도, 반드시 그 삶을 찬미하거나 그 삶에 특별하고도 공적인 중요성을 부여해야 한다는 뜻은 아니다. 그러기 위해서는 반드시 그 삶에 이상이 존재해야 한다. 다만 제임스가 말하는 '이상'은 사실상 무엇이든 될 수 있다는 점에서 여전히 꽤나 민주적인 개념이라고 할 수 있다. 예컨대 어떤 사람들은 단지 "밑바닥 같은 삶을 피하기"만을 갈망할 수 있다. 반대로 가장 웅대하고도 고상한 이상마저 의미를 창조하기에는 충분하지 않을 수 있다. 이상은 값싸며 구하기 쉽다. 모두가 이상을 품을 수 있다. 삶에 (객관적인 혹은 공적인) 중요성을 부여하고 싶다면 우리에게는 이상을 넘어서는 무언가가 필요하다.

우리는 이상을 행동으로 바꿀 줄 알아야 한다. 이상을 위해 일어설 줄 알아야 한다. 이상을 실현하기 위해 최대한 열심히 노력할 줄 알아야 한다. 다시 말해 우리는 "노동자들이 지닌 단호하고도 씩씩한 미덕"을 가지고 이상적인 전망을 뒷받침해야 한다.[87] 변화와 진보를 가져오기 위해 이상이 필수적인 것처럼 이상을 실현하기 위해서는 그런 미덕이 필수적이다. "따라서 어떤 인간의 삶이 다른 사람들의 눈에 띌 만큼 그리고 입에 오르내릴 만큼 의미를 지닌다는 것은 각각 혼자서는 자식을 낳을 수 없는 두 남녀가 한데 결합해 자식을 낳는 것과 같다. 이상 자체만으로는 현실을 초래할 수 없으며 미덕 자체만으로는 참신함을 초래할 수 없다."[88]

이는 우리의 삶이 가치가 있으려면 우리가 사랑하는 대상이 사랑받을 만한 객관적인 가치를 지니고 있어야 한다는 수전 울프의 주장과 여전히 큰 차이가 있다. 제임스의 주장에 따르면 삶을 경험하는 주체 자신이 이상을 판단하는 궁극적인 재판관이며 우리 중 누구도 다른 사람의 이상을 두고 왈가왈부할 권리도 능력도 없다. 〈무엇이 삶을 의미 있게 만드는가?〉는 다른 사람들이 자기가 알맞다고 생각하는 대로 삶을 살 수 있도록, 그리고 우리 자신이 우리가 알맞다고 생각하는 대로 삶을 살 수 있도록 겸손과 관용과 이해를 기를 것을 다시 한 번 촉구하면서 끝을 맺는다. "삶의 견고한 의미는 영원히 변하지 않는다. 삶의 의미란 특별하든 평범하든 신선한 이상이 충실, 용기, 인내와 결합한 결과, 신선한 이상이 인간의 노력과 결합한 결과다. 그리고 삶이 어떠하든 혹은 삶이 어떤 단계에 있든 삶에는 언제나 그런 결합이 일어날 기회가 존재한다."[89]

8강.

진정 삶을 살았다고 할 만한 유일한 삶

마르셀 프루스트

1871~1922

Marcel Proust

죽음을 극복하는 예술의 위력

3,000페이지가 넘는 방대한 분량과 이리저리 뻗어나가는 방대한 주제를 자랑하는 마르셀 프루스트의 가장 인상적인 역작《잃어버린 시간을 찾아서*Remembrance of Things Past*》는 반자전적인 소설로 1913년에서 1927년 사이에 일곱 권으로 나누어 출판됐으며 마지막 세 권은 프루스트가 1922년에 죽음을 맞이한 뒤에야 출판됐다. 겉으로 보기에《잃어버린 시간을 찾아서》에서는 딱히 이렇다 할 사건이 일어나지 않는다. 소설의 등장인물들은 다양한 화제에 관해, 주로 자기 자신이나 서로에 관해 많은 말을 한다. 화자인 마르셀*Marcel*은 사랑에 빠졌다가 사랑을 그만뒀다가를 반복하며 다른 여러 등장인물 역시 마찬가지다. 등장인물들은 사랑에 빠질 때면 사랑하는 대상이 자신에게 충실하지 않을까 봐 걱정하면서(보통 그럴 만한 이유가 있다) 질투에 사로잡히며 사랑을 저버릴 때면 순식간에 완전히 무관심한 상태로 돌변한다. 여러 등장인물이 동성애자이거나 양성애자다(프루스트 자신 역시 그랬을 것으로 추정된다).

시간이 흐르면서 화자는 물론 다른 등장인물 역시 모두 나이를 먹는다. 그 와중에 드레퓌스*Dreyfus* 사건이 지나가고 제1차 세계대전도 지나간다. 인물들은 이런 사건들에 관해 언급은 하지만 실질적인 행동은 대화 이면에서 나타난다. 사회적 혁명이나 정치적 혁명은 오직 대화의 배경으로서나 존재한다. 이따금 어떤 인물은 죽음을 맞이하고 빠르게 잊힌다. 어떤 인물도 행복하지 않지만 그렇다고 어떤 인물도 딱히 불행하지 않다. 최소한 삶의 불운 때문에 불행해하지는 않는다. 고통은 주로 등장인물이 자신이 소유할 수 없는 대상을 소유하기를 열망할 때 발생하거나 등장인물이 자신을 제외한 다른 사람을 이해하지도 사랑하지도 못할 때 발생한다. 등장인물들은 모두 목표나 목적 없이 시간을 따라 배회하거나 표류하고 있는 것처럼 보인다. 그들은 특히 자신만의 사적인 세계에 갇힌 채 혼자로 지낸다. 사회적으로는 특권층이지만 지극히 단조로운 삶을 산다. 일부 등장인물들은 자신이 무엇을 찾고 있는지도 모르지만 자신의 삶에 일말의 의미를 가져다주길 바라면서 막연히 무언가를 찾고 있다. 하지만 그들 중 대다수는 그 무언가를 발견하기도 전에(혹은 온 힘을 다해 찾으려고 마음먹기도 전에) 나이가 들어 죽는다. 단 한 명만이 예외다. 물론 그 예외는 소설의 화자이자 프루스트의 대체 자아인 마르셀 자신이다. 마르셀은 우리가 읽게 될 바로 그 책을 집필하는 것이 자신의 목적임을 마침내 깨닫는다. 그리고 삶이란 삶을 예술로 전환함으로써만 도달할 수 있는, 더욱 고상하고 더욱 참되며 더욱 실재적인 존재의 측면으로 이행하는 것임을 발견한다.

그렇다면《잃어버린 시간을 찾아서》가 말하고자 하는 바는 정확히 무엇일까? 표면적인 차원에서 보자면 소설은 주로 사랑과 관련된 감정, 특히 죽을 만큼 혼자이기 싫지만 결국 자신이 혼자이며 앞으로도 혼자일 것임을 깨달을 때 나타나는 감정인 '질투'를 다루고 있는 것으로 보인다(소설의 핵심은 결코 사랑이 아니다. 소설은 그저 감정적인 열병이나 집착에 관해 다루고 있을 뿐이다. 프루스트의 세계에서 진정한 사랑이 들어설 여지는 없다. 모든 등장인물은 결국 혼자다). 하지만 심층적인 차원에서 보자면 소설은 주로 현재를 붙들고 있을 수 없다는 사실과 과거를 다시 돌려받을 수 없다는 사실 그리고 그로 인한 상실감과 회한을 다루고 있다. 젊음과 사랑이 필연적으로 떠나가고 다시는 되돌아오지 않을 것이라는 현실을 직시할 것을 다루고 있다.[1] 우리 자신을 비롯해 우리가 알고 있는 모든 것이 하나둘 죽음을 맞이한다는 현실, 즉 시간이 지나가고 있는 현실에 대처해야 함을 다루고 있다.

하지만 여기에는 한줄기 희망이 비친다. 우리는 외양과 실존 사이에 차이가 있다는 사실을 알고 있다. 우리가 살고 있는 삶이 덧없고 허망할지라도 그 이면에 훨씬 견고하고 신뢰할 만한 현실이 실재한다는 사실을 알고 있다. 이따금 잠깐 찾아오는 지복의 순간에 그런 현실을 어렴풋이나마 목격할 수 있기 때문에 우리는 그런 현실이 존재한다는 사실을 직관적으로는 알고 있다. 하지만 우리가 모르고 있는 것은 '어떻게 그런 현실에 더 확실히 접근할 수 있는가'와 '어떻게 그런 현실에서 살아갈 수 있는가'다.《잃어버린 시간을 찾아서》는 바로 이 질문에 대답하고자 한다. 혹은 최소한 우리를 제대로 된 방향으로 인도하고자 한다. 결국《잃어버린 시간을 찾아서》는 해방과 구원의 가능성에 관한 소설, 잃어버린 시간을 찾음으로써 죽음 자체까지 극복할 수 있는 예술과 창의성의 위력에 관한 소설이라고 할 수 있다.

사랑이라는 끔찍한 속임수

잃어버린 시간이란 다시 돌려받을 수 없는 지나간 시간을 가리킨다. 동시에 잃어버린 시간이란 '낭비된' 시간을 가리키기도 한다. 본질적으로 아무 가치가 없는 대상에 사용된 시간, 다른 데 사용됐더라면 더 좋았을 시간을 가리킨다. 우리 대부분은 쾌락을 추구한다. 하지만 쾌락을 추구하는 것은 기만적이다. 영혼을 만족시키는 대신 영혼이 자포자기에 이르도록 만들기 때문이다.[2] 영혼은 지속적인 무언가, 영속적인 무언가를 찾고자 한다. 반면 모든 쾌락은 일시적이다. 따라서 쾌락이란 더욱 지속적인 무언가를 위해 희생될 수 있으며 희생돼야 한다. 우리가 다른 사람들과 대화하면서 얻는 즐거움 역시 여기에 포함된다. 대화라고 해 봐야 "피상적인 여담"에 불과하기 때문이다. 이런 대화는 우리가 진리를 향해 나아가도록 부추김으로써 삶을 더 의미 있게 살도록 돕는 대신 우리의 발전을 저해할 뿐이다. "우리가 한평생 말을 한다 해도 우리는 한순간의 공허를 무한히 반복하게 될 뿐이다. 반면 우리가 예술을 창조하기 위해 고독하게 노력할 때 우리의 생각은 저 아래 깊은 곳을 향해, 우리에게 닫혀 있지 않은 유일한 방향을 향해 나아가게 된다. 바로 이때 우리는 … 진리라는 목표를 향해 자유롭게 나아가게 된다."[3]

우리가 친구에게 사용한 시간 혹은 친구와 함께 사용한 시간 역시 낭비된 시간이다. 우정을 삶에서 가장 중요한 요소 중 하나로, 좋은 삶을 구성하는 필수적인 조건 중 하나로 추앙하는 아리스토텔레스 전통과 달리 프루스트는 우리의 삶에 우정이 딱히 필요하지 않다고 주장한다. 우정이 가져다주는 즐거움은 기껏해야 평범한 수준에 지나지 않으며 어떠한 지적인 가치도 지니고 있지 않다.[4] 오히려 우정은 우리가 의무를 다하지 못하게, 예술가로 치면 창조해야 할 의무를 다하지 못하게 정신을 산만하게 만들 뿐이다. 예술가라면 오로지 자기 자신을 위해 살면서 사회적 관계나 유대에 휘둘리지 않을 때만 최선의 창조 활동을 할 수 있다.

하지만 낭비 중에서도 최악의 낭비는 우리가 사랑에 쏟는 시간과 에너지다. 여기에는 여러 가지 이유가 있다. 우선 우리는 사랑에 빠질 때면 사랑하는 대상에게 그것이 실제로 가지지 않은 특성들을 투영한다. 그 대상이 실제로는 특별하지 않은데도 특별하다고 착각한다. 그 대상이 하는 행동이나 그 대상에게 일어나는 일이 실제로는 중요하지 않은데도 엄청나게 중요하다고 착각한다. 그 대상과 사랑에 빠지지 않은 다른 사람들은 이를 명확히 분별하며 따라서 우리에게 무슨 일이 벌어지고 있는 것인지 그들은 도통 이해하지 못한다.

그들은 우리가 일시적으로 일종의 정신병을 앓고 있다고 생각한다. 사실 그들의 생각이 맞다. 사랑은 우리의 시각을 왜곡시킨다. 우리가 실제로는 존재하지 않는 대상을 바라보도록 만든다. 우리의 주관적인 상상력은 우리가 사랑한다고 생각하는 사람, 사랑받을 만한 자격이 있다고 생각하는 인격을 창조해낸다. 하지만 상상은 상상일 뿐 실제로 우리 앞에 존재하는 사람과는 (전혀 관계없지는 않더라도) 거의 관계가 없다. 상상력과 함께라면 우리는 지극히 평범한 사람조차 어마어마한 가치를 지닌 사람으로 인식할 수 있다. 실제로는 매우 평범하거나 하찮은 대상일지라도 상상력을 거치면 매우 비범하거나 소중한 대상이 될 수 있다.

타인이란 대체로 우리에게 무형의 존재나 다름없기 때문에 우리가 그중 한 사람에게 어마어마한 고통이나 행복을 초래할 능력을 부여하기만 한다면 그 사람은 돌연 이전과는 다른 우주에 속하는 것처럼 보이게 된다. 그는 시적인 우아함에 둘러싸인 가운데 우리의 삶으로부터 감각이 흘러넘치는 광활한 대지를 만들어내고 그 위에서 우리는 그와 한층 더 가까워진다.[5]

프루스트에게 사랑이란 열병이자 질환에 불과하다. 사랑이라는 병이 지나가고 나면 건강과 제정신이 돌아오며 그제야 우리는 상대에게 특별한 점이 전혀 없었다는 사실을 깨닫게 된다.

하지만 사랑한다고 생각하는 사람에게 시간을 쏟을 때 그 시간이 낭비된다고 할 수 있는 이유가 상대가 그만한 주의를 기울일 만한 가치가 없기 때문만은 아니다. 사랑에 빠질 때 우리는 상대에게 가까이 다가가려고, 즉 상대로부터 우리를 갈라놓는 틈을 연결하려고 애쓴다. 하지만 결국 그런 일은 애초에 불가능하다는 사실이 드러난다. 진실은 우리가 무슨 짓을 하든 혹은 우리가 얼마나 많은 시간과 노력을 투자하든 우리가 상대를 모른다는 사실, 앞으로도 영원히 모를 것이라는 사실이다. 결국 우리가 확인하게 되는 것은 상대가 가면을 쓰고 있으며 가면 아래에 무엇이든 숨겨져 있을 수 있다는 사실이다. 우리는 영원히 타인을 꿰뚫어볼 수 없다. 우리는 그저 "무궁무진한 속내를 지닌 인간을 집어넣고서 봉인한 편지봉투"만을 더듬을 뿐이다.[6] 우리가 평소에 이를 알아차리지 못하는 이유는 우리가 절대다수의 사람들에게 충분히 관심이 없기 때문이다.[7] 하지만 우리가 사랑에 빠지면 우리는 상대에게 관심을 갖게 된다. 바로 그제야 상대의 의중이 우리에게 너무나 중요해지기 때문에 우리는 상대가 어떻게 생각하거나 느끼는지, 상대가 우리를 실제로 어떻게 바라보는지 전혀 모른다는 사실을 온전히 알아차리게 된다. 심지어 상대가 우리를 사랑하는지 혐오하는지조차 알 수 없다.[8]

결국 인간과 인간 사이의 친밀감은 환영에 불과하다. 소통은 불가능하다. 타인은 우리를 이해할 수 없고 우리도 타인을 이해할 수 없다. 우리가 하는 말은 마치 "폭포로 된 움직이는 장막"을 통과하듯이 의미가 왜곡된 채로 상대에게 전달되며 따라서 서로가 하는 말을 알아듣는 것이 사실상 불가능하다.[9] 우리가 하는 말을 상대에게 이해시키려 애쓰다 보면 우리는 말을 하는 주체가 더 이상 우리 자신이라고 할 수 없을 만큼 "스스로를 전혀 생소한 사람으로 포장"하게 된다. 그렇다고 스스로를 포장하지 않으면 상대와 나 사이의 거대한 간극이 좁혀지지 않기 때문에 애초에 이해받을 가능성 자체가 사라진다. 그러므로 우리는 "돌이킬 수 없을 만큼 혼자"다.[10] 우리가 다른 누군가와 연결됐다는 감각 역시 우리가 창조해낸 상대의 인격만큼이나 환영에 가깝다.

> 우리 자신을 다른 사람과 결속시키는 유대감은 우리 머릿속에나 존재한다. 기억이 희미해짐에 따라 유대감 역시 사라지며, 우리가 기꺼이 그런 환영에 속아주고 사랑, 우정, 예의, 존중, 의무라는 명목 아래 그런 환영을 이용해 다른 사람을 속이기도 하지만 결국 우리는 홀로 존재한다. 인간은 스스로에게서 벗어날 수 없는 생물, 동료 인간을 자기 머릿속에서만 이해할 수 있는 생물이다. 그렇지 않다고 주장하는 사람은 거짓말하고 있는 것이다.[11]

때때로 우리는 우리 몽상 속에 사람을 지어내어 그 사람과 사랑에 빠지기도 한다. 몽상에서 깨어나도 사랑은 여전히 존재하기 때문에 우리는 부질없게도 우리 몽상 속에서나 존재하는 허구의 인간을 실제 삶에서도 찾아내려고 애쓴다. 우리가 사랑하지 않는 사람들은 물론이고 우리가 사랑하는 실제 사람들 역시 우리 몽상 속에 존재하는 인간에 비해 딱히 더 실재적이지는 않다. 오히려 덜 실재적이라고 하는 쪽이 맞다. 그들은 우리가 소유한 대상이 아닐뿐더러 그들이 그나마 가지고 있는 실재성마저 우리 상상력의 산물이기 때문이다. "사랑이라는 끔찍한 속임수"는 우리가 실제 인간과 사랑에 빠졌다고 착각하게 만들지만 사실 우리는 그저 "우리 두뇌 속에서 빚어낸 인형"과 사랑에 빠졌을 뿐이며, 실제 상대를 바로 그 인형으로 바꾸려는 노력은 언제나 실패할 운명이기 때문에 바로 그 머릿속 인형만이 "우리가 소유할 수 있는 유일한 존재"다.[12] 이런 주장은 보이는 것만큼 나쁘지 않다. 우리가 상상력으로 빚어낸 인형이 우리가 일반적으로 실재한다고 생각하는 대상에 비해 더 실재적이기 때문이다. 게다가 우리가 솔직하기만 하다면, 사랑하는 대상이 과연 실제로 존재하는지 우리 머릿속에 존재하는지 여부는 큰 문제가 아닐지도 모른다. "어떤 철학자들은 외부 세계가 존재하지 않는다고, 우리 삶이 전개되는 곳은 우리 내부라고 주장한다. 그런 주장이 사실이든 아니든 사랑은, 설령 이제 막 시작된 보잘것없는 사랑일지라도, 현실이 우리에게 얼마나 미약한 의미를 지니고 있는지 뚜렷이 보여 주는 사례다."[13]

프루스트가 보기에 이른바 실재한다는 세계(시간이 흐르고 생성이 이루어지는 세계)는 더욱 안정적이고 이상적인 '진짜' 실세계를 흐릿하고 불완전하게 본뜬 그림자에 불과하다. 플라톤의 생각과 비슷하다. 하지만 프루스트는 자신의 정신적 선배인 플라톤에 비해 예술을 훨씬 높게 평가한다. 쇼펜하우어(그리고 영국 작가이자 예술비평가인 존 러스킨*John Ruskin*)에게서 단서를 얻은 프루스트는 예술이 우리를 이데아의 세계로부터, 즉 진리로부터 떨어뜨려 놓기는커녕 우리가 이데아의 세계에, 즉 진리에 가까워지도록 만든다고 생각한다. 우리가 진정한 인간을 만나기를 원한다면 문학을, 소설을 들여다봐야 하는 이유도 바로 그 때문이다. 소설 속 등장인물들은 이른바 실재한다는 외부 세계에 존재하는 인물들보다 더 실재적이다. 그들은 모호함과는 거리가 한참 멀다.[14] 실제 사람들은 우리 바깥에 존재하므로 우리는 결코 그들에게 닿을 수 없다. 우리가 인간을 비롯한 사물에서 발견하는 온갖 아름다움은 바로 우리 내부에, 우리 상상력 속에 존재한다. 이는 공상에 불과한 것이 아니며 오히려 우리를 진정으로 실재하는 세계에 연결해준다. 우리는 타인을 결코 이해할 수 없으며 온전히 소유할 수도 없다. 시기나 정도의 차이는 있겠지만 결국 그 사실을 깨달을 때 우리는 크게 실망하여 환상에서 깨어난다.[15] 하지만 좌절할 필요는 없다. 이른바 현실이라는 것이 변함없이 우리를 실망시킨다는 사실을 깨닫고 나면 바로 그제야 고개를 돌려 주위를 둘러보면서 진정한 현실이 존재하는 곳을 발견할 수 있기 때문이다. 문학을 비롯한 예술 전반은 사물을 실재하게 만드는, 사물의 본질에 우리가 주의를 기울이도록 이끈다. 예술은 상상력이 마음껏 활개를 치도록 만든다. 그리고 이는 우리가 현실이라고 부르는 세계에 비해 훨씬 풍성하고 만족스러운 경험을 제공한다. 상상력은 온 세계를 창조하고 재창조한다. 우리는 진리가 저 바깥에 존재하는 것이 아니라 우리 안에 존재한다는 사실을 이해해야 한다. 진리를 우리 바깥에서 찾고자 애쓴다면 우리는 또다시 시간을 낭비하고 있는 것이다.

하지만 그렇다고 사랑 자체가 실재하지 않는다는 뜻은 아니다. 우리는 단지 사랑의 본성을 잘못 이해하는 경향이 있을 뿐이다. 이런 오해는 우리가 어리석게 행동하도록 만들며 추구할 만한 가치가 없는 무언가를 추구하도록 만든다. 프루스트의 주장에 따르면 사랑은 특정한 사물이나 사람에 의해 촉발되는 감정 따위가 아니다. 사랑(혹은 사랑을 구성하는 요소)은 일종의 욕망이다. 아름다움, 완벽, 조화를 향한 갈망이다. 따라서 사랑은 이미 우리 내부에 존재한다. 사랑은 기회가 찾아오면 스스로를 투영할 대상을 찾으며 그 대상이 사라지면 또 새로운 대상을 찾는다. 《잃어버린 시간을 찾아서》에서 화자의 첫 짝사랑 상대인 질베르트*Gilberte*는 화자가 사랑에 빠져 있는 동안에는 모든 것을 의미했지만 결국 화자의 기억에서조차 사라져 아무 의미가 없는 존재로 전락해버린다. 그럼에도 화자의 사랑은 혹은 화자의 사랑에서 실재하는 부분은 여전히 남아 있다. 다만 더 이상 질베르트를 향하고 있지 않을 뿐이다.

우리의 사랑은, 하나의 특정한 생명체에 대한 사랑인 이상, 실재하는 것이 아닐지도 모른다. 물론 우리가 어떤 여성을 볼 때 한동안 유쾌하거나 불쾌한 사고의 흐름이 떠오른다면 우리는 바로 그 여성이 원인과 결과라는 필연적인 순서에 따라 우리에게 사고를 촉발한 것이라고 믿는다. 하지만 우리가 의식적으로든 무의식적으로든 그런 연상으로부터 스스로를 분리시키고 나면 이 사랑이라는 것은 마치 우리 속에서 홀로 자발적으로 생겨나는 것처럼 다시 활기를 얻고는 다시 다른 여성에게 스스로를 내맡긴다.[16]

물론 우리는 보통 사랑에 대해 이런 식으로 생각하지 않는다. 우리는 우리가 느끼는 사랑이 우리가 사랑하는 사람에 의해, 그 사람의 아름다움, 매력, 재치, 미덕에 의해 불러일으켜졌다고 생각하는 경향이 있다. 하지만 프루스트의 생각에 따르면 이는 착각에 불과하다. 사실 우리가 느끼는 사랑은 다른 사람에게서 생겨나는 것이 아니다. 사랑은 우리 속에서 생겨나며 설령 주변에 사랑할 만한 사람이 아무도 없더라도 우리 속에 자리 잡고 있다. 물론 사랑할 만한 적절한 대상이 나타나야 사랑이 가장 활발해지는 것은 사실이다. 하지만 핵심은 사랑의 대상 자체는 우연적이라는 점이다. 만약 우리가 이 사람과 사랑에 빠지지 않았다면 우리는 다른 누군가와 사랑에 빠졌을 것이다. 그러므로 사랑은 "외부의 현실"이 아니라 "이기적인 쾌락"에 가깝다.[17] 그럼에도 사랑은 여전히 중요하다. 우리는 사랑을 통해 우리의 본모습을 발견할 수 있으며 사랑이 일지 않았더라면 숨겨진 채로 남아 있었을 우리 존재의 측면들을 탐구할 수 있기 때문이다.

— 내가 오래전에 샹젤리제에서 처음 떠올린 뒤로 쭉 만족스럽게 납득하고 있는 사실은 우리가 어떤 여성과 사랑에 빠질 때 우리는 그저 자기 영혼의 상태를 그 여성에게 투영할 뿐이라는 점이다. 따라서 중요한

점은 그 여성이 우리에게 얼마나 가치 있는가가 아니라 우리 영혼의 상태가 얼마나 깊이 있는가다. 평범한 소녀가 우리에게 불러일으키는 감정조차 우리 존재의 가장 은밀한 부분을 의식의 수면 위로 떠오르게 할 수 있다. 위대한 사람과 대화를 나누거나 위대한 사람의 작품을 선망하면서 즐거움을 누릴 때 발견할 수 있는 부분보다 더욱 사적이고 더욱 희귀하며 더욱 본질적인 부분에 닿을 수 있다.[18]

물론 그럼에도 사랑은 우리가 우리 자신을 넘어 다른 사람들에게 닿을 수 있는 한 가지 방법처럼 보이기도 한다. 우리 자신과 다른 모든 사람 사이를 가로지르는 거대한 틈 사이를 어떻게든 뛰어넘고자 하는 절박한 시도, 스스로를 활짝 열어 보임으로써 자기 자신 이상의 무언가가 되고자 하는 절박한 시도처럼 보이기도 한다. 화자인 마르셀이 세 번째 애정 상대인 알베르틴*Albertine*을 처음 보았을 때 알베르틴은 화자의 흥미를 돋우는 일단의 소녀 무리 중 한 명에 불과했다. 젊은 청년인 화자는 할머니와 함께 노르망디 해변에 있는 휴양 도시 발베크로 여름휴가를 떠났다가 이 소녀 무리를 발견한다. 화자는 즉시 소녀 전부와 사랑에 빠진다. 그들의 젊음과 아름다움, 태평함과 엉뚱함에 매료된다. 화자는 그들을 알아가기를, 그들에게 가까워지기를, 그들이 가진 것을 자신도 가지기를, 그들의 일부가 되기를, 그들의 삶으로 자신의 삶을 풍성하게 만들기를 원한다.

나는 이 자전거 타는 소녀의 두 눈에 담긴 것을 소유하지 않는 이상 소

> 녀 역시 소유할 수 없다는 사실을 알고 있었다. 따라서 소녀의 삶 전체가 나를 욕망으로 가득 채웠다. 그 욕망은 실현될 수 없다고 느껴졌기에 비탄을 자아내는 욕망이었지만 지금까지 내 삶이었던 것이 돌연 내 삶이기를 멈추고 이제 내 앞에 펼쳐진 조그마한 공간에 지나지 않게 됐기에 희열을 자아내는 욕망이기도 했다. 나는 이 작은 공간을 채우기를 열망했다. 소녀들의 삶으로 이루어진 이 공간은 나에게 자아를 연장하는, 자아를 증식하는 행복을 제공했기 때문이다.[19]

핵심은 "소유"라는 단어다. 프루스트가 보기에 사랑이란 상대를 소유하고자 하는 욕망이며 이는 상대가 살고 있는 세계를 소유하고자 하는 욕망을 가리킨다. 그런 세계에는 다른 방식의 존재, 다른 방식의 생각, 다른 방식의 느낌, 다른 방식의 경험이 포함된다. 세상에는 "단 하나의 우주"만이 존재하지 않는다. "거의 현존하는 인간의 눈과 두뇌 수만큼 많은 우주가, 셀 수 없이 많은 우주가 존재한다."[20] 마르셀은 소녀 무리가 다른 세계에 도달할 수 있는 통로가 될 수 있다고 생각하지만 자신이 소녀들을 자기 소유로 만들지 못할 것이라는 사실을 이미 알고 있다(혹은 느끼고 있다). 우선 다른 세계란 결국 다른 사람들의 영혼이나 다름없기에 본질적으로 이해할 수도 접근할 수도 없는 대상이기 때문이다. 더군다나 설령 우리가 다른 사람들을 통제 아래 두는 데 성공한다 할지라도, 즉 다른 사람들을 (가능한 범위 내에서 최대로) 소유하는 데 성공한다 해도 그들에게는 더 이상 우리가 너무나도 손에 쥐고 싶어 했던 무언가가 없을 것이다. 이것이 바로 욕망이 불러일으키는 역설이다. 우리가 소유하기를 갈망하는 그 무언가는 소유하고 있지 않을 때만 그곳에 존재한다. 사랑을 지탱하는 것은 소유의 불확실성이다.[21] 우리는 "우리가 접근하기를 원하지만 접근할 수 없는 무언가를 가진 대상만을 사랑"한다. "우리는 우리가 소유하지 못한 대상만을 사랑한다."[22] 우리는 우리가 확신할 수 없는 대상만을 사랑한다. 따라서 타인을 향한 사랑이란 내재적으로 채워질 수 없는 욕망이자 질투다. 절대 그 이상은 될 수 없다. 우리가 상대를 완전히 소유했다고 생각하는 순간(물론 상대를 완전히 소유할 수는 없지만 상대를 완전히 소유했다고 '착각'할 수는 있다) 우리는 상대에 대한 흥미를 잃어버리며 상대를 갈망하지도 사랑하지도 않게 된다. 그 대신 권태가 들어선다.[23] 그리고 우리는 무언가 새로운 대상으로 주의를 돌리기를 열망한다.[24] 따라서 사랑에서 행복을 찾기란 불가능하다.[25]

마르셀이 매춘부에게 거의 관심을 두지 않는 이유도 바로 이 때문이다. 매춘부는 돈을 지불할 용의가 있는 사람이라면 누구에게라도 자신을 제공한다는 점에서 소유를 위한 정복 과정을 필요로 하지 않는다. 마르셀이 원하는 것은 우리 모두가 원하는 것과 크게 다르지 않다. 우리는 마주보는 상대의 눈에 나타나는 무심함을 넘어서기를, 무심함을 없애 버리기를, 상대가 우리를 사랑하도록 만들기를, 상대가 완전히 우리 소유가 되기를 원한다.[26] 하지만 일단 우리가 그런 목표를 성취하고 나면 우리는 상대를 있는 그대로 바라보게 된다. 특별할 것도 없고 더 이상 탐구할 만한 것도 없는 존재로서 바라보게 된다. 그렇기 때문에 알베르틴 역시 누구의 소유도 아닌 "신비로운 새"와 같을 때는 마르셀의 눈에 너무나도 아름다워 보였지만 마르셀의 통제에 굴복하는 순간 빛을 완전히 잃어버리고는 "매력 없는 포로"이자 "본래의 따분한 자아"로 전락하고 만다.[27] 마르셀은 이따금 다른 사람의 욕망을 통해 알베르틴을 바라볼 때만 한때 알베르틴에게서 볼 수 있었던 아름다움을 다시 포착한다. 마르셀은 사랑이 완전히 식어버리는 경험을 하고 나서야 자신이 사랑했던 대상이 사실 알베르틴이 아니었음을 깨닫는다. "알베르틴을 향한 나의 사랑은 내가 소녀라는 존재에게 가지고 있던 애착이 일시적으로 드러난 형태에 지나지 않았다. 우리는 우리가 어떤 소녀와 사랑에 빠졌다고 착각하지만, 아, 우리가 실제로 사랑하는 것은 소녀의 얼굴에 잠깐 비친 여명일 뿐이다."[28]

끊임없이 죽어가는 자아

우리가 타인을 진정한 의미에서 알 수 없는 한 가지 이유는 타인에게서 얻는 첫인상이 딱히 정확하지도 않을뿐더러 우리가 첫인상을 바로잡는 사이에 타인은 이미 변화를 겪고 다른 사람으로 바뀌어 있기 때문이다.[29] 인간은 혹은 인간의 정체성은 우리 생각보다 훨씬 빨리 변한다. 이전에 우리가 알던 인간은 다시는 존재하지 않는다. 기억은 바로 이런 식으로 우리를 오도한다. 단순히 과거가 어떠

했는지를 잘못 보여주는 것이 아니라 우리가 현재를 인식하는 방식을 왜곡한다. 우리의 기억력은 너무 약해서 문제가 아니라 현재를 있는 그대로 바라보지 못하게 방해할 만큼 너무 강해서 문제다. 우리는 머릿속에 사랑하는 상대에 관한 고정된 이미지를 가지고 있기 때문에 상대가 어떤 식으로 변화하는지는 물론 상대가 시시각각 변하고 있다는 사실 자체도 알아차리지 못한다. 오히려 상대를 바라보는 우리의 시각은 과거 어느 시점에 형성된 생각에 의해 결정된다. 상대가 실제로 어떻게 보이는지, 상대가 그동안 얼마나 늙었는지, 상대가 처음 만났을 때에 비해 얼마나 달라졌는지 알아차리기 위해서는 특별한 순간, 타성이 붕괴되는 순간이 필요하다. 그런 순간이 찾아올 때면 우리는 어김없이 충격을 받는다.

장기간 자리를 비웠다가 사랑하는 할머니를 보기 위해 집으로 돌아온 마르셀은 이미 노쇠하여 죽음을 앞두고 있는 할머니를 갑자기 본모습 그대로 바라보는 경험을 한다. "램프 밑의 소파에 앉아서 나는 얼굴이 벌건, 답답한, 흔해 빠진, 병든, 생각에 잠긴, 거의 제정신이 아닌 눈으로 책 속의 행을 따라가고 있는, 기운이 없는 노파를 보았다. 내가 전혀 모르는 사람이었다."[30] 그제야 마르셀은 자신이 사랑하는 할머니가 이미 죽었다는 사실을, 지나간 것이 됐다는 사실을 깨닫는다. 시간의 실재성을 깨닫자 마르셀에게는 고통이 찾아온다. "변화하는 존재와 불변하는 기억 사이의 대립보다 더 고통스러운 것은 없다."[31]

우리가 사는 세계에서 시간은 흐르고 사물은 변화한다. 우리 모두는 이 사실을 잘 알고 있다. 지금 세계는 50년 전의 세계와는 여러 방면에서 무척이나 많이 달라졌다. "그러므로 세상의 얼굴은 변화한다. 제국들의 중심, 재산을 기록한 명부, 지위를 나타내는 도표 등 최종적으로 확정된 것처럼 보이는 어떤 것도 끊임없이 변화한다. 그리고 우리는 가장 철저한 변화를 가장 변화가 불가능해 보이는 곳에서 목격할 수 있다."[32] 세상은 우리가 일반적으로 인식하는 것보다 훨씬 더 많이, 훨씬 더 지속적으로 변화한다. 예를 들어 우리는 우리가 동일한 사람을 다시 만날 수 있다고 생각하고 동일한 장소를 다시 방문할 수 있다고 믿는다. 하지만 그 역시 착각에 불과하다. 사람도 장소도 모두 시간에 연결돼 있다. 사람이든 장소든 핵심은 그것이 우리에게 무엇을 의미하는가다. 그런데 사람이나 장소가 '무엇'을 의미하는가는 '언제' 의미하는가에 달려 있다. 그러므로 "집도 도로도 거리도 마치 시간처럼 시시각각 흘러가고 있"다.[33]

보통 우리는 변화의 실재성을 알아차리지 못한다. 사물이 알아차리기 힘들게 천천히 변화하기 때문이다. 하지만 분명 사람을 비롯한 모든 사물은 변화하고 있으며 이따금 변화하는 것이 아니라 끊임없이 변화하고 있다. 이런 맥락에서 과거의 특정한 순간들을 다시 포착하고자 하는 우리의 욕망은 새로운 대상으로 주의를 돌리지 않는 이상 결코 해소될 수 없다. 본래의 사물이나 장소나 인간은 영영 사라졌기 때문이다. 프루스트의 세계관은 헤라클레이토스의 철학과 비슷하다. 우리는 결코 같은 강물에 발을 두 번 담글 수 없다(물론 나중에 간략히 살펴보겠지만 시간 바깥에 발을 들일 때만큼은 가능한 일이다).

망자들이 기억에서 금방 사라지는 이유 역시 여기에 있다. 물론 우리의 "기억과 마음이 충실을 유지할 수 있을 만큼 충분히 크지 않"기도 하지만[34] 망자들보다 오래 산 우리가 더 이상 예전에 그들을 알고 지내던 사람들이 아니기 때문이다. "죽은 사람들에 대한 애착이 희미해지는 이유는 그들이 죽었기 때문이 아니라 우리가 죽어가고 있기 때문이다."[35] 사실 우리는 끊임없이 죽어가고 있다. 일반적인 생각과 달리 프루스트가 생각하는 자아는 연속적이지 않다. 오히려 자아는 변화를 겪을 때마다 죽음을 맞이하여 새로운 자아로 대체된다. 사랑과 질투 역시 연속적이지 않다. 사랑은 매 순간마다 새로운 사랑으로 바뀐다.[36] 우리가 지금 사랑하고 있는 사람들이 언젠가 사라진다는 사실은 생각하는 것만으로도 충분히 끔찍하지만, 우리가 더 이상 그 사람들을 잃었다는 상실감조차 느끼지 않을 때가 찾아온다는 사실을 깨닫는 것은(그런 때가 반드시 찾아올 것이다) 그보다도 더 끔찍하다. 그것이 "우리 자아가 진정한 의미에서 맞이하는 죽음"을 뜻하기 때문이다. 이 죽음 이후에 "다른 자아로서의 부활"이 뒤따른다는 사실은 딱히 위안이 되지 않는다. 새로운 자아로서 맞이할 삶과 사랑은 "결국 죽을 운명인 현존하는 자아의 손길이 닿지 않는 곳"에 존재하기 때문이다.[37]

그렇기 때문에 우리는 변화에 저항한다. 물론 불가능하지만 우리는 계속 존재하기를 원하기 때문에 지금 상황을 그대로 유지하려고 애쓴다. 요컨대 우리는 평생에 걸쳐 계속 죽어가며 다른 모든 사람들 역시 마찬가지다. 따라서 타인을 안다는 것은 사실상 불가능하다. "우리가 상대에게서 눈을 떼는 순간 상대는 소멸된다. 그다음에 우리가 보는 상대의 모습은 상대가 완전히 새롭게 창조됐음을 의미한다."[38] 당연하게도 이는 사람들을 전적으로 예측 불가능하게 만든다. 우리는 사람들이 계속 똑같은 상태를 유지하리라 확신할 수 없다. 잘 알고 있겠지만 사람들은 어느 날 당신을 사랑하다가도 바로 다음날 당신을 미워한다. 우리 생각과는 달리 사람들은 안정된 독립체가 아니라 "사건의 연속체"다.[39] "매 순간 소녀는 이전의 소녀를 덜 닮아간다. … 우리가 소녀에게 부여하는 안정적인 특성은 순전히 허구이며 말의 편의를 위한 방편에 불과하다."[40] 마르셀은 알베르틴이 "끊임없이 변화하는 광대한 군중 전체보다도 더 많은 사람들이 살가죽이라는 껍데기 아래 바글바글 숨어 있는" 소녀들 중 한 명이라고 생각한다.[41] 하지만 실상은 '모든' 사람이 그와 같다는 점이다. 마르셀은 마침내 이를 깨닫고는 이렇게 말한다.

> 순간들의 연속체인 것은 알베르틴 혼자만이 아니었다. 나 역시 그러했다. … 나는 나라는 단 한 사람으로 이루어진 것이 아니었다. 밀집 대형을 이룬 채 매 시간마다 꾸준히 행진하는 군대로 이루어져 있었다. 각 순간마다 열정적인 장정들이, 무관심한 장정들이, 질투에 찬 장정들이 나타났다. 질투에 찬 장정들로 말할 것 같으면 누구도 똑같은 여자를 두고 질투하지 않았다.[42]

우리가 끊임없이 죽음을 맞이하고 새로운 인간으로 부활하기를 반복한다는 사실은 우리가 "노화"라고 부르는 경험에서 가장 뚜렷하고도 위압적으로 드러난다. "가장 비참한 상태"라고 할 수 있는 노년에 대한 공포는《잃어버린 시간을 찾아서》의 마지막 부분에서 중심 무대를 차지하고 있다.[43] 인생의 한창때 모습으로 등장했던 다양한 인물들은 이제 삶의 최종 단계에 접어든 것으로 그려진다. 화자인 마르셀과 마찬가지로 우리는 그들이 정신적으로나 육체적으로 늙고 허약해졌을 뿐만 아니라 행동이나 성격 면에서도 극적으로 변했다는 사실을 확인하고는 깜짝 놀라게 된다. 여기에 담긴 메시지는 분명하다. 나이가 들면 우리는 어린 시절의 우리 자신과 닮은 구석이 거의 다 없어진다. 과거에 우리를 우리로서 정의했던 모든 요소들은 사라진 지 오래다. 분명 우리 자신이었던 어린 인간이 맞이한 죽음은 우리가 육체라는 물질로서 최종적으로 맞이하게 될 죽음만큼이나 통렬하고 심오하다.

> 시체가 한때 살아 있었다는 사실을 깨닫는 것이나 한때 살아 있던 사람이 지금 죽어 있다는 사실을 깨닫는 것이 어려운 일인 것처럼, 한때 젊었던 사람이 지금 늙어 있다는 사실을 이해하는 것 역시 (젊음의 말살, 힘과 활력이 가득한 인격의 소멸은 허무의 시작이므로) 거의 똑같은 방식으로 똑같이 어렵다.[44]

우리가 늙으면 젊은 시절의 우리 자신은 사실상 죽은 것이나 다름없다. 마찬가지로 우리의 사랑이 식으면 사랑에 빠져 있던 우리 자신과 우리가 사랑했던 상대는 둘 다 죽은 것이나 다름없다. 사랑한 사람이나 사랑받은 사람이나 더 이상 존재하지 않기 때문이다.

> 우리가 여러 해 후에 다시 만난 여성을 더 이상 사랑하고 있지 않다면, 여성과 우리 사이에는 사실상 양쪽 다 이 세계에 속하지 않는다고 할 수 있을 만큼 죽음의 심연이 깔려 있지 않은가? 우리가 더 이상 사랑하지 않는다는 사실이 과거의 여성과 과거의 우리 자신을 죽은 것이나 다름없게 만들기 때문이다.[45]

잃어버리는 것을 생각한다면 노년이 두려울 수 있지만 우리는 보통 우리가 겪는 변화 때문에 불안해하지 않는다.[46] 우리가 더 이상 사랑을 하지 않게 되더라도(혹은 더 이상 무언가에 관심을 갖지 않게 되더라도) 우리는 우리가 처한 상황이 바뀌었다는 사실 때문에 또는 우리가 더 이상 예전의 우리가 아니라는 사실 때문에 안타까워하지 않는다. 변화에 대한 걱정과 공포는 거의 항상 다가올 변화에 관한 것이며 지나간 변화에 관한 것이 아니다. 우리는 현재 우리 상태를 유지하고 싶어 하지만 일단 변화를 겪고 나면 우리가 과거의 자신과 달라졌다는 사실에 크게 신경 쓰지 않는다.

프루스트는 이런 사실로부터 우리가 교훈을 이끌어내야 한다고 주장한다. 다시 말해 우리는 죽음 자체를 그만 염려할 필요가 있다. 죽음은 우리 삶에서 지극히 흔한 일이며 죽음 이후의 관점에서 보자면 지극히 사소한 일이므로 굳이 두려워할 이유가 없다. 화자인 마르셀은 이를 이해하고 있는 것으로 보인다. 마르셀은 많은 고통을 겪지만 그로부터 교훈을 얻는다. "죽음에 대한 생각이 사랑 너머로 어두운 그림자를 드리울 때면 나는 지나간 사랑을 추억함으로써 오래도록 죽음을 두려워하지 않을 수 있었다. 나는 죽음이 전혀 새로울 것이 없다는 사실을 깨달았다. 유년 시절 이후로 이미 나는 수없이 많은 죽음을 경험했기 때문이다."[47] 우리가 보통 죽음이라고 생각하는 것은 우리가 이미 경험한 수많은 죽음과 실질적으로 다르지 않다. 우리의 자아(혹은 자아들의 연속체)는 이미 몇 번이고 죽었고 다시 새로운 자아로 대체됐다. 그러므로 우리는 두려워할 것이 없다. "내가 경험한 연달은 죽음은, 그로 인해 소멸하게 될 자아가 무척이나 두려워했지만 정작 죽음이 일어났을 때는 그것을 두려워하던 자아가 더 이상 존재하지 않았기에 너무도 시시하고 수월했던 죽음은, 나로 하여금 죽음을 두려워하는 것이 얼마나 어리석은 짓인지 절실히 깨닫게 해주었다."[48]

불멸성을 소망하고 기대하는 일 역시 똑같이 어리석은 짓이다. 불멸성을 이루기 위해서는 자아가 영원히 변하지 않는 채로 존재해야 하며 이는 무의미하기 때문이다. "우리는 우리가 여기 이승에서의 모습과 비슷한 모습으로 존재하는 또 다른 삶이 있기를 간절히 열망한다. 하지만 굳이 또 다른 삶을 기다릴 것도 없이 이번 삶만 보더라도 우리는 고작 몇 년 뒤면 우리가 불멸하기를 바랐던 지금까지의 모습과는 전혀 다른 모습으로 존재하고 있을 것이다."[49] 지금 상태 그대로 머무르는 것에는 아무런 가치가 없다. 계속 존재하는 것에도 아무런 가치가 없다. 모든 변화에는 소멸과 새로운 존재의 탄생이 따르기 마련이다.

같은 강물에 발 두 번 담그기

지금까지의 논의를 살펴보면 프루스트는 죽음을 비롯한 가장 급진적인 변화마저 받아들이며 우리 역시 그런 변화를 받아들여야 한다고 생각하는 것 같다. 일단 죽고 나면 죽음을 신경 쓸 일도 없을 테니 죽음을 걱정하지 말라고 조언하는 것 같다. 다분히 에피쿠로스가 주창하던 체념적인 태도가 떠오른다. 하지만 사실 《잃어버린 시간을 찾아서》의 핵심 요지는 전혀 다른 방향을 가리키고 있다. 잃어버린 시간을 찾는 여정은 시간이 초래하는 상실을 사소한 문제로 치부하는 것으로 끝나지 않는다. 오히려 그런 상실을 실재적인 문제로서, 우리가 의미 있는 삶을 살지 못하도록 막는 최대의 위협 중 하나로서 진지하게 받아들인다. 어차피 우리가 끊임없이 죽어가고 있으므로 죽음을 두려워할 필요가 없다는 주장은 마치 우리가 삶을 어떻게 살아가야 하는지 제시하는 대목처럼 보이기 때문에 독자들의 주의를 빼앗기가 쉽다. 하지만 이는 프루스트가 삶이라는 주제에 관해 전하고자 하는 최종 발언과는 거리가 멀다. 독자들의 주의를 엉뚱한 곳으로 돌릴 만한 대목 가운데는 이런 경우도 있다.

— 확실히 우표나 담뱃갑 혹은 그림이나 조각상을 수집하는 데 삶을 바치기보다는 여자들에게 삶을 바치는 편이 훨씬 더 합리적이다. 다만 다른 수집가들이 우리에게 본보기가 되는 점이 있다면 우리가 한 여자만이 아니라 여러 여자를 소유하는 쪽으로 방향을 돌려야 한다는 점이다. … 한 여자와 살다 보면 머지않아 그 여자를 사랑하게 만든 요소들이 하나도 눈에 보이지 않게 될 것이다.[50]

여자를 수집하는 것은 실제로 우표를 수집하는 것보다 더 가치가 있을지도 모른다. 하지만 그렇다고 해서 여자를 수집하는 것이 우리가 살아가면서 할 수 있는 최선의 일이라는 뜻은 아니다. 다음에 나오는 대목도 다분히 비꼼이 담긴 제안이다.

— 결국 실존의 문제를 해결하는 최상의 방법 중 하나는 멀리서 봤을 때 아름답고 신비스럽게 보이는 대상에게 충분히 가까이 다가가서 아름다움과 신비가 사라질 때까지 한껏 즐기는 것이다. 최선까지 도달해봤고 최선이 별 게 없다는 것을 확인했으니 더 이상 후회할 일도 없다는 점에서 우리는 일종의 평온함을 얻게 된다. 우리는 이 평온함을 가지고 여생을 보내다가 죽음을 맞이하면 된다.[51]

키르케고르와 마찬가지로 화자는 이를 삶의 한 단계에 불과하다고 판단할 것이다. 심미적인 관점에서 실존의 문제를 해결하는 한 가지 접근법이 될 수는 있으나 의미 있는 삶을 살 만한 방법으로는 턱없이 부족하다. 여생을 보낼 만한 "일종의 평온함"만 가지고는 충분하지 않다. 의미 있는 삶에는 더 많은 것이 요구된다.

다행히도 죽음과 생성이 끊임없이 반복되는 와중에 우리(최소한 화자)는 삶의 특정한 경험들을 통해 더욱 영속적이며 따라서 더욱 진실한 무언가가 존재한다는 실마리를 얻을 수 있다. 소설에는 특정한 대상(정확히는 그 대상이 초래하는 느낌)이 무언가가 중요하다는 감각을, 제대로 이해하지 못하는 사물의 표면(색, 냄새, 형태) 아래에 일종의 진리가 숨겨져 있다는 감각을 불러일으키는 다양한 사례가 등장한다. 무언가 중요한 일이 벌어지고 있다는 확신이 갑자기 들지만 그것이 정확히 무엇인지는 분명히 이해하지 못하는 상황이 여러 차례 등장한다. 예컨대 마르셀은 어느 성당의 쌍둥이 첨탑이 노을빛을 어지럽게 반사하는 것을 보고는 즉시 무언가를 떠올리지만 그것이 정확히 무엇인지 알지 못한다. "나는 내가 받은 인상을 가장 깊은 곳까지 파악하지는 못한 것 같았다. 변덕스러운 모습과 광채 이면에는 보이는 것 이상의 무언가가 놓여 있는 것 같았다. 그것들은 무언가를 담고 있으면서도 동시에 무언가를 숨기고 있었다."[52] 또 한 번은 멀리 떨어져 있는 나무 세 그루를 보고서 비슷한 신비감을 다시금 느낀다. "나는 그것들을 있는 그대로 바라볼 수 있었다. 하지만 내심 그것들이 내가 이해할 수 없는 무언가를 숨기고 있는 것 같다는 느낌을 받았다. 마치 사물이 손이 닿지 않는 곳에 있어서 팔을 최대한 쭉 펴도 손가락만이 사물의 외피에 닿을 뿐 도저히 사물을 손에 쥘 수는 없는 그런 느낌이었다."[53] 외양 아래에는 보이는 것 이상의 무언가가 존재하는 것이 분명하다. 그렇다면 그것은 무엇일까? 마르셀은 "저 멀리 지나간 과거처럼 붙잡기 힘든 모호한 의미"를 감지한다.[54] 마치 사물들이 마르셀이 이해할 수 없는 언어로 마르셀에게 무언가를 말하려고 애쓰는 것만 같았다. "그것들은 마치 유령처럼 내게 자기를 데려가 달라고, 자기를 삶으로 되돌려 달라고 호소하는 것 같았다."[55] 마르셀은 시간이라는 직물이 갑자기 찢어지는 것과 같은 경험을 했으며 여기에는 자연스러운 즐거움이 뒤따랐다. 바로 이런 순간이 우리가 삶이 살 만한 가치가 있다고 느끼는 순간이다.[56] 그리고 바로 이때 우리는 진정한 행복 역시 발견할 가능성이 있다. 물론 사건 당시 마르셀은 진정한 행복을 포착하지 못했으며 방금 무슨 일이 일어난 것인지 이해하기도 전에 마차가 그를 태운 채 떠나버리는 바람에 망연자실할 수밖에 없었다.

정확히 이해할 수는 없지만 무언가가 중요하다는 느낌은 종종 우리가 과거의 어떤 순간을 생생하게 떠올릴 때, 그 당시로 돌아간 것처럼 느껴질 만큼 생생하게 떠올릴 때 촉발되기도 한다. 한순간에 우리는 그곳에 다시 존재하게 된다. 그 당시의 나로 돌아가 그 순간을 혹은 삶 전체를 다시 살아가게 된다. 이런 종류의 회상은 늘 뜻밖의 순간에 찾아와서는 과거와 현재를 융합시키고 둘 사이의 차이를 무효화하며 이미 죽었던 존재를 소생시킴으로써 우리를 시간 밖으로 데려간다.

— 나는 켈트족 신앙이 생겨난 데 나름의 이유가 있다고 생각한다. 켈트

족 신앙에 따르면 우리 곁을 떠난 사람들의 영혼은 동물, 식물, 무생물 등 열등한 존재 속에 갇혀 있어서 우리가 우연히 영혼이 갇힌 나무 옆을 지나가거나 영혼을 가두고 있는 사물을 손에 넣기 전까지는(대부분의 영혼들에게는 이런 기회가 찾아오지 않는다) 사실상 우리에게 잊힌 존재가 된다. 그러다 그런 기회가 찾아오면 영혼은 깨어나 전율하며 우리 이름을 부른다. 우리가 영혼의 목소리를 알아듣는 순간 저주는 깨진다. 우리가 해방시킨 그 영혼은 죽음을 극복하고 다시 우리와 삶을 공유하기 위해 돌아온다.[57]

우리 자신의 과거에 대해서도 마찬가지다. 우리의 이전 자아 역시 우리가 잃어버린 영혼에 해당하며 우연한 사건이 일어나 우리가 되찾을 때까지 영혼은 숨겨진 채로 남는다.《잃어버린 시간을 찾아서》의 첫 부분에 등장하는 유명한 장면이 바로 그런 우연한 사건이 일어나는 순간을 담고 있다. 여기서 마르셀은 차에 적신 마들렌 빵을 맛보고는 일순간에 콩브레에서 유년 시절을 보내던 나날로 돌아가게 된다. 바로 그 시절에 마르셀의 고모가 똑같은 마들렌 빵을 똑같은 차에 적셔 마르셀에게 주고는 했기 때문이다. 한순간에 단 하나의 감각이 과거를 현재에 연결하여 모든 것을 마르셀 앞으로 되돌려 놓는다. 이로부터 마르셀은 강렬한 기쁨은 물론 모든 것이 괜찮다는 뚜렷한 감정을 느낀다. "갑자기 삶의 온갖 우여곡절이 아무 상관이 없다는 느낌이 들었다. 삶의 재난들이 무해하게 느껴졌고 삶의 무상함이 환영처럼 느껴졌다. … 이제 내가 평범하다는 느낌, 우연의 산물이라는 느낌, 죽을 운명이라는 느낌이 사라졌다."[58] 만물이 지나간다는 사실, 만물이 시시각각 변화한다는 사실, 만물이 죽음을 맞이한다는 사실, 시간이 모든 것을 소멸시킨다는 사실은 모두 참이다. 하지만 기억은 시간이 소멸시킨 대상을 간직하고 있다가 그 대상에 다시 숨결을 불어넣는다.

하지만 아무것도 남지 않은 지 한참 후에도, 사람들이 죽음을 맞이한 후에도, 사물들이 잘게 부서져 흩어진 후에도, 비교적 연약하지만 더욱 생생하고 더욱 가볍고 더욱 꾸준하고 더욱 충실한, 맛과 냄새만큼은 영혼처럼 차분하게 폐허 속에 자리를 잡고는 우리에게 다른 모든 것들에 관해 일깨워줄 때를 희망하며 오래도록 기다리고 있었다. 그리고 거의 만질 수 없을 만큼 미세한 방울 같은 본질 속에 추억이라는 거대한 구조물을 단단히 붙들고 있었다.[59]

기억은 왜곡될 수 있다. 하지만 기억은 진리를, 우리가 삶을 피상적으로 바쁘게 살아가느라 놓치기 쉬운 세상의 본질을 복원할 수도 있다.

기억은 우리가 의식적으로 떠올리지도 않은 대상을 갑자기 떠오르게 함으로써 그렇게 한다. 프루스트가 지적하고 있는 기억 역시 바로 그런 종류의 기억, 즉 무의식 속에 머물러 있다가 의도치 않게 떠오르는 기억을 가리킨다. 우리가 의식적으로 떠올리는 기억은 물론 쓸모가 있어서 떠올린 기억이지만 사물의 본질을 밝혀주지는 못한다. 하지만 어떤 기억 속에는 우리가 직접적인 쓸모가 없다는 이유로 오래도록 잊고 있던 정보, 의식 속에서 지워 버린 정보가 변하지 않은 채 고이 담겨 있다. 예컨대 우리는 특정한 사물이 실제로 어떤 식으로 존재했는지, 모습이나 맛이나 냄새가 어땠는지 잊어버린다. 우리의 삶에 하등 도움이 되지 않는 것 같기 때문이다. 하지만 때로는 어떤 장소의 이름, "비가 후드득 떨어지는 소리, 공기가 통하지 않는 방의 냄새, 차가운 쇠살대에 땔감이 처음 닿았을 때 나는 딱딱 소리"처럼 지극히 사소한 대상이 과거의 잊어버린 기억을 자극해 우리를 다시 그곳으로 데려다 놓을 수 있다.[60] 그러면 우리는 "본래의 실체가 부들부들 떨면서 형태를 되찾고는 고요히 숨죽이고 있던 음절 사이를 찢고 나오는 것"을 느낄 수 있다.[61] 오래도록 죽어 있던 자아는 당시의 온갖 감정과 함께 다시 그곳에 존재하게 된다.[62]

프루스트에게 있어서 이런 종류의 기억(뜻밖에 찾아오는 기억)은 플라톤 철학에서 소크라테스의 산파술이 수행하는 역할과 동일한 역할을 수행한다. 기억은 과거의 특정한 사건으로 우리의 주의를 돌릴 뿐만 아니라 실제로도 과거와 현재에 모습을 분명히 드러내는 현실 속으로 우리를 데려다 놓는다. 즉 시간의 제약을 받는 그림자 세계로부터 독립된 저편의 이상 세계로[63] 우리를 데려다 놓는다. 진정한 회상은 본질을 직관하는 회상이다. 예컨대 친숙한 냄새와 소리를 수반하는 특정한 아침은 그와 비슷한 모든 아침을 떠오르게 한다. 결국 특정한 유형의 아침, 아침이라는 일반화된 관념이 떠올랐다는 뜻이며 이는 우리를 너무나 즐겁게 만든다. "온갖 유사한 아침과 동일한 이 이상적인 아침은 내 머릿속을 영속적인 현실로 가득 채웠으며 나는 나쁜 건강 따위는 잊은 채 한껏 즐거움을 누렸다."[64] 프루스트는 이와 같은 경험이 "진정한 삶을 세우기 위한 초석"이라고 주장한다.[65] 물론 그런 경험은 흔치 않을지도 모른다. 우리는 깨어 있는 동안 이상 세계라든가 이상 세계에 호응함으로써 즐길 수 있는 진정한 삶과는 거의 완전히 단절된 채 살아가기 때문이다. 하지만 우리는 의식적인 자아가 물러나고 동물적인 영혼이 풀려나는 꿈속에서 이상 세계를 어렴풋이 목격하고는 한다. "어느 순간 나는 잠이 들었다. 어린 시절로의 회귀, 지나간 나날의 회상, 잃어버린 감정의 탈환, 육체를 벗어던진 영혼의 환생, 망자의 소환, 광기의 환영, 원초적인 자연 왕국으로의 퇴행 같은 것들이 가능한 깊은 잠에 빠져 들었다."[66] 바로 이곳에서 우리는 삶의 위대한 신비에 관한 지식을 얻을 수 있다. 잠이 우리에게 너무나 중요한 이유도 바로 이 때문이다. 잠은 물리적으로 필수적일 뿐만 아니라 우리에게 꿈을 허락한다는 점에서도 필수적이다. 꿈은 우리가 깨어 있는 동안을 지배하는 시간이라는 딱딱한 구조물에서 벗어나 우리의 힘을 회복할 수 있도록 돕는다.

이 점에 있어서 프루스트의 《잃어버린 시간을 찾아서》는 굉장히 꿈과 비슷하다. 이 작품은 우리에게 "어린 시절로의 회귀, 지나간 나날의 회상, 잃어버린 감정의 탈환, 육체를 벗어던진 영혼의 환생, 망자의 소환, 광기의 환영, 원초적인 자연 왕국으로의 퇴행"을 즐길 기회를 제공한다. 소설의 화자가 절대 날짜를 언급하지 않는 것도 우연이 아니다. 소설에서는 사건이 언제 일어나는지, 사건과 사건 사이에 어느 정도의 간격이 있는지, 특정한 사건이 벌어질 때 등장인물이 몇 살인지 알려주지 않는다. 독자 입장에서 당황할 만도 하지만 여기에는 나름 의도된 효과가 있다. 현재와 과거를, 지금과 그때를 모두 한데 엮어 여러 겹으로 이루어진 경험의 주단을, 영속적인 현실을 창조한 것이다. 그것이 바로 예술의 힘이다.

보이지 않는 것을 탐구하는 사람들

삶에서 예술의 역할은 아무리 강조해도 지나치지 않다. 프루스트의 생각에 따르면 예술은 "잃어버린 시간을 되찾는 유일한 방법"이다.[67] 《잃어버린 시간을 찾아서》 1권을 출판한 1913년에 프루스트는 42세였다. 그전까지 프루스트는 작품을 발표한 적이 거의 없었다. 프루스트가 자기 삶의 목적을 발견했다고 확신하기까지는 꽤 오랜 시간이 걸린 셈이다. 그에게 삶의 목적이란 바로 그 책을 집필하는 것이었다. 하지만 일단 책을 집필하기 시작하자 프루스트는 집필을 마칠 때까지 다른 일을 아무것도 할 수 없었다. 거의 평생토록 천식과 심각한 알레르기로 고생한 프루스트는 마지막까지도 방음실에 틀어박힌 채 낮에는 자고 밤에는 집필 작업을 하면서 여생을 보냈다. 1권을 발표하고 9년 뒤에 죽음을 맞이할 때까지도 아직 발표하지 않은 책들을 수정하느라 여념이 없었다. 프루스트는 스스로 판단하기에도 바로 이 책을 위해 살았다고 말할 수 있었다.

소설에서 프루스트의 대체 자아인 마르셀은 여배우 라 베르마, 작곡가 뱅퇴유, 화가 엘스티르, 작가 베르고트 등 수많은 예술가들(모두 프루스트 자신이 존경한 예술가들을 합성한 결과물)에게 매료된다. 하지만 정작 자신은 가치 있는 무언가를 창조해내는 데 오랜 시간 어려움을 겪는다. 예술가가 되고 싶었으나 예술가가 될 자질이 없다고 판단하여 절망한 마르셀은 우정이나 사랑에서 만족감을 찾으려고 애쓰지만 성과를 거두지 못한다. "삶이 예술을 상실한 나를 위로할 수 있었을까? 예술 속에는 삶의 다른 활동들로는 드러낼 수 없는, 우리의 진정한 본성을 나타내는 보다 심오한 본질이 담겨 있지 않았을까?"[68] 대답은 삶이 예술을 상실한 마르셀을 위로할 수 없다는 것이다. 예술 속에는 실제로 보다 심오한 본질이 담겨 있고 이것은 삶의 다른 활동들로는 드러낼 수 없는 우리의 진정한 본성을 나타내기 때문이다. "무엇이든 그 중심에는 값을 매길 수 없는 소중한 진리가 숨겨져 있"다.[69] 물론 누구나 때때로 그 진리를 어렴풋이나마 목격할 수 있지만 오직 예술가만이 그 진리를 추출해 전면에 내세울 수 있다. 더 고차원적인 존재로 거듭나기 위해 우리는 반드시 창조자가 돼야 한다.[70] 예술가들은 "보이지 않는 것을 탐구하는 사람들"이다.[71] 설령 자신이 무엇을 어떻게 하고 있는 것인지 명확히 이해하지는 못하더라도 그들은 신성한 세계에 접근할 수 있으며 그곳에 존재하는 초자연적인 피조물을 연기, 음악, 그림, 글을 통해 바로 이 세계에 데려옴으로써 잠시나마 반짝 빛나게 만든다. 예술가들은 우리 세계 너머의 세계에서 온 전령과도 같다. 그들은 예술이라는 꿈을 통해 우리 세계보다 더 뛰어나고 안정적이고 진실한 세계를 탐험하면서 그곳에서 발견한 보물을 우리에게 나누어준다. 우리 삶의 가치가 얼마나 위대할 수 있는지 보여줌으로써 우리 삶의 가치를 높인다.[72] "그러므로 예술가란 자신조차 잊고 있던 미지의 나라의 원주민과 같다."[73] 이 미지의 나라에서 예술가들은 영감을 얻는다. 그들이 창조하는 예술작품은 이미 그들 속에 존재하던 것이다. 그들은 그저 그것을 재발견한 뒤 열린 공간으로 꺼내 놓으면 된다. 예술은 진리를 드러낸다. 예술은 "가장 현실적인 것, 가장 꾸밈없는 양식, 진정한 최종 판단" 이다.[74] 예술은 "온갖 쾌락이나 사랑 자체에서 발견한 허무 외에 의심의 여지없이 예술을 통해서만 실현할 수 있는 다른 무언가가 존재한다는 증거이자 약속"이다.[75] 예술의 목적은 현실을 다시 포착하는 것이다. 우리는 이 현실을 "결코 알아내지 못한 채 죽음을 맞이할 위험"이 있지만 그럼에도 이 현실은 "마침내 드러나고 밝혀질 진정한 삶, 진정 삶을 살았다고 할 만한 유일한 삶, 어떤 의미에서는 매 순간 예술가는 물론 모든 사람의 속에서 작용하고 있는 삶"이다.[76]

하지만 우리는 이것이 환상에 불과하지 않다는 사실을 어떻게 알 수 있을까? 예술에 심오한 의미가 담겨 있다는 생각은 우리의 소망일 뿐 실제로는 아무 의미가 없지 않을까? 마르셀은 이런 가능성 역시 고려한다.[77] 하지만 궁극적으로는 그렇지 않다고 결론 내린다. 예술작품이 우리에게 불러일으키는 강렬한 감정이 충분한 증거가 된다. "무엇보다도 즐겁고 순수하고 참된 감정을 불러일으키는 조각 작품이나 음악 작품이 어떤 명확한 영적 현실에 대응되지 않을 리가 없다. 우리로 하여금 심연과 진리를 느끼게 한다는 점에서 예술 작품은 일종의 상징이 분명하다."[78]

플라톤이라면 예술이 드러내는 영적 현실이 한정된 수의 이상적인 형태들로 이루어진 집합체라고 생각했겠지만 프루스트가 그리는 궁극적인 현실은 훨씬 개방적이고 다면적이다. 단일한 세계라기보다는 한계가 없이 풍성하고 다양한 다중 세계다. 프루스트의 현실은 각각의 개인이 경험하는 가장 미묘한 차이까지 영속적으로 보존되는 현실이다. 예를 들어 뱅퇴유의 음악은 "우리가 다른 어떤 작곡가의 세계에서도 경험하지 못한 고유한 자질"을 가지고 있다.[79] 예술은 일반적인 방식으로는 전달할 수 없는 것을 전달할 수 있으며 그중에는 단연 개별성이 포함된다. 예술은 "예술의 도움 없이는 우리가 결코 알지 못했을 '개별 인간'이라는 세계의 은밀한 구성요소들"을 밝혀준다.[80] 진정한 의미에서 세계를 탐험하기 위해 우리는 반드시 세계를 다른 누군가의 눈을 통해, 다른 수많은 사람들의 눈을 통해 보아야 한다. 위대한 예술가들은 우리 대신 그런 역할을 수행하여 우리로 하여금 "이 별에서 저 별로 날아다니도록" 돕는다.[81] 결과적으로 예술은 사랑이나 우정이나 타인과의 직접적인 소통이 결코 이루지 못할 일을 해낸다. 예술은 우리가 우리 존재의 고독을 극복하도록 돕는다.

━ 예술만이 우리로 하여금 우리 자신 밖으로 나가 다른 사람이 이 세계

를 어떻게 바라보는지 이해하도록 만들 수 있다. 그 세계는 우리 소유가 아니며 그 세계의 풍경은 달의 풍경만큼이나 우리에게 낯선 곳으로 남아 있을 것임에도 그러하다. 예술 덕분에 우리는 하나의 세계, 우리 자신의 세계만을 보는 대신에 독창적인 예술가의 수만큼 존재하는 수많은 세계를 마음껏 구경할 수 있다. 이 세계들은 무한히 돌고 있는 저 행성들이 서로 다른 것보다 훨씬 더 다르며 그 이름이 렘브란트든 베르메르든 간에 빛줄기의 근원이 되는 불은 이미 꺼졌음에도 자기 세계만의 고유한 빛줄기를 쏘아 보낸다.[82]

따라서《잃어버린 시간을 찾아서》는 우리가 거의 100년 전에 사망한 프루스트의 눈을 통해 세계를 보도록 만든다. 프루스트는 자신의 작품을 통해 다시 우리에게 살아 있는 존재가 되며 우리는 프루스트의 경험을 경험함으로써 프루스트가 속한 고유한 세계를 친밀하게 알아간다.

더 나아가 예술은 우리가 겪는 고통에 의미와 목적을 부여한다. 배신이나 실망을 비롯해 우리가 경험하는 온갖 불행은 우리가 새로운 경험의 세계를 발견하도록 고무하고 우리에게 정말로 중요한 것이 무엇인지 가르쳐주며 우리가 더욱 고차원적인 존재로 거듭날 수 있도록 준비시켜준다. "결국 삶의 기술이란 우리에게 고통을 초래한 사람들 덕분에 우리가 고통의 신성한 형태를 받아들이고 우리의 일상을 신성으로 가득 채울 수 있었다고 생각하는 것이다."[83] 육체적인 고통은 영적인 지식으로 치환된다. 우리의 신체가 점차 노쇠하고 와해되는 모습을 목격하는 것은 우리 자신과 세계에 관해 새로운 진리를 밝혀준다.[84] 정신적인 고통 역시 마찬가지다. "사랑은 매 순간 우리를 고통스러운 딜레마에 빠지게 하지만 우리는 이로부터 우리가 어떤 질료로 만들어졌는지 성공적으로 배우고 확인할 수 있다."[85] 예술의 관점에서 보자면 우리가 경험하는 나쁜 일들은 좋은 일들보다 더 가치 있다. 그러므로 우리가 사소한 일, 덧없는 쾌락, 성관계나 사랑(그밖에 다른 사람들에게 가까이 다가가려는 무의미한 시도), 사회 및 정치 활동에 투자한 시간은 물론 많은 경우 불행을 초래하지만 아예 낭비된 시간은 아니다. 오직 우리가 이런 경험들을 가지고 아무것도 하지 않을 때만, 즉 예술로 승화시키지 않을 때만 낭비된 시간이다.

한편 행복은 이후에 필연적으로 따라올 불행의 토대를 마련할 때만 가치가 있다. "행복이 수행하는 목적이라고는 사실상 불행을 가능하게 만드는 것밖에 없다."[86] "고난이라고 불리는 소중한 충격"을 경험하기 위해서는 먼저 행복을 경험해야 하는 것이다.[87] 그리고 우리는 오직 불행을 경험하고 나서야 우리를 구원해줄 일을 할 준비를 갖추게 된다. "낭비된 시간은 행복한 시간이다. 어차피 우리는 우리를 일하게 만들 고통을 기다려야 하기 때문이다. … 그리고 삶이 우리에게 제공할 수 있는 최상의 것이 고통이라는 사실을 깨닫고 나면 우리는 죽음을 두려워하지 않을 수 있으며 오히려 죽음을 구원으로 여기게 된다."[88]

그럴듯하지만 충분하지는 않다. 예술의 핵심은 그것이 우리가 피할 수 없는 대상을 우아하게 받아들이는 단계 너머로 나아갈 수 있게 만들어준다는 점이다. 예술은 죽음을 필수적인 악으로 받아들이라고 혹은 삶의 고난을 끝낸다는 점에서 반가운 구원으로 받아들이라고 격려하는 대신, 죽음의 비현실성을 넌지시 암시하며 죽음에 영향을 받지 않는 존재에 이르는 통로를 제공한다. 다시 말해 예술이 가져오는 결과는 '승화'이지 '체념'이 아니다.

일상적인 삶에서 죽음은 늘 우리에게 가까이 다가와 있다. 죽음에 관해 지나치게 깊이 생각하지 않으려고 애쓰더라도 우리는 죽음이 언제든 닥칠 수 있다는 사실을 알고 있다.[89] 때때로 죽음은 실제로 닥치기도 전에 우리를 손아귀에 쥐고 괴롭히기도 한다. 마치 우리 내면에 웬 이방인이 들어와서 몰래 자기 일을 하고 있는 것만 같다. 우리는 삶에게 도대체 무슨 일이 벌어지고 있는 것이냐고 물어보지만 삶은 이 문제에 관여하지 않으며 결국 우리를 포기한다.[90] 우리가 이처럼 두려움을 느끼는 이유는 우리가 운명을 공유하고 있는 우리의 몸으로부터 우리 자신을 분리하지 못하기 때문이다. 프루스트의 생각에 따르면 우리 존재의 본질은 내면에 있는 정신이지만 정신은 결국 소멸하고 말 몸에 부착돼 있기 때문에 몸이 소멸할 때 정신도 함께 끌려가고 만다. 몸은 너무나도 허약하고 쉽게 망가지며 오래 살지 못하기 때문에 "정신에게 있어서 거대한 골칫거리"라고 할 수 있다.[91] 우리는 몸의 처분을 따를 수밖에 없으며 이는 꽤나 불행한 일이다. 몸은 그리 자비로운 존재가 아니기 때문이다.

> 건강이 나빠져 고통을 겪을 때면 우리는 우리가 혼자 살아가고 있는 것이 아니라 완전히 다른 세계, 완전히 다른 왕국에 속하는 피조물과 족쇄를 공유하며 살아가고 있다는 사실을 억지로 깨닫게 된다. 녀석은 우리를 잘 알지도 못하며 우리를 이해할 줄도 모른다. 그 피조물이란 바로 우리의 몸이다. … 우리 몸에게 연민을 구하는 것은 문어를 앞에 두고 말을 거는 것이나 다름없다. 몸 입장에서 우리가 하는 말은 소리의 물결 그 이상도 이하도 아니기 때문이다. 우리는 그런 몸과 함께 삶을 살아가야 할 운명이라는 사실에 좌절할 수밖에 없다.[92]

따라서 우리는 예술을 창조하는 활동에 몰두해야 한다. 그렇게 할 때 우리는 몸을 무시할 힘, 몸의 허약함을 딛고 일어설 힘을 얻을 수 있다. 또 그렇게 할 때 우리는 죽음이 닿지 못했고 앞으로도 닿을 수 없는 본질의 세계 위에 견고하게 발을 올려놓을 수 있다. 우리는 사소해 보이는 감각에 자극을 받아 우리의 과거가 돌연 눈앞에 나타나 현재와 합쳐지는 경험을 한 순간 이 본질의 세계가 존재한다는 사실을 처음 확인할 수 있었다. 중요한 점은 이런 순간이 과거의 순간이 아니라는 점이다. 오히려 이런 순간은 과거이면서 동시에 현재이며 따라서 "과거보다도 현재보다도 더욱 본질적인" 순간이다.[93] 그렇기 때문에 마르셀은 과거의 어떤 장면들을 떠올릴 때면 "그 자체만으로도 충분히 죽음을 나와 상관없는 무언가로 만들 수 있다는 즐거운 확신"을 얻는다.[94] 예술은 바로 그런 장면들을 모방하고자 하며 이는 "다시 태어났다는 심오한 감각"을 불러일으킨다.[95] 과거가 현재 위에 포개지면서 시간과 시간을 나누던 거대한 틈이 사라진 데에 더해 우리가 우리의 실존이 시간 속에 존재하지 않는다는 사실을 깨달았기 때문이다.

— 이 느낌을 감지한 내면의 존재는 자신이 과거에도 현재에도 가지고 있는 특성, 시간을 초월해 가지고 있는 특성을 감지했다. 내면의 존재는 과거와 현재의 동일성이라는 매개를 통해 존재하면서 사물의 본질을 즐길 수 있는 환경에서만, 다시 말해 시간 너머에 존재할 때만 모습을 드러냈다.[96]

결과적으로 죽음을 향한 두려움은 사라진다. 죽음은 시간 속에 거하지 않는 존재를 건드릴 수 없기 때문이다. 하지만 우리는 본질적으로 우리 자신이라고 할 수 있는 바로 그 존재가 낭비되지 않도록 주의해야 한다. 삶을 의미 있게 살기 위해 우리는 우리 내면의 존재를 기르고 돌봐야 한다. 필요한 양식을 제공함으로써 내면의 존재가 시들지 않도록, 오히려 힘을 얻도록 만들어야 한다.

— 내면의 존재는 오직 사물의 본질만을 양식으로 삼으며 사물의 본질 속에서만 힘과 기쁨을 얻는다. 반면 감각이 현재를 관찰하는 동안, 지

성이 미래를 기다리며 현재를 메마르게 하는 동안, 의지가 실용성만을 따지는 인간의 편협한 목표를 받드는 가운데 실재성을 잃은 과거와 현재의 파편을 재료 삼아 미래를 구축하는 동안 내면의 존재는 힘을 잃는다. 그렇다면 과거에 이미 들어본 소리와 이미 맡아본 냄새가 다시 느껴지도록 하자. 과거와 현재를 동시에 느껴지도록 하자. 사실적이지는 않지만 현실적으로, 추상적이지는 않지만 이상적으로 느껴지도록 하자. 그러면 그 즉시 사물에 숨겨져 있는 영속적이고도 고유한 본질이 풀려나올 것이며 오랫동안 죽어 있는 것 같았지만 죽어 있지 않았던 우리의 진정한 존재가 이 천상의 양식 덕분에 다양한 방식으로 깨어나 활기를 되찾을 것이다. 시간의 질서로부터 해방된 한순간이 바로 그 한순간을 의식할 수 있도록 우리 속에 시간의 질서로부터 해방된 인간을 되살린 것이다. 그저 마들렌 빵을 하나 맛본 것이 논리적으로 충분한 이유가 된다고 생각하지는 않더라도 우리는 내면의 인간이 자신이 느끼는 행복에 그렇게나 확신을 갖는 것을 진심으로 이해한다. 또 우리는 내면의 인간에게 죽음이라는 이름 역시 무의미하다는 사실을 이해한다. 시간 너머에 존재하는 인간에게 미래 따위가 무슨 두려움을 불러일으키겠는가?[97]

9장.

언어의 경계를 넘어서려는 가망 없는 투쟁

루트비히 비트겐슈타인

1889~1951

Ludwig Wittgenstein

별이 되고 싶었지만 지상을 벗어나지 못한

오스트리아 빈에서 태어난 비트겐슈타인은 당시 유럽 전역에서 가장 부유한 집안 가운데 하나에 속했다. 하지만 비트겐슈타인은 집안의 부를 이용해 누릴 수 있는 특권들을 즐기는 데 전혀 관심이 없었다. 오히려 집을 떠나 처음에는 베를린에서 기계공학을 공부했으며 다음에는 맨체스터에서 항공학을 공부했다. 특히 항공학을 공부하던 시기에는 신형 프로펠러를 개발했을 뿐만 아니라 수학의 기초에도 예리한 관심을 갖게 됐다. 수학에 관심이 생긴 비트겐슈타인은 1911년부터 케임브리지대학에서 버트런드 러셀*Bertrand Russell*을 만나 함께 철학을 공부하기 시작했다. 러셀과는 금방 친한 친구가 됐으며 러셀은 비트겐슈타인에게서 큰 잠재력을 보았다. 하지만 비트겐슈타인은 학위를 취득하는 데 실패했고 제1차 세계대전이 발발하자 오스트리아-헝가리 연합군에 지원해 (친구라고도 할 수 있는) 영국인들을 상대로 용맹하게 전투를 치렀다. 실제로 이후 4년 동안 무공훈장을 여러 차례 받기도 했다. 그러는 와중에 비트겐슈타인은 톨스토이의 《아무도 모르는 예수*The Gospel in Brief*》와 도스토옙스키의 《카라마조프가의 형제들》을 읽을 기회가 있었고 두 책에 묘사된 단순하고 순수한 삶의 이상에 깊은 인상을 받았다. 그래서 전쟁이 끝난 뒤 빈으로 돌아온 비트겐슈타인은 막대한 유산을 포기하고 자신이 가진 모든 재산을 기부했다. 그 대신 교직을 이수한 뒤 6년 동안 오스트리아 시골 지역에서 초등학교 교사로 일하며 검소한 삶을 살았다.

의도는 정말 좋았지만 결과는 썩 좋지 않았다. 사람들의 이야기에 따르면 비트겐슈타인은 아주 열성적이기는 했으나 지나치게 엄격해 학생들로부터 많은 사랑을 받지 못한 교사였다고 한다. 그는 제자들에게 지나치게 많은 것을 기대하고 요구했으며 마을 공동체의 필요를 이해하지도 못했다. 학생들의 주의를 집중시키겠다고 체벌이라는 잘못된 수단을 습관처럼 활용한 것 역시 평판에 도움이 되지 않았다. 결국 비트겐슈타인은 교사직을 관둬야 했다. 실험은 실패했으며 비트겐슈타인 자신도 그 점을 잘 알고 있었다. "나에게는 과업이 있었으나 이루지 못했다. 이제 바로 그 실패가 내 삶을 망가뜨리고 있다. 나는 내 삶을 가지고 무언가 긍정적인 일을 해야만 했다. 하늘의 별이 돼야만 했다. 하지만 나는 결국 지상을 벗어나지 못했으며 이제 점점 빛을 잃어가고 있다."[1]

인생 내내 비트겐슈타인은 "무언가 긍정적인 일"을 해야 한다는 병적인 열망에 사로잡혀 있었다. 단지 삶을 의미 있게 만들기 위해 무엇을 해야 하는지 제대로 이해하지 못했을 뿐이다. 초등학교 교사직을 포기한 뒤에 비트겐슈타인은 몇 해 동안 정원사로 일하면서 누이가 빈에 지을 초현대적인 연립주택을 설계하는 것을 도왔다. 하지만 그 역시 썩 만족감을 가져다주지는 못했다. 결국 1929년에 비트겐슈타인은 케임브리지로 복귀해 철학 연구를 재개했다. 처음에는 특별연구원으로 연구를 진행하다가 나중에는 마지못해 철학과 교수 자리를 맡았다. 돈을 벌어야 하기 때문이었지 가르치는 일을 즐기기 때문은 아니었다. 철학과 교수직을 가리켜 "일종의 생지옥"이라고 언급한 것을 볼 때 아마 여력만 있었다면 "철학과 교수직이라는 말 같지도 않은 일"을 그만뒀을 것이다.[2]

철학의 본질과 용도

오늘날 비트겐슈타인은 가장 중요하고 영향력 있는 20세기 철학자 가운데 한 명으로 널리 알려져 있다. 적어도 이 면에서는 자신이 원했던 바를, "하늘의 별"이 되는 것을 이룬 셈이다. 하지만 나름 긴 생애를 사는 동안(전립선암으로 62세의 나이에 사망했다) 비트겐슈타인은 고작 두 권의 책만을 발표했다. 한 권은 언어 논리를 다루는 75페이지짜리 장문의 논문《논리철학논고*Tractatus Logico-Philosophicus*》로서 전쟁 중에 집필됐다. 다른 한 권은 초등학생을 위한 오스트리아 철자 사전이었다. 그 외의 저작물은 비트겐슈타인이 죽기 전에 남긴 방대한 원고에서 발췌한 내용을 사후에 출판한 것이 대부분이었다.

이런 일이 발생한 주된 이유는 자신이 쓴 글에 만족한 법이 없는 비트겐슈타인이 원고를 끊임없이 수정하고 정리한 탓이다. 하지만 비트겐슈타인이 생전에 책을 거의 발표하지 않은 데는 또 다른 이유도 있었다. 비트겐슈타인은 결국 철학이 혹은 일반적으로 철학이라고 받아들여지는 것이 딱히 유용하지 않다고 생각했다. 실제로 그는 뛰어난 제자들을 볼 때면 철학을 업으로 삼지 말라고 만류했다. 그 대신 무역을 배우거나 공장에서 일하는 등 보다 가치 있는 일을 하라고 독려했다. 그 자신도 철학 서적을 그리 많이 읽지 않았다. 동료 교수들이 쓴 저서보다는 하드보일드 범죄소설을 읽기를 더 좋아했다. 그나마 철학 서적(주로 동시대 철학자의 서적)을 읽더라도 잘못됐다거나 아예 무의미하다고 비난하는 경향이 있었다. 그런 서적들이 대답할 수 없는 질문에 대답하려 한다고 생각했기 때문이다. 사실 비트겐슈타인이 보기에는 애초에 그런 '질문'을 한다는 것 자체가 오판이었다.

> 철학적 문제를 다루는 대부분의 명제와 질문은 거짓이 아니라 무의미하다. 우리가 이런 종류의 질문에 대답할 수 없는 이유 역시 바로 이 때문이다. 우리는 그저 그런 질문이 무의미하다는 사실을 발견할 뿐이다. 철학자들이 제시하는 대부분의 질문과 명제는 우리가 언어 논리를 이해하지 못한다는 사실에서 기인한다. … 따라서 가장 심오한 문제들이 실제로는 아무 문제가 아니라는 것은 전혀 놀랄 만한 일이 아니다.[3]

《논리철학논고》에서 비트겐슈타인은 철학이 우리에게 세계에 관한 어떠한 새로운 사실도 말해주지 못한다고 주장한다. 지금 우리가 가지고 있는 지식 체계에 추가할 수 있는 철학적 진리는 존재하지 않는다. 우리가 세계에 관해 알 수 있는 모든 사실은 자연과학이 우리에게 말해준다. 그리고 철학은 과학이 아니다. 철학이 할 수 있는 일은 우리의 사고를 명료하게 만드는 것이다. 바로 그 과정, 즉 명료화*clarification* 행위가 철학의 본질이다.[4] 과학자들이 (새로 발견한 사실들을 가지고) 집을 짓는 반면 철학자들은 집의 기초조차 놓지 않는다. 그들은 단지 "방을 정돈"할 뿐이다. 하지만 방을 정돈하는 일 역시 "어마어마한 중요성"을 가지고 있다.[5] 철학은 철학하는 사람의 정신에서 유해한 혼란을 치유한다. "철학자는 질문을 마치 질병처럼 대한다."[6]

철학을 함으로써 우리는 우리가 의미 있게 논할 수 있는 문제가 무엇인지 이해할 수 있다. 더 중요한 점으로 우리가 의미 있게 논할 수 '없는' 문제가 무엇인지도 이해할 수 있다. 물론 우리는 다양한 화제에 관해 대화나 잡담을 나눌 수 있다. 하지만 어떤 화제에 관해서는 '명확히' 논하는 것이 본질적으로 불가능하다. 물론 논할 수는 있지만 우리가 그런 화제에 관해 하는 말은 아무리 많은 노력과 주의를 기울여도 명확한 의미를 갖지 못한다. 우리는 그저 말을 내뱉을 뿐 그 말은 어떤 실재적인 의미도 나타내지 않고 어떤 사상에도 대응되지 않는다. "생각될 수 있는 모든 것은 명료하게 생각될 수 있다. 말해질 수 있는 모든 것은 명료하게 말해질 수 있다."[7] 따라서 명료하게 생각될 수도 명료하게 말해질 수도 없는 것은 애초에 생각될 수도 말해질 수도 없는 것이다. 생각하거나 말하려고 아무리 애써 봐도 결과적으로는 늘 무의미한 생각이나 말만 더듬거리게 된다. 그러므로 철학을 제대로 이해하자면 철학이란 한계를 정하는 행위다. 철학은 우리가 무엇을 말하고 생각할 수 있는지 경계를 정하는 과정이며 그 과정에서 우리가 무엇을 말하고 생각할 수 없는지 역시 드러낸다(혹은 암시한다).[8] 엄밀히 말하자면 생각할 수 없는 것과 말할 수 없는 것은 우리 세계에 속하지 않는다. "나의 언어의 한계가 곧 나의 세계의 한계"이기 때문이다.[9] 당연히 나는 내가 의미 있게 논할 수 없는 대상을 설명할 수 없다. 하지만 나는 내가 의미 있게 논할 수 없는 대상을 제대로 파악할 수도 없다. 즉 '이것'이 내가 논할 수 없는 것이므로 '이것'이 내 세계에 속하지 않는다고 말할 수도 없다. 심지어 나는 내가 의미 있게 논할 수 없는 대상이 가능한 것인지 불가능한 것인지조차 말할 수 없다.[10]

하지만 이런 선언을 하고 나서 얼마 안 있어 비트겐슈타인은 의미 있게 논할 수 없으며 따라서 이 세상에 속하지 않는 것의 예를 독자들에게 제시함으로써(즉 말함으로써) 스스로 모순을 일으키는 것처럼 보인다. 그 예란 철학자들이 너무나도 논의하기를 좋아하는 대상인 "주체*subject*"다. 비트겐슈타인은 주체가 "세계에 속하지 않으며 오히려 세계의 한계 중 하나"라고 말한다.[11] 우리가 (의미 있게) 논할 수 있는 대상은 오직 주체가 '경험'하는 대상밖에 없다. 그 대상만이 실재한다. 그 대상만이 세계에 속한다. 눈이 스스로를 볼 수 없는 것처럼 세계를 경험한다고 여겨지는 주체 자체는 나의 이해를 벗어난다. 주체는 그 자체로는 아무것도 아니며 그저 연장되지 않는 점에 불과하다.[12] 바로 이 때문에 유아론(주체 혹은 자아만이 실재하는 모든 것 혹은 실재함을 알 수 있는 모든 것이라는 관점)은 순수한 실재론과 구분되지 않는다. 비트겐슈타인은 이 문제에 관해 더 이상 말을 덧붙이지 않는다. 일단은 이를 어떻게 철학 행위가 특정한 철학적 문제를 해결할 수 있는지 혹은 어떻게 철학 행위가 특정한 철학적 문제가 실제로는 문제를 가장한 문제에 불과하다는 사실을 드러낼 수 있는지 보여주는 사례로 받아들이는 편이 안전할 것이다. 주체가 결코 우리 경험의 객체가 될 수 없다면 오직 주체만이 실재한다고 주장하는 것은 전혀 말이 안 된다. 주체가 경험하는 객체에 관한 사실을 제외하고는 우리가 주체에 관해 아는 지식이 하나도 없기 때문이다. 따라서 우리는 학설로서의 유아론이 의미가 없다고 결론 내릴 수 있다.

한편 우리는 '외부 세계는 실재하는가?'와 같은 질문을 던지는 것이 질문하는 사람이 겪고 있는 혼란과 이해 부족을 드러낼 뿐이라고 결론 내릴 수 있다. (세계가 실재한다는 것을 '안다'고 말하는 것이 확실히 이상하게 들릴 만큼) 꽤나 '명백히' 세계는 실재하며 우리가 '외부' 세계라고 부르는 세계가 바로 그 세계이기 때문이다. 반면 주체는 실재하지 않는다. 더 정확히 말하자면 '주체'라는 단어(의심의 여지없이 존재하는 것)에 대응되는 현실이나 확인 가능한 사실이 존재하지 않는다. 이런 이유 때문에 '주체'라는 단어는 우리의 이해를 거역한다. 즉 우리는 그것을 이해할 수도 없고 그것에 관해 의미 있는 말을 할 수도 없으며 (여기서 "그것"은 단어를 가리키므로 좀 더 정확히 기술하자면) 그것을 '가지고' 의미 있는 말을 할 수도 없다. 혹은 '주체'라는 단어가 우리 언어에서 어떤 적합한 '쓰임새'도 가지고 있지 않다고 정리할 수도 있다. "철학에서 '우리는 어떤 목적을 위해 이 단어 혹은 이 문장을 실제로 사용하는가?'라는 질문은 언제나 가치 있는 통찰로 이어진다."[13]

《논리철학논고》 서문에서 비트겐슈타인은 (아이러니하게도 그리 명료하지 않은 명제를 다수 포함하고 있는) 전체 논고의 의의를 이렇게 요약할 수 있다고 말한다. "말해질 수 있는 것은 명료하게 말해질 수 있다. 따라서 우리가 말할 수 없는 것에 관해 우리는 침묵해야 한다." 비트겐슈타인은 이 책을 통해 자신이 모든 철학 문제를 해결했다고 믿는다고 밝힌다. 하지만 바로 그 이유 때문에 이 책이 가치가 있는 것은 아니라고 생각한다. 오히려 이 책이 가치가 있다면 그 이유는 이 책이 모든 철학 문제를 해결해서 얻을 수 있는 성과가 얼마나 미약한지 입증했기 때문이다. 정말로 중요한 문제들은 풀리지 않는 문제들이다. "우리는 설령 모든 해결 가능한 과학적 의문들이 해결됐다고 하더라도 우리의 삶의 문제들은 아직 건드려지지도 않은 채 남아 있다고 느낀다."[14] 과학은 삶의 문제를 해결할 수 없다. 그런 문제가 존재한다는 사실조차 인식하지 못한다. 하지만 철학 역시 삶의 문제를 해결할 수 없다. 심지어 그런 문제를 또렷이 발음하지도 못한다.

그럼에도 우리 모두는 적어도 가끔씩 문제가 '존재'한다고 느낀다. 우주의 모든 사실을 다루는 학문인 과학이 관여할 만한 문제와는 아무런 관계가 없는 어떤 문제가 존재한다고 느낀다. 우리는 세상에 존재해야 하지만 존재할 수 없는 무언가가 빠져 있다고 느낀다. 말하자면 세상에는 꼭 채웠으면 하는 빈틈이 존재한다. 비트겐슈타인 역시 죽기 직전까지 사로잡혀 있었던 이 문제는 이름도 가지고 있다. 바로 '삶의 의미'라는 이름을 가진 문제다. 젊은 시절의 비트겐슈타인은 이 문제를 가리켜 '삶의 의미' 대신 '신'이라고 부르기도 했다. 그는 일기에 "나는 신에 관해 그리고 삶의 목적에 관해 무엇을 알고 있는가?"라는 의문을 남기고는 곧바로 이런 대답을 제시한다. "나는 이 세계가 존재한다는 사실을 알고 있다. 내 눈이 안계 속에 자리 잡고 있듯이 나 역시 이 세계 속에 서 있다는 사실을 알고 있다. 이 세계에 우리가 세계의 의미라고 부르는 문제가 존재한다는 사실을 알고 있다. 그리고 그 의미가 세계 속에 놓여 있는 것이 아니라 세계 밖에 놓여 있다는 사실을 알고 있다."[15]

많은 생각을 불러일으키는《논리철학논고》의 마지막 몇 페이지가 바로 이런 확신 내지는 통찰에 바탕을 두고 있다. 우선 비트겐슈타인은 "모든 명제는 동일한 가치를 가지고 있다"고 선언한다.[16] 그런데 (명료하게 말해질 수 있는) 명제는 우리가 가진 전부다. 참인 명제들은 우리 세계를 구성하고 있는 사실들을 진술(혹은 묘사)한다. 그런 사실들은 사실 이상도 이하도 아니다. 그중 어떤 사실도 다른 사실보다 더 중요하거나 더 가치 있거나 더 의미있거나 하지 않다. 사실의 세계에는 아무런 가치가 존재하지 않는다. 따라서 만약 가치라는 것이 존재한다면, 사물 간에 질적 격차가 존재한다면, 좋음과 나쁨이 존재한다면, 선과 악이 존재한다면 이 모든 것은(이 모든 것 없이는 삶이 어떤 의미도 가질 수 없다) 어떤 식으로인가 세계 바깥에서 비롯돼야만 한다.

> 세계의 의미는 세계 바깥에 존재해야 한다. 세계 안에서는 모든 것이 존재하는 대로 존재한다. 모든 일이 일어나는 대로 일어난다. 따라서 세계 '안'에는 어떤 가치도 존재하지 않는다. 존재한다고 할지라도 그것은 어떤 가치도 지니고 있지 않을 것이다. 만약 가치를 지닌 가치가 존재한다면 그것은 모든 사건과 모든 존재 바깥에 존재해야 한다. 왜냐하면 모든 사건과 모든 존재는 우연적이기 때문이다. 그것을 비우연적으로 만드는 것은 세계 '안'에 존재할 수 없다. 그렇지 않다면 그것을 비우연적으로 만드는 그것마저 우연적이고 말 것이기 때문이다.[17]

그러므로 젊은 비트겐슈타인이 보기에 무언가가 의미를 지니려면 반드시 그 무언가가 존재하는 대로 존재해야만 하는 설득력 있는 이유가 있어야 한다. 자연법칙은 아무것도 설명해주지 못한다. 그런 법칙이 존재하는 대로 존재해야만 하는 뚜렷한 이유가 없기 때문이다. 이 세계에서는 무엇이든 지금과는 달라질 수 있다(혹은 달라진다고 상상할 수 있다). 한편 의미는 가치의 존재를 전제한다. 즉 세계가 의미를 지니려면 세계에서 일어나는 일이 어떤 식으로인가 '중요'해야 한다. 단지 우리에게 중요한 것이 아니라(이는 그저 세계의 또 다른 사실, 가치 없는 가치에 불과하다) '그 자체로' 중요해야 한다(물론 우리는 '그 자체로' 가치를 지닌다는 것이 실제로 무엇을 의미해야 하는지 제대로 이해하지 못한다. 그리고 바로 이 점이 비트겐슈타인이 우리가 의미 있게 논할 수 없는 것이 존재한다고 했을 때 지적하고자 한 핵심이다).

참전을 마치고 돌아온 후에 비트겐슈타인은《논리철학논고》를 출판해줄 출판인을 찾느라 애를 먹었다. 비트겐슈타인은 편집자 루트비히 폰 피커*Ludwig von Ficker*가 자신의 책을《브레너*Der Brenner*》라는 저널에 실어주기를 바라면서 그의 관심을 끌기 위해 이렇게 편지를 썼다. "제 연구는 크게 두 부분으로 이루어져 있습니다. 그중 한 부분이 여기 나오는 내용이고 다른 한 부분은 제가 아직 쓰지 않은 모든 것에 관한 내용입니다. 그리고 바로 이 두 번째 부분이 정말 중요한 부분입니다." 이런 식으로 비트겐슈타인은 책에서 다룰 내용이 참 많다고 계속 호소했다. 물론 피커는 비트겐슈타인이 다루고자 한 내용이 이미 책에 다 들어 있다는 사실을 알아차리지 못했을 것이다.[18] 충분히 이해할 만하게도 피커는 비트겐슈타인의 설득에 큰 인상을 받지 못했으며 제안을 거절했다.[19] 중요하지 '않은' 부분만 담고 있다는 책을 누가 출판하고 싶었을까?

비트겐슈타인이《논리철학논고》에서 다루지 '못한' 중요한 내용이 무엇이었을지 우리는 말할 수 없다. 하지만《논리철학논고》의 마지막 몇 페이지에서 비트겐슈타인은 자신이 디루려고 한 내용이 무엇이었는지 적어도 귀띔 정도는 해주기 시작한다. 처음에는 언어의 논리적인 구조를 분석하는 것이 주목적인 것 같았던 책이 바로 이때부터 확연히 신비주의적인 분위기를 풍긴다(이 책이 아주 오래도록 수많은 사람들의 흥미를 끈 주된 이유 역시 바로 이 때문일 것이다). 모든 명제가 동일한 가치를 지니고 있으므로 윤리적인 명제는 존재할 수 없다. "명제들은 보다 높은 것을 표현할 수 없다."[20] 따라서 우리는 도덕적인 문제를 논할 수 없다. 어떤 행위가 도덕적으로 그르다고 말하는 것, 어떤 행위가 악하다고 말하는 것, 누군가 반드시 이러저러한 방식으로 행동해야 한다고 말하는 것은 사실 어떤 말도 하지 않는 것이나 마찬가지다. 논리적으로 말하자면 모두 무의미하다. 비트겐슈타인은 윤리학이 "선험적"이라고 주장한 뒤 아무런 부가적인 설명도 없이 괄호 속에 이렇게 덧붙인다. "윤리학과 미학은 하나다."[21]

윤리학과 미학의 중요한 연결고리 한 가지는 우리가 특정한 사물을 아름다운 사물이나 추한 사물로 만드는 것이 무엇인지 설명할 수 없는 것처럼 특정한 행동을 좋은 행동이나 나쁜 행동으로 만드는 것이 무엇인지 역시 설명할 수 없다는 점이다. 우리가 제시하는 설명이 잘못됐다는 뜻이 아니다. 애초에 우리가 이런 문제들에 설명을 제시하려고 애쓴다는 사실 자체가 잘못됐다.[22] 좋은 것이나 아름다운 것은 세계에 존재하는 어떤 사실로도 환원할 수 없으며 세계에 존재하는 어떤 사실에서도 추론할 수 없다. 어떤 식으로든 사실에 영향을 미치지도 않는다. 그럼에도 비트겐슈타인은 만약 윤리가 무언가를 바꾼다면 한순간에 모든 것을 바꿀 것이라고 덧붙인다. 사실들은 변하지 않은 채 남아 있더라도 온 세계가 전혀 다른 세계로 바뀐다고 주장한다.[23] 따라서 선한 자와 악한 자, 행복한 자와 불행한 자는 서로 다른 세계를 살아간다. 설령 각 세계가 동일한 사실들을 공유한다고 할지라도 말이다. 여기서 비트겐슈타인이 정확히 무엇을 의도하고자 했는지는 분명하지 않다. 하지만 그가 만년에 상보기 *aspect-seeing*에 심취했다는 사실을 고려한다면 의도를 이해하는 데 도움이 될 수 있다. 비트겐슈타인이 가장 마음에 들어 한 상보기의 예는 오늘날 우리에게도 꽤나 익숙한 그림 하나다. 이 그림은 어떻게 바라보는지에 따라 오리처럼 보이기도 하고 토끼처럼 보이기도 하지만 동시에 둘 다로 보이지는 않는다.

여기서 정말 흥미로운 점은 우리가 그림을 오리로 인식하든 토끼로 인식하든 그 그림은 언제나 정확히 똑같은 그림이라는 점이다. 조금 전까지만 하더라도 오리처럼 보이던 것이 돌연 토끼처럼 보이는데도 그 사이에 객관적인 '사실'은 전혀 변하지 않았다. 따라서 분명 '무언가'가 변했어야 한다(우리가 그림을 바라보는 상*aspect*이 변했다). 한편 그림을 이루고 있는 모든 선이 이제 이전과는 다른 역할과 의미를 가지게 됐다는 점에서 우리는 그림 '전체'가 한순간에 온전히 변했다고 말할 수 있다. 어떤 면에서 우리는 이제 이전과는 전혀 다른 (인식의) 세계를 살아가게 됐다. 젊은 시절의 비트겐슈타인은 윤리학과 미학 역시 비슷한 방식으로 작동한다고 생각했던 것 같다. 온갖 형태의 좋음(아름다움 역시 그중 하나)을 인식하는 것은 우리가 다른 세계를 살아가도록 만든다. 아무것도 변하지 않았지만 동시에 모든 것이 변했다. 적어도 우리에게는 말이다.

비트겐슈타인은 세계에 관한 사실들이 우리가 찾고자 하는 답을 제시하지는 못한다고 주장한다. "삶의 수수께끼는 시공간 안에 존재하지만 그 해결책은 시공간 바깥에 존재한다."[24] 사실들은 문제의 일부이지 문제의 해결책이 아니다.[25] 그런데 우리가 정확히 알고 싶은 것이 무엇일까? 어떤 사실로도 해결할 수 없다는 바로 그 문제가 정확히 무엇일까? 물론 이미 의미의 문제라고 지적한 바 있다. 그렇다면 '의미의 문제'라고 말함으로써 우리가 의도하는 바는 정확히 무엇일까? 우리가 삶의 의미에 관해 질문할 때 우리는 우리가 정확히 무슨 질문을 하고 있는지 제대로 이해하지 못하는 것 같다. 놀랄 이유가 없는 것이, 어떤 질문에 대답 가능한(논리적이고 명료한 방식으로 제시할 수 있는) 대답이 존재하지 않는다면 그 질문 자체가 그만큼 모호하고 불명확할 수밖에 없기 때문이다. "어떤 질문에 대한 대답을 말로 표현할 수 없다면 그 질문 역시 말로 표현할 수 없다."[26] 이 사실이 상황을 악화시키는가? 비트겐슈타인은 그렇다고 생각하지 않는다. 우리가 묻고자 하는 질문이 명료한 의미를 가지고 있지 않다는 사실을 깨닫고 나면 우리가 해결하고자 하는 수수께끼 역시 소멸한다는 뜻이기 때문이다. "물을 수 없는 질문을 의심하고자 한다면 회의주의는 반박 불가능한 것이 아니라 명백히 무의미한 것이다."[27] 따라서 삶의 의미에 관한 우리의 질문은 우리가 그런 질문을 묻기를 그만두는 바로 그 순간 대답되고 있는 것이다. "우리는 삶의 문제가 소멸할 때 삶의 문제가 해결된다는 것을 알고 있다(오래도록 의심을 품다가 마침내 삶의 의미를 파악한 사람들이 삶의 의미가 무엇인지 말하지 못하는 것도 바로 이 때문이 아닌가?)."[28]

우리는 여기서 무엇을 얻을 수 있을까? 우리는 우리가 의미 있게 논할 수 없는 대상들이 존재한다는 사실을 배웠으며 그런 대상들에 관해서는 "침묵해야 한다"는 사실을 알게 됐다.[29] 이런 선언과 함께《논리철학논고》는 끝이 난다. 하지만 우리가 논할 수 없는 것은 여전히 중요하다. 사실 우리가 논할 수 '있는' 것보다 훨씬 더 중요하다. 다행히 우리는 우리가 논할 수 없는 것에 관해 논할 '필요'가 없다. 어차피 단어들을 결합하는 것으로는 삶의 의미를 찾지 못할 것이기 때문이다(그런 노력의 결과로 하나의 철학을 세우게 된다 하더라도 불가능할 것이다). 삶의 의미를 발견하려면 우리는 삶의 의미에 관해 논하지 '않는' 대신 의미 있는 삶을 '살아야' 한다.

삶에서 마주치는 문제를 해결하는 방법은 문제가 소멸하도록 삶을 살아가는 것이다. 삶이 문제투성이라는 사실은 당신의 삶의 형태가 삶의 거푸집에 들어맞지 않고 있다는 사실을 보여준다. 그러므로 당신은 당신이 살아가는 방식을 바꿔야 한다. 일단 당신의 삶이 삶의 거푸집에 들어맞기 시작하면 문제는 소멸할 것이다.

이런 식으로 삶을 살아가는 것은 맹목적으로 삶을 살아가는 것과는 다르다. 문제를 외면해야 한다는 뜻이 아니다. 오히려 문제를 더 이상 문제로서 느끼지 않을 줄 알아야 한다는 뜻이다.[30]

이방인 같은 삶

안타깝게도 많은 사람들에게 이는 말처럼 쉬운 문제가 아니다. 비트겐슈타인 자신도 그런 사람들 중 하나였다. 물론 그는 우리가 문제라고 생각했던 것들이 실제로는 문제가 아니라는 사실을 밝힘으로써 그리하여 문제들을 소멸시킴으로써 자신이 모든 철학적인 문제들을 해결했다고 생각했다. 우리는 '시간이란 무엇인가?', '앎이란 무엇인가?', '의미란 무엇인가?'와 같은 기본적인 철학 문제들이 대답될 수 없다는 사실을 깨닫지 못한다. '시간', '앎', '의미'와 같은 대상들이 실재한다고 가정하기 때문이다(그리고 그런 가정을 의심하지 않기 때문이다). 우리는 그런 대상들을 마주치는 변화무쌍한 언어적, 실질적, 경험적 맥락을 무시한 채 그런 대상들을 관찰하고 이해할 수 있다고 가정한다. 우리는 (결국 사물의 '본질'을 전제해야 하는) 기본적인 철학 문제들이 잘못된 문제들에 불과하다는 사실을 깨닫지 못한다. 하지만 만약 그렇다는 사실이 밝혀지고 마침내 우리가 어떤 철학적인 문제도 존재하지 않는다는 사실을 이해하게 된다면 철학은 더 이상 필요하지 않게 된다. 적어도 비트겐슈타인은 이를 다행이라고 생각했다. "진정한 발견은 내가 철학하는 것을 그만두고 싶을 때 철학하는 것을 그만둘 수 있게 해 주는 발견이다. 더 이상 철학이 철학 자체를 의문에 빠뜨리는 문제들 때문에 고통당하지 않도록 철학에 안식을 가져다주는 발견이다."[31]

하지만 삶이라는 문제는 철학적인 문제가 아니다. 그리고 비트겐슈타인이 삶을 살아간 방식과 삶을 논한 방식을 고려할 때 비트겐슈타인 자신 역시 삶의 문제를 예리하게 인식하지 않을 수 없었던 것이 분명해 보인다. 부단한 노력에도 불구하고 비트겐슈타인은 다른 온갖 문제와 마찬가지로 삶이라는 문제 역시 잊어버리지 못했다. 삶 자체를 살아간다는 것은 어려운 일이었으며 실제로 비트겐슈타인의 마음속 한편에는 삶을 끝낸다는 생각이 자리 잡고 있었다. 우울증은 사실상 집안 내력이었다. 비트겐슈타인의 형제들 네 명 중 세 명이 자살했다. 수시로 고독과 불행을 느꼈던 비트겐슈타인 역시 똑같은 일을 저지를 뻔한 적이 많았을 것이다. "내 앞에는 생지옥만이 길게 뻗어 있는 것 같다. 끔찍한 미래 외에는 아무 미래도 상상할 수 없다. 친구도 없고 기쁨도 없다." "삶을 어떻게 견뎌야 할지 모르겠다. 나에게 삶이란 밤마다 음울한 슬픔만이 나를 찾아온다는 사실을 매일같이 두려워해야 하는 곳이다."[32] "이 세계에서 나는 이방인 같다. 인류에게도 하느님에게도 연결돼 있지 않은 사람은 이방인이나 다름없다."[33] 이런 기분을 느끼는 비트겐슈타인 입장에서 죽음이라는 전망은 꽤나 매력적으로 다가왔을 것이다. 특히나 그는 죽음에 대해 에피쿠로스적인 태도를 가지고 있었으니까(혹은 가지고 있다고 공언했으니까) 말이다. 《논리철학논고》에 따르면 죽음은 세계를 변화시키지 않는다. 세계를 끝낼 뿐이다.[34] 삶을 살면서 죽음을 경험하지는 않는다는 점에서 죽음은 삶의 일부도 아니다.[35] 시간적 불멸성을 추구하는 사람들은 착각하고 있는 것이다. 불멸성을 입는다고 삶의 수수께끼가 해결되지는 않을 것이기 때문이다. 영원한 삶은 우리가 지금 살고 있는 삶만큼이나 불가해할 것이다.[36] 다시 말해 죽음은 문제가 아니다. 삶이 문제다.

비트겐슈타인은 동성애적 성향을 비롯해 전반적인 성적 취향(비트겐슈타인의 생각에 따르면 동물적 본성)에 있어서도 어려움을 겪었다. 굉장히 반사회적이었으며 다른 사람은 물론 자기 자신에게도 혐오감을 빈번하게 느꼈다. 비트겐슈타인은 (왜곡된) 순수성을 갈구했다. 영적으로 고취된 상태에 이르기를 원했고 자신의 삶에 의미를 부여하기 위해 전쟁에도 참여했으나 효과는 없었다.

> 어제 나는 총에 맞았다. 두려웠다! 죽음이 두려웠다. 이제 나에게는 살고자 하는 욕망이 생겼다. 삶을 즐기는 동안에는 삶을 포기하기가 어렵다. '죄'가 의미하는 바가 바로 이것이다. 막연히 삶을 살고자 하는 것, 삶을 잘못된 관점으로 바라보는 것이다. 때때로 나는 짐승이 된다. 그럴 때면 먹는 것, 마시는 것, 자는 것 외에는 아무것도 생각할 수 없다. 끔찍하다! 그리고 나는 짐승처럼 고통을 겪기도 한다. 내면의 구원에 이를 가능성이 없기 때문이다. 그저 식욕과 혐오의 노예가 된다. 진실한 삶은 생각조차 할 수 없다.[37]

비트겐슈타인이 갈구한 것은 "진실한 삶"이었다. 비트겐슈타인이 보기에 '진실한' 삶이란 '행복한' 삶이기도 했다. 하지만 비트겐슈타인은 누군가와 사랑에 빠져 사랑을 주고받을 때처럼 극히 드문 경우를 제외하면 삶에서 행복을 찾기가 너무 어렵다고 생각했다. 철학을 하면서 행복했다는 암시 역시 거의 드러나지 않는다. 그저 태어나 보니 철학자였던 것이지 원해서 철학자가 된 것은 아니었다. 비트겐슈타인은 생각 없이 식욕과 혐오에 따라 짐승처럼 살아야 한다는 생각을 견디기 힘들어했다. 하지만 실제로 그가 내면의 평화와 행복을 누리지 못했던 이유는 오히려 동물처럼 자신을 내려놓고 생각을 멈추고 지금 이 순간을 살지 못했기 때문이다. "행복을 얻기를 원한다면 무엇도 두려워해서는 안 된다. 거기에는 죽음도 포함된다. 오직 시간 속이 아니라 현재 속을 살아가는 사람만이 행복하다. 현재의 삶에는 죽음이 존재하지 않기 때문이다."[38] "행복을 얻기 위해 나는 세계와 조화를 이루며 살아가야 한다." 세계와 조화를 이루며 살아가는 것은 자신이 의지하는 존재의 의지를 실천하는 것을 의미한다. 다시 말해 신의 의지를 실천하는 것을 의미한다. "죽음을 두려워한다는 것은 거짓인 삶, 결국 나쁜 삶을 살고 있다는 가장 명확한 증거다."[39] "그러므로 존재의 목적을 만족시키는 사람이 행복한 사람이라는 도스토옙스키의 주장은 아마도 옳을 것이다. 아니면 존재의 목적을 만족시키는 사람이 삶 자체 외에 어떤 목적도 필요로 하지 않는 사람이라고 말할 수도 있을 것이다. 그가 만족됐기 때문이다."[40]

하지만 비트겐슈타인에게 "삶 자체"가 충분히 좋았던 적은 한 번도 없었다. 그에게는 목적이 없었다. 또한 행복이 늘 자신을 피해 다닌다는 점을 미루어볼 때 자신이 삶을 살아야 하는 대로 살고 있지 않다고 생각했다. 비트겐슈타인의 일기에는 행복한 삶은 좋고 불행한 삶은 나쁘다는 주장이 등장한다. 비트겐슈타인은 이런 주장이 정당화할 필요가 없는 주장이라고 밝힌다. 행복한 삶은 그 자체로 정당하기 때문에 어떤 설명도 필요하지 않다는 것이다. 행복한 삶만이 '옳은' 삶이다. 행복한 삶은 불행한 삶보다 더 조화로운 삶이다. 물론 이번에도 우리는 더 조화로운 삶이 정확히 무엇을 뜻하는지 명료하게 말할 수 없다. 행복하고 조화로운 삶을 구별하는 객관적인 표지 따위는 존재하지 않는다. 혹은 존재하더라도 그것이 무엇인지 '말할' 수는 없다. 물리적인 존재가 아니라 형이상학적인 존재일 것이기 때문이다.[41] 그것은 사실들의 영역, 즉 우리가 명료하게 말할 수 있는 것들의 영역을 초월한다. 비트겐슈타인은 이 사실을 잘 알고 있었지만 그럼에도 우리를 위해(혹은 자신을 위해) 우리가 어디서 행복을 찾을 수 있을지에 관해 몇 가지 실마리를 제시한다.

우선 비트겐슈타인은 세계에 존재하는 고난에도 불구하고 어떻게 행복이 가능할 수 있는지 의문을 제기한다. 그러고 나서 (자신이 바른 길을 가고 있다는 확신을 얻기 위해) 그 답이 앎의 삶에 있다고 주장한다. "좋은 양심은 앎의 삶이 우리에게 제공하는 행복이다."[42] 하지만 여전히 의심이 남는다. 앎은 행복한 삶에 이르는 열쇠가 아닐지도 모른다. 오히려 '포기'가 답일지도 모른다. "유일하게 행복한 삶은 세상의 안락함을 포기할 수 있는 삶이다."[43] 물론 비트겐슈타인은 그런 시도도 해봤지만 분명 소용이 없었다. 어쩌면 행복이란 우리가 심미적인 관점으로 세계를 바라볼 때 나타나는 것일지도 모른다. "우리를 행복하게 만드는 것은 아름다운 것이다."[44] 물론 이조차 틀릴 수 있다. 오히려 행복이 세상을 아름답게(혹은 아름다워 보이게) 만드는 것일지도 모른다. 《논리철학논고》에서 지적한 대로 행복한 사람은 불행한 사람과는 전혀 다른 세상에서 살아간다. 따라서 행복한 사람들은 불행한 사람들과 달리 아름다움으로 가득 찬 세계에서 살아갈지도 모른다. 결국 핵심은 행복(혹은 아름다움)에 관한 만족스러운 설명은 존재하지 않는다는 점이다. 꾸준히 언급한 내용이니 비트겐슈타인 자신도 잘 알고 있었을 것이다. 행복을 얻는 비법을 이론적으로 밝혀낼 수는 없다. 오직 실천을 통해서만, 삶을 살아가는 과정에서만 행복을 발견할 수 있다.

삶의 의미를 탐구하는 과정으로서의 윤리학

비트겐슈타인이 보기에 '아름다움', '행복', '좋음', '의미 있음'과 같은 단어들은 하나같이 모호한 현실, 일종의 초현실을 가리키고 있다. 《논리철학논고》에서 비트겐슈타인은 왜 그렇게 생각하는지 이유도 덧붙이지 않은 채 윤리학과 미학이 하나라고 선언한다. 약 10년이 지난 뒤에야 그는 자신의 의도를 한층 더 명료하게 밝힌다.

1930년 11월 비트겐슈타인은 케임브리지이단자모임*Cambridge Heretics Society*에 초청을 받아 윤리학에 관한 강의를 한다. 강의록은 10페이지 분량밖에 안 될 정도로 짧지만 여기서 그는 굉장히 흥미로운 사실을 드러낸다. 비트겐슈타인은 조지 에드워드 무어*George Edward Moore*의 주장에 따라 윤리학을 "무엇이 좋은지에 관한 일반론적인 탐구"라고 정의한 뒤(물론 비트겐슈타인은 여기에 미학 역시 포함시킨다) 여기서 한참 더 나아간다. "'윤리학은 무엇이 좋은지 탐구하는 학문입니다'라고 말하는 대신 '윤리학은 무엇이 가치 있는지 혹은 무엇이 정말로 중요한지 탐구하는 학문입니다'라고 말할 수도 있었겠죠. 아니면 '윤리학은 삶의 의미를 탐구하는 학문, 무엇이 삶을 살 만한 가치가 있게 만드는지 탐구하는 학문, 삶을 사는 올바른 방식을 탐구하는 학문입니다'라고 말할 수도 있었고요."[45]

이제 비트겐슈타인이 강의를 계속해나감에 따라 우리가 그와 같은 표현들을 사용해도 완벽히 괜찮은 방식이 드러난다. 예컨대 우리는 어떤 사람이 '좋은' 테니스 선수라고 말하거나 우리가 어떤 일을 하는 것이 '중요하다'고 말하거나 특정한 일처리 방식이 '올바른' 방식이라고 말할 수 있다. 주어진 맥락에서 각각의 표현이 의미하는 바는 명료하다. 각각의 표현은 특정한 목적과 관련돼 있으며 우리는 언제나 다른 목적을 가질 수 있기 때문에 이전에 중요했던 것이 더 이상 중요하지 않거나 이전에 옳았던 것이 더 이상 옳지 않을 수 있다. 이때 일종의 가치들이 명료하게 드러나는 것처럼 보이지만 사실 자세히 들여다보면 그런 가치들은 사실들에 지나지 않는다. 예를 들어 좋은 테니스 선수가 된다는 것은 (표적을 향해 공을 강하게 내리침으로써 다른 수많은 선수를 상대로 경기에서 승리하는 일과 같은) 특정한 일을 수행할 능력이 있음을 의미한다. 누군가 특정한 일을 수행할 능력이 있다는 것은 하나의 객관적인 사실이다. 마찬가지로 누군가 어떤 길을 가리키면서 옳은 길이라고 말한다면 그 의미는 우리가 특정한 장소에 가기를 바라는 경우 그 길이 우리를 그 장소로 정확히 혹은 가장 빠르게 데려다줄 것임을 의미한다. 이 역시 참이라면 객관적인 사실에 해당한다. 비트겐슈타인은 이런 사례를 가리켜 상대적인 혹은 사소한 가치판단이 이루어졌다고 설명한다(《논리철학논고》에서 지적하듯이 그런 가치는 '가치를 지니지 않은 가치'다).

하지만 절대적인 혹은 사소하지 않은 가치판단 역시 존재한다. 바로 윤리적인 가치판단이다. 이는 훨씬 이해하기 어렵다. 사실의 세계를 넘어서야 하기 때문이다. 데이비드 흄*David Hume*의 생각과 유사하게 비트겐슈타인은 객관적인 사실로서의 "살인"이 "다른 모든 사건, 예컨대 돌이 굴러 떨어지는 사건과 정확히 똑같은 수준"의 가치를 지닌다고 지적한다.[46] 우리는 왜 살인이 절대적인 의미에서 '잘못된' 일인지 어떤 말로도 설명하지 못한다. 바로 이런 이유 때문에 윤리학이라는 학문은 존재할 수 없다. "윤리학은, 만약 무언가에 해당된다고 하더라도, 초자연적입니다. 하지만 우리의 말은 오직 사실들만을 표현합니다."[47] 따라서 우리는 특정한 행동이 어떤 상황과도 관계없이 모두에게 항상 옳다고 선언하는 것과 같은 절대적인 가치판단을 제대로 이해할 수 없다.

이제 '절대적으로 옳은 길'이라는 표현이 무엇을 의미할 수 있는지 생각해봅시다. 제 생각에 그런 길은 기호나 성향에 관계없이 모든 사람이 필연적으로 가야만 하는 길 혹은 가지 않았을 때 죄책감을 느끼는 길을 가리킬 것입니다. 그런데 저는 그와 같은 사태는 기괴한 환영에 해당한다고 말하고 싶군요. 어떤 사태도 그 자체로는 제가 절대적 심판관의 강제력이라고 부르고 싶은 것을 지니고 있지 않기 때문입니다.[48]

여기서 따라 나오는 결론은 무언가가 옳은지 그른지, 중요한지 하찮은지, 유의미한지 무의미한지는 주로 우리가 어떤 사람인지에 달려 있다는 점이다. 행동 혹은 삶의 방식은 그 자체로 옳거나 그르지 않다. '나'에게 혹은 '당신'에게 옳거나 그르다. 다시 말해 삶을 살아가는 방식은 하나만 존재하지 않는다. 당신에게는 이러이러한 방식이 옳은 반면 나에게는 전혀 다른 방식이 옳을 수 있다.

그럼에도 비트겐슈타인은 절대적 선이나 절대적 가치라는 개념을 완전히 포기하기를 망설인다. 오히려 윌리엄 제임스의《종교적 경험의 다양성》을 읽고 감탄한 바 있는 비트겐슈타인은[49] 자신에게 일종의 절대적 가치가 나타난 것만 같은 '경험들'을 떠올리면서 다른 이들 역시 비슷한 경험을 공유하고 있기를 기대한다.[50] 그런 경험 중 하나는 순전히 세계의 존재 자체에 경외감을 느끼는 경험이다. "제 생각에 그런 경험을 기술하는 가장 좋은 방법은 제가 그런 경험을 할 때 '세계의 존재에 경탄한다'고 말하는 것입니다. 그리고 그럴 때면 저는 '세계가 존재한다는 사실은 얼마나 특별한가!'와 같은 표현을 곧잘 사용합니다." 절대적 가치에 대한 인식을 불러일으키는 또 다른 경험은 "절대적으로 안전하다고 느끼는 경험"이다. 이는 "'나는 안전해. 무슨 일이 일어나든 나를 해칠 수는 없어'라고 말하게 되는 마음 상태"를 가리킨다.

두 가지 경험에 공통적으로 나타나는 특징은 겉으로 보기에 둘 다 말이 안 된다는 점이다. 우리는 우리 예상을 벗어나는 대상(예컨대 어마어마하게 큰 개)을 보면 깜짝 놀랄 수 있다. 하지만 세계는 내가 존재하지 않는다고 상상할 수 없는 대상이다. 또한 우리는 집에 있는 동안 차에 치일 위험으로부터 안전하다고 느낄 수 있다. 하지만 '무슨 일이 일어나든' 자신이 안전하다고 말하는 것은 '안전'이라는 단어를 잘못 사용한 것처럼 보인다. 그런데 언어를 오용하는 문제가 이와 같은 특정한 진술들에서만 나타나는 것은 아니다. 사실 언어 오용의 문제는 '모든' 윤리적 진술과 종교적 진술에 나타난다.[51] 그런 진술은 어떤 실질적인 의미도 갖지 않는다. 게다가 그런 진술의 바탕이 되는 경험 역시 절대적 가치에 근접하는 어떤 가치도 드러내지 못한다. 그런 경험은 세계에 관한 '사실'에 속하며 따라서 오로지 상대적 가치를 지닐 수밖에 없기 때문이다(즉 무언가에 좋을 수는 있으나 그 자체로 좋을 수는 없기 때문이다). 결국 우리는 모순에 빠지게 된다. 그리고 비트겐슈타인은 바로 그 모순이 자신이 전달하고자 하는 핵심 요지라고 밝힌다. "어떤 경험이, 즉 어떤 사실이 절대적 가치를 지닌 것처럼 보인다는 것은 모순이다."[52]

물론 과학자라면 혹은 과학적으로 생각하는 사람이라면 이런 모순을 해명하고자 할 것이다. 설령 지금 당장 해명하지는 못하더라도 모든 제반 사실을 파악하면 해명할 수 있다고, 즉 이론상으로는 해명할 수 있다고 추정할 것이다. 혹은 달리 표현해 과학에는 '기적'이 존재하지 않는다고 말할 수도 있다. 과학이 기적이 존재하지 않는다는 사실을 증명했기 때문이 아니라 과학적으로 사물을 바라보는 방식으로는 무엇도 기적이라고 이해할 수 없기 때문이다. 다시 말해 과학에서 기적이란 '아직' 이해하지 못한 무언가가 아니라 '결코' 이해할 수 없는 무언가다. 하지만 비트겐슈타인은 앞서 소개한 경험, 즉 세계의 존재에 경탄하는 경험을 기술하는 가장 좋은 표현이 "세계를 기적으로서 바라보는 경험"이라고 말한다.[53] 물론 기적 역시 본질적으로는 우리가 말이 되는 방식으로 논할 수 없는 대상에 해당한다. 그리고 우리가 기적에 관해 논할 수 없는 이유는 아직 방법을 찾지 못해서가 아니라 애초에 불가능하기 때문이다.

— 이제 저는 이런 무의미한 표현들이 무의미한 이유가 제가 아직 적절한 표현들을 찾지 못했기 때문이 아니라 무의미성이 그런 표현들의 본질이기 때문임을 이해합니다. 왜냐하면 제가 그런 표현들을 가지고 하고 싶었던 일은 그저 세계를 넘어서는 것, 즉 유의미한 언어를 넘어서는 것이 전부였기 때문입니다. 저를 비롯해 윤리나 종교에 관해 쓰거나 말하려고 시도해본 적이 있는 사람들은 아마도 전부 언어의 경계를 향해 달려가 부딪치는 경향이 있었습니다. 이처럼 우리를 가둔

새장 벽을 향해 달려가 부딪치는 것은 완벽히 절대적으로 가망이 없습니다. 윤리학은, 궁극적인 삶의 의미에 관해, 절대적인 선에 관해, 절대적인 가치에 관해 말하고자 하는 욕망에서 비롯되는 한, 학문이 될 수 없습니다. 그런 윤리학에서 말하는 내용은 우리의 지식 체계에 어떤 식으로도 더해지지 않습니다. 하지만 윤리학은 인간 정신의 한 가지 경향성을 기록으로 남깁니다. 저는 개인적으로 그런 정신을 깊이 존경해 마지않으며 죽을 때까지 그런 정신을 비웃는 일은 없을 것입니다.[54]

언어의 의미는 살아가는 방식 속에 있다

젊은 시절의 비트겐슈타인은 우리가 윤리적인 문제들에 관해 의미 있게 논할 수 없다고 확신했다. 궁극적으로는 삶의 의미에 관해, 심지어 삶 '속'의 의미에 관해 의미 있게 논할 수 없다고 확신했다. 그렇기 때문에 우리는 윤리적인 문제에 관해 침묵해야 한다. 하지만 만년의 비트겐슈타인은 마침내 언어가 자신이 이전에 생각했던 방식과는 많이 다른 방식으로 작동한다는 사실을 이해했다. 그는 줄곧 철학(최소한 자신의 철학)이 "언어를 무기로 하여 우리의 지성에 걸린 주문에 맞서 싸우는 것"이라고 생각했다.[55] 《논리철학논고》를 집필할 때나 〈윤리학에 관한 강의*Lecture on Ethics*〉를 가르칠 때만 하더라도 비트겐슈타인은 "우리의 지성에 걸린 주문"이 우리가 사용하는 특정한 단어나 우리가 발화하는 특정한 진술이 (어떤 실재적인 대상도 나타내지 않거나 어떤 자연적인 사실에도 대응되지 않는다는 점에서) 실제로는 아무것도 의미하지 않는다는 사실을 깨닫지 못하는 데 있다고 보았다. 그런 사례 가운데는 '주체'라든가 '시간'과 같은 표현이 있지만 특히 더 중요한 사례는 '좋음', '아름다움', '의미'처럼 윤리적(동시에 미적) 개념을 나타내는 표현이다. 그렇다면 의미에 관한 어떤 논의도 무의미하다. 설령 그런 논의가 비트겐슈타인 자신조차 "존경해 마지않"을 수 없다고 말한 인간 정신의 완고한 경향을 드러낸다 하더라도 말이다.

분명 비트겐슈타인은 논증을 전개하는 내내 단어들이 무언가를 상징하고 있음을 전제하고 있다. 젊은 비트겐슈타인이《논리철학 논고》를 집필할 때 생각했던 것처럼 단어들이 외부에 존재하는 현실을 "묘사"하고 있음을 전제하고 있다. 하지만 나중에 비트겐슈타인은 언어가 이런 식으로 작동하지 않는다는 사실을 깨닫는다. 언어는 현실을 본뜬 그림이 아니다. 언어는 도구다. 우리는 언어를 가지고 '행동'을 취한다. 예를 들어 '의자'라는 단어를 사용하는 경우 나는 보통 삶의 특정한 맥락 속에서 단어를 사용한다. 누군가에게 의자에 앉으라고 요구할 수도 있고 누군가에게 의자를 가져오라고 부탁할 수도 있으며 의자를 하나 사고 싶을 때 의자의 가격에 관해 이야기할 수도 있다. 내가 순전히 특정한 종류의 물체를 나타내기 위해 '의자'라는 단어를 사용하는 경우는 지극히 드물다. 의자라는 물체의 존재나 본성에 관해 걱정하는 경우도 드물다. 의자는 삶이라는 세계의 일부다. 우리는 의자 위에 앉거나 의자 위에 서거나 의자를 넘어뜨리거나 의자를 페인트로 칠하거나 의자를 박살내는 등 다양한 행동을 취하며 그러는 와중에 절대 의자가 존재하는지 혹은 의자가 무엇인지 고민하지 않는다. 너무도 당연한 사실일뿐더러 그런 문제에 관심을 가질 만한 마땅한 이유도 없기 때문이다. 따라서 '의자'라는 단어가 무엇을 '의미'하는가는 단어가 사용되는 문맥에 달려 있다. 더 정확히 말하자면 '의자'라는 단어의 의미는 주어진 상황에서 단어가 사용되는 '방식'에 지나지 않는다. 다양한 문맥에서 다양한 방식으로 사용될 수 있다는 점에서 단어는 온갖 종류의 의미를 가질 수 있다. 게다가 온갖 종류의 쓰임이 반드시 특정한 자질을 공통적으로 가지고 있어야 하는 것도 아니다. 1938년에 케임브리지대학 학생들을 상대로 진행된 일련의 강의에서 비트겐슈타인은 이렇게 말한다. "저는 종종 언어를 도구상자에 빗댑니다. 안에는 망치도 있고 끌도 있고 성냥도 있고 못도 있고 나사도 있고 아교통도 있지요. 이 모든 것들이 한데 모여 있다는 사실은 우연이 아닙니다. 하지만 도구마다 중요한 차이가 있지요. 도구들은 다양한 방식으로 사용됩니다. 물론 어떤 도구를 비교해도 아교랑 끌만큼 차이가 크지는 않겠지만요."[56]

비트겐슈타인은 언어에 대한 새로운 사고방식을 의미의 문제(삶의 의미에 관한 문제와 삶 속의 의미에 관한 문제)를 비롯한 윤리적인 문제에 직접적으로 적용하지는 않는다. 하지만 이런 사고방식에 담긴 함의는 분명하다. '의미 있음'과 같은 개념에 관해 말할 때 우리가 의미하는 바가 무엇인지 이해하기 위해 우리는 '유의미함'이나 '무의미함'과 같은 표현의 기능이 무엇인지 이해해야 한다. 다시 말해 그런 표현들이 서로 다른 다양한 문맥에서 어떻게 '사용'되고 있는지 이해해야 한다. "언표의 의미는 언어의 사용이다."[57] 이때 우리가 무시해도 안전한 유일한 문맥은 '철학적' 문맥이다. 철학은 언어를 자연적인 환경 밖으로 추출한다는 점에서 오해를 불러일으키기 때문이다. 오히려 우리는 우리가 이해하고 싶은 표현들을 형이상학적인 문맥에서 일상적인 문맥으로 되돌려 놓아야 한다.[58] 만약 어떤 식으로인가 무의미해 보이는 명제('이것은 나에게 아무 의미가 없었다', '그는 아무 생각 없이 게임을 즐기느라 인생을 허비하고 있다', '이 모든 것이 당시에는 무의미해 보였다' 등)가 있다면 우리는 그런 명제가 '일상적인' 대화에서 어떻게 사용되는지를 이해함으로써 명제 자체도 이해할 수 있다. 우리는 보통 언제 그런 말을 할까? 어떤 상황에서 그런 말을 할까? 우리는 왜 그런 말을 할까? 그런 말을 할 때 보통 우리는 어떤 '행동'에 참여하고 있을까? "만약 심미적인 표현을 명료하게 이해하고 싶다면 여러분은 여러분이 살아가는 방식을 기술해야 합니다."[59]

윤리학적인 용어들 역시 전부 마찬가지다(윤리학적인 용어는 미학적인 용어의 상위로 분류되거나 미학적인 용어로부터 뚜렷이 구분될 수 없기 때문이다). 우리는 윤리적인 표현이 깊이 박혀 있는 삶의 방식을 연구(혹은 실천)함으로써 해당 표현을 이해하는 법을 배울 수 있다. 다시 말해 (비트겐슈타인이 《논리철학논고》에서 내린 초창기 판단과는 달리) 삶의 방식 내에서는 윤리적인 표현이 '실제로' 의미를 가질 수 있다는 뜻이다. 심지어 (지극히 느슨하게 연결된) 여러 의미들을 가질 수 있다. 우리가 어떤 행동을 가리켜 의미 있다고 말할 때 그렇게 말하는 뚜렷한 이유가 '단 하나' 존재할 것이라고 추정해서는 안 된다. 오히려 온갖 종류의 '다양한' 이유가 존재할지도 모른다.[60]

어떤 표현이 다양한 쓰임새를 가지고 있을 때 우리가 각각의 쓰임새 사이에 공통적으로 나타나리라고 합리적으로 기대할 만한 것은 일종의 "가족 유사성*family resemblance*"이다.[61] 즉 특정한 유사성이 존재할 수는 있지만 모든 경우에 공통적으로 나타나는 요소는 존재하지 않는다. 하지만 이를 문제라고 받아들여서는 안 된다. 우리가 정의하고자 하는 대상이 뚜렷한 경계를 가지고 있지 않은데도 명확한 정의를 찾고자 하는 것은 분명 오판이다. 특히 윤리학과 미학에서는 언제나 그렇다. 예컨대 우리는 '선'이라는 단어의 의미를 어떻게 배울까? 분명 어느 한순간에 명확한 정의를 확인하는 식으로 단어를 배우지는 않는다. 오히려 해당 단어가 사용되는 다양한 맥락을 조금씩 점진적으로 접하다가 일종의 "의미 가족체*family of meanings*"를 형성함으로써 단어를 배운다.[62] 한편 우리는 우리가 사용하는 언어가 가지각색의 복합적인 활동을 구성하는 한 가지 요소에 불과하다는 사실을 잊어서는 안 된다. 다른 요소들 가운데는 몸짓과 같은 비언어적인 요소 또한 포함돼 있으며 이 역시 바로 그 상황에서 해당 표현이 의미하는 바에 기여한다. 의미를 가지고 있는 것은 바로 이 모든 복합적인 활동 전체다. 언어가 사용되는 각각의 사례는 바로 이 활동으로부터 특정한 의미를 부여받는다. "언표는 삶의 흐름 속에서만 의미를 지니고 있다."[63] 언어 표현의 의미는 우리가 하는 행동과 우리가 살아가는 방식에 나타난다.[64]

물론 이는 우리가 언어 표현의 의미가 무엇인지 정확히 '말할' 수 없다는 사실을 뜻하기도 한다. 나타나는 것은 말해질 수 없기 때문이다. 특정한 상황 속에는 말로 표현하기에 너무나 많은 일들이 벌어진다. 게다가 그런 일들은 과거와 미래를 향해 무한히 뻗어 있는 환경이라는 연속체와 복잡한 방식으로 얽혀 있다. 따라서 지금 벌어지고 있는 일은 오직 특정한 시공간상의 환경 내에서만 의미를 지니고 있으며 이런 환경 가운데는 이전에 벌어진 일들과 앞으로 벌어질 일들 역시 포함돼 있다. 마치 "웃는 입은 오직 얼굴 안에서만 웃는" 것과 같다.[65] 즉 우리가 웃음을 마주치는 경우 그 웃음은 바로 그것이 나타나는 얼굴과 환경이라는 문맥 내에서만 웃음으로서 경험되고 이해될 수 있다. 삶의 의미를 경험하는 방식 역시 똑같다. 우리가 삶의 의미를 특정한 문맥에서 떼어 놓은 채 독립적으로 이해하려고 든다면, 다시 말해 '삶의 의미'라는 표현이 어떤 특정한 '사실'을 나타내는지 이해하려고 든다면, 돌연 의미는 소멸하며 우리는 우리가 무엇에 관해 논하고 있는지 모른다고 느끼게 된다.

아우구스티누스는 시간에 관해 이야기하면서 "누군가 물어보기 전까지는 시간이 무엇인지 알고 있었지만, 누군가 물어본 순간 시간이 무엇인지 '말할' 수 없다는 사실이 드러나면서 더 이상 시간이 무엇인지 모르게 됐다"고 말한 것으로 널리 알려져 있다. 비트겐슈타인은 악기를 예로 들면서 우리가 악기 소리가 어떻게 들리는지

'말할' 수 없음에도 악기 소리가 어떤지 알고 있다고 지적한다.[66] 악기 소리에 관해 말할 수 없다고 해서 결코 악기 소리가 덜 실재적으로 변하지는 않는다. 어쩌면 특정한 활동이나 경험을 '의미 있다'거나 '의미 없다'고 받아들이는 것 역시 소리를 듣는 것과 유사할지도 모른다(또 언급하지만 윤리학과 미학은 하나이지 않은가!). 그렇다면 우리는 특정한 삶(혹은 특정한 순간이나 기간)이 의미가 있는지 없는지 이미 잘 알고 있는 것일지도 모른다. 무엇이 삶을 의미 있게 혹은 의미 없게 만드는 것인지 말할 수 없다고 하더라도 말이다.

의심할 수 없는 것들

죽음을 몇 해 앞둔 1949년, 비트겐슈타인은 과거 자신의 제자였던 철학자 노먼 말콤*Norman Malcolm*의 집에 한동안 머무르기 위해 미국 이타카를 방문했다. 말콤 덕분에 비트겐슈타인은 조지 에드워드 무어의 〈상식의 옹호*Defence of Common Sense*〉에 관심을 갖게 됐다. 특히 무어가 특정한 사실들, 예컨대 자신이 달에 간 적이 없다는 사실이나 자신의 손이 두 개라는 사실 등을 '알고 있다'고 주장한 것이 비트겐슈타인의 관심을 크게 끌었다. 비트겐슈타인은 생애의 마지막 1년 반을 무어의 주장을 가지고 씨름하는 데 보냈다. 무언가를 안다는 것이 무엇을 의미하는지 그리고 우리가 무언가를 안다고 주장하는 것이 정당화될 수 있는지를 고민했다. 그 결과물이 1969년에 《확실성에 관하여*On Certainty*》라는 제목으로 출간됐다. 여기서 비트겐슈타인이 다루는 내용은 우리가 《철학적 탐구*Philosophical Investigations*》에서 살펴본 내용과 크게 다르지 않다. 바로 존재의 문제가 많은 경우 답하기 힘들다는 점과 애초에 존재의 문제를 묻는 것 자체가 말이 되는 상황이 드물다는 점이다. 언어는 특정한 활동에 연결돼 있다. 우리는 그런 연결고리를 만들어 나감으로써 언어를 배운다. "아이들은 책이 존재한다는 사실이라든가 안락의자가 존재한다는 사실 등을 배우지 않는다. 그 대신 그들은 책을 집는 방법이라든가 안락의자에 앉는 방법 등을 배운다."[67]

이번에도 비트겐슈타인은 이런 통찰을 삶의 의미에 관한 문제를 비롯한 윤리적 문제에 직접 적용하지는 않는다. 따라서 비트겐슈타인 대신 우리가 적용해볼 필요가 있다. 아이들이 책이나 안락의자가 존재한다는 사실이 아니라 책이나 안락의자를 사용하는 방법을 배우는 것처럼 아이들은 세상에 의미가 '존재'한다는 사실 역시 배우지 않을지도 모른다. 오히려 아이들은 의미 있는 활동에 참여하는 방법이나 보편적으로 의미 있다고 여겨지는 무언가를 하는 방법을 배운다. 의미에 관해 논하는 일은 일종의 "언어 놀이"에 불과할지도 모른다. 단지 그렇게 놀도록 훈련받았을 뿐 합리적인 일도 비합리적인 일도 아니다. (마치 삶 자체가 그런 것처럼) 놀이는 그냥 놀이로서 존재한다.[68] 우리는 좋든 싫든 그 놀이를 해야 한다. 언어 놀이에 참여하는 것은 우리 삶의 일부이며 "놀이" 치고는 굉장히 진지한 활동이다. 결과적으로 우리는 어떤 것은 중요하고 어떤 것은 중요하지 않다는 사실을 '알게' 된다. 하지만 우리가 그 사실을 배우는 것은 단순히 그렇다는 말을 들어서가 아니라 어떤 것은 중요하고 어떤 것은 중요하지 않다든지, 어떤 것이 다른 것보다 더 중요하다든지 하는 삶의 방식을 소개받았기 때문이다. 그러고 나서 우리는 특정한 방식으로 삶을 살아가며 운이 좋다면 우리가 하는 일이나 우리가 살아가는 방식이 '의미 있다'고 느끼게 된다. 이에 대해 깊이 생각하거나 의미 있다는 말이 무엇을 의미하는지 고민하지 않는다. 특정한 관심을 키우거나 특정한 경력을 쌓거나 짝을 찾거나 자녀를 낳거나 전반적으로 최선을 다해 삶을 살아가는 등 우리가 하는 일들이 '정말로' 의미 있는지 숙고하지 않는다. "의심들 중에는 합리적인 인간이라면 품지 '않을' 의심들이 있다."[69] 그리고 우리가 하는 일이 정말로 의미 있는지에 관한 의심 역시 그런 의심들 가운데 포함될지도 모른다. 특정한 활동을 포기하고 더 의미 있는 다른 활동을 해야 하지 않을까 의심할 수는 있겠지만 '의미의 존재 자체'를 의심하지는 않는다.

물론 우리는 과연 의미 있는 것이 존재하기는 할까 의심할 '수'도 있다. 우리가 하고 있는 모든 일과 우리가 할 수 있는 모든 일이 완전히 무의미하다고 생각하게 될 수도 있다. 하지만 그렇게 하는 순간 우리 세계의 기반이 무너지기 시작한다. 외부 사물의 존재 자체를 의심할 때 겪게 되는 붕괴에 맞먹는 붕괴를 경험하기 시작한다. 어떤 상황에서는 '이' 특정한 사물이 의자인지 책인지 의심하는 것이 합리적일 수 있다. 하지만 실제로 의자나 책이 '존재'하는지 의심하기 시작한다면 심각한 곤경에 빠지게 된다. 삶을 살아가기가 완전히 불가능하지는 않더라도 굉장히 어려워진다. 의자나 책이 실제로 존재한다는 생각에는 어떤 종류의 증거도 필요하지 않다. 그런 증거가 '필요'하다고 느끼는 단계에 도달했다면 이미 길을 잃은 것이다. 계속해서 삶을 살아가기를 원한다면 혹은 계속해서 삶을 이해하기를 원한다면 우리는 어떤 것들이 존재한다는 사실을 당연하게 받아들여야만 한다. "기반이 튼튼한 믿음의 기반은 기반이 없는 믿음이다."[70] 물론 우리는 어떤 것을 의심할 수 있지만 모든 것을 의심할 수는 없다. "내 '삶'은 어떤 것들을 기꺼이 받아들이고자 하는 마음에 있다."[71]

하지만 우리 삶에는 책이나 안락의자와 같은 물질적인 사물 이상의 것이 존재한다. 우리 삶에는 객관적인 사실 이상의 것이 존재한다. 우리의 삶은 우리가 하는 일이 전반적으로 중요하다는 사실, 모든 것이 완전히 무의미하지는 않다는 사실을 기꺼이 받아들이고자 하는 마음에 달려 있기도 하다. 여기에도 증거는 필요하지 않다. 우리는 이런 사실을 당연한 것으로 받아들일 수 있으며 받아들여야만 한다. 물론 이따금 내가 지금 당장 하고 있는 '이' 특정한 활동이 정말로 의미가 있는지 의문이 들 수 있다. 하지만 내가 하는 '모든' 일과 내가 할 수 있는 '모든' 일이 어떤 식으로도 의미가 없다고 생각하는 것은 완전히 비합리적이다. 물론 누군가가 나에게 내가 하는 일들이 의미 있다고, 중요하다고, 절대적 가치를 지니고 있다고 정말로 '확신'하는지, 그렇다는 사실을 '알고' 있는지 물어본다면 나는 움찔

할 것이다. 내가 틀렸을 '가능성'이 없다고 확증할 수는 없을 것이다. 하지만 누군가 나에게 세상에 책과 의자가 존재한다는 사실을 정말로 '알고' 있는지, 내 생각이 틀릴 리가 없다고 '확신'하는지 물어보더라도 결과는 똑같을 것이다. 나는 내가 그마저도 알지 못하고 있다면 사실상 아무것도 알지 못하는 것이나 마찬가지라고 대답할 수밖에 없다. "'나는 알고 있다'라는 표현은 형이상학적인 강조법을 견디지 못한다."[72] 하지만 내가 외부 사물이 존재한다는 사실을 알고 있다는 듯이 계속 삶을 살아가는 것이 완벽히 합리적인 것처럼, 내가 내 삶이 적절한 조건 하에서 의미 있을 수 있다는 사실을 전제한 채 계속 삶을 살아가는 것 역시 충분히 합리적이다. 만약 어떤 철학자가 나에게 와서 세상에 '의미' 같은 것은 존재하지 않는다고, 의미에 관해 논하는 것은 전부 그 자체로 무의미하다고 말한다면 나는 철학자에게 당신은 언어도 삶도 이해하지 못했다고 답할 것이며 철학자의 염려를 진지하게 받아들이지 않는 편이 현명하다고 생각할 것이다. "누군가 의심을 넘어서는 명제에 반박을 제기한다면 그저 '무슨 말도 안 되는 소리요!'라고 말하면 된다."[73]

결국 의미에 관해 걱정하는 것은 죽음에 관해 걱정하는 것만큼이나 무의미하다. 죽음은 무슨 일이 있어도 우리를 찾아오겠지만 죽음은 우리 세계의 일부가 아니다. 반면 의미(정확히는 우리가 하는 일이나 우리에게 일어나는 일에 관해 의미가 있다고 혹은 의미가 없다고 생각하거나 말하는 것)는 명백히 우리 세계의 일부이며 무슨 일이 있어도 우리를 떠나지 않을 것이다. "나는 한 시간 뒤에 죽을 수도, 두 시간 뒤에 죽을 수도, 한 달 뒤에 죽을 수도, 몇 년 뒤에 죽을 수도 있다. 나는 죽음이 언제 찾아올지 알 수 없으며 이에 대해 내가 할 수 있는 일도 전혀 없다. 하지만 내 삶에 관해서라면 다르다. 그러므로 매 순간 존재하기 위해 나는 어떻게 살아야 하는가? 삶이 스스로 멈출 때까지 좋은 것과 아름다운 것 속에서 살면 된다."[74]

10장.

세계의 부드러운 무심함

알베르 카뮈

1913~1960

Albert Camus

원하는 것과 얻는 것 사이의 괴리

알베르 카뮈는 《페스트*The Plague*》에서 하늘을 이렇게 묘사한다. "머리 위로는 깊이를 알 수 없는 차가운 하늘이 가물거리고 있었고 언덕 바로 위로는 별들이 부싯돌처럼 세차게 빛을 발하고 있었다."[1] 소설은 기나긴 전쟁이 온 유럽을 혼란에 빠뜨리고 수많은 사람들을 죽음에 이르게 하거나 밖으로 내몬 직후인 1947년에 발표됐다. 전쟁과 전쟁이 불러일으킨 참상은 많은 사람들에게 형이상학적인 함의를 나타내고 있었다. 카뮈 역시 전쟁으로부터 그런 인상을 받은 사람들 중 하나였다. 이런 일들이 벌어질 수 있다니 세계는 어딘가 근본부터 잘못된 것이 분명했다. 카뮈의 작품에서 그려지는 세계는 인간의 필요와 욕구, 야심과 열망에 철저히 무관심하다. 세계는 냉정하고 냉혹하다. 연민이라고는 찾아볼 수 없다. 험악하고 무자비하며 비협조적이다. 무엇보다도 철저히 무관심하다. 세계에서 벌어지는 일들에는 아무런 이유가 없다. 나쁜 일이든 좋은 일이든 무작위로 발생한다. 그렇다고 세계에 좋은 일이 일어난다는 사실이 나쁜 일을 견딜 만하게 만들어주지도 않는다. 오히려 상황을 더 악화시킨다. 과연 이런 세계에서 사는 삶이, 셰익스피어의 표현을 빌리자면, "바보가 지껄이는 이야기" 이상이 될 수 있을까? "그저 소음과 광기로 가득 차 있을 뿐 아무런 의미가 없다."

세계가 궁극적으로 무의미하다는 느낌은 카뮈 철학의 출발점이자 뿌리다. 우리 인간이 의미를 갈구하도록, 무엇이든 이해하기를 갈구하도록 구성된 존재임에도 세계는 아무런 대꾸를 하지 않는다. 우리는 우리가 왜 여기 존재하는지, 우리의 존재와 고난과 분투가 무슨 의미를 가지고 있는지 이해하기를 원하지만 아무리 답을 찾으려고 노력해도 세계는 어떤 실마리도 제공하지 않으며 입을 열지도 않는다. 설령 세계 어딘가에 의미가 '존재'한다고 하더라도 우리가 의미를 이해하는 것은 분명 불가능하다. 그리고 어차피 우리가 알 수도 이해할 수도 없는 의미라면 존재하지 않는 것이나 마찬가지다.

카뮈는 《시지프 신화*The Myth of Sisyphus*》(1942)에서 이렇게 말한다. "나는 이 세계가 세계를 초월하는 의미를 가지고 있는지 알지 못한다. 하지만 내가 그 의미를 모른다는 사실과 내가 지금이라도 그 의미를 아는 것이 불가능하다는 사실은 알고 있다. 내 조건 바깥에 존재하는 의미가 나에게 무슨 의미가 있다는 말인가? 나는 오직 인간의 언어로만 이해할 수 있을 뿐이다."[2] 여기서 의미는 (비트겐슈타인의 주장과 달리) 반드시 인간의 이해를 '초월'해야 하는 무언가로 여겨지지 않는다. 오히려 인간 이해의 한 가지 기능으로서 여겨진다. 우리의 이해를 넘어서는 것은 삶을 우리에게 의미 있도록 만들어주지 못한다. 진정한 의미는 반드시 우리가 '접근'할 수 있어야 한다.

하지만 의미는 단지 이해 이상을 요구한다. 우리는 행복해지기를 원한다. 실제로 우리는 우리가 행복해질 '자격'이 있다고 느낀다. 하지만 세계가 구성된 방식을 볼 때 우리는 설령 운이 좋아서 행복을 약간 찾더라도 결국 우리의 행복이 소멸할 수밖에 없음을 확신한다. 세계에서 고통은 거의 불가피하다. 그리고 당장은 아니더라도 결국 죽음이 우리의 열망에 온전한 끝을 가져올 것이다. 우리는 우리가 소중해 마지않는 우리의 삶을 빼앗길 것이다. 여기에 우리 잘못은 없다. 결국 마땅한 이유도 없는 셈이다. 죽음이 찾아오고 나면 우리가 살아 있을 때 우리에게 너무나 중요해 보였던 것들이 전부 중요성을 잃어버릴 뿐만 아니라 애초에 중요했던 적이 없었다는 사실이 명확히 드러날 것이다. 결국 무엇도 아무 의미가 없다. 이는 그저 깊은 불만을 불러일으키는 데서 그치지 않는다. 이는 불공정하며 따라서 도저히 견딜 수 없는 일이다. 결코 받아들일 수 없는 사실이다. 도덕적 분노를 자아낸다. 철학자 입장에서는 이론적으로든 실질적으로든 우리가 이런 무의미함에 어떻게 대처할 수 있으며 어떻게 대처해야 하는지 의문이 떠오른다. 삶이 무의미해 보인다는 사실, 세계가 불합리하고 예측 불가능하며 죽음이라는 그늘에 가려져 있다는 사실은 우리에게 어떤 의미를 가지고 있을까? "불가해하고 유한한 세계"와[3] "부당하고 난해한 삶의 조건"에[4] 직면했을 때 우리는 어떤 행동방침을 따라야 할까?

카뮈는 우리가 인간으로서 원하는(원할 수밖에 없는) 것과 우리가 세계로부터 얻는(얻기를 바랄 수 있는) 것 사이에 괴리가 발생하는 상황을 가리켜 '부조리*absurd*'라고 부른다. "세계 자체는 합리적이지 않다. 말할 수 있는 것은 이게 다다. 하지만 부조리한 것은 이처럼 비합리적인 세계가 마음속에서부터 명료함을 부르짖는 인간의 필사적인 열망과 충돌한다는 것이다. 부조리는 세계에 달려 있는 것만큼이나 인간에게도 달려 있다."[5] 우리가 인간이라는 존재가 아니었다면, 인간이라는 존재와 세계('우리'의 세계이자 우리의 '유일'한 세계)라는 존재 사이에 긴장과 갈등이 일어나지 않았다면 부조리는 존재하지 않았을 것이다. "인간은 비합리와 얼굴을 맞대고 서 있다. 인간은 자기 내면에 행복과 이유를 향한 열망이 차 있음을 느낀다. 이처럼 부조리는 인간의 욕구와 세계의 불합리한 침묵이 대립하는 데서 비롯된다."[6]

세계는 인간과 달리 특정한 존재 상태를 선호하지 않는다는 점에서, 인간과 달리 누가 살고 누가 죽는지, 고통이 있는지 행복이 있는지, 결국 선이 이기는지 악이 이기는지 신경 쓰지 않는다는 점에서 비합리적이다. 세계에는 방향이나 목적이 없다. 확실성도 없다(무슨 일이 언제든 일어날 수 있다. 예컨대 카뮈가 그랬던 것처럼 우리 역시 당장 내일 교통사고로 죽을 수도 있다). 선이나 악도 없다. 유달리 가치 있는 것도 없다. 다시 말해 세계는 우리를 전혀 닮지 않았다는 점에서, 결과적으로 우리의 욕망과 필요를 전혀 반영하지 않는다는 점에서 비합리적이다. 우리는 세계가 우리 존재와 조화를 이루는 곳, 우리의 집이 되기를 바라지만 세계는 이에 호응하지 않는다. "갑자기 환상도 빛도 사라진 세계"에서 인간은 스스로를 "이방인이자 제삼자"로 느낀다.[7]

물론 세계에서 일어나는 모든 일은 그 일이 반드시 그런 식으로 일어나게 만든 원인이 늘 존재한다는 점에서 나름의 이유가 있다고도 할 수 있다. 하지만 작용인은 우리가 세계를 이해하는 데 필요한, 우리가 집에 있다는 느낌을 받는 데 필요한 종류의 이유가 아니다.

칼리굴라*Caligula*—카뮈가 1944년에 발표한 동명의 희곡에 등장하는 광기에 사로잡힌 로마 황제로 온갖 말도 안 되는 부당한 짓을 일삼으며 무작위로 사람을 죽이는 인물—는 스스로가 완벽히 합리적이라고 생각한다. 칼리굴라는 세계의 관점에서 보자면 아무것도 중요하지 않다는 사실을 깨달은 뒤 "부조리를 극한까지 밀어붙"임으로써[8] 세계가 따르는 논리와 완벽히 동일한 논리를 따르기로 결심한다. 안타깝게도 이런 논리는 비인간적이다. 삶을 견디기 힘들게 만든다. 칼리굴라는 우리가 이해할 수 있는 방식대로 행동하지 않는다. 악인에게 처벌을 내리거나 선인에게 보상을 베풀지 않는다. 원수를 다치게 하거나 친구를 돕지 않는다. 오히려 그는 정확히 정반대로 행동한다. (인간적인 관점에서는) 이해가 되지 않는다. 칼리굴라는 예측 가능한 방식으로 예측 불가능하고 신뢰할 수 있는 방식으로 신뢰할 수 없으며 일관성 있는 방식으로 일관성이 없다. 우리가 아는 세계를 닮았으며 일부러 그렇게 한다. "나는 나를 운명으로 만들었다. 나는 표정도 없고 지능도 없는 신의 가면을 썼다."[9] 칼리굴라는 세계를 더 인간적으로 만들 수 없기 때문에 스스로를 최대한 비인간적으로 만들고자 한다. 마치 자연과 조화를 이룬 채 살아가고자 하는, 세계의 논리*logos*와 융합한 채 살아가고자 하는 현대판 스토아 철학자 같다. 이런 태도는 비합리적이지만 동시에 비합리적이지 않기도 하다. 정말로 (자신의 행복과 생존을 포함해) 아무것도 중요하지 않다면 칼리굴라처럼 행동하는 것이 오히려 합리적이기 때문이다(최소한 어떤 식으로든 비합리적이지는 않기 때문이다). 하지만 칼리굴라가 '특정한' 행동을 취하는 데는, 즉 이 행동 대신 저 행동을 취하는 데는 뚜렷한 이유가 없다는 점에서 칼리굴라가 취하는 어떤 특정한 행동도 합리적이지는 않다. 우리는 칼리굴라가 왜 그런 행동을 하는지 이해할 수 없다. 최대한 일반론적으로 표현하는 수밖에 없다. 예컨대 칼리굴라는 그럴 수 있기 때문에, 그러지 않을 이유가 없기 때문에, 그렇게 행동하지 못하도록 막는 것이 아무것도 없기 때문에 그런 행동을 취한다고 표현할 수 있다. 하지만 이런 이유들은 결코 우리가 납득하기에 충분하지 않다.

그렇기 때문에 결국 칼리굴라는 가장 친밀하게 지내던 사람들에게 암살을 당한다. 자신도 그런 일이 벌어질 것이라는 사실을, 벌어질 수밖에 없다는 사실을 알고 있다. 인간이 자신이 가하는 것과 같은 압제 아래에서 살 수 없다는 사실을 알고 있기 때문이다. 인간이 그런 압제 하에 살 수 없는 이유는 고통과 죽음 자체 때문이 아니다. 마땅한 이유 없이 고통과 죽음을 겪어야 한다는 사실 때문이다. 반란을 주도한 인물인 집정관 케레아*Cherea*는 이렇게 말한다. "삶 자체에서 의미가 말라 없어지는 광경을 지켜보는 것, 삶 자체가 부조리해지는 광경을 지켜보는 것, 그것은 도저히 견딜 수 없는 일이다. 삶은 반드시 의미가 통해야 한다!"[10] 칼리굴라가 물러나야 하는 이유도 바로 그 때문이다. 세계에, 최소한 인간 세계(인간이 세계 안에 만들어낸 세계)에 의미를 다시 불어넣어야 한다. 칼리굴라는 죽임을 당하든 말든 신경 쓰지 않는다. 암살을 막기 위한 조치를 전혀 취하지 않는다. 아무것도 중요하지 않다는 사실에는 그 자신이 죽든 말든 상관없다는 사실 역시 포함되기 때문이다. 결국 죽는 순간까지 칼리굴라는 저능한 신, 무심한 세계의 대리인, 무분별하고 맹목적인 운명으로서의 자신의 역할에 충실했다. 이렇듯 카뮈는 무분별하고 맹목적인 운명을 인간 폭군에 비유함으로써 그런 운명의 지배를 받는 세계에서 삶을 살아간다는 것이 얼마나 견디기 힘든 일인지 깨닫게 만든다.

하지만 인간 폭군인 칼리굴라는 죽임을 당할 수 있는 반면 세계는 죽임을 당할 수 없다. 세계라는 폭군은 우리 삶의 일부다. 케레아는 삶에서 의미가 말라 없어지는 광경을 바라보는 것이 견디기 힘들다고 말했다. 삶은 '반드시' 의미가 통해야 한다. 문제는 그렇지 않다는 것이다. 설령 카뮈가 부조리주의 작품들(《이방인》, 《시지프 신화》, 《칼리굴라》)을 집필하고 출간하던 시기와 달리 우리를 데리고 게임을 하는 현실판 칼리굴라가 없다고 하더라도 세계가 '우주적 칼리굴라'로서 딱 버티고 서 있다. 따라서 의문이 생긴다. 우리는 어떻게 이런 세계와 함께 살아갈 수 있을까? 애초에 이런 세계와 함께 살아가는 것이 가능은 할까? 카뮈가 《시지프 신화》를 통해 달성하고자 한 목표 역시 이런 의문들에 답을 제시하는 것이었다. 여기서 카뮈는 자살이 "진정으로 철학적인 문제 중 하나"라고 언급한다. 우리가 속한 세계처럼 완전히 무의미해 보이는 세계에서 계속 삶을 살아간다는 것이 정말로 가치가 있는 일인지 아니면 삶이 가져다주는 온갖 고생과 두통과 절망과 실망을 피해 삶을 빨리 마무리 짓는 편이 더 좋지는 않은지 알아내는 것이 다른 어떤 일보다 중요하기 때문이다. 이것이 "삶이 살 만한 가치가 있는지" 알아내는 것, 이것이 "철학의 근본적인 과제"다.[11]

자유가 부여한 나쁜 소식과 좋은 소식

삶이 살아지려면, 삶이 살 만한 '가치'가 있으려면 삶에는 반드시 의미가 있어야 할까? 데이비드 벨로스*David Bellos*는 카뮈의 《페스트》가 실린 에브리맨스라이브러리*Everyman's Library* 판본 서문에서 카뮈를 비판한다. 카뮈가 신이 없는, 따라서 아무런 의미(세계를 넘어서는 의미)가 없는 부조리한 세계를 어떤 식으로인가 결함이 있는 세계로 믿고 있다고 판단했기 때문이다. 벨로스는 우리가 하는 모든 일이 '의미'를 가지고 있다면 삶이 굉장히 견디기 힘들 것이라고 주장한다.

> 상황이 정반대라면 세계는 분명 훨씬 더 끔찍할 것이다. 세계가 카뮈의 생각과 달리 전혀 부조리하지 않다면 보편적인 차원에서든 특정적인 차원에서든 모든 사물과 행동은 '의미'를 확정적으로 타고날 것이다. 이때 세계는 정말 이상하고 비인간적인 곳으로 뒤바뀔 것이다. 찻

잔, 풀린 신발끈, 조기 사망, 학살 사태 등 모든 것이 '의미'를 지니게 될 것이다. 다시 말해 모든 것이 고차원적인 관점에서 온전히 설명 가능할 것이며 따라서 모든 것이 필연적일 것이다. 이해하기 힘든 선택, 대략적인 추측, 노력, 뜻밖의 사건과 같은 요소들을 특징으로 포함하고 있는 인간의 삶은 그런 조건 아래에서 분명 시시해 보일 것이다. 누가 무엇을 하든 그것은 단지 일어났다는 사실 하나만으로 고차원적인 설계에 들어맞을 것이기 때문이다. 그러므로 필연적인 세계는 (나를 포함한) 대부분의 독자들에게 의미가 주어지지 않는 세계보다 오히려 더 부조리해 보일 것이다.[12]

꽤 설득력 있는 주장이다. 하지만 전반적으로 벨로스의 주장은 '의미 있음'이라는 개념이 '완벽히 설명 가능함' 및 '필연적임'이라는 개념과 동일하다는 전제에 기반을 두고 있다. 하지만 개인적으로는 '의미 있음'이라는 개념을 '반드시' 그런 용어들을 가지고 이해해야 하는지 잘 모르겠다. 더군다나 카뮈가 의미를 그런 식으로 이해했으리라고 생각하지도 않는다. 의미 있는 삶이라고 해서 우리에게 일어나는 모든 일과 우리가 하는 모든 일에 반드시 타당한 이유가 존재해야 할까? 의미 있는 삶에 우연이나 선택이 들어올 여지는 전혀 없을까? 오직 세계가 결정론적이어야만, 인간의 자유가 환영에 불과해야만 우리의 삶이 의미를 지닐 수 있을까? 카뮈는 분명 그렇다고 대답하지 않을 것이다. 세계가 의미를 지니기 위해 반드시 결정론적이어야 한다면 우리가 의미의 부재를 두고 한탄하는 것이 확실히 이상할 것이다. 하지만 우리가 하는 모든 일이 "고차원적인 설계"에 들어맞는다면 인간의 삶이 "오히려 더 부조리해 보일 것"이며 "분명 시시해 보일 것"이라고 주장한 것을 볼 때 벨로스 자신도 의미를 비결정론적인 방식으로 이해하는 것이 가능함을 인정하는 듯하다. 부조리하지 않으며 시시하지 않은 삶, 바로 그런 삶이 우리가 보통 의미 있는 삶이라고 생각하는 삶이기 때문이다. 따라서 문제는 무엇이 삶을 시시하지 않게, 부조리하지 않게 만드는가다. 아마 대부분의 사람들이 동의할 텐데, 우리는 적어도 스스로 선택을 내릴 수 있어야 할 것이다. 스스로 선택을 내려야 하는 한 실패의 가능성, 옳은 일을 하지 '않을' 가능성도 존재해야 할 것이다. 우리가 무슨 행동을 취하든 결과가 항상 괜찮게 나온다면 애초에 그런 행동을 취할 이유가 딱히 없을 것이다. 물론 그렇다고 선택을 내릴 자유 자체만으로 우리의 삶이 의미를 지니게 된다는 뜻은 아니다. 다른 무언가가 더 요구될지도 모른다. 그리고 그 무언가는 꼭 신성한 계획이라든가 "고차원적인 설계"일 필요가 없다. 한편 어째서 삶의 '모든 것'이 중요해야만 삶이 의미를 지니게 되는 것인지도 불분명하다. 어떤 것은 많이 중요한 반면 어떤 것은 조금 중요하거나 아예 중요하지 않을 수는 없는 것일까?

카뮈가 도달한 결론도 이와 굉장히 유사하다. 물론 카뮈가 세계에 객관적인 의미가 존재하지 않는다는 사실에 한탄한 것은 세계에 고차원적인 존재가, 즉 일어나는 모든 일에 이유를 부여할 뿐만 아니라 인간의 욕구와 필요, 희망과 공포에 관심을 가지고 민감하게 반응하는 존재가 없는 것처럼 보인다는 사실에 한탄한 것이기도 하다. 기본적으로 우리는 저기 밖에 우리를 보살펴주는 누군가, 모든 일이 잘 풀리도록 만들어주는 누군가가 존재하기를 열망한다. 전지전능하고 사랑이 넘치는 우주적 아버지나 어머니가 존재하기를 열망한다. 확실히 칼리굴라는 아니다. 따라서 저기 밖에 아무도 존재하지 않는다는 사실, 세계는 우리가 살든 죽든, 기쁨을 겪든 고난을 겪든, 번영하든 쇠퇴하든 아무런 신경을 쓰지 않는다는 사실, 우리가 완벽히 혼자라는 사실, 우주적 고아나 다름없다는 사실, 누구도 우리를 구원하지 않을 것이라는 사실을 깨닫는 것은 너무나도 고통스러울 수밖에 없다.

하지만 카뮈는 세계에 우리를 보살피는 부모 같은 존재가 없다는 사실, 세계가 우리에게 완전히 무관심하다는 사실이 오히려 우리에게 해방감을 가져다줄 수도 있다고 생각한다. 결국 '삶이 살 만한 가치가 있으려면 반드시 삶에 의미가 있어야 하는가?'라는 질문에 대한 카뮈의 대답은 굉장히 명확한 '아니오'인 셈이다. 심지어 카뮈는 "삶에 아무런 의미가 없다면 삶을 그만큼 더 잘 살 수 있다"고 말한다.[13] 이유는 분명하다. 미리 정해진 의미가 존재하지 않는다는 사실이 우리에게서 압력을 덜어주고 족쇄를 풀어주기 때문이다. 삶을 살아가는 단 하나의 '의도'된 방식이 존재하지 않는다면 우리는 '우리'가 원하는 대로, '우리'가 생각하는 대로 자유롭게 삶을 살 수 있다. "신이 존재한다면 모든 것은 신에게 달려 있으며 우리는 신의 의지에 반하는 어떤 일도 할 수 없다. 신이 존재하지 않는다면 모든 것은 우리에게 달려 있다."[14]

따라서 우리에게는 나쁜 소식도 있고 좋은 소식도 있다. 나쁜 소식은 우리가 살든지 죽든지, 무슨 일을 하든지 하지 않든지 세계가 전혀 신경을 쓰지 않는다는 점이다. 좋은 소식은 우리가 살든지 죽든지, 무슨 일을 하든지 하지 않든지 세계가 전혀 신경을 쓰지 않는다는 점이다. 다시 말해 세계가 우리에게 나타내는 "적의"는 전적으로 수동적이다. 그것은 우리에게 도움을 주지도 힘을 주지도 않지만 그렇다고 우리에게 해코지를 하지도 않는다. 세계가 우리에게 무심한 데는, 우리의 필요와 욕구에 무심한 데는 악의가 없다. 이런 점에서 (그리고 오직 이런 점에서만) 세계의 무심함은 부드럽다. 카뮈의 칼리굴라는 "무의미함"이 "선물"이라고 이야기한다.[15] 그리고 그는 틀리지 않았다. 어떤 면에서 무의미함은 확실히 선물이다. 우리에게 유익이 된다. 우리 자신만의 역사를 써내려갈 여지를 제공한다. "부조리는 비록 내가 영원한 자유를 얻을 기회를 앗아가지만 그 대신 내가 행동할 자유를 되살리고 강화한다. 희망과 미래가 줄어든다는 것은 인간이 지닌 가능성이 늘어난다는 뜻이다."[16] 우리는 부조리에 직면하기 때문에 창조적이 될 수밖에 없다. 세상이 가지고 있지 않은 무언가를 제공할 수밖에 없다. 부조리에 직면한 창조자는 "공허에 다채로운 색깔을 선사해야" 한다.[17] 실제로 세계는 공허하다. 하지만 세계가 이미 가득 차 있다면 우리가 할 수 있는 일은 그저 신적인 창조주의 솜씨에 경탄하는 것 말고는 아무것도 남아 있지 않을 것이다.

이렇듯 우리는 자유로우며 이는 아마도 좋은 일일 것이다. 하지만 우리는 우리의 자유를 가지고 무엇을 해야 할까? 카뮈는 '우선' 우리가 삶을 최대로 이용하는 것을 목표로 삼아야 한다고 주장한다. 희망(삶이 지속되리라는 희망)도 없지만 후회도 없이 삶을 온전히 살아내야 한다. 우리에게 주어진 것을 우리에게 주어진 시간 동안 최대한 이용해야 한다. 추상적인 관념 속을 살아가거나 지적 몽상을 추구해서는 안 된다. 그 대신 구체적인 세계의 경험에 몰두해야 한다. 의심의 여지없이 실재하며 쉽게 손에 쥘 수 있는 모든 것, 바로 지금 이 순간 가지고 있는 그리고 가질 수 있는 모든 것에 몰두해야 한다. 오감과 그에 수반되는 감정에 몰두해야 한다. 이 모든 것을 예리하게 자각하고 있는 우리 존재에 몰두해야 한다. "그러면 육체, 애착, 창조, 행동, 인간 존엄성이 광기에 사로잡힌 이 세계 속에서 다시 자기 지위를 되찾을 것이다. 마침내 인간은 부조리라는 포도주를 마시고 무심함이라는 빵을 먹으면서 다시금 위대해질 것이다."[18] 우리는 지금 바로 이 순간 삶을 살아감으로써 그리고 삶을 음미함으로써 삶의 의미를 발견한다. 부조리한 세계에서 삶의 의미란 "지금으로서는 미래에 무심한 채 주어진 모든 것을 다 써버리고자 하는 열망"에 지나지 않는다.[19] 내일 무슨 일이 벌어질지는 우리 손에 달려 있지 않다. 예측 불가능하고 비합리적인 우리 세계에서는 '무엇이든' 일어날 수 있다. 이런 이유 때문에 "끊임없이 의식하는 영혼 앞에 놓인 현재와 현재의 연속"이 "부조리를 겪는 인간의 이상"이다.[20]

이런 이상은 카뮈의 작품 중 《이방인*The Outsider*》의 주인공 뫼르소*Meursault*에게서 (비록 불완전하기는 하지만) 처음으로 체화되어 나타난다. 뫼르소는 이상해 보인다. 주로 참여자가 아니라 관찰자로 등장하기 때문이다. 뫼르소는 자신의 행동을 마치 사건이 자신한테 일어나는 것처럼 관찰하고 자신에게 일어나는 일을 마치 다른 사람한테 일어나는 것처럼 관찰한다. 그는 행동하지 않으며 오직 반응하기만 한다. 무엇이든 오는 대로 받아들이고 무엇에도 저항하지 않는다(스스로를 해명하라는 요구에만 저항할 뿐이다). 뫼르소는 어떤 도덕 원칙도, 신념이나 확신도, 성격도, 뚜렷한 자아도 가지고 있지 않다. 그의 내면에는 그가 하는 행동을 금지하거나 방해하는 어떤 요소도 존재하지 않는다. 따라서 그가 누군가를 죽이는 것은 누군가를 죽이지 않는 것이나 마찬가지다. 하지만 이런 점에서 뫼르소는 다른 사람들과 크게 다르지 않다. 그는 현대인의 전형이다. 카뮈가 "세계의 원초적인 적의"라고 부르는 것은[21] 외부 세계에만 한정되어 있지 않기 때문이다. "인간 역시 비인간성을 배출한다."[22] 이는 우리 역시 서로에게 이방인이며 심지어 우리 스스로에게도 이방인이라는 뜻이다. 우리는 자주 우리가 정당화할 수 없는 일을 벌이며 왜 그런 일을 벌였는지도 제대로 이해하지 못한다. 우리는 서로를 혹은 스스로를 제대로 이해하지 못한다. 우리가 알 수 있는 것은 객관적인 사실, 즉 실제로 일어난 일뿐이다. 하지만 일어난 일조차 일어나지 않았을 수도 있는 것처럼 보인다. 뫼르소는 이렇게 말한다. "나는 이러이러하게 살았으나 다르게 살았을 수도 있었을 것이다. 나는 이런 일을 했고 저런 일을 하지 않았다. 어떤 일은 하지 않은 반면 또 어떤 일은 했다. 그래서 어떡하란 말인가?"[23] 이는 우리 모두에게 어느 정도 적용된다. 궁극적으로 우리의 행동 이면에 논리나 이유는 존재하지 않는다. 내재적 필연성은 존재하지 않는다. 그렇기 때문에 나는 "영원히 … 나 자신에게 이방인"일 것이다.[24]

《이방인》은 세계의 전반적인 예측 불가능성과 불투명성을 역설하고 있으며 여기에는 세계를 살아가는 인간 역시 포함된다. 아무 이유도 없이 언제든 무슨 일이 일어날 수 있다. 아무 이유도 없이 누군가는 언제든 무슨 일이든 저지를 수 있다. 뫼르소는 자신이 결국 감옥에 갇히리라 예상하지 못했으며 바로 이 사실을 흥미롭게 여긴다. "마치 여름 하늘 아래 그려진 길이 나를 무죄의 잠으로 이끌듯 쉽게 감옥으로 이끌 수도 있는 것처럼."[25] 뫼르소는 다른 사람들을 비롯해 해변에서 이름 모르는 아랍인을 죽이려고 계획한 적도 없었다. 자기 속에 그런 마음이 있는 줄 몰랐다. 그냥 벌어진 일이었다. 어쨌든 사건이 벌어지고 막상 법적 결과를 마주하고 나니 뫼르소는 사형 집행에 좀 더 관심을 가지지 않은 것을 후회한다. "이런 것들에는 늘 관심을 가져야 한다. 무슨 일이 일어날지는 모르는 법이니까."[26] 하지만 삶을 살아가는 과정에서 마주치는 이런 예측 불가능성은 언제나 방향을 바꿀 기회가 존재한다는 사실을 의미하기도 한다. 최소한 우리가 살아 있는 한 말이다. (하이데거의 표현을 빌리자면) 존재의 개방성은 (계속 똑같이 존재하리라고 확신할 수 없다는 점에서) 무시무시하면서도 동시에 변화의 가능성으로 가득 차 있다(따라서 변화의 주체가 '우리'가 될 수도 있다). 오직 죽음만이 모든 가능성을 차단한다. 죽음만이 예측 가능한 유일한 것이며 우리에게서 예측 불가능성을 앗아가는 것이기도 하다. "내가 보기에 단두대가 가지고 있는 문제점은 어떤 가능성도, 절대적으로 어떤 가능성도 허락하지 않는다는 점이었다. 오히려 수형자가 죽을 것이라는 점은 확정적으로 결정됐다."[27]

하지만 뫼르소는 반항하는 인간이 아니다. 그는 삶이 나아가는 방향을 바꾸는 데 관심이 없다. 심지어 처형인의 손에 의해 죽기 직전까지도 거의 무심할 만큼 동떨어져 있다. 뫼르소는 잘 생각해보면 죽음이 딱히 중요하지 않다고 추리한다. 그는 항소가 기각되면 죽음을 맞이해야 한다는 사실을 알고 있지만 자신의 삶에 대해 크게 관심이 없기 때문에 자신의 죽음에 대해서도 크게 관심이 없다. 만약 지금(실제로 '지금'이라기보다는 가까운 미래에) 죽어야 한다면 "명백히 다른 사람들보다 더 일찍" 죽어야 할 것이다. "하지만 모두가 알고 있다시피 삶은 살 만한 가치가 없다. 게다가 사실 서른에 죽든 일흔에 죽든 딱히 중요하지 않다는 사실을 모르고 있던 것도 아니었다. … 결국 죽어야 한다는 사실을 고려할 때 정확히 언제 어떻게 죽느냐는 전혀 문제가 안 된다."[28]

시기의 차이는 있겠지만 어차피 우리 모두가 죽을 것이다. 따라서 결국 아무것도 중요하지 않으며 우리에게 일어나는 모든 일이 똑같이 중요하고 똑같이 하찮다. 어떤 것도 다른 것보다 더 가치 있지 않으며 따라서 부수적으로 어떤 것도 다른 것보다 '덜' 가치 있지 않다. "오직 특권을 받은 사람들만이 있다. 다른 사람들도 언젠가 죽음을 선고받을 것이다. 그도 죽음을 선고받을 것이다. 살인죄로 기소된 자가 어머니 장례식에서 눈물을 흘리지 않았다는 이유로 사형을 당한다고 한들 무엇이 중요하다는 말인가? 살라마노의 개도 살라마노의 아내만큼이나 가치가 있다."[29]

뫼르소는 세계의 철저한 평등주의를 통찰하고는 해방감을 느낀다. 행동을 정당화할 수 있도록 스스로를 해명하라는 요구를 받자 그는 화를 내며 거부한다. 해명할 것도 이해할 것도 존재하지 않기 때문이다. 뫼르소는 사회의 요구에도 불구하고 책임을 받아들이기를 거부함으로써 세계의 무심함을 자신의 것으로 만든다. 그는 이제 그저 무심하기만 한 것이 아니라 자신의 무심함에조차 무심해졌다. "그래서 어떡하란 말인가?"라는 뫼르소의 반항은(톨스토이를 떠오르게 한다) 그가 무심함을 적극적으로 포용하는 순간을 장식한다. 또한 뫼르소는 다른 사람들과 자기 자신에 대한 모든 관심을, 미래에 대한 모든 희망을, 구원에 대한 모든 바람을 버림으로써 기이한 종류의 행복을 발견한다.

마치 이 거대한 분노가 폭발하면서 내게서 모든 고통을 몰아내고 모든 희망을 소멸시킨 것 같았다. 나는 신호들과 별들이 가득한 밤하늘을 올려다보았다. 그리고 난생처음 세계의 부드러운 무심함에 마음을 활짝 열었다. 그것이 나 자신과 너무나 닮았다는 것을, 사실상 형제나

마찬가지라는 것을 느꼈기에 나는 내가 줄곧 행복했으며 지금도 행복하다는 사실을 깨달았다.[30]

세계에 의미가 존재하지 않는다면 우리가 세계의 의미에 발맞춰 삶을 살아가야 할 필요 역시 존재하지 않는다. 찾아질 의미가 없으므로 우리는 의미를 찾는 것을 포기할 수 있다. 뫼르소는 이런 깨달음을 실마리 삼아 자신이 처한 상황에 관계없이 모든 것을 최대한 이용하겠다고 결심한다. 그는 자신이 감옥 안에서 불행하리라고 생각했지만 정말로 괜찮았다. 뫼르소는 곰곰이 생각을 해 보고는 자신이 설령 "머리 위에 약간 비치는 하늘을 올려다보는 것 외에 아무것도 할 일이 없이" 텅 빈 나무줄기 속에 갇혀 살아가야 하더라도 흥미를 지탱할 일을 찾을 수 있을 것이라고 확신한다. "나는 하늘을 가로지르며 날아다니는 새들이나 뭉게뭉게 뭉쳐 다니는 구름들을 구경하기를 고대하겠다."[31] (주어진 상황을 고려할 때) 그가 불행해야 한다고 생각하겠지만 그는 불행하지 않다.

— 나는 오로지 내 방에 있는 물건들을 열거하면서 몇 시간이고 시간을 보낼 수 있다. 생각을 많이 하면 할수록 이전에 알아차리지 못한 것이라든가 이미 잊어버린 것 등 내 기억 속에서 더 많은 것들을 끄집어낼 수 있었다. 그러고 나자 하루라도 삶을 살아본 적이 있는 사람이라면 감옥에서 100년이라도 살 수 있을 것이라는 확신이 들었다. 질리지 않을 만큼 많은 기억을 가지고 있을 테니까 말이다.[32]

물론 이런 주장을 신뢰하기란 쉽지 않다. 자기가 처한 상황에 그렇게나 무심하기란 인간적으로 가능한 일이 아니다(그런 일이 가능하려면 인지적으로나 감정적으로 엄청난 증강이 이루어져야 할 것이다). 카뮈 역시 그런 일이 가능하다고 믿지는 않았을 것이다. 또한 삶(그리고 죽음)에 대한 뫼르소의 태도를 받아들이라고 권고할 의도도 없을 것이다. 카뮈는 사형 집행을 앞둔 상황은 고사하고 감옥에 둘러싸인 상황에서 그렇게나 쉽게 행복을 발견할 수 있다고 진지하게 생각할 만한 사람이 아니었다. 아무래도 뫼르소는 카뮈가 추구하는 부조리의 영웅은 아니다. 그러기에는 너무 쉽게 만족하는 인물이다. 인간의 고통을 비롯한 인간사에 대한 세계의 무심함을 본받음으로써, 자신에게 지워진 운명을 받아들이려고 애씀으로써 뫼르소는 심지어 적과의 동침을 이룬다. 결국에는 자신에게 일어나는 일들이 다 괜찮다고 스스로를 설득한다. 하지만 그래서는 안 됐다. 괜찮지 않기 때문이다. 오히려 격분할 만한 일이다. 뫼르소는 우리가 부조리에 직면한 삶을 어떻게 살아가야 하는지 한 가지 대답을 제시하기는 하지만(이런 점에서 칼리굴라 역시 한 가지 대답을 제시했다고 할 수 있다) 여전히 정답은 아니다. 뫼르소는 이상으로서 삼기에 부족한 인물이다. 부조리(즉 우리가 열망하는 것과 우리가 얻기를 희망할 수 있는 것 사이의 긴장)를 살아 있게 만드는 데 실패했기 때문이다.

그럼에도 우리가 뫼르소에게 배울 수 있는 교훈은 의미가 없는 세계에서조차 좋은 것들을 많이 찾을 수 있다는 점이다. 세계가 궁극적으로 무의미함에도 우리는 삶을 살 만한 가치가 있는 것으로 만들어주는 것들을 찾을 수 있다. 예컨대 "하늘을 가로지르며 날아다니는 새들이나 뭉게뭉게 뭉쳐 다니는 구름들"을 보는 능력이라든가 순전히 살아 있다는 경험이 있다. 하지만 의도적인 산문 형식에 간결한 문체를 자랑하는《이방인》은 무엇이 삶을 좋게 만드는지 오로지 윤곽만을 제시할 뿐이다. 더 온전하고 선명한 그림은 카뮈의 후기 작품이자 미완성 작품인《최초의 인간*The First Man*》(1994)에서 확인할 수 있다. 예를 들어 주인공 자크 코르므리*Jacques Cormery*는 1차 세계대전 이후 알제의 가난한 동네에서 보낸 유년 시절을 회상하면서 자신이 다른 아이들과 어떤 식으로 시간을 보냈는지 설명한다.

> 바다는 부드럽고 따뜻했다. 태양은 아이들의 젖은 머리 위로 부드럽게 지고 있었다. 태양이 내리쬐는 광휘가 아이들의 파릇파릇한 몸을 즐거움으로 가득 채웠고 아이들은 끊임없이 소리를 지르며 화답했다. 그들은 삶 위에 군림했고 바다 위에 군림했다. 마치 자신의 부가 끝이 없음을 확신하는 귀족처럼 그들은 이 세계가 제공하는 가장 아름다운 것들을 여과 없이 빨아들였다.[33]

아이들은 지금 이 순간을 살아가고 있었으며 그것이면 충분했다. 굵직굵직한 사건들에 비하면 그들의 삶은 무의미해 보일지 모르며 그들에게 주어질 미래 역시 보잘것없을지도 모른다. 하지만 당시 그들이 가진 것만으로도 삶은 충분히 살 만한 가치가 있었다.

《이방인》에서 뫼르소는 살인자다. 그는 마땅한 이유도 없이 (심지어 부실한 이유도 없이) 사람을 죽였으며 후회하지도 않는다. 사실 그가 회한을 느껴야 할 이유가 어디 있겠는가? 결국 아무것도 중요하지 않다면 사람의 목숨 역시 중요하지 않을 테니까 말이다. 시기는 다르겠지만 어차피 사람들은 모두 어떤 식으로든 죽을 것이다. 우리가 무슨 짓을 벌이든 결과는 똑같을 것이다. 그렇다면 우리는 왜 굳이 지켜질 수 없는 것을 지키려고 애쓰는 것일까? 《시지프 신화》에서 카뮈는 삶이 무의미하더라도 여전히 삶을 살 만한 가치가 있는지 고민한다. 카뮈가 내린 결론은 삶이 여전히 살 만한 가치가 있으며 따라서 자살이 부조리에 대한 잘못된 반응이라는 점이다. 《시지프 신화》가 발표된 지 9년 뒤에 발표된 《반항하는 인간*The Rebel*》(1951)에서 책을 이끄는 핵심 의문은 삶이 지키고 존중할 만한 가치가 있는가다. 다시 말해 우리가 부조리한 세계에 살고 있음에도 여전히 사람들을 죽이지 않을 이유가 있는가다. 표면적으로는 죽이지 않을 이유가 없는 것 같다. 아무것도 중요하지 않다면, 우리가 하는 어떤 일도 다른 일보다 더 중요하지 않다면, 세계가 선과 악의 경계, 허용 가능한 것과 허용 불가능한 것의 경계를 나누고 있지 않다면 우리가 왜 사람들을 죽여서는 안 되는지 이유를 찾기가 어렵다. 무엇도 허용 '불가능'하지 않다면 살인은 물론 모든 것이 허용 '가능'하다고 결론 내리는 것이 합리적이기 때문이다.

부조리에 대한 인식은, 그로부터 일종의 행동 원칙을 이끌어내고자 한다면, 살인을 사소한 문제, 따라서 허용 가능한 문제로 만든다. 아무것도 믿지 않는다면, 아무것도 의미가 없다고 생각한다면, 어떤 가치도 존재한다고 주장할 수 없다면 모든 것이 허용 가능하며 무엇도 중요하지 않다. 결국 가능하니 불가능하니 할 것이 없다. 살인자는 옳지도 그르지도 않다. 우리는 화장터에 땔감을 더 넣을 수도 있고 나병 환자를 돌보는 데 삶을 바칠 수도 있다. 선과 악을 나누는 것은 그저 우연이나 변덕에 불과하다.[34]

하지만 우리는 살기를 원하므로, 특히 잘 살기를 원하므로 우리 자신의 존재를 지키고 연장할 이유가 있다. 또한 그런 목표를 지탱하는 데 요구되는 것이 무엇이든 행할 이유가 있다. 그렇다면 우리에게 유일하게 중요한 문제는 누가 우위를 점하는가, 누가 가장 강력한 권력을 쥐고 권력을 가장 효과적으로 사용하는가, 누가 주인이고 누가 노예인가다. 더 정확히 표현하자면 유일하게 중요한 것은 '나'가 주인이 되고 '너'가 노예가 되는 것이다. 의미가 없는 세계에서 유일하게 말이 되는 것은 자기 존재의 철저한 긍정이다.

혹은 그저 그렇게 보이는 것일 수도 있다. 《반항하는 인간》에서 카뮈는 이런 식의 공격적이고 이기적인 허무주의가 부조리에 대한 심각한 오해를 불러일으킬 수 있다고 주장한다. 이런 식의 허무주의는 다분히 모순적이다. "부조리주의 분석"을 제대로 수행했을 때 따라 나오는 결론은 오히려 모든 살생에 대한 '비난'이다. 카뮈가 보기에 자살을 거부하는 것은 살인을 거부하는 것을 필연적으로 내포한다. 둘 다 부조리에 대한 잘못된 반응으로 여겨져야 하며 그 이유 역시 동일하다. 부조리라는 경험은 허무주의적이지 않으며 오히려 그 반대다. 허무주의의 특징은 삶에 대한 무심함인 반면 부조리는 세계의 구조 속에서 마주치는 무심함과 (잘) 살고자 하는 필사적인 열망이 충돌한 결과이기 때문이다. 핵심은 '우리'가 삶에 무심하지 않다는 점이다. 특히 자신의 삶에 대해서는 더더욱 그렇다. 그렇기 때문에 세계의 냉담함 역시 공격적으로 느껴지는 것이다. 우리는 살기를 원하지만 세계는 살든 죽든 신경 쓰지 않는다. 우리가 사느냐 죽느냐, 번성하느냐 소멸하느냐가 세계 입장에서는 아무런 차이가 없을지도 모르지만 '우리' 입장에서는 어마어마한 차이가 있다. 세계의 무심함에 직면한다고 해서 우리는 갑자기 삶이 가치가 없다고 생각하지 않는다. 오히려 바로 그제야 우리는 삶이 얼마나 소중한지, 따라서 우리에게서 삶을 앗아가는 것이 얼마나 '잘못된' 일인지 깨닫게 된다.

그런데 만약 나의 살아 있음의 가치를 인정한다면, 살아 있는 존재로서의 내 경험을 통해 살아 있음이 좋다는 사실을 배워 알고 있다면 우리는 다른 모두의 살아 있음 역시 좋다고 추정해야 한다. 단지 '내' 삶이 아니라 '삶' 자체가 좋은 것이며 따라서 지키고 촉진할 가치가 있는 것이다. 그러므로 우리는 삶을 "유일한 필연적 선"이라고 인정해야 한다.[35] 부조리를 경험하는 것은 이런 통찰에 선행하며 이런 통찰을 자극한다. 우리가 삶이 좋다는 사실을 알고 있는 이유는 삶이 혹사당하고 파괴당하는 것이 나쁘다는 사실을 알고 있기 때문이며 우리가 삶이 혹사당하고 파괴당하는 것이 나쁘다는 사실을 알고 있는 이유는 그런 종류의 악을 저지르는(혹은 저지를 수밖에 없는) 세계에 분개하고 반항할 수밖에 없다는 사실을 알고 있기 때문이다. 그런데 나는 내 삶을 침해하는 것이 나쁘다고 느낄 뿐만 아니라 '잘못'이라고도 느낀다. 그러므로 내가 내릴 수 있는 유일한 결론은 다른 사람들이 내 삶을 침해하는 것이 잘못됐을 뿐만 아니라 내가 그들의 삶을 침해하는 것 역시 잘못됐다는 것이다. 다시 말해 다른 사람들도 살 권리가 있다. "절대적인 부정이 불가능하다는 사실을 인식하는 순간(삶은 이 사실을 인식하는 한 가지 방식이다) 첫 번째로 부인할 수 없는 것은 다른 사람들의 살 권리다."[36]

무의미한 세계가 끊임없이 가하는 공격(많은 경우 다른 인간에 의해 가해지는 공격)에 대항하여 이런 권리를 수호하는 것은 역설적이게도 우리의 삶에 의미를 부여한다. 궁극적으로 모든 것이 무의미한 곳에서 우리는 목표를 하나 만들어냈으며 이는 아무것도 없는 것보다 훨씬 좋다. 세계가 우리에게 아무것도 중요하지 않다고 말하고 있는데도 우리는 중요한 것이 있다고 응수할 수 있는 셈이다! 오직 우리가 그렇게 할 때만 삶에는 의미가 생긴다. 그리고 우리가 계속 그 목표를 중요하게 생각하면서 그 목표에 따라 삶을 살아가는 한 삶의 의미는 지속된다. 무의미한 세계에서 무의미함을 받아들이기를 거부함으로써 '우리'가 의미를 창조한 것이다. 그렇다고 해서 우리가 세계에서 일어나는 일이 의미 있다는 환상에 매달린다는 뜻은 아니다. 오히려 우리가 세계에서 일어나는 일이 의미 없다는 사실에서 평안을 찾기를 거부한다는 뜻이다. 그렇다면 세계에는 "아직 의미를 가지고 있는 무언가"가 있으며 그 무언가는 맞서 싸울 능력과 용기를 지닌 존재, "궁극적으로 모든 폭군과 신들을 소멸"시킬 존재, 바로 우리 인간이다.[37]

카뮈는 《독일 친구에게 보내는 편지*Letters to a German Friend*》(1943~1944)에서 이렇게 말한다.

> 우리 둘 다 오랫동안 믿어왔지. 이 세계가 궁극적인 의미를 가지고 있지 않으며 따라서 우리가 속고 있는 거라고. 어떤 면에서는 아직도 그렇게 생각한다네. 하지만 결국 나는 자네가 말하던 것과는 다른 결론들에 이르게 됐다네. … 자네는 이 세계에 의미가 존재한다고는 절대 생각하지 않았지. 그래서 모든 것이 동등하다는 생각, 선과 악은 개인이 마음대로 정의할 수 있다는 생각에 이르렀고 말이야. 자네는 어떤 인간적인 혹은 신적인 규범도 존재하지 않는 이상 동물의 세계에 속하는 가치들만이 유일한 가치라고 추정했어. 그러니까, 폭력이나 속임수 따위 말이지. 따라서 자네는 인간이 보잘것없는 존재이며 인간 영혼이 죽임을 당할 수 있다고 결론 내렸어. 역사의 광기 속에서 개인에게 목표라고는 권력을 쌓는 일밖에 없고 도덕이라고는 정복을 실현하는 일밖에 없다고 생각한 거야. 솔직히 말하자면 나로서는, 자네랑 똑같이 생각하기도 했지만, 자네의 생각을 반박할 만한 어떤 타당한 논증도 찾을 수 없었네. 기껏해야 정의를 향한 격렬한 사랑 따위를 들

수는 있겠지만 그것도 결국은 갑작스런 충동만큼이나 비합리적인 감정으로 보였으니까 말이야. 그렇다면 어디에 차이가 있는 걸까? 자네는 절망을 기꺼이 받아들였지만 나는 절망에 결코 굴복하지 않았다는 데 차이가 있다네. 자네는 우리 삶의 조건에 존재하는 불의에 몰두한 나머지 거기다 기꺼이 불의를 더할 정도가 돼 버린 반면 나는 인간이 영원한 불의에 맞서 싸우기 위해 정의를 실천해야 한다고, 불행의 세계에 저항하기 위해 행복을 창조해야 한다고 생각한 데 차이가 있다네. … 자네는 하늘과 맞서 싸우다 지친 나머지 영혼을 훼손하고 세계를 파괴해야만 하는 소모적인 모험 속에서 안식을 찾고자 했어. 간단히 말해, 자네는 불의를 선택했고 신들을 두둔했네. 뻔한 논리였어. 반면 나는 세계에 충실하기 위해 정의를 선택했다네. 물론 나는 여전히 이 세계에 궁극적인 의미가 존재하지 않는다고 믿어. 하지만 나는 세계에 있는 무언가가 의미를 가지고 있으며 그 무언가가 바로 인간이라는 사실을 알고 있어. 오직 인간만이 의미를 가지고 있다고 끈질기게 고집을 피우는 생물이기 때문이지. 이 세계는 적어도 인간이라는 진리를 가지고 있고 우리의 임무는 운명 자체에 맞서 바로 그 진리를 증명하는 거야. 여기에는 인간 말고는 아무런 증거도 없다네. 그러므로 삶이라는 개념을 구제하고 싶다면 우리는 우선 인간을 구해내야만 한다네.[38]

삶을 수호하고 불의에 저항하며 세계에 관심을 갖고 특히 다른 사람에게 관심을 갖는 데는 이성적으로 설득력 있는 마땅한 이유가 없을지도 모른다. 알다시피 어차피 궁극적으로 달라지는 점은 없을 가능성이 매우 높다. 어떤 노력을 기울이든 우리가 바랄 수 있는 최선은 기껏해야 불가피한 죽음을 약간 더 미루는 것이다. 그럼에도 우리는 맞서 싸워야 한다. 그렇게 하는 것이 우리의 본성에 속하기 때문이다. 정의를 사랑하고 불의를 미워하는 마음이 우리로 하여금 그렇게 행동하도록 명령한다. 우리에게는 딱히 선택권이 없다. 카뮈는 이를 가리켜 "반항*rebellion*"이라고 부른다.

반항은 《페스트》의 핵심이다. 주인공이자 화자인 베르나르 리유*Bernard Rieux*는 오랑이라는 알제리 도시에 살고 있는 의사다. 그는 치명적인 전염병이 오랑을 강타하자 피해자들의 고통을 덜어주기 위해 자신의 복지는 신경 쓰지도 않은 채 쉬지 않고 일한다. 하지만 그는 자신이 실제로 누군가를 치료하는 데 성공할 확률이 희박하다는 사실을 잘 알고 있다. 친구인 타루*Tarrou*는 리유에게 신을 믿는 것도 아니고 노력이 효과를 거두는 것도 아닌데 왜 그렇게나 헌신적으로 일하냐고 묻는다. 리유는 만약 신이 존재한다면 신이 상황을 해결해줄 것이라고 믿으면 된다고 답한다. 하지만 신은 존재하지 않으므로 해야 될 일이 있다면 '우리'가 해야만 한다. 결론적으로 리유에게는 "세계에 맞서 싸우는 것"이 옳아 보였다.[39] 왜 그런지 이유를 설명하지는 못한다. 이유는 알지 못한다. 리유가 아는 것이라고는 사람들이 고통을 겪고 있다는 사실, 사람들이 원인이나 결과와는 관계없이 즉각적인 반응을 필요로 하고 있다는 사실, 조금 더 편안하게 해주거나 곁에 있어 줌으로써 자신이 사람들을 도울 수 있다는 사실이 전부다. 이는 '합리적인' 일이 아니다. 순전히 주어진 상황이 요구하는 일일 뿐이다.

— 그다음에 저는 사람들이 죽어가는 광경을 지켜봐야 했어요. 혹시 죽기를 거부하는 사람들이 있다는 사실을 알고 있나요? 어떤 여자가 죽음 직전의 마지막 순간에 "안 돼!" 하고 절규하는 것을 들어본 적이 있나요? 저는 있어요. 그리고 그런 경험에는 도저히 무심해질 수가 없다는 사실을 깨달았습니다. 당시에 저는 어렸고 세계의 질서 자체에 맞서서 분노를 터뜨렸습니다. 혹은 그랬다고 생각했죠. 시간이 지나면서 저는 좀 더 겸손해졌습니다. 다만 사람들이 죽어가는 광경만큼은 익숙해질 수가 없겠더군요. 이게 제가 아는 전부입니다.[40]

리유의 행동을 이끄는 것은 그의 강점이라기보다 약점이다. 리유는 세계를 있는 그대로 받아들이지 못한다. 말하자면 현실성이 떨어지는 셈이다. 하지만 리유의 약점은 "온 힘을 다해 죽음에 맞서 싸우겠다"는 결심을 촉발하는 순간,[41] 심지어 신이 우리 편에 서 있기를 기대하지 않으면서도 그렇게 하겠다는 결심을 촉발하는 순간 도덕적 강점으로 변모한다. 타루는 우리가 아무리 죽음을 상대로 승리한 것처럼 보일지라도 그런 승리는 결코 오래가지 않는다고 지적한다. 그러자 리유는 그렇다고 싸움을 포기할 이유가 되지는 않는다고 주장한다. 싸움은 설령 "끝없는 패배"를 의미할지라도 싸울 만한 가치가 있다.[42] 리유는 이 싸움이 자신을 영웅으로 만든다고 생각하지 않는다. 리유의 저항을 부추기는 것은 영웅심이 아니라 "기본적인 품위"다.[43] 다시 말해 품위 있는 사람이라면 누구라도 저항하기를 택한다는(혹은 택해야 한다는) 것이다. 저항은 '명백히' 해야 할 일이다. 다른 선택지는 사실상 생각조차 할 수 없다. 리유는 "아이들이 고문을 당해야 하는 세계 질서라면 나는 죽는 날까지 사랑하기를 거부"하겠다고 말한다(도스토옙스키의 이반 카라마조프를 떠올리게 한다).[44] 그런 세계 질서를 '사랑'할 수 있다고 주장하는 것은 분명 터무니없는 일이다. 증오, 더 정확히는 저항과 반항이 우리가 취할 수 있는 유일한 대응 방식이다.

하지만 우리가 실제로 무엇을 위해 싸우고 있는 것인지 그리고 보호를 필요로 하는 대상이 무엇인지 기억하는 일 역시 중요하다. 싸움 자체가 목적은 아니기 때문이다. 싸움은 삶을 살 만한 가치가 있도록 만들어주는 것을 지키고 보존하는 수단이다. 삶이 가져다주는 즐거움, 특히 다른 사람들과 사랑하는 관계를 맺을 때 얻을 수 있는 즐거움이 중요하다. 반항은 무언가에 '맞서는' 행위일 뿐만 아니라 무언가를 '위한' 행위이기도 하다. 타루는 리유에게 이렇게 상기시킨다. "물론 인간은 피해자를 위해 싸워야 하지. 하지만 그것 외에는 관심을 다 끊어 버린다면 싸움에 무슨 소용이 있겠어?"[45] 리유는 타루의 말이 옳다는 것을 알고 있다. 그는 "사랑이 없는 세계는 죽은 세계"라는 사실을 알고 있다. 또한 결국 "모두가 사랑하는 사람의 얼굴을 보기를, 사랑이 가득한 마음에서 나오는 온기와 경이를 느끼기를 갈망"한다는 사실 역시 알고 있다.[46] 여기서 만족할 수 있는 사람은 행복하다. 왜냐하면 사랑은 우리가 운이 좋다면 실제로 삶에서 얻을 수 있는 것이기 때문이다. 우리 마음의 "고향"은 "바다의 파도 속에, 광활한 하늘 아래, 사랑의 구속 안에" 놓여 있다.[47] 우리가 그런 것들을 얻는다면 우리는 삶에서 얻을 수 있는 최상의 것을 얻은 셈이다.[48] 우리는 '고통'이나 '구원' 같은 개념과 마찬가지로 그런 것들이 '의미'하는 것이 무엇인지, 애초에 무엇을 '의미'하기는 하는지 고민할 필요가 없다. '의미' 자체는 중요하지 않다.[49]

리유는 뫼르소도 칼리굴라도 되지 못한 부류의 인간이다. 그는 부조리가 요구하는 '반항하는 인간'이다. 리유가 나타내는 반응만이 부조리에 대한 적절한 반응이다. 리유는 안 된다고 말하지만 그의 '부정'은 근원적인 '긍정'에 뿌리를 두고 있다. "그는 도저히 견딜 수 없다고 생각하는 조건에 굴복하기를 거부하기 때문에, 그리고 어떤 식으로인가 자신이 취하는 자세가 정당하다고 확신하기 때문에 반항한다."[50] 리유는 삶을 긍정하기 때문에, 사람들의 살 권리와 고통받지 않을 권리를 긍정하기 때문에 페스트에 맞서 싸운다. 그리고 그렇게 하는 과정에서 리유는 인간의 연대를 긍정하기도 한다. 리유는 자신의 행동을 통해 우리 모두가 공유하는 무언가, 지킬 만한 가치가 있는 공통적인 인간 본성에 대한 믿음을 드러낸다. 카뮈의 주장에 따르면 반항과 연대는 한데 묶여 있다. 연대감은 반항을 불러일으키며 반항은 연대의 실천을 통해 실현되기 때문이다. 인간의 연대를 무시하거나 포기하는 반항 혹은 (러시아혁명처럼) 결과적으로 인간의 연대를 무시하거나 포기하게 된 반항은 모두 진정한 반항이 아니다. 진정한 반항은 "개인을 고독으로부터 끌어낸"다. "반항은 모든 인간이 자신의 최우선 가치를 세우는 공통 기반이다. 나는 '반항'한다. 고로 우리는 '존재'한다."[51]

'나'는 반항한다. 고로 '우리'는 존재한다. 이는 카뮈가 새롭게 설정한 인상 깊은 근본철학이다. 바로 이 인식론적인 토대 위에서 우리는 객관적으로 의미 없는 '세계'를 무너뜨리고 그 대신 주관적으로 의미 있는 인간 세계를 쌓아올린다.《이방인》에 등장하는 뫼르소의 세계는 여전히 데카르트적이다. 뫼르소의 자아는 홀로 고독하게 생각에 빠져 있다. 부조리한 세계에 직면하자 내면 더 깊숙한 곳으로 숨어들어갈 뿐이다. 그런 자아에게 탈출구는 존재하지 않는다. 존재론적 고독을 벗어날 방법도 세계의 소유권을 되찾을 방법도 존재하지 않는다. 반면 리유는 자아라는 좁은 한계를 벗어난다. 자신의 운명을 인류 공동의 운명에 단단히 묶음으로써 또한 생각(관찰과 성찰)을 적극적인 행동으로 대체함으로써 그렇게 한다. (카뮈가《반항하는 인간》에서 다루기도 하는) 이반 카라마조프처럼 리유는 구원받지 못한 사람들이 존재하는 한 스스로를 구원하기를 거부한다. 모두 함께 구원을 받거나 아무도 구원을 받지 못하거나 둘 중 하나다. 연민을 근거로 스스로의 구원 가능성을 포기함으로써 리유는 "일종의 형이상학적 돈키호테 정신"에 스스로를 내맡긴다.[52] 설령 모든 것이 수포로 돌아가더라도 (형이상학적 불의든 정치적 불의든) 불의를 받아들인다는 대안보다는 훨씬 낫다는 정신으로 무장한다. 부조리는 해결해야 하는 것이 아니라 견뎌야 하는 것이다.

삶이라는 한계 안에서 반항하라

하지만 카뮈에게 불가능해 보이는 것이 갑자기 가능한 것으로 뒤바뀐다면 어떻게 해야 할까? 목표가 성취될 '수' 있고 긴장이 해결될 '수' 있다면 어떻게 해야 할까? 인간이 겪는 고통이 끝이 나고 심지어 죽음마저 정복된다면 어떻게 해야 할까? 카뮈가 교통사고로 사망한 지 반세기가 넘게 지난 오늘날 실제로 어떤 과학자들은 노화를 막거나 되돌리는 방법을 알아냄으로써 (죽음 자체를 정복하지는 못하더라도) 죽음의 '필연성'을 정복하는 것이 시간문제라고 생각한다. 트랜스휴머니스트들이 늘 말하는 것처럼 죽음은 "최악의 악"이다.[53] 따라서 우리는 수단과 방법을 가리지 않고 온 힘을 다해 죽음과 싸워 이기고자 해야 한다. 카뮈처럼 트랜스휴머니스트들은 세계의 자연적인 질서가 근본적으로 부조리하다고 생각하며 따라서 이에 반항하라고 권고한다. 이런 유사점들을 놓고 보자니 한 가지 의문이 들었다. 과연 카뮈라면 트랜스휴머니스트들의 행동 강령에, 특히 급격한 생명 연장이라는 목표에 찬성했을까? 처음에는 확실히 동의할 것 같았다. 예컨대 카뮈는 형이상학적 반항이 "인간이 자신이 처한 조건에 저항하는 수단이자 온 세계에 저항하는 수단"이라고 서술하면서 이렇게 덧붙인다. "이는 인간과 세계의 목적에 이의를 제기한다는 점에서 형이상학적이다."[54] 그리고 우리는 마땅히 그런 조건들에 저항해야 한다. 정말 견디기 힘들기 때문이다. "형이상학적 반항은 죽음에 드러나는 인간 삶의 불완전성과 악에 드러나는 인간 삶의 분열에 저항한다는 점에서 삶과 죽음의 고통에 맞서 조화를 이루기를 염원하는 욕망의 정당한 요구이다."[55] 따라서 궁극적으로 형이상학적 반항은 죽음에 대한 반항이다. "인간의 반항은, 비극적이고 고양된 형태로 나타나는 경우, 언제나 죽음에 대한 기나긴 저항이자 보편적 사형선고에 대한 격렬한 반발이다."[56]

우리가 "보편적 사형선고"에 저항하는 것이라면, 즉 인간 필멸성에 저항하는 것이라면 그 대신 우리가 요구하게 되는 것은 불멸성일 것이며 따라서 우리는 불멸성을 추구해야만 할 것 같다. 하지만 다소 의외로 카뮈는 그런 식으로 논리를 전개하지 않는다. 카뮈는 핀다로스의 경구 한 줄을《시지프 신화》에서 활용한다. "오, 내 영혼이여. 불멸하는 삶을 열망하지 말라. 그 대신 가능의 한계 내에서 마음껏 뛰놀아라."[57] 이상하다. 어떻게 죽음에 반항하는 동시에 불멸하는 삶을 열망하지 않을 수 있는지 이해하기 어렵기 때문이다. 이렇듯 모순처럼 보이는 상황이 발생하는 이유는 카뮈가 반항과 혁명을 구별한다는 사실에서 비롯된다. 필연적 죽음을 없애려면 우리에게는 혁명이 필요하다. 하지만 혁명은 늘 폭력과 압제와 죽음을 수반한다. 따라서 혁명은 애초에 반항이 시작된 계기를 배반하는 경향이 있다. 카뮈는 이런 배반이 일어나는 사례를 두 눈으로 직접 목격했다. 하나는 파시즘(즉 독일 국가사회주의)이었고 다른 하나는 마르크스주의(즉 소련 공산주의)였다. 파시즘은 "니체의 초인의 출현"을 염원하면서 마치 신처럼 다른 사람들에게 "삶과 죽음"의 권세를 휘두를 것을 지지자들에게 요구한 반면 마르크스주의는 "일시적으로 전 인류를 노예로 만듦으로써 전 인류를 해방시키는 것"을 목표로 했다.[58] 혁명의 동기 자체는 정당하다. 하지만 혁명을 완수하는 데 요구되는 힘은 유익을 줘야 할 사람들에게 언제나 필연적으로 해악을 끼쳤다. "사람들이 서로를 죽인다면 그 이유는 그들이 필멸성을 거부하는 대신 전 인류의 불멸성을 열망하기 때문이다."[59]

카뮈의 관점에서 보자면 트랜스휴머니즘은 반항이 아니라 혁명을 필요로 한다. 트랜스휴머니스트들은 한계를 제거함으로써 인간에게 허락되지 않은 전면적인 자유를 획득하기를 열망하기 때문이다. 카뮈는 그런 목표를 실현하려고 시도하는 과정에 반드시 모순이 발생한다고 생각한다. 애초에 반항이 의문을 제기하는 대상이 바로 전면적인 자유이기 때문이다.

— 우월한 자에게 금지된 영역을 침범할 권한을 부여하는 무제한적인 힘이 바로 반항하는 인간이 공격하고자 하는 대상이다. 반항하는 인간은 전면적인 독립을 요구하는 대신 인간이 존재하는 곳이라면 어디에

서라도 자유에 한계가 있다는 사실이 인정받기를 바란다. … 반항하는 인간은 분명 일정 수준의 자유를 필요로 한다. 하지만 일관성을 유지하는 한 반항하는 인간은 어떤 경우에도 존재를 파괴할 권리나 다른 사람의 자유를 폐지할 권리를 필요로 하지 않는다. 그는 누구에게도 굴욕감을 주지 않는다. 그가 요구하는 자유는 모두를 위한 자유다. 그가 거부하는 자유는 모두에게 금지되는 자유다. 반항하는 인간은 주인에게 맞서는 노예일 뿐만 아니라 주인과 노예의 세계에 맞서는 인간이기도 하다.[60]

절대적 자유는 사실상 "가장 강한 자의 지배할 권리"에 지나지 않는다.[61] 따라서 반항하는 자는 자유가 정의에 의해 조절되기를 바라는 동시에 정의가 자유에 의해 조절되기를 바란다. "절대적 자유는 정의를 비웃는다. 절대적 정의는 자유를 부정한다. 열매를 맺고자 한다면 자유와 정의는 서로에게서 스스로의 한계를 찾아내야 한다."[62] 혁명가는 자유와 정의 사이에 균형을 잡아야 할 필요를 알아차리지 못한다. 칼리굴라는 이렇게 말한다. "나는 마침내 절대 권력이 무엇을 위해 존재하는지 이해했다. 그것은 불가능에 존재할 기회를 제공한다. 자유에는 더 이상 한계가 없어진다."[63] 이에 칼리굴라보다 훨씬 분별력이 뛰어난 부인 카에소니아*Caesonia*는 이렇게 답한다. "가능도 기회를 얻을 자격이 있습니다."[64] 요컨대 카뮈는 '가능'의 수호자다. 그는 자유와 정의의 가치를 인정할 뿐만 아니라 양쪽 모두에 한계가 존재한다는 사실의 가치 역시 인정한다. "반항이 철학을 세울 수 있다면 그것은 한계의 철학일 것이니."[65] 혁명가와 달리 반항가의 목표는 인간 삶의 조건을 전복시키는 것이 아니다. 설령 인간 삶의 조건이 부당하다는 것을 인식하더라도 말이다. 그 대신 반항가의 목표는 불의를 늘리지 않음으로써 정의를 받드는 것, 고난이 가능한 세계에서 행복을 받드는 것이다.[66] "삶을 요구하는 대신 살아갈 이유를 요구"하는(달리 말해 '의미 있는' 존재를 요구하는) 반항하는 인간은[67] 더 나은 미래를 만들기 위해 싸우는 것이 아니라 지금 좋은 것을 지키고 보존하기 위해 싸운다. 다시 말해 반항하는 인간은 죽거나 죽임으로써 "우리가 아닌 존재를 생성"하지 말라고 촉구하는, 그 대신 "살거나 살림으로써 마땅히 우리인 존재를 창조"하라고 촉구하는 철저한 보수주의자다.[68]

트랜스휴머니스트들은 이 세계가 나쁜 곳이라고 믿는다. 따라서 우리가 새로운 세계를 구축해야 한다고 주장한다. 당연히 그 과정에서는 희생이 치러져야 할 것이다.[69] 반면 카뮈는 세계가 온전히 좋은 곳은 아니더라도 보호하고 촉진하고 지킬 만한 가치가 있는 좋은 것들로 가득 차 있다고 믿는다. 이때 나쁜 점이 있다면 그렇게 하는 것이 쉽지 않다는 점이다. 우리가 고통을 겪는 이유는 우리가 세계 자체를 원하지 않기 때문이 아니라 세계가 우리를 원하지 않는다고 느끼기 때문이다. 우리가 사랑하는 사람에게 거절당하는 느낌이다. 카뮈가 이해하기로는 심지어 죽음마저 아예 나쁜 것은 아니다. 우리의 존재에(결과적으로 우리의 자유와 권력에) 한계를 정해 줄뿐더러 어떤 식으로인가 우리의 존재를 완성시켜주기 때문이다. 마치 (바라건대 좋은) 이야기의 결말처럼 이야기를 마무리함으로써 이야기 자체에 의미를 부여하는 것 같다.

— 이런 모순이 존재한다. 인간은 죽음의 필연성을 받아들이지 않는 동시에 세계를 있는 그대로 받아들이기를 거부한다. 사실 인간은 세계에 매달리는 존재이며 절대다수가 세계를 포기하기를 원하지 않는다. 세계를 늘 잊어버리기를 바라기는커녕 세계를 온전히 소유하지 못한다는 사실에 고통을 받는다. 고국에서 추방당한 채 이방인으로서 세계를 살아간다. 만족감이 생생하게 차오르는 순간을 빼고는 모든 현실이 불완전해 보인다. … 구멍의 행방을 찾는 것, 강의 흐름을 통제하는 것, 마침내 삶을 운명으로서 이해하는 것, 이런 것들이 그들의 진정한 열망이다. 하지만 적어도 의식의 영역에서 그들을 그들 자신과 화해시킬 이런 전망이 나타난다면 오직 모든 것이 완성에 이르는 죽음이라는 찰나의 순간에만 나타날 수 있다. 세계에 단 한 번 존재하기 위해서는 반드시 다시는 존재하지 않아야 한다.[70]

카뮈의 반항은 세계를 나쁜 곳이라고 일축하고 (쇼펜하우어처럼) 삶을 끊임없는 고난의 연속이라고 인식하기는커녕 "삶에 대한 강렬한 식욕"으로부터 영감과 기반을 얻는다.[71] 삶을, 아름다움을, 감각적인 즐거움을, 인체의 따스함을, 인간의 사랑을 강렬하게 갈구한다. 상실감이 깊이 사무치는 순간에 인간으로 하여금 세계가 지금 그대로 존재하기를, 시간이 실재하지 않기를, "누구도 늙지도 죽지도 않고 아름다움이 소멸되지 않으며 삶이 언제나 활기와 광채를 내뿜는 나라로 도피"하기를[72] 바라도록 만드는 것은, 이런 것들이 불가능하며 (트랜스휴머니스트들이 뭐라고 주장하든) 앞으로도 불가능하리라는 사실을 아주 잘 알고 있으면서도 바라도록 만드는 것은, 바로 "삶에 대한 광적인 열정"이다.[73] 이상적인 나라는 존재하지도 존재할 수도 없다. 그러므로 카뮈의 형이상학적 반항은 주로 '정치적' 반항으로 전개되고는 한다. 삶에 적대적인 존재에, 세계에 불의를 더하는 존재에 맞서 싸우는 것이다. 그런 존재 가운데는 온갖 종류의 인간 독재자와 폭군이 있고 현대판 칼리굴라들이 있으며 이른바 더 큰 선을 위해 개인에게 지나친 희생을 강요하거나 더 나은 미래를 위해 현재에 지나친 희생을 강요하는 혁명가들이 있다. "삶의 유일한 대원칙은 다음과 같다. 사는 법과 죽는 법을 배우라. 신이 되기를 거부함으로써 인간이 되는 법을 배우라."[74]

카뮈가 마지막으로 남긴 미완성 작품 《최초의 인간》은 화해 분위기로 끝이 난다. 주인공 자크 코르므리(다분히 카뮈를 닮은 인물)는 (불과 40세의 나이임에도) 이제 노년이 다가옴을 느낀다. 그는 삶을 좋게 만드는 모든 것들이 결국 필연적으로 소멸한다는 사실에 슬퍼하지만 그럼에도 인간 필멸성과 화해하기 위해 기꺼이 노력하고자 한다. 심지어 죽음에 감사하는 기색까지 살짝 드러난다.

> 오늘 그는 삶과 젊음과 사람들이 자신에게서 미끄러지듯 떠나가는 것을 느꼈다. 그중 어떤 것도 손에 붙들 수 없었다. 눈먼 희망과 함께 홀

로 남겨졌다. 그 희망이란, 오랜 세월에 걸쳐 그를 일상 너머로 올려다 준 힘, 그에게 아낌없이 자양분을 퍼다준 힘, 가장 모진 상황들을 극복할 수 있도록 애써준 힘, 바로 그 불가해한 힘이 여태까지 식을 줄 모르는 관대함으로 그에게 살아갈 만한 이유를 제공해 주었듯이 이제 그에게 순순히 늙고 죽을 만한 이유를 제공해주기를 바라 마지않는 것이었다.[75]

나오는 글

요약할 수 없는 음악 작품

사람들은 보통 철학 서적이 끝날 때면 적당한 결론이 등장해 책을 통해 어떤 내용을 전달하고자 했고 어떤 목표를 달성하고자 했는지 독자에게 소개해주리라 기대한다. 미안하지만 나는 그런 기대를 실망시킬 수밖에 없을 것 같다. 이 책에는 결론이 없기 때문이다. 아마 눈치를 챘겠지만 열 개의 장 중 어떤 장에도 결론이 등장하지 않는다. 앞서 다룬 내용을 요약하지도 않았고 최종적인 평가를 내리지도 않았으며 간편한 요지를 제공하지도 않았고 화제를 마무리하지도 않았다. 원한다면 독자가 직접 자신만의 결론을 내릴 수 있다. 그리고 분명 각 장마다 배울 수 있는 교훈이 있었을 것이다. 하지만 내가 보기에 이 책 전체는 물론 각각의 장은 마치 음악 작품과 유사하다. 독자는 여기서 일종의 미적 만족감을 얻어야 한다. 물론 내가 사용한 재료는 소리가 아니라 말과 생각과 그 속에 담긴 이미지다. 하지만 나는 그중 일부라도 마치 멜로디 조각처럼 독자의 마음속에 머무르기를 바란다. 그렇게 된다면 우리가 세상을 바라보는 방식과 우리의 삶을 이해하는 방식이 자신도 모르는 사이에 풍성하게 변화할지도 모른다. 어쩌면 우리가 삶을 살아가는 방식에 영향을 미칠지도 모른다.

그럼에도 궁극의 질문은, 그것이 무엇이든 간에, 대답되지 않은 채로 남는다. 이 책이 그랬듯이 우리의 삶은 우리에게 간결하고 함축적인 결론 따위를 제시해주지 않기 때문이다. 과거의 어느 막연한 순간에 우리는 존재하게 됐고 미래의 어느 막연한 순간에 우리는 존재하지 않게 될 것이다. 우리가 존재하지 않게 될 바로 그 순간에도 우리는 우리의 삶이 도대체 무엇에 관한 것이었는지 실마리조차 잡지 못할 가능성이 크다. 하지만 운이 좋다면 우리는 적어도 우리가 삶을 잘 살았다고, 충분히 잘 살았다고 느낄 수 있을 것이다. 우리가 이룬 것 혹은 우리가 가진 것 중 일부 때문이라도 우리가 삶이라는 수고를 기울일 만한 가치가 있었다고, 우리가 우리의 삶을 의미 있게 만들었다고, 우리의 삶이 그저 시간낭비에 불과한 것은 아니었다고 느낄 수 있을 것이다.

게다가 우리는 아직 끝에 도달하지도 않았다. 그러므로 너무 늦었다고 생각하지 말고 우리의 삶이 의미를 지니도록 만들어보자. 그리고 이 책에서 무언가 기억에 남기를 바란다면 이것만 기억하자. 삶이 살 만한 가치가 있는가는 삶을 사는 사람에게 달려 있다.

1장
아르투어 쇼펜하우어

〔 전기 〕

Safranski, Rüdiger, *Schopenhauer and the Wild Years of Philosophy*, Cambridge: Harvard University Press, 1991.

1 *Die Welt als Wille und Vorstellung* (의지와 표상으로서의 세계), in: Arthur Schopenhauer, *Werke in fünf Bänden*, ed. Lutker Lütkehaus, Zurich: Haffmans, 1988, vol. 1, §56, 405.

2 위의 책, vol. 1, §57, 408.

3 위의 책, vol. 2, ch. 46, 678.

4 위의 책, vol. 1, §59, 422.

5 위의 책, vol. 2, ch. 46, 680.

6 *Der handschriftliche Nachlass*, ed. Arthur Hübscher, 5 volumes, Frankfurt/M, 1966—1975, IV/1, 96.

7 *Die Welt als Wille und Vorstellung*, vol. 1, 2판 서문, 18.

8 위의 책, vol. 2, ch. 16, 180.

9 *Gespräche*. New, extended edition, ed. Arthur Hübscher, Stuttgart-Bad Canstatt, 1971, 337.

10 *Die Welt als Wille und Vorstellung*, vol. 1, §58, 419.

11 위의 책, §1, 31.

12 도덕적 목적에서는 예외였다.

13 *Die Welt als Wille und Vorstellung*, vol. 1, §17, 150.

14 독일어는 '물리적 사물로서의 몸Körper'과 '체험으로서의 몸Leib'을 구분하는 데 도움이 된다. 오늘날 Körper와 Leib 사이의 구분은 현대철학의 특정 영역에서, 주로 현상학적 전통이나 메를로퐁티Merleau-Ponty의 이론과 관련해 쉽게 찾아볼 수 있다. 하지만 이런 구분을 처음 도입한 것은 쇼펜하우어였다. 쇼펜하우어는 '체험하는 몸lived body'을 처음 다룬 철학자로 인정받아야 한다.

15 위의 책, §54, 362.

16 위의 책, vol. 2, ch. 17, 214~215.

17 위의 책, vol. 2, ch. 41, 551.

18 의지가 존재하는지, 의지의 본성이 무엇인지는 설명될 수 없기 때문에 '설명하는 것explanation'보다는 '기술하는 것

description'만이 가능하다. 설명의 근거가 없기 때문에 설명은 불가능하다. 여기에는 인과율이 적용될 수가 없다. 인과관계는 오직 현상계에만 존재할 수 있다.

19 *Parerga and Paralipomena II*, in: Arthur Schopenhauer, *Werke in fünf Bänden*, ed. Lutker Lütkehaus, Zurich: Haffmans, 1988, vol. 5, ch. 15, 302.

20 위의 책, ch. 15, 305.

21 *Die Welt als Wille und Vorstellung*, vol. 1, §54, 362.

22 위의 책, §60, 429.

23 위의 책, §54, 365.

24 위의 책, §54, 366.

25 위의 책, §54, 368.

26 위의 책, vol. 2, ch. 41, 556.

27 쇼펜하우어는 괴테Goethe의 시 〈인류의 경계The Limits of Humanity〉를 인용하고 있다.

28 *Die Welt als Wille und Vorstellung*, vol. 1, §54, 372-373.

29 위의 책, vol. 2, ch. 41, 542.

30 위의 책, ch. 46, 669.

31 위의 책, ch. 41, 556.

32 이 표현은 배가 항해 중일 때 배를 움직일 만큼 충분히 바람이 불지 않는 경우 노를 사용하던 관행에서 유래한 것으로 보인다.

33 위의 책, vol. 1, §68, 488.

34 위의 책, §68, 488-489.

35 위의 책, §68, 492.

36 위의 책, §68, 490.

37 위의 책, vol. 2, ch. 46, 667.

38 위의 책, ch. 49, 738.

39 위의 책.

2장
쇠렌 키르케고르

〔 전기 〕

Garff, Joakim, *Søren Kierkegaard: A Biography*, Princeton and Oxford: Princeton University Press, 2005.

1 Constantine Constantius(Søren Kierkegaard), *Repetition*(반복)*: An Essay in Experimental Psychology*(1843), in: Søren Kierkegaard, *Repetition and Philosophical Crumbs*. Translated by M. G. Piety, Oxford: Oxford University Press, 2009, 60.

2 키르케고르는 《이것이냐 저것이냐》에서 파편성이 "모든 인간 노력의 특징"이라고 지적한다.

3 키르케고르는 덴마크 국교회를 상대로 전면전을 벌이면서 인생의 마지막 두 해를 보냈다. 기독교를 배신한 면에서, 다시 말해 기독교 신앙에서 "하느님을 배

제"시킨 면에서 조금이라도 책임이 있는 사람이라면 모두 비난했다. 교회 측은 그런 비난을 잘 받아들이지 못했다. 어떤 사람들은 키르케고르를 악마의 화신이자 적그리스도라고 생각하기도 했다. 충분히 그럴 만했다. 교회 입장에서 기독자인 키르케고르는 어떤 무신론자보다도 열렬한 비평가였으며 적내적이고도 까다로운 적수였다.

4 Johannes Climacus(Søren Kierkegaard), *Concluding Unscientific Postscript to the Philosophical Crumbs*(1846). Translated by Alastair Hannay, Cambridge: Cambridge University Press, 2009, 29.

5 기억해야 할 점은 키르케고르 본인 역시 이처럼 진정한 의미에서는 자신을 기독자로 여기지 '않았다'는 점이다. 하지만 동시에 기억해야 할 점은 말년의 키르케고르가 보기에 그런 "내적 승인"만으로는 더 이상 충분하지 않다고 느꼈다는 점이다. 키르케고르는 진정한 기독자라면 "진리의 목격자"여야 한다는 생각에 사로잡혔다. 사실상 기독교의 대의를 위해 자신의 복지와 삶을 희생함으로써 순교자가 돼야 한다는 뜻이었다. 키르케고르는 그런 순교자가 되기 위해 최선을 다했다. 말년에 그는 스스로가 (아마도 유일하게 남은) 진리의 목격자로서 교회 당국의 박해를 받았다고 생각한 것 같다. 하지만 박해를 가한 쪽은 키르케고르라고 말하는 편이 더 정확할지도 모르겠다.

6 *The Essential Kierkegaard*, ed. Howard V. Hong and Edna H. Hong, Princeton: Princeton University Press, 2000, 469.

7 Victor Eremita(Søren Kierkegaard), *Either/Or*(이것이냐 저것이냐)*: A Fragment of Life*(1843). Translated by Alastair Hannay, London: Penguin, 1992, 493.

8 위의 책, 53.

9 위의 책, 502.

10 "내가 우스꽝스럽다고 생각하는 일들 중에서도 가장 우스꽝스러운 일은 서둘러 식사하고 서둘러 일하는 등 세상을 바쁘게 살아가는 일이다." 위의 책, 46 참조.

11 위의 책, 228.

12 Anti-Climacus(Søren Kierkegaard), *The Sickness unto Death*(죽음에 이르는 병)(1849). Translated by Alastair Hannay, London: Penguin, 1989, 43.

13 *Repetition*, 24.

14 *Concluding Unscientific Postscript to the Philosophical Crumbs*, 212.

15 *Either/Or*, 232.

16 키르케고르 일기의 마지막 항목을 참조하라.

17 *Either/Or*, 49.

18 위의 책, 426.

19 위의 책.

20 위의 책, 234.

21 위의 책.

22 위의 책, 236.

23 위의 책, 237.

24 위의 책, 212.

25 위의 책, 212.

26 위의 책, 214.

27 위의 책, 214~218.

28 위의 책, 216.

29 위의 책, 217.

30 위의 책.

31 *The Essential Kierkegaard*, 182.

32 "만약 당신이 심미적, 윤리적, 종교적 실존을 세 개의 훌륭한 연합체로 이해하는 지점에 이르지 못한다면, 만약 당신이 만물이 서로 다른 실존 영역에서 얻는 서로 다른 표현들의 조화를 보존하는 법을 알지 못한다면 삶은 아무런 의미가 없다." *Either/Or*, 469 참조.

33 *Either/Or*, 469. 키르케고르 본인은 자신의 견해를 대중에게 전달하기 위해 수많은 가상의 페르소나를 사용했다는 점에서 키르케고르(혹은 빌헬름)가 인격의 통합을 예찬하고 다수로 해체되는 것을 엄격히 경계했다는 사실은 확실히 아이러니하다.

34 위의 책, 479~480.

35 위의 책, 464.

36 위의 책, 482.

37 위의 책, 483.

38 위의 책, 485.

39 위의 책, 486.

40 위의 책, 492.

41 위의 책, 511.

42 위의 책, 515.

43 위의 책, 517.

44 위의 책, 516.

45 위의 책, 544.

46 위의 책.

47 *Repetition*, 4.

48 *Either/Or*, 546.

49 위의 책, 548.

50 *Concluding Unscientific Postscript to the Philosophical Crumbs*, 123.

51 위의 책, 126.

52 위의 책, 129.

53 *Either/Or*, 509.

54 위의 책, 486.

55 *Concluding Unscientific Postscript to the Philosophical Crumbs*, 124.

56 키르케고르가 말하는 "군중"은 하이데거가 말하는 "세인Man"의 전신임에 틀림없다. 다소 어색하긴 하지만 하이데거의 "세인"은 대개 영어로 "그들the they"이라고 번역된다.

57 *Søren Kierkegaard*, 765에 인용된 대목이다. 인용문은 키르케고르가 자신이 지속해온 제도권 기독교 비판을 뒷받침하고 대중화하기 위해 인생 말년(1855년)에 출판한 논쟁적인 일지 《순간The Moment》에서 따왔다.

58 *Repetition*, 53.

59 Johannes de silentio(Søren Kierkegaard), *Fear and Trembling*(공포와 전율)(1843). Translated by Alastair Hannay, London: Penguin, 1985, 107.

60 위의 책, 60.

61 위의 책, 88.

62 위의 책, 103.

63 위의 책, 96.

64 위의 책, 102.

65 위의 책, 50.

66 위의 책, 70.

67 위의 책, 48.

68 *The Sickness unto Death*, 45.

69 위의 책, 48.

70 위의 책, 49.

71 물론 키르케고르가 든 예는 아니다. 키르케고르는 카이사르가 되기를 원하는

남자와 이상형인 남자와 함께하지 못하는 어린 소녀를 예로 든다.
72 위의 책, 50.
73 위의 책, 52.
74 Hannay는 덴마크어 lykkc를 "행운"으로 번역한다. 하지만 각주에서 직접 시인하듯이 "행복"이 맥락에 더 어울린다.
75 위의 책, 55.
76 위의 책, 63.
77 위의 책, 60.
78 위의 책, 63.
79 위의 책, 66.
80 위의 책, 72.
81 위의 책, 116.
82 위의 책, 119.
83 *The Essential Kierkegaard*, 334.
84 위의 책, 335.
85 *Søren Kierkegaard*, 547.

3장
허먼 멜빌

〔 전기 〕

Robertson-Lorant, Laurie, *Melville: A Biography*, Amherst: University of Massachusetts Press, 1998.

1 만국박람회에 담긴 종교적 의미를 더 알아보고 싶다면 다음 문헌을 참고하라. Cantor, Geoffrey(2011), *Religion and the Great Exhibition of 1851*, Oxford: Oxford University Press.
2 *The Confidence-Man*(사기꾼)*: His Masquerade*(1857), Oxford: Oxford World Classics, 1989, 264.
3 *Moby-Dick*(모비딕)(1851), Oxford: Oxford University Press(The World's Classics), 1920, 512.
4 위의 책, 513.
5 위의 책, 571.
6 위의 책, 15.
7 위의 책, 19.
8 위의 책, 286.
9 위의 책, 582.
10 위의 책, 235.
11 위의 책, 339.
12 위의 책, 135.
13 위의 책, 205.
14 위의 책, 220.
15 위의 책.
16 위의 책, 226.
17 위의 책.
18 위의 책, 228.
19 위의 책, 235.
20 위의 책, 236.
21 위의 책, 55.
22 위의 책, 357.
23 위의 책, 614.
24 위의 책, 374.

25 위의 책, 586.
26 위의 책, 591.
27 위의 책, 506.
28 위의 책, 235.
29 위의 책, 628.
30 위의 책, 331.
31 위의 책, 332.
32 위의 책, 494.
33 위의 책, 495.
34 위의 책.
35 위의 책, 405.
36 위의 책, 577.
37 위의 책, 236.
38 위의 책.
39 위의 책, 199.
40 위의 책, 581.
41 위의 책, 193.
42 위의 책, 194.
43 위의 책, 221.
44 위의 책, 614.
45 'Billy Budd, Sailor'(선원, 빌리 버드)(1891), in: Hermann Melville, *Complete Shorter Fiction*, New York: Alfred A. Knopf (Everyman's Library), 1997, 441.
46 위의 책, 467.
47 위의 책, 449.
48 'Benito Cereno'(베니토 세레노)(1855), 위의 책, 91.
49 위의 책, 122.
50 위의 책, 105.
51 위의 책, 125.
52 위의 책, 125~126.
53 *The Confidence-Man*, 251.
54 위의 책, 300.
55 위의 책, 295.
56 위의 책, 255.
57 위의 책, 276~293.
58 위의 책, 292.
59 위의 책, 325.
60 위의 책, 211.
61 위의 책, 334.
62 *Moby-Dick*, 222.
63 위의 책.
64 위의 책, 199.
65 위의 책, 204.
66 위의 책, 597~598.
67 위의 책, 17.
68 위의 책, 18.
69 위의 책, 200.
70 위의 책, 636.
71 위의 책, 639.
72 위의 책, 653.
73 'Bartleby, the Scrivener'(필경사 바틀비)(1853), *Complete Shorter Fiction*, 51.
74 위의 책, 38.
75 *The Confidence-Man*, 1.
76 위의 책, 177.
77 위의 책, 260.
78 *Moby-Dick*, 273.
79 위의 책.
80 위의 책.
81 *The Confidence-Man*, 178.
82 위의 책, 298.
83 *Moby-Dick*, 497~498.
84 위의 책, 497.
85 위의 책.
86 위의 책, 369.
87 위의 책, 464.
88 위의 책, 582.

4장
표도르 도스토옙스키

〔 전기 〕

Frank, Joseph, *Dostoevsky: A Writer in His Time*, Princeton and Oxford: Princeton University Press, 2010.

1 *Demons*(악령)(1872). Translated by Richard Pevear and Larissa Volokhonsky, New York: Alfred A. Knopf(Everyman's Library), 2000, 116.
2 위의 책, 238.
3 위의 책, 617.
4 위의 책, 619.
5 위의 책, 615.
6 *The Brothers Karamazov*(카라마조프가의 형제들)(1880). Translated by Richard Pevear and Larissa Volokhonsky, New York: Alfred A. Knopf(Everyman's Library), 1992, 649.
7 위의 책.
8 *Demons*, 418.
9 *Crime and Punishment*(죄와 벌)(1866). Translated by Richard Pevear and Larissa Volokhonsky, New York: Alfred A. Knopf(Everyman's Library), 1993, 65.
10 위의 책.
11 위의 책, 110.
12 위의 책, 258.
13 위의 책, 259.
14 위의 책, 261.
15 위의 책, 274.
16 위의 책, 419.
17 위의 책, 418.
18 위의 책, 416.
19 위의 책, 419.
20 위의 책, 416.
21 위의 책, 274.
22 위의 책, 275.
23 위의 책, 289.
24 *Demons*, 420.
25 *The Brothers Karamazov*, 589.
26 빅토르 위고Victor Hugo의 《노트르담 드 파리Notre Dame de Paris》에서 읽었던 내용이다.
27 *Crime and Punishment*, 158.
28 *The Brothers Karamazov*, 230.
29 *Notes from Underground*(지하로부터의 수기)(1864). Translated by Richard Pevear and Larissa Volokhonsky, New York: Alfred A. Knopf(Everyman's Library), 2004, 14.
30 위의 책, 21.
31 위의 책, 22.
32 위의 책, 27.
33 위의 책, 28.
34 위의 책, 29.
35 위의 책, 32.
36 위의 책.
37 위의 책, 118.
38 위의 책, 119.

39 *Crime and Punishment*, 257.

40 *The Brothers Karamazov*, 255.

41 위의 책, 258.

42 *The Idiot*(백치)(1869). Translated by Richard Pevear and Larissa Volokhonsky, New York: Alfred A. Knopf(Everyman's Library), 2002, 454.

43 *The Brothers Karamazov*, 236.

44 *Crime and Punishment*, 420.

45 위의 책, 460.

46 위의 책, 518.

47 위의 책, 543.

48 위의 책, 549.

49 위의 책.

50 *Notes from Underground*, 115.

51 'A Gentle Creature'(온순한 여인)(1876), in: *A Gentle Creature and Other Stories*. Translated by Alan Myers, Oxford: Oxford University Press(Oxford World's Classics), 1999, 103.

52 'White Nights'(백야)(1848), 위의 책, 3.

53 위의 책, 25.

54 위의 책, 27.

55 위의 책, 56.

56 'The Dream of a Ridiculous Man'(우스운 자의 꿈)(1877), 위의 책, 108.

57 위의 책, 112.

58 도스토옙스키의 이런 생각은 쇼펜하우어에게 영향을 받았을지도 모른다.

59 위의 책, 113.

60 위의 책, 119.

61 위의 책, 120.

62 위의 책, 123.

63 위의 책, 124.

64 위의 책, 127.

65 위의 책, 128.

66 *The Brothers Karamazov*, 303.

67 위의 책, 299.

68 위의 책, 319.

69 위의 책, 322.

70 위의 책, 304.

71 *The Idiot*, xv.

72 위의 책, 230.

73 위의 책, 553.

74 도스토옙스키는 사실에 기반을 둔 소설《죽음의 집의 기록Memoirs from the House of the Dead》을 통해 자신이 시베리아 유배 기간에 경험한 일들을 훌륭하게, 유려하게, 감동적으로 묘사한다. 조셉 프랭크Joseph Frank의《도스토옙스키의 삶Dostoevsky: A Writer in His Time》16장과 비교해볼 수도 있다.

75 *The Brothers Karamazov*, 440.

76 위의 책, 591.

77 위의 책, 31.

78 위의 책, 57.

79 위의 책, 58.

80 위의 책, 56.

81 *Crime and Punishment*, 289.

82 *Dostoevsky: A Writer in His Time*, 917~918.

83 *The Idiot*, 393.

84 위의 책, 394.

85 위의 책, 404~405.

86 *Dostoevsky: A Writer in His Time*, 549~550을 참조하라.

87 *The Idiot*, 408.

88 위의 책, 409.

89 위의 책, 414.

90 위의 책.

91 *The Brothers Karamazov*, 241.

92 위의 책, 239.

93 위의 책, 244.

94 위의 책, 445.

95 윌리엄 제임스의 〈도덕 철학자와 도덕적 삶The Moral Philosopher and the Moral Life〉에도 동일한 비유가 등장한다. "푸리에Fourier, 벨러미Bellamy, 모리스Morris 경들의 유토피아를 전부 능가하는 이상적인 세계가 우리에게 주어졌다고 가정해보자. 수많은 사람들이 영구적으로 행복을 누릴 수 있다. 조건은 단 하나다. 세상 끝 저 멀리 길 잃은 영혼 하나가 외롭게 고통을 겪는 삶을 살면 된다. 하지만 설령 그렇게 제공되는 행복을 꽉 붙잡고 싶은 충동이 든다 할지라도 그런 거래를 통해 얻은 열매를 자기 의지로 받아들이는 것이 얼마나 추잡한지를 즉각적으로 명확히 느끼는 것 외에 달리 어떤 감정을 느낄 수 있을까?" 어슐러 르 귄Ursula Le Guin 역시 《오멜라스를 떠나는 사람들The Ones Who Walk Away from Omelas》에서 동일한 비유를 차용한다.

96 *The Brothers Karamazov*, 245.

5장
레프 톨스토이

〔 전기 〕

Wilson, A. N., *Tolstoy: A Biography*, New York: W.W. Norton, 1988.

1 *A Confession*(고백록)(1882). Translated by Jane Kentish, London: Penguin Books, 2008, 10.

2 *War and Peace*(전쟁과 평화)(1869). Translated by Anthony Briggs, London: Penguin Classics, 2005, 375.

3 *A Confession*, 20.

4 위의 책, 21.

5 이 무시무시한 용은 나중에 다음 문헌에서 다시 다뤄진다. Bostrom, Nick, 'Fable of the Dragon Tyrant', *Journal of Medical Ethics* 31/5(2005): 273~277.

6 야수가 정확히 무엇을 상징하는지는 모르겠다. 이런 불운한 상황에 빠지기까지 우리는 무엇을 피해 달아난 것일까? 어쩌면 어머니 뱃속 수정이 일어나기 전의 부재하던 상태를 가리키는 것 아닐까?

7 *A Confession*, 22.

8 1장에서 설명한 대로 쇼펜하우어는 심지어 최상의 삶을 산다는 사람들조차 온갖 종류의 고통에 시달리면서 충분히 비참한 삶을 산다고 주장했으며 따라서 차라리 태어나지 않는 쪽이 훨씬 더 나은 선택지라고 주장했다. 심지어 쇼펜하우어는 고통이 삶의 목적이라고까지 주

장했다.

9 위의 책, 43.

10 *Anna Karenina*(안나 카레니나)(1878). Translated by Richard Pevear and Larissa Volokhonsky, London: Penguin Classics, 2001, 348.

11 위의 책, 350.

12 위의 책, 375~376.

13 'The Death of Ivan Ilych'(이반 일리치의 죽음)(1886), in: Leo Tolstoy, *Collected Shorter Fiction*. Translated by Louise and Aylmer Maude and Nigel J. Cooper, New York: Alfred A. Knopf(Everyman's Library), 2001, Vol. 2, 162.

14 위의 책, 163.

15 *Anna Karenina*, 496.

16 위의 책, 497.

17 위의 책, 501.

18 위의 책, 768.

19 'The Death of Ivan Ilych', *Collected Shorter Fiction*, Vol. 2, 171.

20 이를 두고 우리는 굳이 톨스토이가 죽음 이후의 삶에 대해 전통적인 기독교 관점을 포용한 것이라고 이해할 필요가 없다. 즉 개인의 영혼이 계속해서 존재하는 것이라고 이해할 필요가 없다. 실제로 톨스토이의 마지막 소설인 《부활》에서는 대안적인 관점이 제시된다. "그는 미래의 삶에 대해 결코 생각해본 적이 없었다. 오히려 영혼 깊은 곳에 조상들에게서 물려받은 그리고 땅 위에서 수고하는 사람이라면 모두 간직하고 있는 확고하고 평온한 확신을 늘 품고 있었다. 다시 말해 식물과 동물의 세계에서 어느 것도 존재하기를 멈추지 않고 끊임없이 한 형태에서 다른 형태로 바뀌듯, 예를 들어 비료가 곡식으로, 곡식이 암탉으로, 올챙이가 개구리로, 애벌레가 나비로, 도토리가 떡갈나무로 바뀌듯, 인간 역시 사라지는 것이 아니라 변화를 겪을 뿐이라는 확신을 품고 있었다. 그는 이런 신념을 믿고 있었기 때문에 늘 죽음을 정면으로 똑바로 쳐다볼 수 있었다." 이에 따르면 죽음이란 그저 형태의 변화에 불과하다. 삶은 다른 형태로 계속된다. 그러므로 죽음은 두려워할 존재가 아니다. 땅 위에서 일하는 사람들, 땅에 의지해 살아가는 사람들은 이를 잘 이해하고 있다. *Resurrection*(부활)(1899). Translated by Louise Maude, Ware: Wordsworth Editions, 2014, 413 참조.

21 *A Confession*, 58.

22 위의 책, 66.

23 *Anna Karenina*, 792.

24 *A Confession*, 26.

25 위의 책, 60.

26 *Anna Karenina*, 788.

27 위의 책, 789.

28 위의 책.

29 위의 책, 792.

30 위의 책, 793.

31 위의 책, 795.

32 *A Confession*, 78.

33 *War and Peace*, 313.

34 위의 책, 312.

35 위의 책, 854.

36 위의 책, 1230~1231.

37 위의 책, 1074.

38 위의 책, 1263.

39 위의 책, 1342, 1355, 1358.

40 개인적으로는 여기에는 '반의미'라는 표현이 어울린다고 생각한다. 다음 문헌을 참조하라. Campbell, Stephen M. and Sven Nyholm 'Anti-Meaning and Why It Matters', *Journal of the American Philosophical Association* 1/4(2015): 694~711.

41 *Anna Karenina*, 763.

42 위의 책, 764.

43 위의 책, 766.

44 위의 책.

45 위의 책, 766~767.

46 위의 책, 817.

47 위의 책, 505.

48 *A Confession*, 15.

49 *War and Peace*, 735.

50 위의 책, 1253.

51 위의 책, 1244.

52 *Anna Karenina*, 138.

53 'The Kreutzer Sonata'(크로이체르 소나타)(1889), *Collected Shorter Fiction*, Vol. 2, 273.

54 위의 책, 281.

55 위의 책, 267.

56 위의 책, 268.

57 위의 책, 269.

58 *Resurrection*, 54.

59 위의 책, 316.

60 위의 책, 386.

61 위의 책, 106.

62 자기 내면의 하느님, 의식 속의 목소리를 발견했다는 뜻이다.

63 위의 책, 345~346.

64 위의 책, 460.

6장
프리드리히 니체

〔 전기 〕

Safranski, Rüdiger, *Nietzsche: A Philosophical Biography*, New York: W.W. Norton 2002.

〔 작품집 〕

Nietzsche, Friedrich, *Werke in drei Bänden*(Works in three volumes), Munich: Carl Hanser, 1966.

1 *Die fröhliche Wissenschaft*(즐거운 학문), Werke II, 127.

2 위의 책.

3 *Also sprach Zarathustra*(차라투스트라는 이렇게 말했다), Werke II, 388.

4 위의 책, 389.

5 *Jenseits von Gut und Böse*(선악을 넘어서), Werke II, 636.
6 *Die fröhliche Wissenschaft*, 206.
7 위의 책, 211.
8 *Also sprach Zarathustra*, 344.
9 위의 책, 345.
10 위의 책, 522.
11 *Die fröhliche Wissenschaft*, 127.
12 위의 책, 213.
13 *Also sprach Zarathustra*, 314.
14 위의 책, 284.
15 위의 책.
16 위의 책.
17 위의 책. 틀림없이 스스로가 다르다고 느꼈을 니체는 비록 정신병원에 들어가지는 않았으나 1889년 토리노의 길거리에서 정신 붕괴를 경험한 뒤 죽기 전 11년 동안 정신이 온전치 못한 상태로 여생을 보냈다.
18 위의 책, 287.
19 위의 책, 280.
20 위의 책, 340.
21 위의 책, 279.
22 위의 책, 280.
23 위의 책, 281.
24 위의 책, 282.
25 위의 책, 298.
26 위의 책, 344.
27 위의 책, 340.
28 *Ecce Homo*(이 사람을 보라), Werke II, 1111.
29 위의 책, 1152.
30 위의 책, 1101.
31 위의 책, 1153.
32 *Also sprach Zarathustra*, 323.
33 *Die fröhliche Wissenschaft*, 177.
34 *Also sprach Zarathustra*, 326.
35 위의 책, 372. 이 주장은 다소 혼란을 초래한다. 창조하는 일의 가치는 우리가 만들어낸 가치 가운데 포함되지 않는다는 전제가 깔려 있기 때문이다. 하지만 분명 '모든' 가치가 우리 손에 의해 만들어졌어야 한다. 이 점을 고려한다면 창조하기 위해 파괴해야만 하는 다른 모든 것들에 비해 창조하는 일이 가치가 더 높다고 판단할 만한 이유는 딱히 없는 것 같다. 어쨌든 니체는 나중에 자연에 객관적인 가치가 아무것도 존재하지 않는다는 주장을 철회하는 것으로 보인다. 예컨대 《안티크리스트The Antichrist》(1888)에서 니체는 "생의 본능"에서 비롯한 모든 요구는 그 자체로 가치를 지니고 있다고 주장한다. 이는 우리가 악하다고 여기는 것(즉 부정적인 주관적 가치를 지니고 있다고 여기는 것)이 어떻게 선(즉 긍정적인 객관적 가치를 지닌 것)의 일부가 될 수 있는지 이해하는 데 도움이 된다. *Der Anti-Christ*(안티크리스트), Werke II, 1188 참조.
36 *Also sprach Zarathustra*, 398.
37 *Ecce Homo*, 1155.
38 위의 책, 1156.
39 *Die fröhliche Wissenschaft*, 218.
40 *Jenseits von Gut und Böse*, 659.
41 *Ecce Homo*, 1158.
42 *Zur Genealogie der Moral*(도덕의 계보), Werke II, 789.
43 혐오를 유발하는 요인은 사회의 부정직한 태도다. 사람들은 기독교의 신을 믿는 척만 할 뿐 그에 따르는 삶을 살지

않는다. 또 자신들이 믿는다고 말하는 내용을 실제로 믿지도 않는다. 스스로도 전부 거짓말인 줄 알고 있다. 그럼에도 여전히 거짓말이 아닌 척 말한다. 니체는 그런 부정직한 대도를 고려할 때 오늘날 기독교인이 된다는 것이 '부적당'하다고 생각한다. *Der Anti-Christ*, 1199~1200 참조.

44 *Zur Genealogie der Moral*, 863.
45 *Also sprach Zarathustra*, 434.
46 위의 책, 503.
47 *Der Anti-Christ*, 1168.
48 니체는 자신이 무슨 말을 하고 있는지 잘 알고 있었다. 니체에게는 다른 사람의 고통을 강렬히 느끼는 능력이 틀림없이 잘 발달돼 있었을 것이다. 학대당하는 말에게 느끼는 연민조차 감당하기 힘들어했기 때문이다. 이때 느낀 연민으로 니체는 정신적 붕괴를 경험했으며 다시는 회복하지 못했다.
49 위의 책.
50 *Zur Genealogie der Moral*, 767.
51 *Jenseits von Gut und Böse*, 753.
52 *Götzendämmerung*(우상의 황혼), Werke II, 943.
53 위의 책, 1033.
54 *Jenseits von Gut und Böse*, 689.
55 *Die fröhliche Wissenschaft*, 45.
56 *Also sprach Zarathustra*, 557.
57 *Die fröhliche Wissenschaft*, 74.
58 *Zur Genealogie der Moral*, 809.
59 *Die fröhliche Wissenschaft*, 116.
60 위의 책, 12.
61 위의 책, 35.
62 *Zur Genealogie der Moral*, 900.
63 *Die fröhliche Wissenschaft*, 59.
64 *Zur Genealogie der Moral*, 797.
65 *Der Anti-Christ*, 1164.
66 *Zur Genealogie der Moral*, 782.
67 위의 책, 785.
68 위의 책, 787.
69 위의 책, 789.
70 위의 책, 786.
71 위의 책.
72 *Also sprach Zarathustra*, 464.
73 *Ecce Homo*, 1126.
74 *Also sprach Zarathustra*, 311.
75 위의 책, 358.
76 위의 책, 353.
77 위의 책, 486.
78 위의 책, 302.
79 *Zur Genealogie der Moral*, 850.
80 *Also sprach Zarathustra*, 438.
81 위의 책, 442.
82 *Die fröhliche Wissenschaft*, 114.
83 *Zur Genealogie der Moral*, 808. 영리하게도 니체는 비관론이 삶이 정말로 힘든 시대에 유행하는 철학이 아니라 삶이 편할 때 유행하는 철학임에 주목한다. 삶이 편할 때에는 "영혼과 육체가 모기에 물리는 정도의 불가피한 고통을 겪는 것"만으로도 견딜 수 없는 것처럼 느껴지기 시작하기 때문이다. 제대로 된 고통이 없는 시대에는 그저 생각만으로도 고통을 느끼기 시작한다(그렇기 때문에 오늘날 데이비드 베너타David Benatar가 등장한 것이다). 물론 니체는 낙관론 역시 비관론만큼이나 타락한 철학이라고 지적한다. *Die fröhliche Wissenschaft*, 71 참조.

84 *Die fröhliche Wissenschaft*, 52.

85 위의 책, 160.

86 위의 책, 173.

87 위의 책, 179.

88 *Der Anti-Christ*, 1181.

89 *Also sprach Zarathustra*, 294.

90 위의 책.

91 위의 책, 530.

92 위의 책, 307.

93 위의 책, 528.

94 위의 책, 529.

95 *Jenseits von Gut und Böse*, 753.

96 *Die fröhliche Wissenschaft*, 34.

97 위의 책, 113.

98 위의 책, 114.

99 *Jenseits von Gut und Böse*, 578.

100 *Die fröhliche Wissenschaft*, 187.

101 *Also sprach Zarathustra*, 550.

102 위의 책, 552.

103 니체는 우리가 몸, 그 이상도 이하도 아니라고 주장한다. 몸에는 나름의 논리가 있기 때문에 몸의 요구를 따르는 편이 가장 현명한 일이다. 여기에는 성적 욕구가 포함되며 우리는 성적 욕구를 아무런 죄책감이나 망설임 없이 추구해야 한다. 성관계는 순결하고 순수하며 좋은 것이다. 성관계는 창조하고자 하는 의지의 표출에 불과하다. 또 삶과 자기 자신을 긍정하는 행위에 불과하다. *Also sprach Zarathustra*, 300, 378; *Ecce Homo*, 1106 참조.

104 *Die fröhliche Wissenschaft*, 15.

105 위의 책, 157.

106 위의 책, 73.

107 위의 책, 207.

108 위의 책, 124.

109 위의 책, 208.

110 *Jenseits von Gut und Böse*, 600.

111 *Die fröhliche Wissenschaft*, 249.

112 *Zur Genealogie der Moral*, 819. 따라서 최대의 진보는 우리 인류 종을 모조리 희생함으로써 더 고등한 새로운 종의 도래를 초래할 때 이루어질 것이다.

113 *Die fröhliche Wissenschaft*, 26.

114 위의 책, 99.

115 *Also sprach Zarathustra*, 312.

116 위의 책, 313.

117 위의 책, 333.

118 위의 책, 334.

119 위의 책, 335.

120 위의 책.

121 위의 책, 371.

122 *Die fröhliche Wissenschaft*, 161.

123 위의 책, 162.

124 *Ecce Homo*, 1098.

125 위의 책, 1110.

126 위의 책, 1111.

127 *Also sprach Zarathustra*, 409.

128 위의 책, 463.

129 예를 들어 당신이 키우는 고양이는 여태까지 여러 다양한 모습으로 셀 수 없이 많은 삶을 살아온 고양이들과 '동일한' 고양이이다. 그저 보기에만 달라 보일 뿐이다.

130 *Die fröhliche Wissenschaft*, 202.

131 *Jenseits von Gut und Böse*, 617.

132 *Also sprach Zarathustra*, 394.

133 위의 책, 408.

7장
윌리엄 제임스

〔전기〕

Richardson, Robert D., *William James: In the Maelstrom of American Modernism*, Boston/New York: Houghton Mifflin Co., 2007.

1 *Pragmatism*(실용주의)*: A New Name for Some Old Ways of Thinking*, New York/Bombay/Calcutta: Longmans, Green, and Co., 1907, 50.

2 공교롭게도 제임스는 자유의지가 실제로 차이를 불러일으킨다고 생각했다. 자유의지는 변화의 가능성, 정확히는 상황이 더 나아질 가능성을 허용한다. 따라서 제임스는 자유의지를 가리켜 "구원의 독트린"이라 부른다. *Pragmatism*, 56 참조.

3 예를 들어 당신 자식이 목숨이 걸린 수술을 받아야 하는데 당신에게 수술비가 없어서 수술비를 마련하기 위해 스스로 목숨을 끊어 아내 손에 보험금을 쥐어 주고자 하는 경우 당신은 당신 삶이 살 만한 가치가 없다고 생각하는 것이 아니다. 단지 당신이 당신 자신보다 당신 자식을 더 사랑한다는 사실을 드러낼 뿐이다. 이런 경우라면 자살할 만한 마땅한 이유가 있다고 하겠다.

4 *Talks to Teachers on Psychology: And to Students on Some of Life's Ideals*, London/Bombay/Calcutta: Longmans Green and Co., 1899, 234.

5 우리가 계속 살아가야 할 이유가 필요하다면 곧바로 문제가 하나 생긴다. 마치 낯선 사람 두 명 대신 자기 아내 한 명을 살리는 데도 행동을 정당화할 만한 도덕적 이유가 있어야 성이 차는 남자와 비슷하다. 버나드 윌리엄스Bernard Williams가《도덕적 운Moral Luck》(1981)에서 지적하는 것처럼 양쪽 다 "지나치게 생각이 많"다. 윌리엄스의 설명에 따르면 다른 사람을 향한 깊은 애착은 삶에 중요성을 부여하며 그런 중요성 없이는 추상적인 도덕 원칙을 비롯하여 그 무엇도 말이 되지 않는다. 제임스가 보기에 의미 있는 삶을 살아가는 경험의 근간에는 세상을 향한 깊은 애착이 깔려 있다. 그런 애착이 없는 한 살아야 할 이유 따위는 부차적인 문제이며 아무런 영향을 발휘하지 못한다. Williams, Bernard, *Moral Luck*, Cambridge: Cambridge University Press, 1981, 18 참조.

6 Wolf, Susan, *Meaning in Life and Why It Matters*, Princeton and Oxford: Princeton University Press, 2010 참조.

7 위의 책, 8.

8 이런 생각은 무엇이 바람직한지에 관한 밀Mill의 공리주의적 주장을 떠올리게 한다. 밀은 사람들이 보편적인 차원에서 그 자체로 갈망하는 것이 곧 바람직한

것이라고 주장했다. 우리는 이를 자연주의적 오류로 취급하기보다는 실용주의적 방법론을 적용한 결과로 보아야 한다.

9 *Talks to Teachers on Psychology*, 231.

10 *Pragmatism*, 300.

11 *Talks to Teachers on Psychology*, 230.

12 위의 책, 230.

13 *The Will to Believe and Other Essays in Popular Philosophy*, New York/London/Bombay: Longmans Green and Co., 1897, 69.

14 *Talks to Teachers on Psychology*, 241.

15 위의 책, 247.

16 위의 책, 242.

17 위의 책.

18 위의 책, 252~253.

19 위의 책, 258~259.

20 피에르는 《전쟁과 평화》의 중심인물이다. 제임스는 1888년에 톨스토이의 《고백록》을 읽었고 1896년 여름에 《전쟁과 평화》와 《안나 카레니나》를 차례로 읽었다. *William James*, 284, 366~367 참조.

21 *Talks to Teachers on Psychology*, 255.

22 위의 책, 257.

23 위의 책.

24 위의 책, 258.

25 위의 책, 259.

26 위의 책, 263.

27 위의 책, 264.

28 위의 책.

29 *Pragmatism*, 4.

30 위의 책, 12.

31 물론 이는 이상화된 구분이다. 대부분의 사람들에게는 양쪽 기질의 요소들이 혼재돼 있다. 제임스 역시 마찬가지였다.

32 객관적인 사실, 정신으로부터 독립된 사실은 존재하지 않는다. 제임스가 보기에 정신이란 단순히 현실을 반영하는 거울이 아니라 현실을 창조하는 데 일조하는 존재다.

33 *Varieties of Religious Experience*(종교적 경험의 다양성)(1902), New York: Vintage Books/The Library of America, 1990, 116.

34 위의 책.

35 니체를 쇼펜하우어와 한데 묶어 비관주의자라고 이름 붙인 것을 볼 때 제임스는 동시대 사람이었던(자신보다 두 살 어렸던) 니체의 사상에 충분히 익숙하지 않았던 것 같다. 바로 앞 장에서 살펴본 것처럼 이는 니체가 무엇을 하고자 애썼는지 충분히 알지 못하는 데서 나온 심각한 오해다.

36 위의 책, 42.

37 위의 책, 132.

38 위의 책, 152.

39 *Pragmatism*, 72.

40 *Varieties of Religious Experience*, 133.

41 제임스는 그 자신이 묘사하는 온갖 다양한 기질을 골고루 가지고 있었던 것 같다. 제임스의 전기를 집필한 작가들 중 한 명인 로버트 D. 리처드슨Robert D. Richardson은 이렇게 기록한다. "어떤 복잡한 방식으로인가 제임스는 정신이 건강한 사람인 동시에 영혼이 병든 사람이었으며 정신이 유연한 사람인 동시에 정신이 완고한 사람이었다." *William James*, 473 참조.

42 핵심이 간이라는 생각은 고대 의학에서

체액설humoralism을 신봉하던 사람들이 기질을 이해하던 방식과도 연관돼 있다. 그들은 낙천적인 기질(제임스가 말하는 건강한 정신)이 간에 의해 생성된다고 여겨진 혈액과 관련돼 있다고 생각했으며 우울한 기질(제임스가 말하는 병든 영혼)이 담낭에 의해 생성된다고 여겨진 흑담즙과 관련돼 있다고 생각했다.

43 *The Will to Believe and Other Essays in Popular Philosophy*, 32.

44 위의 책, 34.

45 *A Pluralistic Universe*, New York/London/Bombay/Calcutta: Longmans, Green, and Co., 1909, 89.

46 1900년대 후반 미국의 자살률에 관한 데이터는 전혀 찾을 수 없었다. 하지만 미국자살예방재단American Foundation for Suicide Prevention에서 제공하는 최근(2017년 2월 기준) 수치에 따르면 매년 44,000명 이상의 미국인이 자살로 생을 마감한다.

47 *The Will to Believe and Other Essays in Popular Philosophy*, 38.

48 위의 책, 39.

49 위의 책, 39~40.

50 제임스는 이런 구분을 독일의 물리학자이자 철학자인 구스타프 테오도어 페히너Gustav Theodor Fechner에게서 차용한 것으로 보인다. 제임스는 삶을 대낮처럼 바라보는 관점을 가리켜 "다양한 범위와 파장을 지닌 온 세계가 무언가를 포함하고 무언가를 배제하는 가운데 어디에서나 살아 있고 의식이 있다"고 믿는 관점이라고 서술한다. *A Pluralistic Universe*, 149 참조.

51 *The Will to Believe and Other Essays in Popular Philosophy*, 41~42.

52 위의 책, 43.

53 *Pragmatism*, 105.

54 *The Will to Believe and Other Essays in Popular Philosophy*, 40.

55 위의 책, 39.

56 위의 책, 46.

57 위의 책, 47. 대중을 상대로 한 마지막 강연 〈전쟁의 도덕적 등가물The Moral Equivalent of War〉에서 제임스는 미워하고 싸우고자 하는 충동이 너무나 중요한 인간의 본성이기 때문에 문명화되고 평화로운 사회라 할지라도 그런 충동을 수용할 방법을 찾아 그것을 표출할 기회를 제공해야 하며 그에 상응하는 "남자다운 미덕"을 발전시켜야 한다고 주장한다. *Memories and Studies*, New York/London/Bombay/Calcutta: Longmans, Green, and Co., 1911, 265~296 참조.

58 *The Will to Believe and Other Essays in Popular Philosophy*, 47.

59 위의 책, 49. 이는 알베르 카뮈의 생각의 전조가 된다. 마지막 장에서 살펴보겠지만 카뮈는 반항이라는 개념을 중심으로 자신의 사상을 발전시켰다.

60 위의 책, 50.

61 위의 책, 90.

62 위의 책, 93.

63 위의 책, 91.

64 *Pragmatism*, 106.

65 위의 책, 106~107.

66 *The Will to Believe and Other Essays in Popular Philosophy*, 100.

67 위의 책, 109.
68 위의 책, 57.
69 위의 책, 59.
70 *Pragmatism*, 285.
71 위의 책, 287.
72 위의 책, 288.
73 *The Will to Believe and Other Essays in Popular Philosophy*, 59.
74 위의 책, 62.
75 위의 책, 61.
76 *Talks to Teachers on Psychology*, 268.
77 위의 책, 269.
78 위의 책, 269~270.
79 위의 책, 273.
80 위의 책, 270~271.
81 위의 책, 271.
82 위의 책, 272.
83 위의 책, 274~275.
84 위의 책, 278.
85 위의 책, 296.
86 위의 책, 291~292.
87 위의 책, 294.
88 위의 책.
89 위의 책, 299.

8장
마르셀 프루스트

〔전기〕

Painter, George D., *Marcel Proust: A Biography*, revised and enlarged edition, London: Pimlico, 1996.

1 *Remembrance of Things Past*(잃어버린 시간을 찾아서). Translated by C. K. Scott Moncrieff, vol. 3, London: Penguin Classics, 2016, 127.
2 위의 책, vol. 1, 404.
3 위의 책, 1003.
4 위의 책, vol. 2, 420~421.
5 위의 책, vol. 1, 270.
6 위의 책, vol. 3, 397.
7 위의 책, 537.
8 위의 책, vol. 2, 69.
9 위의 책, vol. 1, 685.
10 위의 책, 1003.
11 위의 책, vol. 3, 465.
12 위의 책, vol. 2, 395.
13 위의 책, vol. 3, 586.
14 위의 책, vol. 1, 97.
15 위의 책, 99.
16 위의 책, 719.
17 위의 책, 1022.
18 위의 책, 924~925.
19 위의 책, 884.
20 위의 책, vol. 3, 196.
21 위의 책, 74.
22 위의 책, 395.
23 위의 책, 405.

24 위의 책, 145.
25 위의 책, 424.
26 위의 책, 144.
27 위의 책, 177.
28 위의 책, 667.
29 위의 책, vol. 1, 968.
30 위의 책, vol. 2, 149.
31 위의 책, vol. 3, 998.
32 위의 책, 1027.
33 위의 책, vol. 1, 482.
34 위의 책, vol. 2, 561.
35 위의 책, vol. 3, 617.
36 위의 책, vol. 1, 423.
37 위의 책, 751.
38 위의 책, 1014.
39 위의 책, vol. 3, 105.
40 위의 책, 63.
41 위의 책, 93.
42 위의 책, 506.
43 위의 책, 1026.
44 위의 책, 953.
45 위의 책, 713.
46 위의 책, 664.
47 위의 책, 1045.
48 위의 책.
49 위의 책, vol. 2, 903.
50 위의 책, 375.
51 위의 책, vol. 1, 1047.
52 위의 책, 206.
53 위의 책, 801.
54 위의 책, 801~802.
55 위의 책, 802.
56 위의 책, vol. 3, 1040.
57 위의 책, vol. 1, 52.
58 위의 책, 53.
59 위의 책, 56.
60 위의 책, 720.
61 위의 책, vol. 2, 10.
62 위의 책, vol. 1, 720.
63 플라톤 철학에서 말하는 '이상 세계'에 해당한다. 즉 현실적이지 않다는 뜻에서 이상적인 세계가 아니라 오히려 '진정으로 현실적'이라는 의미에서 혹은 '완벽히 현실적'이라는 의미에서 이상적인 세계를 가리킨다. 이상 세계는 우리가 일반적으로 현실이라고 생각하는 세계보다 더 현실적이다.
64 위의 책, vol. 3, 23.
65 위의 책, 267.
66 위의 책, vol. 1, 910~911.
67 위의 책, vol. 3, 913.
68 위의 책, 161.
69 위의 책, vol. 1, 618.
70 위의 책, 856.
71 위의 책, 399.
72 위의 책, vol. 3, 743.
73 위의 책, 262.
74 위의 책, 895.
75 위의 책, 269.
76 위의 책, 910.
77 위의 책, 392.
78 위의 책, 386.
79 위의 책.
80 위의 책, 263.
81 위의 책, 264.
82 위의 책, 910.
83 위의 책, 913.
84 위의 책, 920.
85 위의 책, 923.
86 위의 책, 921.

87 위의 책.

88 위의 책, 923.

89 위의 책, vol. 2, 333.

90 위의 책, 336.

91 위의 책, vol. 3, 1043.

92 위의 책, vol. 2, 316.

93 위의 책, vol. 3, 887.

94 위의 책, 883.

95 위의 책, 886.

96 위의 책.

97 위의 책, 888.

9장
루트비히 비트겐슈타인

〔 전기 〕

Monk, Ray, *Wittgenstein: The Duty of Genius*, London: Vintage Books, 1991.

〔 작품집 〕

Wittgenstein, Ludwig, *Werkausgabe*, Frankfurt: Suhrkamp, 1989, vol. 1.

1 *Wittgenstein*, 198.

2 위의 책, 483.

3 *Tractatus logico-philosophicus*(논리철학논고), *Werkausgabe*, 7~85, 4.003. 인용문의 위치를 나타내는 맨 뒤의 숫자는 비트겐슈타인 자신이 매긴 번호다.

4 위의 책, 4.112.

5 *Wittgenstein*, 299.

6 *Philosophische Untersuchungen*(철학적 탐구), *Werkausgabe*, 225~580, I.255.

7 *Tractatus logico-philosophicus*, 4.116.

8 위의 책, 4.114~4.115.

9 위의 책, 5.6.

10 위의 책, 5.61.

11 위의 책, 5.632.

12 위의 책, 5.64.

13 위의 책, 6.211.

14 위의 책, 6.52.

15 *Tagebücher 1914~1916*(Diaries), *Werkausgabe*, 87~187, 11.6.16.

16 *Tractatus logico-philosophicus*, 6.4.

17 위의 책, 6.41.

18 *Wittgenstein*, 178.

19 결국 《논리철학논고》는 1921년에 《자연철학연보Annalen der Naturphilosophie》라는 다른 저널에 실렸다. 그리고 1년 뒤 키건 폴Kegan Paul에 의해 영어로 번역됐다.

20 *Tractatus logico-philosophicus*, 6.42.

21 위의 책, 6.421.

22 *Wittgenstein*, 305.

23 *Tractatus logico-philosophicus*, 6.43.

24 위의 책, 6.4312.
25 위의 책, 6.4321.
26 위의 책, 6.5.
27 위의 책, 6.51.
28 위의 책, 6.521.
29 위의 책, 7.
30 *Wittgenstein*, 375.
31 위의 책, 325.
32 위의 책, 442.
33 위의 책, 516.
34 *Tractatus logico-philosophicus*, 6.431.
35 위의 책, 6.4311.
36 위의 책, 6.4312.
37 *Wittgenstein*, 146.
38 *Tagebücher 1914~1916*, 8.7.16.
39 위의 책.
40 위의 책, 6.7.16.
41 위의 책, 30.7.16.
42 위의 책, 13.8.16.
43 위의 책.
44 위의 책, 21.10.16.
45 *Lecture on Ethics*, eds E. Zamuner, E. V. Di Lascio and D. K. Levy, Chichester: John Wiley & Sons, 2014, 43~44.
46 위의 책, 45.
47 위의 책, 46.
48 위의 책.
49 *Geheime Tagebücher*(Secret Diaries), ed. Wilhelm Baum, Vienna: Turia & Kant, 1991, 182.
50 *Lecture on Ethics*, 47.
51 위의 책, 48.
52 위의 책, 49.
53 위의 책, 50.
54 위의 책, 51.
55 *Philosophische Untersuchungen*, I.10.
56 *Lectures and Conversations on Aesthetics, Psychology & Religious Belief*, ed. Cyril Barrett, Oxford: Basil Blackwell, 1966, 1.
57 *Philosophische Untersuchungen*, I.43.
58 위의 책, I.116.
59 *Lectures and Conversations on Aesthetics*, 11.
60 위의 책, 50.
61 *Philosophische Untersuchungen*, I.67.
62 위의 책, I.77.
63 *Wittgenstein*, 556.
64 *Lectures and Conversations on Aesthetics*, 54.
65 *Philosophische Untersuchungen*, I.583.
66 위의 책, 1.78.
67 *On Certainty*(확실성에 관하여), eds G. E. M. Anscombe and G. H. von Wright, Oxford: Basil Blackwell, 1969, 476. 맨 뒤의 숫자는 쪽수가 아니라 편집사의 섹션 번호를 나타낸다.
68 위의 책, 559.
69 위의 책, 220.
70 위의 책, 253.
71 위의 책, 344.
72 위의 책, 482.
73 위의 책, 495.
74 *Geheime Tagebücher*, 7.10.14.

10장

알베르 카뮈

〔 전기 〕

Zaretsky, Robert, *A Life Worth Living: Albert Camus and the Quest for Meaning*, Cambridge: Harvard University Press, 2013.

1 *The Plague*(페스트)(1947). Translated by Stuart Gilbert, in: Albert Camus, *The Plague, the Fall, Exile and the Kingdom, and Selected Essays*, London: Everyman's Library, 2004, 270.

2 *The Myth of Sisyphus*(시지프 신화)(1942). Translated by Justin O'Brien, in: Albert Camus, 위의 책, 533.

3 위의 책, 509.

4 *The Rebel*(반항하는 인간)(1951). Translated by Anthony Bower, London: Penguin Books, 1962, 16.

5 *The Myth of Sisyphus*, 509.

6 위의 책, 515.

7 위의 책, 497.

8 *Caligula*(칼리굴라)(1944). In a new translation by David Greig, London: faber and faber, 2003, 61.

9 위의 책, 53.

10 위의 책, 25.

11 *The Myth of Sisyphus*, 495.

12 Bellos, David, 'Introduction', in: Albert Camus, *The Plague, the Fall, Exile and the Kingdom, and Selected Essays*, London: Everyman's Library, 2004, XV.

13 *The Myth of Sisyphus*, 535.

14 위의 책, 580.

15 *Caligula*, 20.

16 *The Myth of Sisyphus*, 538.

17 위의 책, 585.

18 위의 책, 535.

19 위의 책, 541.

20 위의 책, 544.

21 위의 책, 504.

22 위의 책.

23 *The Outsider*(이방인)(1942). Translated by Joseph Laredo, London: Everyman's Library, 1998, 111.

24 *The Myth of Sisyphus*, 508.

25 *The Outsider*, 90.

26 위의 책, 100.

27 위의 책, 102~103.

28 위의 책, 105.

29 위의 책, 112.

30 위의 책, 113.

31 위의 책, 71.

32 위의 책, 73.

33 *The First Man*(최초의 인간). Translated by David Hapgood, London: Hamish Hamilton, 1995, 40~41.

34 *The Rebel*, 13.

35 위의 책, 14.

36 위의 책, 15. 카뮈가 알베르트 슈바이처

Albert Schweitzer의 철학에 친숙했는지는 분명하지 않다. 하지만 여기서 카뮈가 펼치는 논증은 슈바이처가 "도덕의 제1원칙"이라고 생각하는 원칙, 즉 생명을 촉진하는 것은 좋고 생명을 저해하는 것은 나쁘다는 원칙을 세울 때 사용한 논증 방식과 굉장히 유사하다. 슈바이처의 주장에 따르면 이런 원칙은 인간의 가장 기본적인 경험, 즉 "나는 살기를 원하는 생명 가운데 살기를 원하는 생명"이라는 인식에서 따라 나온다. Schweitzer, Albert, *Kultur und Ethik. Kulturphilosophie Zweiter Teil*, München: C.H. Becksche Verlagsbuchhandlung, 1923, 239 참조.

37 *Letters to a German Friend*(독일 친구에게 보내는 편지)(1943~1944). Translated by Justin O'Brien, in: Albert Camus, *Resistance, Rebellion, and Death: Essays,* New York: Vintage International, 1960, 14.

38 위의 책, 28.

39 *The Plague*, 114.

40 위의 책, 115.

41 웨일스 출신 시인 딜런 토머스Dylan Thomas는 《페스트》가 출간된 해인 1947년에 이런 시를 남겼다. "편안한 밤 속으로 순순히 들어가지 말라. … 분노하라. 빛의 소멸에 맞서 분노하라."

42 *The Plague*, 115.

43 위의 책, 147.

44 위의 책, 192.

45 위의 책, 226.

46 위의 책, 231.

47 위의 책, 263.

48 위의 책, 264.

49 위의 책, 263.

50 *The Rebel*, 19.

51 위의 책, 28.

52 위의 책, 51.

53 다음 문헌들을 참조하라. More, Max, 'Transhumanism: Towards a Futurist Philosophy', *Extropy* 6(1990): 6~12; De Grey, Aubrey and Michael Rae, *Ending Aging*, New York: St Martin's Press, 2007; Harris, John, *Enhancing Evolution: The Ethical Case for Making Better People*, Oxford: Oxford University Press, 2007.

54 *The Rebel*, 29.

55 위의 책, 30.

56 위의 책, 72.

57 *The Myth of Sisyphus*, 493.

58 *The Rebel*, 212.

59 위의 책, 213.

60 위의 책, 248.

61 위의 책, 251.

62 위의 책, 255.

63 *Caligula*, 17.

64 위의 책, 19.

65 *The Rebel*, 253.

66 위의 책, 249.

67 위의 책, 73.

68 위의 책, 218.

69 Fuller, Steven and Veronika Lipinska, *The Proactionary Imperative: A Foundation for Transhumanism*, Basingstoke: Palgrave Macmillan, 2014 참조. 다분히 혁명가 정신을 장착하고 있는 집필진은 우월한 포스트휴먼 세계를

창조하기 위해 우리가 수많은 인권을 포기해야 한다고 주장한다. 그런 권리들이 목표를 완수하는 데 방해가 되기 때문이다. 트랜스휴머니스트들에게 인권은 진보의 장애물이다.

70 *The Rebel*, 226.

71 *The First Man*, 215.

72 위의 책, 220.

73 위의 책, 219.

74 *The Rebel*, 269.

75 *The First Man*, 221.

삶과 죽음이라는 문제 앞에 선 사상가 10인의 대답

왜 살아야 하는가

1판 1쇄 발행 2021년 8월 11일
1판 12쇄 발행 2025년 1월 8일

지은이 미하엘 하우스켈러
옮긴이 김재경
펴낸이 고병욱

펴낸곳 청림출판(주)
등록 제2023-000081호

본사 04799 서울시 성동구 아차산로17길 49 1010호 청림출판(주)
제2사옥 10881 경기도 파주시 회동길 173 청림아트스페이스
전화 02-546-4341 **팩스** 02-546-8053

홈페이지 www.chungrim.com **이메일** cr2@chungrim.com
인스타그램 @chungrimbooks **블로그** blog.naver.com/chungrimpub
페이스북 www.facebook.com/chungrimpub

ISBN 979-11-5540-190-3 03100